求是
文苑

求是文荟：《求是学刊》发刊200期

总主编：丁立群 李小娟

制度与变革

经济学问题研究十年

李小娟　国胜铁◆主编

黑龙江大学出版社

图书在版编目（CIP）数据

制度与变革：经济学问题研究十年 / 李小娟，国胜
铁主编 . -- 哈尔滨：黑龙江大学出版社，2011.1（2021.9 重印）
（求是文荟：《求是学刊》公开发行 200 期 / 丁立
群，李小娟主编）
 ISBN 978-7-81129-349-4

 Ⅰ . ①制… Ⅱ . ①李… ②国… Ⅲ . ①经济学－文集
Ⅳ . ① F0-53

中国版本图书馆 CIP 数据核字（2010）第 247336 号

制度与变革：经济学问题研究十年
ZHIDU YU BIANGE：JINGJIXUE WENTI YANJIU SHI NIAN
李小娟　国胜铁　主编

责任编辑　刘剑刚　杜红艳
出版发行　黑龙江大学出版社
地　　址　哈尔滨市南岗区学府三道街 36 号
印　　刷　三河市春园印刷有限公司
开　　本　787 毫米 ×1092 毫米　1/16
印　　张　25.5
字　　数　392 千
版　　次　2011 年 1 月第 1 版
印　　次　2022 年 1 月第 2 次印刷
书　　号　ISBN 978-7-81129-349-4
定　　价　69.80 元

本书如有印装错误请与本社联系更换。

求索与坚守

——纪念《求是学刊》发刊 200 期

已过"而立之年"的《求是学刊》，带着丰硕的成果和骄人的荣誉，迎来了发刊第 200 期的重要时刻。作为《求是学刊》一直的读者、20 多年的作者，特别是曾经 8 年的编者，我不仅为她日积月累的成果和荣誉而高兴，更为她始终不渝的精神特质而感动，这就是：对真理不懈的求索和对学术品位不变的坚守。

记得 1990 年我作为主持编辑部工作的副主编开始成为《求是学刊》的一个编者时，适逢《求是学刊》公开发行十周年，我在以"本刊编辑部"的名义所写的《唯实·求是·图新》的纪念文章中，开宗明义就清楚地表述了《求是学刊》的基本定位：

> 一本杂志的刊名绝非一时心血来潮的产物。从选定现有刊名的那一刻起，我们就清楚地意识到，我们的劳作将同人类最崇高的事业——真理的探索联系在一起，唯实、求是、图新将是我们永恒的座右铭。十年的心血、十年的求索，贯穿着始终如一的旨趣：求是！

令人十分欣喜的是，又过去了 20 年，《求是学刊》的这一学术品位和精神追求不仅没有改变，而且已经发扬光大为自己鲜明的办刊特色。必须指出，做到这一点并非轻而易举：高尚的精神无疑在任何时代都会被人们所推崇、所崇敬，但是，要做到在任何情况下都能够对精神和真理保持敬畏而不为其他的因素所动心，无论对于一个人、一本杂志、一个学科领域，都是难能可贵的。距今差不多 200 年前（1816 年），大哲学家黑格尔在海得堡大学所做的《哲学史讲演录》开讲辞中就曾经感叹道："时代的艰苦使人对于日常生活中平凡的琐屑兴趣予以太大的重视,现实上很高的利益和为了这些利益而作的斗争,曾经大大地占据了精神上一切的能力和力量以及外在的手段,因而使得人们没有自由的心情去理会那较高的内心生活和较纯洁的精神活动,以致许多较优秀的人才都为这种艰苦环境所束缚,并且部分地被牺牲在里面。因为世界精神太忙碌于现实,所以它不能转向内心,回复到自身。"①在今天日益丰富发达的市场经济条件下,许多经济的、行政的、人情的和其他非学术的因素,从不同方面挤压着学者的研究和杂志的办刊活动,在这种时代氛围中,要几十年如一日地排除各种干扰,坚守学术尺度和学术品位,更是需要毅力和定力。

因此,黑格尔呼唤一个"那前此向外驰逐的精神将回复到它自身,得到自觉"的时代,期待年青一代可以"不受扰乱地专心从事于真理和科学的探讨"。黑格尔强调:"追求真理的勇气和对于精神力量的信仰是研究哲学的第一个条件。人既然是精神,则他必须而且应该自视为配得上最高尚的东西,切不可低估或小视他本身精神的伟大和力量。人有了这样的信心,没有什么东西会坚硬顽固到不对他展开。那最初隐蔽蕴藏着的宇宙本质,并没有力量可以抵抗求知的勇气;它必然会向勇毅的求知者揭开它的秘密,而将它的财富和宝藏公开给他,让他享受"。②

黑格尔这些充满激情的话语,穿越了近200年的历史时空,今天依旧具有巨大的感召力。在市场经济的海洋中守望精神的灵性,坚守学术的神圣,并非是在追求一种孤芳自赏的清高,而是渴望着对人类文化中最优秀精髓的自觉传承。人作为历史性的存在,人类的足迹作为具有内在联系的历史,真正能够得以传承的无非有两种东西:自发的文化传统和自觉的文化精神。而随着科学技术的发展、人类知识的积累,特别是历史意识的觉醒,这种自觉地透视人类历史发展内涵、自觉地揭示社会现实的本质规定性的文化精神,越来越成为人类发展不可或缺的重要维度。我一直认为,杂志或期刊为自觉文化精神的生成、培育和传承提供了最好的寓所、平台、载体或温床。1665年1月5日法国的戴·萨罗在巴黎创办的世界上第一本期刊就是《学者杂志》。经过300多年的发展,虽然杂志或期刊已经演变为多种类型,但是,学术期刊毫无疑问一直是最典型的、最有

---

① (德)黑格尔:《哲学史讲演录》第1卷,贺麟、王太庆译,商务印书馆1959年版,第1页。
② (德)黑格尔:《哲学史讲演录》第1卷,贺麟、王太庆译,商务印书馆1959年版,第3页。

影响力的杂志,这同它与人类文化精神的内在本质联系密切相关。众所周知,"Magazine"("期刊"或"杂志")一词源自法文 Magasin,原意为"仓库"、"知识的仓库"或"军用品供应库"等。但是,真正的学术刊物显然不是给定的、现成的知识的"仓库",而是活生生的文化精神得以生成的历史地平线,是人类文明的自觉的守望者。

由此不难看出,《求是学刊》的精神追求和学术品位,并没有使之远离生活,远离现实,而是使之在更高的层面上凸显出强烈的现实关怀。我在 1990 年所写的《唯实·求是·图新》的文章中,已经阐述了这一点:

> 世纪之交将为人类带来新的机遇、新的希望和新的使命。彼此冲突的人类理性将进行一次新的自我反思和批判,进行一场伟大的知识整合运动;四分五裂的人类历史将汇入马克思所预见的伟大的"世界历史性的"进程。而我们历经磨难的民族将逐步告别贫穷与落后的历史,踏上伟大的总体性的现代化的征程。总体性的现代化呼唤着总体性的理论。我们将同我们的读者和作者一道,以实事求是的研究来迎接这一伟大的时代。生活之树常青,理论也不应是灰色的。大变革时代的理论不是黄昏时才起飞的"密纳瓦的猫头鹰",而是那传说中神奇的"凤鸟",她将为一个新时代报晓,也将为之献身。置身于伟大的人类知识整合运动之中,为现代化理论的建构而尽心竭力,这将是我们唯实、求是、图新的宗旨。

翻开《求是学刊》的 200 期学术长卷,从 20 世纪 80 年代在全国独树一帜的生产力经济学研究和思维科学探索,到世纪之交的经济体制改革和法制建构,从文学批评、历史反思到现代性的文化批判,处处透露出这一学术期刊对中华民族和人类命运的深切关怀及对人类社会发展现实的理论穿透。

不仅如此,我在这里还想进一步挖掘出《求是学刊》更深层的学术追求。应当说,对真理不懈的求索和对学术品位不变的坚守不只是《求是学刊》的定位和办刊特色,在中国的学术期刊之林中,还有很多有影响的杂志,具有同样的追求和类似的定位。我想说的是,在《求是学刊》的学术定位中,我们还可以发现并继续培育更加值得珍视的精神特质和学术品格。具体说来,主要有二:一是正在走向自觉的"刊物的主体意识";二是正在开启的"刊物的国际视野"。

我在谈论"刊物的主体意识"时,是想表达这样的想法:我们在强调杂志或期刊的学术品位时,可以展示出不同的境界和追求。例如,我们可以突出学术期刊的开放的视野和胸怀,对于各个领域的学术研究,对于各种不同的学术兴趣和学术观点,不加限制地给予同等表达的机会,形成百家争鸣的格局。但是,我们也可以强调刊物本身的选择性,而不把刊物当做"安放文章的空架子",这就是说,我们强调刊物要有明确的"主体意识",要主动创造和引领特定领域、特定问题域的学术理论热点,积极地推动理论创新,自觉地培育学术流派和理论精神。后一种追求或境界显然要面对更大的挑战,付出更多的艰难探索和精神劳作,才有可能取得进展。但是,它一旦获得突破,其学术价值和理论意义显然会更大。在这方面,最成功的例子是法国年鉴学派的兴起和发展。1929年,年鉴学派的创始人吕西安·费弗尔和马克·布洛赫,创办了《经济社会史年鉴》(后多次更名,并于1946年定名为《经济·社会·文化年鉴》)。这一学术杂志在此后的半个多世纪中成为几代持相同主张的史学家的主要阵地,形成了20世纪最有影响的史学流派和社会历史理论流派。从第一代代表人物吕西安·费弗尔和马克·布洛赫,经第二代中坚布罗代尔,到第三代代表雅克·勒高夫、埃马努埃尔·勒华·拉迪里、马克·费罗等人,他们提出的微观史学理论范式深刻影响了欧美的历史学研究和其他社会历史理论的研究。

《求是学刊》在这方面作了初步探索,其典型的研究领域就是文化哲学。1992年《求是学刊》率先在期刊界推出"文化哲学:跨世纪的思考"学术研究专栏,此后又先后设立"文化哲学:现代化与日常生活批判"、"文化哲学:后现代主义研究"、"文化哲学:全球化的文化反思"等系列专栏,培养了一批文化哲学研究者,使黑龙江大学文化哲学研究中心成为目前中国哲学界最有影响的文化哲学学术中心,并逐步形成了把对人及其世界的形而上的理性反思和现实的文化历史批判相结合的独特的文化哲学视野,自觉地提出建构作为一种重要的哲学理解范式和重要的历史解释模式的文化哲学理论体系。尽管这些研究还处于起步阶段,但是已经呈现出良好的发展态势,产生了重要的学术影响,并极大地带动和引领了国内文化哲学研究的走向。

至于"刊物的国际视野",显然不难理解,它强调的是:在全球化、信息化时代,学术研究和学术刊物必须自觉地开启国际视野和世界眼光。当今人类社会发展,包括所有民族的发展,面临的最大的具体情况,最大的现实就是全球化的进程和全球化的逻辑。用茨威格的话说,在全球化时代里,"我们岁月中的每个小时都是和世界的命运联系在一起的"。在这样的背景中,尽管我们的学术研究和理论创新依旧要立足于中国的现实,凸显中国特色,但是,无论要使我们的理论思考切中中国的现实,还是要廓清世界的变局,都必须站在全球化的高度,形成开放的世界眼光。在这方面,《求是学刊》有自觉的思考,从本世纪初,就积极地开展各种国际学术交流,并在学术期刊界率先开设了"海外来稿"专栏,致力于国内外学术交流,为国内外的学术对话与交流搭建一个学术平台,促进学术期刊不断走向国际,探索开放式、国际化办刊的路径。这一栏目同样在学界产生了较好的反响。

我深知,《求是学刊》还很年轻,她的许多探索还处于初始的阶段,还有很多的局限性。但是,这不是她的缺点和弱点,而是她的希望、她的开放的未来。精神的追求和学术的探索原本就"总在途中",真理的探求是永远图新永远不老的神圣事业,更是扎扎实实默默无闻永无止境的辛勤劳作。只要我们不懈地求索,只要我们不变地坚守,就会有越来越广阔的理论地平线在我们的眼前不断开启。我还是用1990年所写的《唯实·求是·图新》的文章中的话来作为这篇随笔的一个"结语":

> 我们深知,历史不会只呈现玫瑰色,真理更不会一蹴而就,在我们有限的才能与宏伟的历史使命之间横着单凭我们自身很难逾越的时空。但我们坚信,我们同读者和作者的辛勤劳作,无论如何平凡,都不会毫无价值。"天空没有翅膀的痕迹,但我已经飞过。"(泰戈尔)我们愿以自己的平凡换取真理的非凡,我们愿以自己的默默无闻换取真理的无穷感召力。"路漫漫其修远兮,吾将上下而求索!"

谨以此寥寥数语来纪念《求是学刊》发刊200期,我更愿意把这篇随笔看做自己学术跋涉的心路历程的记录。愿与《求是学刊》以及更多的学术期刊一道在精神世界中继续上下求索,为我们时代的破浪前行自觉地彰显理论的力量、真理的力量。

2011 年 1 月 6 日
北京

目录

福利与人权

厉以宁

一、人权与福利及人的全面发展的相互依存

在经济学中,一般不讨论人权,似乎认为这只是政治学研究的课题。其实,人权又何曾不是经济学的课题之一呢? 福利,归根结底是人权的体现。回避了人权问题,"福利"一词也就会失去它深层的意义,而变成技术性的词汇了。

人们对人权的认识是随着社会经济的发展而不断深入的。人权所包含的内容随着社会经济的发展而日益丰富。如果没有一定程度的社会经济发展,不仅人身自由,而且人们平等地参与社会生活和管理社会的权利都不可能实现,甚至连人们的生存权利也会丧失。福利又何从谈起? 这正是我们考察经济发展与人权发展、福利实现之间关系的基本出发点。

我们同样应该注意到,社会经济发展本身并不等于人权会必然得到保证或福利必定实现。要知道,在任何社会中,生产本身都不是目的,因为人不是单纯作为劳动力而生活在世上的。人不是为了生产,生产是为了人。生产的目的是使人的生活不断得到改善,使人得到关心和培养,使人得到全面发展。一个社会,如果只顾生产出越来越多的产品,而忽视人的利益,生产增长以后人们的生活水平没有提高,人们的文化教育水平没有提高,这就不符合生产的目的,从而也保证不了人权的实现与发展。由此可见,对社会的每一个成员来说,重要的不是社会产值增长了多少,而是如何使社会产值的增长被用来改善人民的生活,使人民能够过富裕的

1

生活,有较高的文化教育水平,使人民得到社会更多的关心和培养,使人权得以充分实现,使福利提到更高的水准。换言之,人权的发展和福利的实现与发展同人的全面发展有关,人的全面发展体现了完善的人权,而人权的实现又对人的全面发展起着促进作用。当然,这一切都要建立在社会经济发展的基础上。但人的全面发展不仅依靠社会产值的增加,更重要的是依靠生产目的的贯彻。生产的成果不能用于提高人们的物质文化生活水平、增加人们的福利,人权的实现只不过是一句空话,这样的经济学研究也就失去了深层的意义。

由此可以得出一个重要的结论:经济学中的人权问题是不可能、也不应当被回避的。有关福利的研究,固然会涉及资源配置、效率、公平、补偿等问题,但更值得注意的是:福利同人的全面发展,也就是人权的充分实现密切相关。

那么,经济学要研究人的全面发展需要具备哪些条件? 毫无疑问,一方面,人的全面发展建立在生产力高度发展的基础上。没有生产力的高度发展,就不可能有充裕的物质产品供给,人的全面发展就缺少必要的物质条件;同时,人的全面发展是需要在工作之余有较多的自由支配时间的,工作日长度的缩短和年休假日的增多也只有在生产力高度发展之后才能实现。另一方面,人的全面发展应当建立在具有一定的文化知识的基础上。一个人,如果没有一定的文化知识,不仅他的物质生活需要不易得到满足,而且也很难满足他的精神生活需要、平等地参与社会生活与社会管理的需要。一个社会,如果人均文化知识水平差,那么社会的生产力发展将受到极大限制,从而无论是人们的物质生活需要还是人们的精神生活需要、参与社会生活与社会管理的需要都无法得到满足。这样,人的全面发展也就成为不可能的事情。

二、经济、人权、福利、人的全面发展的正相关

以上所说的这些表明,经济、人权、福利以及人的全面发展之间的关系可以作这样的表述:

1. 只有在一定的生产力发展的基础上,人的生存权利和参与社会生活、管理社会的权利才有所保证,人的受教育权利以及通过文化知识水平

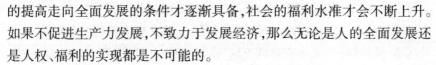

的提高走向全面发展的条件才逐渐具备,社会的福利水准才会不断上升。如果不促进生产力发展,不致力于发展经济,那么无论是人的全面发展还是人权、福利的实现都是不可能的。

2. 人权、福利和人的全面发展随着经济的发展而逐渐实现。经济发展到较高水平时,国内生产总值中可用于生活福利、社会保障、文化教育、医疗卫生、环境保护等方面的支出也会相应增长。换言之,生活福利、社会保障、文化教育、医疗卫生、环境保护等方面的支出将随着人均国内生产总值的提高而有较大幅度的增长,它们在国内生产总值中的比例将随着人均国内生产总值的提高而增大。

3. 经济、人权、福利以及人的全面发展之间存在着彼此促进的关系。一方面,如上所述,经济的发展为人的全面发展提供了物质基础;另一方面,当人们参与社会生活、管理社会的权利逐渐实现之后,当人们的物质文化生活水平逐渐提高之后,经济的发展将获得新的动力,从而迈上一个新台阶。而在经济进一步发展后,人权、福利与人的全面发展必将得到进一步实现。

4. 要实现人权、福利和人的全面发展,应以国内生产总值的持续增长为前提,而国内生产总值的增长却要付出代价。经济增长的收益与经济增长的代价始终并存。经济增长的代价包括环境被破坏、资源枯竭等,这些又直接影响到人的福利和人的生存权利。因此,必须合理地、科学地处理这些问题。

要知道,世界人口在增加,需要有更多的资源来养活人们,同时还应当为人们提供适于生存的环境。但经济增长却不断消耗资源,并有可能破坏环境。如果这个过程持续下去,不仅社会经济的发展会受到限制,甚至连人的生存权利也将受到威胁,社会总有一天会因环境严重恶化与资源枯竭而崩溃。可持续发展概念正是在这一背景下被提出的。可持续发展是指"既满足当代人的需要,又不损害后代人满足其需要的能力"的发展,这是一个关系到人权能否保证与福利能否实现的大问题。

因此,中国在发展中一定要从社会、经济、资源合理利用和环境保护等方面加大力度。要继续提高人口素质,引导居民采用新的消费方式和生活方式,合理使用土地,建立防治自然灾害的系统。要积极利用市场机制和经济手段推动可持续发展,推广清洁生产,发展环保产业,发展多种交通模式,提高能源效率与节能,开发利用新能源和可再生能源等。在资源的合理利用与环境保护方面,要进行综合开发整治,保护资源,控制大气污染,防治酸雨,大面积改良土壤,植树造林,治沙,治荒,等等。这一切都有利于保障人的生存与发展的权利,能够使人们生活更美好。

三、福利、人权与社会经济发展

从体制方面看,要增加福利,促进人的全面发展,当前在国内必须继续推进各项改革,清除传统的计划体制给社会经济生活带来的负面影响。在传统的计划体制下,个人依附于各级政府部门,社会变成僵化的社会,个人成为行政单位的附属物。那时,个人不仅没有独立财产权,连择业、消费、居住的权利也都几乎丧失。个人上述权利的丧失使他不得不依赖行政主管机构,这种情况下,哪里谈得上人的全面发展呢?改革开放以后,情况已经发生重大变化。人们有了可以自由支配的财产,有了可以支配自身劳动的权利,但城乡户籍隔绝的制度依然存在。人们参与社会生活和管理社会的权利在不同地区、不同单位还受到不同程度的限制,个人财产权的自由转让和重组因种种原因而不易实现,个人参加社会保障体系以及享受社会保障的权利还受到限制。这些都表明改革必须深入进行。只有继续推进改革,人权的充分实现和人的全面发展才有可能成为现实。

当前,企业的制度创新和技术创新应结合在一起。一方面,企业不转换体制,单纯地从事技术创新活动,效果不会显著,因为这些活动必然受到这样或那样的体制阻碍;另一方面,企业只注意转换体制,不注意技术创新,那么,即使实现了适应于市场经济的体制转换,但产品质量仍就没有大的改进,推不出新产品,占领不了市场,还是照样打不开新局面,无法应付日益变化的市场形势。据统计,中国的民间资本相当充裕。在利率不断下降的条件下,居民中不少人正在寻找投资机会。如果现阶段大力引导民间投资,增大城乡居民的投资额,能使国民经济获得追加的巨额资金,使制度创新和技术创新同时并举,一定会使中国经济大为改观,使生产力迅速发展,从而为社会福利水准的提高创造条件。

最后,我们应当看到,人权的充分实现和人的全面发展都涉及道德规范与人际关系。道德是一种规范，它不仅是对个人的一种激励或约束，而且也是处理人与人之间关系的一种原则。每个人都希望自己的物质生活需要与精神生活需要能得到满足，希望自己的权利能得到尊重，但如果他生活在一个缺乏良好社会风气、人与人之间缺少信任感、个人缺少安全感的环境中，那么他改善生活的愿望和个人权利都是无法实现的。假定社会的道德沦丧，人们为了求生存而不得不顺应那种不说假话就难以自保的潮流，难道生活质量会上升？人离不开群体，离不开周围的人，离不开赖以生存与发展的社会环境，这正是了解人的全面发展的关键所在。因此，人权的充分实现、人的全面发展，有赖于良好的社会风气的形成。为此，就需要建立对个人行为与群体行为的法律规范和道德约束，仅有法律规范是不够的。如果各个行为主体自身没有道德约束，相互之间也缺少必要的道德约束，社会肯定无序，经济生活肯定紊乱，社会风气也肯定不正。也就是说，作为人权的充分实现和人的全面发展的前提，没有经济的高度发展，无疑是不行的，而没有文化知识水平的提高和良好的社会风气的形成，同样也是不行的。研究福利问题的人不应忽视这些。

●原文刊载于《求是学刊》2002年第3期。
●厉以宁，北京大学光华管理学院名誉院长，北京大学教授、博士生导师。

新时代谈"价值论"

——兼评"劳动价值论"

熊映梧

　　若以亚当·斯密的《国民财富的性质和原因的研究》(1776)作为近代经济科学诞生的标志的话,可以把众多的经济学派划分为两大派别:一是以斯密为代表的市场经济学派;二是以马克思为代表的政治经济学派。它们都是以价值论作为自己经济学理论的基石,但两者的价值观却大不相同,至少有下列几点区别:

　　1. 出发点不同。市场经济学派从交换出发,来评定产品有无价值、价值的大小。斯密说:"价值一词有二个不同的意义。它有时表示特定物品的效用,有时又表示由于占有某物而取得的对他种货物的购买力。前者可叫做使用价值,后者可叫做交换价值。"①政治经济学派则从生产出发,按生产某产品耗费的"社会必要劳动时间"来确定该产品的价值。马克思说:"只是社会必要劳动量,或生产使用价值的社会必要劳动时间,决定该使用价值的价值量。"②前者用市场价格来表示,后者只是一个理论上的抽象,即使有电脑,也无法计量。例如,政治经济学派计量价值常用的几个概念 c、v、m,也都是用价格表示其数量的。这样,就陷入循环论证之中——用价格说明价值,又说价值决定价格。

　　2. 着眼点不同。市场经济学派关心的是交换价值(李斯特曾批评斯

----

① (英)亚当·斯密:《国民财富的性质和原因的研究》(上册),郭大力、王亚南译,商务印书馆1979年版,第25页。

② 《马克思恩格斯全集》第23卷,人民出版社1979年版,第52页。

密全力关注的是"交换价值"),交换价值的多少,完全取决于市场状况;而政治经济学派重视的是"价值创造",在交换之前,产品价值就先验地由社会必要劳动时间决定了。后来,马克思在《资本论》第3卷第10章中,又从市场供求关系提出了"第二种社会必要劳动时间",即按照市场供求关系修正"社会必要劳动时间决定价值量"的观点,也就是向市场让步。马克思写道:"如果对这个总量的需求仍旧是普通的需求,这个商品就会按照它的市场价值出售。"而这种供求完全平衡的状况,在市场上是很少见的。所以,马克思接着说:"如果这个量小于或大于对它的需求,市场价格就会偏离市场价值。——如果需求和生产量之间的差额更大,市场价格就会偏离市场价值更远。"①不管绕了多大的圈子,说到底还是市场决定价格。劳动价值论也就成了一句空话。

3. 目的不同。正如不同的球赛有不同的规则一样,不同学派的价值论也是服从于其宗旨的。市场经济学派要为市场交换确定一套公平的规则,保证市场参与者各有所得。两百多年来,市场经济学学派如雨后春笋,但都承认各生产要素的贡献,特别重视供求关系,不断完善市场交换规则;而政治经济学派则是为"剥夺剥夺者"的主张提供理论根据,当然只承认"劳动创造价值"。毛泽东曾一针见血地指出,马克思主义千头万绪,归根结底一句话:"造反有理"。这个道理也很简单,若承认价值只是劳动者的体力劳动创造的,那么,"剥夺剥夺者"就是理所当然的了。因为,一切财富本来就是体力劳动者创造的。

这些年来,我们明白了一个真理:"生产力标准",一切是非就看是否有利于社会生产力的发展。邓小平有一句名言:"判断的标准,应该主要看是否有利于发展社会主义社会的生产力,是否有利于增强社会主义国家的综合国力,是否有利于提高人民的生活水平。"②社会生产力是由多种因素有机组合而成的经济系统,包括劳动者、劳动对象、生产工具、能源、运输、信息、管理,等等。缺少任何一个因素,生产力系统就不能运作,也就不能创造任何使用价值、价值。20世纪的历史表明,市场经济学派使交易各方均有所得的市场规则为大家接受,保证了西方市场经济的迅速发展;而政治经济学的"劳动价值论"在资本主义制度下行不通,在造

① 《马克思恩格斯全集》第25卷,人民出版社1979年版,第209页。
② 《邓小平文选》第3卷,人民出版社1993年版,第372页。

反时代倒很灵通,把全世界十几亿劳苦大众发动起来夺取了政权。正如孙中山先生说的:"用革命手段解决政治问题,在俄国可算是完全成功。但是说到用革命手段来解决经济问题,在俄国还不能说是成功。俄国近日改变一种新经济政策,还是在试验中。由此便知纯用革命手段不能完全解决经济问题。"①后来前苏联70多年的经验,证明"劳动价值论"不适用于社会主义建设。因为,只承认体力劳动创造价值,有权参与分配(按劳分配),那么,其他生产要素被排除在生产和分配之外,必然阻碍生产力发展。有一个问题长期困扰着社会主义国家的领导人和学者:为什么社会主义制度的优越性千呼万唤不出来?现在明白了,就是一些"造反理论"(如"唯体力劳动创造价值")妨碍许多生产要素发挥作用,长期阻碍、破坏生产力的运行。这乃是前苏联、东欧一大批社会主义国家经济衰败、乃至垮台的重要原因之一。

有一种调和的观点:想把斯氏市场经济学与马氏政治经济学这两种截然不同的价值观糅在一起,这是不可能的。我认为,不要把哪派的价值论看成绝对真理,与时俱进是一切科学的规律。有两个理由使我们不得不改变传统观念:

第一,科技的巨大发展,使体力劳动、重复劳动的作用大大降低,创新的高智力劳动的作用急剧提高。马克思生活在蒸汽机时代,那时劳动密集型产业占优势,强调体力劳动的作用还可以理解。后来,到了电力时代,资本密集型产业取而代之,在产品价格构成中,资本的作用更大了。如今已是后工业化时代,迈向知识社会,创新的知识当然是最重要的(一张市值8000元的办公用光盘,体力劳动所值不过3元钱,值钱的是软件)。

第二,中国共产党人肩负着两大历史任务:一是破坏旧世界,二是建设新世界。我们早已完成第一项历史任务,进入建设新世界的时期,步上市场经济的轨道。一二项历史任务的转变,正是邓小平的伟大历史功绩。在中国濒临经济崩溃的时刻,他以大无畏的精神实现了两个转变:从"以阶级斗争为纲"转到"以经济建设为中心";从"计划经济"转到"市场经济"。现在,既然搞市场经济,怎么能再坚持唯劳动创造价值、唯劳动参与分配的观念呢?1999年的《宪法》修正案第十四条规定:"国家在社会主

---

① 《孙中山全集》第9卷,中华书局1981年版,第378页。

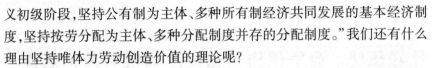

义初级阶段,坚持公有制为主体、多种所有制经济共同发展的基本经济制度,坚持按劳分配为主体、多种分配制度并存的分配制度。"我们还有什么理由坚持唯体力劳动创造价值的理论呢?

有人为了修补"劳动价值论",说它也包含脑力劳动。大家都熟悉马克思的名言:"复杂劳动是倍加的简单劳动。"显然,主体还是简单劳动,即使谈复杂劳动,也未超出体力劳动的范畴。生活在蒸汽机时代的马克思不可能有电脑时代的新思维——高度重视创新的脑力劳动。这里,用得上马克思在《〈政治经济学批判〉序言》的话:"人类始终只提出自己能够解决的任务。"①

还有人引用恩格斯在《反杜林论》中讲的"对效用和劳动花费的衡量,正是政治经济学的价值概念在共产主义社会所能余留的全部东西"②,作为拓宽"劳动价值论"的依据。但是,他们忘了,正是恩格斯在同一著作中说:"经济学所知道的唯一的价值就是商品的价值。"③在马克思、恩格斯的社会主义学说中,没有商品、货币,哪有价值呢?

古语:"江山代有才人出",同样的,江山代有新说出,各领风骚百十年。蒸汽机时代有其价值论,电脑时代也有与它相应的价值论。世界经济一体化,中国加入世界贸易组织,必将使各国、各学派的交易规则趋于一致,其中当然也包含市场交换依据的"价值论"。不能设想,我国在国际交往中实行国际公认的市场交换规则,而在国内却按劳动价值论办事。新时代有新的价值论,它可能有这样几个特点:

1. 参与市场交易的各种所有者均有所得,其中包括劳动力所有者、资本所有者、土地所有者和经营者、经理阶层……

2. 创新的高智力劳动的"市场价值"最高,知识产权具有特别重要意义。

3. 一切生产要素、产品值多少钱,最后取决于市场供求关系。社会制度与时俱进,学说也是与时俱进,有什么必要为过时的观念辩解呢?

●原文刊载于《求是学刊》2002 年第 1 期。

● 熊映梧 ,原黑龙江大学教授,世界生产力科学院院士。

---

① 《马克思恩格斯全集》第 13 卷,人民出版社 1962 年版,第 9 页。

② 《马克思恩格斯全集》第 20 卷,人民出版社 1971 年版,第 335 页。

③ 《马克思恩格斯全集》第 20 卷,人民出版社 1971 年版,第 331 页。

比较优势、竞争优势与知识产权优势理论新探

——海派经济学的一个基本原理

程恩富,廉　淑

国际分工和国际竞争要以比较优势为基础,这是古典经济学的传统观点。到了 20 世纪 90 年代出现了竞争优势理论,然而随着时代的发展,比较优势和竞争优势的局限性越来越明显,应发展更符合实际要求的理论来解释并引导国际竞争和国家经济发展。知识产权优势是指培育和发挥拥有以自主核心技术和自主名牌为主要内容的自主知识产权的经济优势,是相对于比较优势、竞争优势而言的第三种优势。本文并不是简单地否定比较优势理论和竞争优势理论,而是认为知识产权优势理论是与前两者有联系的一种新发展。

一、比较优势理论在我国的发展及其局限性

长期以来,指导我国参与国际分工和交换的是比较优势理论,即劳动生产率及各国资源禀赋的不同能影响世界贸易的方向和贸易利得,通过国际分工可以使贸易双方(甚至是具有绝对劣势方)都获得更大的福利。直至现在,许多学者和实务工作者依然强调要发挥我国资源的比较优势。事实上,我们应该看到比较优势是有很大局限性和对于我国的不适应性的。

随着国际贸易的发展,比较优势理论越来不能充分合理地解释新的现象。具体表现在以下几点:(1)比较利益理论的一些前提条件在当今世界已经不存在。无论是以劳动生产率差异为基础的比较成本来说,还

是以生产要素供给为基础的资源禀赋来说，其比较利益的前提是各国的供给条件、生产条件不可改变，资源、生产要素不能在国际流动。在这种假设条件下，具有比较优势的资源及其产品才可能具有垄断优势。但当今生产要素和资源可以在国际间加快流动，自然资源可以被改良和再造，也可以被新材料所替代，劳动力的技能和素质的提高，又可克服劳动力数量不足的矛盾。(2)比较利益理论所讲的比较成本是对本国的产品进行比较而言的，不意味着本国比较成本低的产品在国际竞争中就一定具有竞争优势。(3)比较利益理论只注意了经济因素而忽略了非经济因素，忽视了经济安全。(4)比较优势仅仅注重了静态的比较利益，而忽略了动态发展优势。(5)比较优势理论片面地强调了资金的重要性，认为只要积累了足够的资金，就能自动地内生出一个发展高科技产业的机制，而忽略了信息、知识、人力资本的培养，实际上这些因素对于 IT 技术创新更为重要。(6)比较优势论证了在自由贸易条件下如果充分发挥市场价格机制的作用，就会实现稀缺资源在国际范围内的最优配置。这一概念强调了"看不见的手"的作用。只要市场机制起作用，只要存在资源的稀缺性，比较优势就会客观地发生作用，国家的发展战略也要顺应比较优势原理的要求。但是，它忽视了"看得见的手"——企业作为竞争主体的作用。事实上，现代企业可以通过有意识的战略选择来配置稀缺资源，进行人为比较优势的创造。

再结合我国情况来分析，作为发展中国家的大国，其所拥有的资源比较优势不外乎是大量廉价的劳动力和绝对量不小，但人均占有量较低的自然资源。中国选择与资源禀赋决定的比较优势相符合的产业和技术结构，不外乎是大力发展劳动密集的技术含量低的产业，这样中国将陷入"比较优势陷阱"，因为劳动密集型产品的市场需求缺乏弹性，其未来市场的容量小，市场扩张难度大，贸易摩擦会加剧，导致贸易条件恶化。在科技创新突飞猛进的情况下，劳动密集型产品的比较优势最终会失去竞争优势，而且大力发展劳动密集型产业还会导致进口漏出和储蓄漏出。前者指发展中国家需要以一部分收入从国外进口技术密集型产品用于消费，后者指因国内缺乏投资品工业，国内的储蓄还要漏到国外去购买投资品。这样的产业结构安排和贸易格局很难起到带动本国经济发展的效应，这使得劳动密集型产业不能成为带动产业升级的领头产业（杨叔进，

1983）。

1. 缺乏技术优势和竞争优势的资源禀赋比较优势难以为继。按照比较优势理论，中国拥有几乎取之不尽的廉价劳动力，这对于中国而言，发展带动密集型产业在国际贸易中具有强大的竞争优势。然而，一旦考虑到生产率的差异，偏重劳动密集型产品的中国在出口方面的低工资优势就不太明显，甚至较之某些国家还处于劣势。以 1998 年的数据为例，美国的平均工资是中国的 47.8 倍，但考虑到生产因素，创造同样多的制造业增加值，美国的劳动力成本只是中国的 1.3 倍；日本的这两个数字是29.9 和 1.2；菲律宾和玻利维亚的工资约 4 倍于中国，而单位劳动力成本比中国低 30%—40%。因此，考虑到技术因素，我们发展劳动密集型产业根本无优势可言，更不用说依赖劳动密集型产业带动产业结构的升级换代，实现与发达国家的收敛。[①]

在现实的贸易中，一国潜在的比较优势能否实现，贸易利润能否获得，取决于一国具有比较优势的产品是否具备竞争优势。如果不具备竞争优势，产品将被排除在国际交换之外，比较利益就无法实现。而比较优势是相对于本国的资源和另一国的情况，在世界范围内就不一定具有价格竞争力了，加上受到国际金融体制的影响及其他非价格因素，如产品质量、性能、款式、包装、运输费用、品牌偏好、文化内涵、售后服务、差异化等的影响，使得产品在国际市场上的竞争力由价格竞争力和非价格竞争力共同决定。如果发展中国家在非价格方面的竞争力太弱，它们即使具有低价格的比较优势，也会丧失竞争优势。

2. 按照比较优势选择产业结构会带来一些严重的后果。可以看出，除了上面所分析的比较优势理论的局限性之外，如果单纯按照比较优势指导我国的贸易和经济发展战略，可能具有比较优势的劳动密集型产业也不一定就能在世界上具有竞争优势。如果一味坚持按照由比较优势选择产业和技术结构，大力发展劳动密集型产业，出口劳动密集型产业，会带来一系列后果。

一是贸易条件的恶化。按照比较优势发展我国的劳动密集型产业可能会带来贸易条件的恶化，这可以从供给和需求两个角度来分析。从供

---

① 参见廖国民：《入世后中国的贸易战略：比较优势还是选择性赶超》，载《上海经济研究》2003 年第 5 期。

给方面看,发展中国家根据现有的比较优势参与国际分工,进行的生产主要在初级产品和劳动密集型的工业制成品方面,随着越来越多的发展中国家加入到全球化进程中来,劳动密集型产品的供给也越来越多,形成所谓的"合成谬误",从而使得这类产品在国际上竞争激烈,贸易条件不断恶化。从需求方面看,更是发展中国家贸易条件恶化的重要原因,因为各国经济的发展和人均收入的提高,国际市场上劳动密集型产品的国际需求日益减少。再深入到从需求结构分析,传统的劳动和资源密集型产品日趋饱和,国际消费需求及相应的投资需求结构已向更高层次转换。我国出口的劳动密集型产品加工程度低、技术含量少、产品质量不高,这种中低档次劳动密集型产品出口面对的只能是日益缩小的国际市场和日益下降的价格水平,形成与发达国家高新技术产品交换的贸易条件越来越恶化。这方面普雷维什(Prebisch,1950)和辛格(Singer,1950)在20世纪50年代针对初级产品,沙克和辛格(Sarker and Singer,1991)在20世纪90年代对劳动密集型制成品都作过理论和实证分析。

考虑贸易条件的恶化,许多有比较优势和竞争优势的产业其实并不一定适合中国参与。就拿大多数人都看好的纺织工业来说吧,由于全球市场的扩张非常有限,而且知识与技术含量较高的设计与面料后续加工又不是中国的强项,因此,尽管该产业是个典型的劳动密集型产业,但不大可能成为中国参与国际分工的最佳选择。诸如此类的例子还很多。

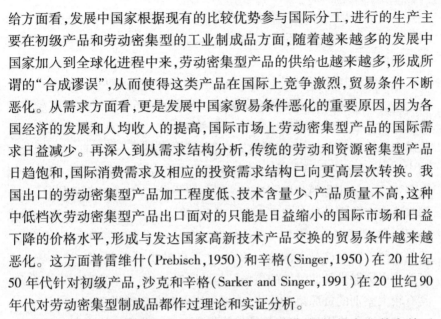

中国贸易条件恶化情况一览表

	1985	1989	1990	1991	1992	1993	1994	1995	1996
出口价格指数	185.35	130.4	129.7	100.00	89.12	99.57	93.95	75.21	87.86
进口价格指数	77.59	87.93	95.93	100.00	103.75	106.50	108.50	110.25	111.8
贸易条件	238.89	148.30	135.20	100.00	85.90	93.70	86.20	68.20	78.60

转引自张碧琼:《国际资本流动与对外贸易竞争优势》,中国发展出版社1999年版,第263页。

二是劳动密集型产品的需求弹性小、附加值低,易出现出口的"贫困化增长",同时,我国劳动密集型产品的出口市场过于集中,生产地区分布也不均衡,使我国产品极易遭受国际经济波动的影响和冲击。正如发展经济学家托达罗(1991)所说:富有充裕的非技术劳动供给的第三世界国家,由于专门生产密集使用非技术劳动且世界需求前景和贸易条件十分不佳的产品,从而陷入一种使其在非技术、非生产性活动上的"比较利益"永久存在的停滞的环境中,这将会抑制该国资本、企业精神和技术技能在国内的增长。

三是发达国家对发展中国家歧视性的贸易政策,使我国的劳动密集型产品受到了诸多的贸易壁垒的阻碍,在国际市场上发展的空间越来越有限。它使我国的以劳动密集型产品为主的出口贸易在国际分工中处于从属和被动的不利地位,极易落入"比较优势陷阱"。在目前人类社会空间中,落后国家拥有竞争优势的劳动密集型产品只占很小的一部分。当众多资源禀赋相似的落后国家都来瓜分这些产品上的竞争优势时,每个国家能占有的产品种类就更少了。况且,我国又是发展中大国,不可能像小国一样,仅靠有限的几种劳动密集型产品就能实现持续的快速发展。假如中国不顾自己是大国这一事实,去从事专业化生产,那么,世界绝不可能为中国提供如此巨大的市场。与此同时,国内各个地区客观存在的、具有较大差别的资源禀赋优势,也将无法得到充分的发挥。

由上述分析可见,仅靠比较优势是难以实现我国经济发展的重任的。不过,比较优势理论就过时没有价值了呢?答案是否定的。有丰富的天然资源和较低的劳动成本,是经济发展的有利条件。许多发达国家的发展最初就是由资源禀赋的产业带动的。只是如果仅仅满足于这些因素,往往就会陷入"比较优势陷阱"。

针对传统比较优势的局限性,一些学者指出,以竞争优势为基础,提高我国竞争力。更多的学者认为,比较优势与竞争优势不是非此即彼的关系,二者有一定的相容性。重要的是应寻求由潜在比较优势向竞争优势转化的途径。其实,我们深入分析就会发现,这种途径就是创新和技术。

如果发展中国家注重技术进步,则可以防止贸易条件的恶化,促进经济发展。尹翔硕、许建斌(2002)通过模型证明发展中国家如果专业化生产和出口低技术产品,其贸易条件长期来看会恶化。这种恶化会导致它们原来的比较优势降低,从而使它们有可能实施进口替代,转而使国内生产一部分高技术产品。但是如果仅仅有这样一个市场过程,并不能使发展中国家的贸易条件改善,从而也不会使发展中国家的福利水平提高,与发达国家的差距缩小。但是,如果发展中国家以此为契机,通过政府教育和技术政策,一方面发展教育,提高人力资本,另一方面推动科研,提高技

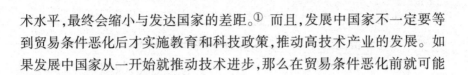

术水平,最终会缩小与发达国家的差距。[①] 而且,发展中国家不一定要等到贸易条件恶化后才实施教育和科技政策,推动高技术产业的发展。如果发展中国家从一开始就推动技术进步,那么在贸易条件恶化前就可能影响世界产品价格,防止贸易条件的恶化和差距的拉大。

二、竞争优势理论在我国的发展及其缺陷

20 世纪 80 年代以来,波特相继发表了他的著名的三部曲:《竞争战略》(1980 年)、《竞争优势》(1985 年)和《国家竞争优势》(1990 年),提出并完善了竞争优势理论。波特认为,一个国家之所以能够兴旺发达,其根本原因在于这个国家在国际市场上具有竞争优势,这种竞争优势源于这个国家的主导产业具有竞争优势,而主导产业的竞争优势又源于企业由于具有创新机制而提高了生产效率。波特所指的一个国家的竞争优势也就是企业、行业的竞争优势,具体包括六个方面的因素:生产要素、国内需求、相关支撑产业、企业的战略结构和竞争、政府的作用、机会(包括重要发明、技术突破、生产要素与供求状况的重大变动以及其他突发事件等)。

我国学者 20 世纪 90 年代初引进介绍波特的国家竞争优势理论[①],至 20 世纪 90 年代中后期兴起了研究竞争优势的高潮。一些学者将比较优势与竞争优势理论并列,认为比较优势已经过时,应当强调竞争优势,而越来越多的学者认识到不能割裂二者的联系,应当寻求从比较优势到竞争优势的途径,但归根结底还是推崇竞争优势。[②] 而竞争优势理论的缺陷却很少提及或一笔带过。事实上,波特理论也有其局限性和对中国的不适应性。

1. 竞争优势的许多结论不适合解释发展中国家的情况,钻石模型主要是根据发达国家尤其是美、日的成长过程所总结出来的,波特认为市场需求越苛刻、越高级,产业的竞争力就越高,但在大多数发展中国家,目前

---

① 参见尹翔硕、许建斌:《论落后国家的贸易条件、比较优势与技术进步》,载《世界经济文汇》2002 年第 6 期。

② 作者搜集到的最早介绍波特模型的是《经济社会体制比较》1991 年第 5 期上的一篇介绍性文章《波特理论模式:发挥国家竞争优势》。

许多产业的发展还处于起步或成长阶段,并没有能力来满足苛刻、高级的市场需求。如果发展中国家将苛刻的、高级的市场需求用法律的形式确定下来(如通过严格的环境保护法律或产品质量法律),则在国际竞争中,发展中国家的相关产业的企业将难以和发达国家的企业竞争,并最终使其丧失国际竞争力。

2. 竞争优势理论的隐含前提假设在于:资本是充裕的,企业可以轻易获得先进的技术和管理经验。这与现实条件并不完全符合。国际范国内的资本流动仍然受到诸多限制,一些贫穷国家自身的积累能力也有限,尤其对一些发展中国家来说,技术落后和管理经验不足的情况更严重。因此,在扶持自己的幼稚产业时,一定程度的垄断和贸易保护是必需的,自由竞争只会造成打击民族工业的后果。在对日本的经验进行分析时,大多数经济学家都把日本通产省实行的产业扶持政策作为日本经济成功的一个重要原因,而竞争优势理论对这点的忽视显然构成了它的一个根本缺陷。

3. 钻石体系包括的特质有好几项,而简化的答案往往会把问题内部一些最重要的部分掩盖掉。这反映了战后影响国际竞争和国家经济发展的因素的复杂性,一国经济发展是受多个方面影响,甚至不同的国家影响因素也不相同。但是考虑的因素过多又使其步入另一个极端:如果把所有凡是有影响的因素都考虑进去,却往往也会掩盖了真正的关键因子。科学研究就是要从复杂的现象中抽象出其中的规律或决定性因素,而不能凡是影响的因子都一一列出。

4. 波特的分析没有考虑跨国公司的作用,而明显的例证表明,跨国公司在国际贸易和国际分工中的作用不可忽视。同时也使得产业竞争优势有时不完全取决于国内因素。

5. 波特模型的逻辑是国家的竞争力取决于企业和产业的竞争力,因而他的分析从企业的竞争战略出发。但是他又几乎完全将企业竞争优势归因于企业外部的市场力量,并假设这一力量与企业进行市场定位,构筑进入和退出市场壁垒的能力相一致。企业所处的外部环境的确很重要,但过分强调国内市场、相关产业、同业竞争、机会和政府等外部因素而忽视企业自身的因素也是难以形成说服力的。

尤其是对于我国,竞争优势所含因素太多,而我国一时是很难具备全部要素的,如果没有重点地制定战略,发展的质量将会受到影响。波特自己也承认,国家的竞争优势倒也不需要齐备所有的关键要素,国家缺少两个关键要素也不会妨碍它寻求竞争优势,但他没能指出到底如何从仅拥有一两种要素(如自然资源)发展到拥有互动的整体竞争优势。而我们知道,要想持续发展,拥有持久的竞争力,必须拥有垄断性的资源,而自然资源如上分析是可以替代和跨国流动的,因而难以形成垄断性。只有无形的资源——知识,才是国家最大的财富。拥有自主知识产权优势,是一个企业和国家能取得垄断利润的关键。

三、构建知识产权优势理论与战略

比较优势理论的缺陷使得我们认识到,不仅不能指望单纯发展比较优势产业来推动国家经济的选择性赶超和高效益发展,而且满足于比较优势还可能造成贸易条件恶化,陷入比较优势陷阱;竞争优势综合因素太多,而且并不十分适合发展中国家的现实要求;进入 21 世纪,知识、名牌和核心技术越来越发挥着重大作用,对于企业参与世界竞争、提升综合国力、维护国家安全都有重要意义,因而重视和培育知识产权优势是提高后发国家核心竞争力的必然和迫切要求。有些论著认为,现在知识和技术已没有国界,落后国家可以模仿或买进先进技术。但是,对于企业乃至国家而言,最先进的技术和名牌往往是买不来的,没有自主独立的科技创新体系和名牌开发体系,就只能受制于人。

当前,针对比较优势和竞争优势的理论和实践缺陷,我国应大力培育和发展"第三种优势",即"知识产权优势"[1]。所谓知识产权优势,是指通过逐步拥有以自主核心技术和自主名牌为主要内容的自主知识产权的经济优势,是相对于比较优势、竞争优势而言的第三种优势。

知识产权优势不是同比较优势和竞争优势完全对立的,而与它们既有区别又有联系。知识产权优势不能脱离比较优势和竞争优势基础,是在一定的比较优势和竞争优势基础上的更核心层次的国家优势。它避免了笼统的竞争优势的理论缺陷,而突出了以核心技术和名牌为核心的经

---

① 程恩富:《构建知识产权优势理论与战略》,载《当代经济研究》2003 年第 9 期。

济优势或竞争优势。它不仅应体现在我国的高新技术产业部门及具有战略意义的产业部门,这些必须逐步掌握自主研究、自主开发、具有自主知识产权的核心技术和名牌,建立以自主知识产权为基础的技术标准体系,而且还应体现在我国传统的民族产业或低端产品部门,包括劳动密集型产业部门,也必须塑造在国际上具有一定影响力的民族名牌,拥有自主知识产权的中低级关键技术。

比较优势是由一国资源禀赋和交易条件所决定的静态优势,是获取竞争优势的条件;竞争优势是一种将潜在优势转化为现实优势的综合能力的作用结果;比较优势作为一种潜在优势,只有最终转化为竞争优势,才能形成真正的出口竞争力。现在要实现我国出口产品的结构升级,就必须以国际经济综合竞争为导向,将现有的比较优势转化为竞争优势,而其中的关键就在于创造和培育我国的知识产权优势。

只有具有自主知识产权的优势,企业和产业的竞争优势才有可能形成并长期保持。或者说,知识产权优势是持久高端竞争优势的必要性条件。波特在钻石体系的第一项中特别强调高级人力资本和研发的重要性。具有较高物资资本水平国家的企业,必须雇佣具有高人力资本的人才,强调研发和新产品开发的重要性,这是这些企业利用本国的比较优势,在国际市场上取得竞争优势的必然要求和表现。

另外,相对于比较优势和竞争优势,知识产权优势更恰当地反映了时代特点和经济发展的要求。比较优势、竞争优势往往都是用进出口值或净出口值来衡量,但进出口值不一定能代表真正的国际竞争力,也不一定代表这一产业在国内的产业结构和产业升级中的地位及对 GDP 的贡献,因为它受到很多因素的影响,如国家的对外政策、经济波动等。同样,对GDP 作出重大贡献的也不一定是出口量大的,国内需求也是不容忽视的重要方面。所以,比较优势、竞争优势的一些数据可能并没反映问题的实质。而新时期的知识产权的作用是具有决定性的,合适的技术发展路径才能缩短与发达国家的差距,促进经济有选择性的赶超或跨越。

知识产权优势的培育,是一个综合而需要长期努力的过程。我国与发达国家相比,知识产权方面存在很大的优劣势差距,这就要求我们要认清趋势,加快发展,制定持久而全面的选择性赶超战略。这里要强调的是,知识产权优势并不等于高新技术,而是应针对不同时期、不同行业和不同研究机构,有不同的含义和重点。就短期战略而言,制造业要注意"干中学",发展实用技术,企业是技术创新的主体,国家提高技术标准;就中期战略而言,要认清世界产业发展的趋势,促进生化、电子、信息等技术的研发,以多体系科研机构为主体,国家促进合作协调和加强知识产权保护;就长期战略而言,要加强基础研究,以国家和高校的研究机构为主体,加大资本和人力投资,提高国民素质,创立和发展国家科技创新体系。另外,各地各部门都要注重打造名牌,保护原有民族名牌,鼓励新名牌在国内外的拓展。

在我们海派经济学家看来,面对这个既充满机遇又充满挑战的新时代,我国要最大限度地获取贸易发展的动态利益,更好地通过对外贸易促进产业结构的良性调整,就必须拥有自主知识产权的核心技术和打造自主知识产权的国际品牌,就必须以知识产权优势理论作为应对经济全球化和发展对外贸易的战略思想,并在结合比较优势与竞争优势的基础上,大力发展控股、控技(尤其是核心技术)和控牌(尤其是名牌)的"三控型"民族企业集团,突出培育和发挥知识产权优势,早日真正打造出中国的世界工厂而非世界加工厂,从而尽快完成从贸易大国向贸易强国和经济大国向经济强国的转型。那种只强调保护国内外知识产权,不强调创造自主知识产权的做法,那种主要寄希望于依赖不断引进外资、外技和外牌的策略,那种看不到跨国公司在华研发机构的正负双面效应而一味欢迎强国推行"殖民地科技"的开放式爬行主义思维,都是不高明的科技发展"线路图"和开放理念。

●原文刊载于《求是学刊》2004 年第 6 期。
●程恩富,中国社会科学院马克思主义研究院院长,上海财经大学马克思主义研究院、海派经济学研究中心教授、博士生导师,黑龙江大学客座教授,河南大学客座教授。
●廉淑,中国建设银行上海市分行培训中心研发部工作人员。

用科学的改革观指导国有企业改革

洪银兴

党的执政能力首先是领导发展的能力。我国现阶段的基本经济制度是以公有制为主体多种所有制经济共同发展。我们党能否领导好国有制经济的发展是党的执政能力的具体体现。国有制经济的发展无疑要靠改革。在改革进行了20多年的今天谈国有企业的改革,需要树立与科学发展观相适应的科学改革观。科学改革观的基本要求是以人为本,创造和谐社会。

一、多元化的市场化改革不完全放弃国有企业

市场化改革不可避免地要牵动国有经济的改革。在多种私有制经济发展起来后,公有制企业,特别是国有企业的竞争力明显下降。究其原因可以发现改革的多元途径:一是国有经济进入了许多没有必要进入的领域,特别是竞争过度的领域;二是国有企业的社会负担较重,其中包括税收负担过重、企业保障(养老、医疗等保障由企业提供)和人员负担过重;三是国家对国有企业的投入减少;四是国有企业在体制上放开得较晚。其突出表现是国有企业的产出份额下降,既反映与非国有经济相比其效益的下滑,又反映非国有经济增长较快。这意味着,在多种经济成分发展到一定阶段后,市场化改革必须进入新的阶段,即直接以国有经济作为市场化改革的对象。从国有经济的整体效益考虑,国有经济没有必要在所有行业及数量上成为主体,国有企业将主要集中在应该发挥作用的领域。根据国有经济布局调整的目标,无论是在国民经济重要部门还是在国民

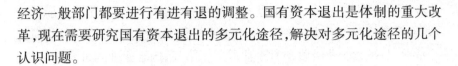

经济一般部门都要进行有进有退的调整。国有资本退出是体制的重大改革,现在需要研究国有资本退出的多元化途径,解决对多元化途径的几个认识问题。

(一)关于国有资本退出的领域

一方面,在不涉及国民经济命脉的部门,不要求国有经济占支配地位,国有资本从中退出没有制度限制,国有资本可以逐步退出低效益的企业,退出本来就没有必要也没有明显优势的行业,退出处于结构性矛盾中的长线产业。但是,并没有要求所有国有资本都退出一般竞争性领域,在这个领域效益较高的企业的国有资本没有必要全部退出。另一方面,在国民经济命脉部门,国有经济必须"进",但是,国有经济的作用既要通过国有独资企业来实现,更要大力发展股份制,通过探索国有控股和参股企业来实现。这表明即使在一些国民经济命脉部门也可能有"退"的方面,即在不特别强调国有独资的领域,允许非国有资本进入,在与非国有资本合资的企业中,国有资本要保持控股地位。一些国家垄断行业也会通过股份制等形式吸纳更多的民间资本进入。过去由国家独家经营的基础设施和公用事业都可以打破垄断,借助股份制引入民间资本、外来资本。

(二)关于国有资本退出的方式

在相当一部分国有企业中,国有资本可以完全退出,从而通过改制成为非国有企业。相当一部分国有企业可以走这条路,但对相当一部分国有企业特别是大型国有企业来说,国有资本没有必要全部退出,可以部分退出。提出这一认识的基本出发点是:现有的国有企业并不都是像有人所说的那样是废铜烂铁,许多先进的生产要素如较为先进的设备、人力资本还是集中在国有企业,问题是现行的产权制度束缚了其竞争力。因此对国有企业的态度不是放弃,不是任其关门破产,而是通过新的产权制度安排来提高其竞争力。保留国有企业不等于不要进行产权制度改革,国有企业通过吸收私人产权改制为混合所有制的理论前提是明确公有制经济不是公有制企业,而是指国有资本和集体资本。国有企业吸收私人股权的各种途径,实际上是国有资本退出的途径,主要包括三个方面:第一,国有企业吸收私人股权。国有企业形成包含私人股权的多元股权结构有多种渠道,其中包括公司上市进入资本市场吸收私人股权,本企业职工持股,经营者持股等形式。第二,国有企业与私人企业相互融合,吸收私营企业股权,私营企业吸收国有企业股权。第三,国有企业与外资的合资,吸收外资股权。所有这些途径,不仅可以使国有企业获得更多的扩大资本规模的渠道,也可以使之因包含私人产权而得以改制。

(三)公有制在股份制中实现,是否要求控股

一般说来,如果公有资本在其中没有控股,那就是实现收益权,即剩余索取权,如果控股,那就是享有对企业的控制权。国有资本在股份制企业中,是否需要控股,是相对控股还是绝对控股则要区别不同情况。在涉及国民经济命脉的部门就要控股,不涉及国民经济命脉的部门就不一定要控股。但是,在这些非国民经济命脉部门中,有些国有企业效益很好、资产质量好,它有能力吸收其他资本进入组成股份制,就没有必要放弃自己的控股地位。可以料想,今后的企业股权结构调整和整合,各类公有资本与各类非公有资本之间的相互参股,企业之间的收购和兼并,企业内控股者的变化将是市场上的一种常态。虽然在这些过程中难以避免会产生秩序的混乱,但从整体上说是企业结构的整合,有利于形成高效率的企业结构。

二、改革和改组并举提高国有企业的整体效益

提高国有经济的效益并非只有国有资本退出这一条路。这里要明确,国有企业改革不能都改制为私人企业,这样可能会使全社会企业规模趋小而使企业结构低级化。国有企业也不能限于在本企业范围内进行。实践已经证明仅仅在单个企业范围内进行改革成功的不多。

国有企业进行战略性重组成本可能更小。企业重组对提高国有企业整体效益有两大优势:一是将企业做大、提高竞争力;二是以优质资本稀释劣质资本。从市场竞争角度讲,还有一个目标就是消灭竞争者。

重组过程也是改革过程。企业重组包括企业内产权重组和企业间的产权重组。前者上面已经分析。这里考察企业间的重组。企业重组不仅包括国有企业间的重组,也包括并购非国有企业,其基本方式是资本运作。

实际上目前国有企业存在的低效率问题,并不都是企业内部问题,大量的是企业交易成本加大的问题。现有的市场化改革产生的一个重要效应是强化了企业之间的竞争。竞争形成的压力有效地推动了企业提高经济效益的积极性。由此,企业的生产成本大大降低、劳动生产率也大大提高。但是,企业的整体效益并没有明显提高。原因何在? 事实表明,企业的生产性费用降低的同时,企业的竞争性费用却在不断增加。现在,企业费用结构中越来越多的比重是竞争性费用。越来越多的广告费用、越来越多的包装费用、越来越多的推销费用,特别是企业间的恶性竞争,如企业间的相互压价、相互拆台,等等,都导致了竞争性费用的提高。过大的竞争性费用抵消了企业的效益。现在企业大面积亏损和效益严重下滑,在颇大程度上要用这种过大的竞争性费用来说明。

目前过多的竞争性费用主要来自企业之间的过度竞争。就是说,企业间竞争多于合作,甚至是只有竞争,没有合作。在市场经济理论中,竞争和合作是兼容的。竞争的费用和效用的比较也会提出合作的要求。其实,竞争也不一定以把竞争对手置于死地为目的。一般说来,把对手置于死地的竞争,费用必然是很高的。就是说,竞争是否一定要把对手赶出市场,是有一定限度的,企业在竞争到一定阶段(如可能会两败俱伤,竞争费用过高时)有必要主动地寻求相互合作、以减少各自的竞争费用的途径。资本集中同推进企业集团化和企业大型化是一致的。科斯依据其交易成本理论将企业定义为对市场的替代(科斯,1960),实际上也指出了在企业间存在外部分工和市场交易的条件下,通过企业间的联合和集团化,将外部分工内部化、将企业间的外部交易变为企业内的管理协调,具有克服企业间竞争和降低市场交易费用的意义。

降低企业竞争费用的关键是,根据规模经济的要求扩大企业规模。企业重组的一大任务就是推动企业达到规模经济。其路径是通过资本集中培植大企业。这是由相关行业所需要的最低限度规模决定的,如石化行业、汽车制造行业、摩托车行业,等等。在这些行业中通过重组建立、达到并超过最低限度规模的企业。面对由于重复建设所造成的生产同类产品的企业都达不到规模经济的状况,企业重组的必要路径是推动资本集中,将众多的中小企业重组为大企业。

推进以资本集中为内容的企业重组需要解决对垄断的认识问题。在传统的理论中,垄断同腐朽、停滞、垂死联系在一起,按此理论,企业间的联合、资本的集中常常要以不形成垄断为限度。这就成为通过资本集中的途径以降低竞争费用的阻力。实际情况是,由分散的生产走向生产的大规模集中,甚至出现寡头垄断的市场,本身是市场经济发展的结果。现代市场经济不可能建立在分散的原子型企业基础上,相互竞争的企业在达到势均力敌的境地时,为避免两败俱伤,必然要主动地寻求相互合作,或者签订某种分配市场的合约,或者联合为一个企业,由此在一定范围形成的垄断会减少各自的竞争费用,由此节约社会资源。这也体现资源配置的效率。

在现实的企业重组中暴露出了一些严重的低效益高风险问题。现在有必要研究企业重组中的有效性和安全性问题。针对我国企业并购所面对的风险,需要在以下几方面建立风险防范机制:

1. 优势企业成为企业重组的主体,保障资本集中的效益

企业重组要达到较高的效益,必须解决资本向优势企业集中的问题。其理由是明显的,长期的优不胜劣不汰的体制造成了大量的国有资本沉淀在不能产生效益的企业中。企业重组的重要目标是使现有的国有资本由"死"变"活",由低效占用转为高效占用。这样,资本向优势企业集中便成为企业重组的主题。

资本向优势企业集中意味着鼓励优势企业并购落后企业。这种并购,不仅能在短期内迅速扩张优势企业规模、及时扩大市场,而且还能借助优势企业带动并救活一批困难企业,使被落后企业无效占用的要素得到新生,保证具有优势产品的企业的要素供给。

优势企业提高市场集中率,固然可以通过并购落后企业来实现,但是,从并购效益考虑,资本集中可以选择效益较好的企业或在市场上占有一定份额的企业作为并购对象。其目标包括两个方面:一方面,企业要进入新的市场,不一定自己进行新产品的开发和新市场的开拓,可以通过并购已经进入该市场的企业来进入新的市场;另一方面,企业要扩大市场进而达到控制市场的目的,可以通过纵向并购,将与企业投入产出相关的关键性企业纳入控制的范围,企业也可通过横向并购,消灭竞争对手,减少行业内的竞争者数量。

资本向优势企业集中也有风险,最大的风险就是被被并购企业拖垮。

如果出现落后企业将优势企业拖垮的状况,这种企业并购就是不值得的。规避优势企业被落后企业拖垮的风险的机制主要涉及以下两个方面问题:

一方面,优势企业(而不是政府)必须成为并购主体。企业并购要给优势企业充分的选择自由,让其依靠竞争机制去"吃掉"落后企业。在这个过程中必须强化市场竞争,充分发挥市场在企业重组中的调节作用。对一些无法救活的企业来说,应该是先实施破产,后实行并购。

另一方面,面对优势企业可能被被并购企业拖垮的风险,资本集中的过程必须解决并购行为规范化问题。为了防范并购风险,企业并购应更多地采取公开的市场途径。这就要求在建设和完善各类资本市场的基础上,让优势企业进入资本市场(包括产权交易市场),通过并购(兼并和收购)的方式实现资本集中,特别是在证券市场通过规范的股票购买的途径实现企业的并购。

2. 依据管理能力和管理成本确定企业规模扩张的度

雄心勃勃的规模扩张策略往往造成企业并购过度。公司内形成数量较多的企业间的联系链条,难免会产生公司内的连累效应。某一二个企业效益下滑或倒闭会拖垮链条上的其他企业,这就是企业规模扩张风险。我国当前进行的企业间的并购联合要适度。并购联合的度由三方面决定:

首先,是并购的效益目标。并购的目标不能仅仅放在规模的扩大上,重点应放在效益的提高和市场占有份额的扩大上。具体地说,企业并购只有在达到 $1+1>2$ 的协同效应时,这种并购才是有效的。一般说来,亏损企业、效益不好的企业并购成本最低,但是,如果一个企业并购的亏损企业太多,很有可能因整体效益的下降而拖累自己。

其次,是管理能力。通过并购所形成的关联企业链条有多长,关键是要看企业的管理能力及企业管理机制所能容忍的最大极限。就是说,并购企业的管理者的管理能力,或者所设定的管理机制的有效范围是有限度的,超过一定的限度,其有效性会递减。这就客观地规定了企业规模扩大的界限。

再次,是管理协调成本。这个界限可用诺贝尔经济学奖获得者科斯的交易成本理论来说明。科斯解释说,其实企业内部的组织管理也是有成本的。当企业扩大时,对企业家的功能来说,收益可能会减少,因为企业内部组织追加交易的成本可能会上升,因此企业并不能无限地扩大,企业规模的扩大是有边界的。他认为,当企业扩大到这样一点,在这点上企业内部所费管理成本等于市场进行这项交易所费的成本,企业规模便不会再扩大。就是说,如果企业内的协调成本大于企业间的交易成本,这种企业合并和集团化是没有必要的。

3. 依据信息掌握程度确定并购的领域

企业重组的度还有投资领域的规定。一些大公司失败的一个重要原因是其跨行业并购联合过度。大公司的投资横跨制造业、金融业和房地产业以及其他的各个行业。日本和韩国一些大公司的倒台,大都是被跨行业的关联企业拖垮的。因此需要研究不同并购方向的风险度。同行业的并购(横向并购)会因减少竞争对手而降低竞争成本,不同行业但与本企业的投入产出过程相关的纵向并购会减少企业的交易成本。就并购风险来说,由于企业对自己所在的行业和所在的市场以及与自己产品的生产相关的行业和市场较为熟悉,因此,企业的横向并购和纵向并购的风险较小。现在需要注意的是跨行业的混合并购的风险。本来,企业进入与本企业已有的生产和服务毫不相干的行业和市场,进行多角化投资和经营是规避风险的一条途径,但不可忽视的是这种混合并购也潜伏着较大的风险。原因是显然的:市场不熟悉,信息不完全,已有的知识和经营经验不完全适用于新市场、新行业企业。公司对非本行业的关联企业控制必然乏力。特别要注意的是目前许多企业跨行业投资的项目大都是重复投资严重的项目。这种跨行业扩张便会遇到严重的市场问题。我国这种状况实际上也屡见不鲜,有不少制造业企业盲目进入房地产行业、进入期货市场和股票市场,最终因投资失误而陷入困境。这些教训必须记取。这里要关注多元化投资和多元化经营的区别,对跨行业的并购来说,更为适合的是多元化投资而不是多元化经营。

4. 硬化企业扩张的财务约束,遏止非理性盲目扩张

目前企业并购的积极性基本上是由低成本扩张引诱的。从总体上说,相对于重建一个企业,企业新进入一个行业,企业并购可能具有低成本扩张的意义,但这不等于说所有的并购行为都具有低成本扩张特征。调查分析的资料表明,我国目前许多企业对低成本扩张的理解存在误区。目前企业并购的低成本主要有以下表现:一是被并购企业效益低下,评估的资产价值低,甚至有些企业是零资产。二是政府采取鼓励性政策降低

了并购成本。例如,地方政府采取产权划拨、挂息、冲销被并购企业不良债务、政策性贷款等支持方式。三是依靠银行的较低利率的贷款实现并购。所有这些便使现阶段的企业并购具有明显的低成本特点。受这种低成本的刺激,企业的规模扩张便可能出现非理性和盲目性。仔细分析便可发现,这里讲的低成本只是并购时的资产交易成本(王国刚,1997)。对并购企业来说,这只是企业重组的成本的一部分。并购企业所要承接的被并购企业的人员负担、债务负担都应看做是重组成本的重要组成部分,如果再考虑到并购后对被并购企业进行体制和技术改造的费用,以及在一段时间中的磨合费用,扩张成本不可能是低的。这些成本因素实际上成为企业并购的风险因素。我们在这里说明扩张过程中的完整的成本概念,实际是要指出企业不能仅仅因受并购交易的低成本的刺激,而产生非理性的过度扩张。

特别要指出的是企业依靠向银行的低利率贷款进行扩张的风险。在竞争激烈、市场变化快、经济不稳定因素加大的条件下,高负债经营和高负债扩张是难以为继的,它潜伏着支付危机。而高负债在颇大程度上是由并购企业行为拉动的,高风险则由并购对象的低效益及并购后的效益下降引发。特别需要指出的是,那些专事炒卖企业的资本经营是以银行的巨额贷款为基础的,同其他投机性活动一样,炒卖企业的风险也很大。这种投资失误所造成的损失,不仅仅是资本经营公司的失败,更为重要的是会拖累银行,造成金融风险。

上述企业扩张的成本分析对金融系统提出了加强并购的金融制约,防止高负债扩张的要求。实行大公司战略、推进企业并购不能没有金融支持,但是,金融支持不是金融依附。企业并购的资金来源应该以并购企业自身的财力为基础,更多地采取以自有资本进行股本扩张的方式。银行的贷款只能作为补充。作为贷款方的银行要从防范自身风险出发加强对企业并购行为的监督,硬化对大公司的财务约束。对不是以自有资本进行股本扩张的方式,而是主要依靠银行贷款进行扩张和并购的行为进行严格的限制和监控。

5. 注重企业重组绩效,强化并购后的投入

现在许多进行重组的企业往往以为完成资产交易就完成了并购。现实中一些企业在重组后绩效不明显,甚至效益明显下降在很大程度上与

此相关。从并购绩效考虑,企业扩张所达到的规模经济必须体现在三个方面的规模经济(邵东亚,1998):一是技术上的规模经济(生产成本和组织成本的降低),二是财务上的规模经济(购买生产要素费用降低),三是市场力量上的规模经济(扩大市场份额)。按此要求,完成产权交割只是企业并购的一个环节。因此完成产权交割之后对被并购企业注入各种生产要素是企业重组的必要环节。从并购绩效考虑,并购后的各种投入是最关键的。其意义,不仅是要提高被并购企业的效益,还要为并购企业解决安全问题,以规避并购风险。

按此要求,企业并购后的投入主要包括两个方面:

一是制度投入。一方面要建立促进被并购企业提高效益的新制度,另一方面在重组后的公司内建立起风险防范机制,增强公司抵抗扩张风险的能力。具体地说,就是根据现代企业制度要求,在被并购企业建立有限责任制度,在企业制度上防止被并购企业因财务状况恶化所产生的对关联企业的拖累。

二是资金和技术投入。企业在并购后要巩固扩张成果,重要的是及时对被并购企业注入优质资产,其中包括注入管理、技术、市场等方面的要素,从而使被并购企业及时产生效益。其结果就是使重组后的企业不仅构筑起规模的壁垒,还能构筑起技术的壁垒,在市场上形成垄断优势,真正产生 $1+1>2$ 的协同效应。

最后指出政资分开后的职能划分。企业经营包括市场经营和生产经营是企业自己的事。国有资产经营公司的基本职能是管理和运作国有资产,也就是资本经营。方式是股权管理和运作资本。资产经营公司不应该进入企业的经营活动。当然资本进入的企业应该是动态的,可以调整的,否则就谈不上资本经营。

三、注重社会公平的改革观

科学的改革观,不仅要解决效率问题,还要真正解决以人为本的改革观问题。我们改革的目标是非常正确的,在中国要真正解决效率问题,只有一条路,那就是发展社会主义市场经济。但是从提高党的执政能力的角度来审视我们已有的改革,需要解决好科学的改革观问题。一是统筹

好效率和社会公平,二是协调好改革发展和稳定的关系,三是创造和谐社会。具体涉及以下几个方面:

首先,科学的改革观,总体思路就是改革要调动和凝聚一切积极的因素和积极的力量,来推动我国的现代化建设,努力形成全体人民各尽其能、各得其所而又和谐相处的局面。十六届四中全会提出要创造和谐社会,不是像以前那样靠阶级斗争,而是应该靠和谐、合作来推动社会发展。

根据上述要求需要确立劳动、资本、技术和管理等生产要素按贡献参与分配。在知识、技术、企业家等要素的所有权属于私人的情况下,按各种要素的贡献取得报酬,不仅能刺激劳动要素所有者的劳动投入,还能刺激资本、技术、管理等要素所有者的各种要素的投入,并且形成各种要素所有者之间和谐相处的局面。

根据要素报酬理论,资本收入同其他要素收入一样,都是所有权收入。劳动者可以成为有产者,也可以成为私人投资者,并相应得到财产和投资收入。这本身反映进入新社会后劳动者地位的改变,而且也正是在劳动者具有这种地位后,劳动者才真正成为这个社会的建设者,而不是掘墓人。资产者也可能是劳动者,资本所有者也可能通过其管理和技术的投入而投入劳动。特别是现阶段许多依靠自己的劳动收入、合法经营和企业家精神而积累起来的资本实际上在很大程度上有其劳动基础。这意味着,资本所有者和劳动者都可能获得劳动收入和非劳动收入。在现阶段,一切合法的劳动收入和合法的非劳动收入都应该得到保护。这也是在社会主义条件下劳资可能合作的基础。

其次,科学的改革观不仅要追求效率,还必须注重社会公平,没有社会公平,也就无法体现以人为本。改革需要得到广大人民群众的支持,如果没有人民的支持,我们的改革就没有动力,改革要得到人民的支持,公平和效率一个都不能少。改革要解决效率问题,改革要注重社会公平,必须通过改革、发展和稳定相协调来降低改革成本。最近理论界在讨论郎咸平提出的问题,我对他全盘否定国有企业改制的观点并不认同,但是他提出的改革的公平问题需要引起我们重视,改革是要解决效率问题,但改革的过程要公平。比如,我们现在谈得较多的 MBO,也就是经营者收购的问题,这里有两个公平问题:一是经营者的贡献,如果某个企业,其经营者从创立企业到企业发展作出了重大贡献,那么他们来收购这个企业,应该没有多大的问题。而一些国有企业的老总，往往是一张任命书任命下来的，有些上任不久的国企老总，如果恰逢改制，将前任领导和员工创下的企业收购后一跃成为新企业的所有者，这显然有失公允。二是购买企业股权的资金是自己的，这应该说是公平的。但现在有的收购是用企业向银行抵押贷款来购买。这就不公平，如果不公平，就将直接导致人民群众不支持。我们的改革必须要解决好社会保障问题，解决好机会均等的问题，要在公平上多下工夫。

第三，克服贫富两极分化。从改革开放一开始，就提出"要允许一部分地区、一部分人先富起来"，这种先富政策是正确的，如果没有这种先富和后富，我们不可能发展到今天，但是我们现在来谈这个话题，必须关注，我们在允许一部分人先富起来的同时，应该注重社会公平，差距不能拉得太大。如果我们改革中一味追求效率，允许一部分人先富起来，但是如果收入差距过大，就像现在有数据显示的，我国的基尼系数已经达到并超过美国的水平，那么，从提高党的执政能力的角度来谈驾驭市场经济，应该到注重社会公平的时候了。十六大指出要保护发达地区的发展活力，现在的解读是更要关心欠发达地区、困难行业的发展和困难群众的生活，使他们感受到社会主义的温暖。这是区域发展政策的调整，这样才能使我们的改革和发展得到最大多数人的支持。

第四，改革发展和稳定相协调的结合点是提高人民群众的生活水平。按照科学改革观的要求，改革的速度、改革的力度和社会的可承受程度必须要统一起来。就企业提高效率的改革来说，过去企业是封闭性的，要增效就要减人。现在再强调减人，就背离了以人为本的改革观。企业可以通过增效来创造新的就业机会，增效稳人才是现阶段低成本的企业改革。

●原文刊载于《求是学刊》2004年第6期。
●洪银兴，南京大学副校长、教授、博士生导师。

中国经济增长面临挑战和机遇

刘 伟,蔡志洲

从 2007 年下半年到 2008 年,中国经济增长开始出现转折。2007 年,中国的 GDP 增长率达到 11.9%,达到由 2002 年下半年开始的本轮经济增长的高点。但从 2008 年起,我国的经济增长率开始逐季回落,一季度至三季度的单季同比增长率分别为 10.9%、10.1% 和 9%,每一季回落 1 个百分点左右;累计同比增长率分别为 10.9%、10.4% 和 9.9%,每一季回落 0.5 个百分点。2007 年下半年和 2008 年上半年,我国面临着空前通货膨胀的压力,消费者价格指数达到了本轮周期的最高水平,2008 年一季度的 CPI 达到了 8%。但是到了 9 月份形势却发生了明显的变化,虽然累计的 CPI 仍然达到 7.1%,但当月的 CPI 已经回落到了 4.6%,许多商品的环比价格都出现了明显的回落。如果从经济周期的角度观察,从 2002 年下半年中国经济增长开始加速以来,经过 6 年的高速增长,可以说我国经济在 2007 年到达了峰值,目前正处于由繁荣周期的顶部而逐渐回落的阶段。不仅从总量上表现出这种趋势,从结构上看也是如此,由于成本推进的通货膨胀导致的需求回落,已经在出口、投资甚至是消费领域面表现出来。在微观层面上,无论是国有大型企业还是三资企业、民营企业,一方面要承受成本增加的压力,另一方面还要面临需求减少的挑战。虽然说中国经济总体向好的基本趋势并没有改变,但是和前些年相比,经济环境已经有了较大的变化。也就是在此前后,全球经济也发生了激烈的动荡,2007 年夏天,美国的次级抵押贷款引发的金融危机开始蔓延,到 2008 年 9 月,次贷危机发展成为全球的金融风暴,给西方发达国家的金融体系和全球经济发展带来了巨大冲击。由于中国在金融和资本账户上还没有实行人民币自由兑换,对资本流入和流出还实行着比较严格的管制,全球金融风暴对中国金融市场的直接冲击有限。但由于在经常账户上,中国和全球经济交流的规模非常大,金融风暴和世界经济衰退不可避免会给中国的经济增长和经济发展带来影响。在这种背景下,中国对以往的宏观经济政策进行了调整,通过积极的财政政策和适度宽松的货币政策来稳定经济增长,并推出了扩大内需的十项具体措施,这对我们应对来自国内外的严峻挑战具有重大意义。

一、当前经济增长中的主要问题

当前的中国经济增长的主要问题表现在以下几个方面:

一是长期成本推动的通货膨胀已经使经济增长的连续性受到了影响。从我国目前的情况看,由于货币政策、供给政策以及市场经济的自我调节,价格总水平上冲的趋势已经得到了控制,再发生持续的高通货膨胀的可能性已经极小,但已经发生的价格总水平的较大幅度的上涨对我国经济发展的长期影响不可低估。从 2003 年到 2007 年,原材料、燃料、动力购进价格年均上涨了 6.9%,工业品出厂价格上涨了 3.9%,固定资产投资价格 3.9%,居民消费者价格上涨了 2.6%。虽然在经济周期的各个不同阶段各类商品的价格上涨幅度有一些变化,但从长期看,由于中国的经济规模在不断扩大,能源和资源的短缺现象日益严重,这种由生产到消费、由中间投入到最终使用的价格变动幅度递减的趋势将会长期存在。在这种价格变动关系下,企业要获得等量的利润,要么在投入产出关系不变的情况下扩大规模,要么在规模不变的情况下通过技术进步改善投入产出效率。如果既不能扩大生产规模也无法取得技术进步,那么到了一定的盈亏点之后,企业的生存就会受到威胁。如果存在这种问题的企业达到一定的数量,整个经济增长就会受到影响。但无论是扩大规模还是改善技术进步,都会受到一系列的条件限制,而且我国相当一部分企业的发展主要依靠的是规模扩张而不是技术进步,这样,当与中间投入价格出现持续上涨而它们又缺乏继续扩大投入的条件时,它们的生存和发展就会受到更大的影响。

二是劳动力价格的全面上升加大了企业的生产成本,并使一些劳动密集型企业的经营出现困难。高速经济增长为人民群众带来了现实的利益,在本轮经济周期中,无论是城镇居民可支配收入还是农村居民家庭纯收入都有了显著的改善。城镇居民人均可支配收入由 2004 年的 8 472.2 元提高到 2007 年的 13 785.8 元,提高了 62.72%,如扣除价格上涨因素则提高了 46.19%,年均增长 9.96%;农村居民家庭人均纯收入从 2 622.2元提高到 4 140.4 元,提高了 57.9%,如扣除价格上涨因素则提高了33.38%,年均增长 7.47%。但是从资金流量的角度看,居民家庭的收入就是企业和其他机构部门(政府、金融机构等)的支出,在居民收入增加的同时,企业的用工成本也在增加。从 2003 年到 2007 年,我国城镇单位就业人员劳动报酬从 13 969 元提高到 2007 年的 24 721 元,提高了 76.97%,其中,采矿业提高了 106.83%,制造业提高了 66.86%,电力、燃气及水的生产和供应业提高了 80.19%,建筑业提高了 63.15%,交通运输、仓储和邮政业提高了 77.13%,批发和零售业提高了 93.44%。经济增长的成果理应由推动经济增长的劳动者和生产者分享,因为增加居民收入和改善人民生活水平本身是我国经济发展的重要目标。但是在另外一方面,劳动力成本的增加客观上提高了企业的生产费用,在企业规模不变、投入产出关系不变的条件下,企业的利润就会减少。企业要保持或增加利润,就要或者是扩大生产规模,或者是通过技术进步提高劳动生产率,当这两方面的措施都不能够弥补由于劳动力价格的上升所带来的利润减少甚至是亏损时,企业的经营就会遇到困难。这是我国目前经济增长中的一个现实矛盾,我国的企业中,尤其是珠江三角洲和长江三角洲的加工出口企业中,劳动密集型企业占了相当比重。我国当年发展这些企业的一个重要原因,就是我们在劳动成本上的比较优势,而劳动密集型企业的发展不但改善各地的经济发展,还为改善我国的就业状况作出了积极的贡献,但是现在我们的这一比较优势在很多地区已经大大减弱。

三是投资需求开始出现下滑。进入本轮经济增长周期后,投资拉动一直是中国经济增长的显著特征,从 2004 年开始的宏观调控,调控的就是投资过热。因为我们对于出口和消费在整体上说是鼓励的,那么要避免经济过热,就要调控投资增长,抑制住了投资,也就避免了经济过热。但是我们现在的问题,已经不再是抑制固定资产投资的增长,而是如何遏制住投资增幅的下滑。从 2003 年至 2007 年,我国全社会固定资产投资总额的增长率一直在 20% 以上,分别为 27.7%、26.8%、26%、23.9% 和 24.3%,可以说,投资增长是本轮周期我国经济增长最主要的拉动力量。2008 年前三季度,我国全社会固定资产投资增长了 27%,仍然保持着比较高的增速,但由于固定资产投资价格上涨了 10.3%,远远大于前些年每年 3% 的平均上涨幅度,2008 年我国固定资产投资的实际增长有较大回落,增幅下降了 5%。成本推进的通货膨胀直接影响了投资对经济增长的拉动,而且幅度比较大。房地产市场萎缩、社会需求减少导致的新开工项目下降等,都影响着投资的增长。

四是出口需求受到国际和国内因素的影响,增幅有可能回落。我国 2008 年前三个季度进出口总值的增长率(25.2%)比 2007 年全年的增长率(23.5%)还要高。从进出口结构上看,出口有所回落,前三季度为 22.3%,低于上年 25.7% 三个百分点。但是分季度看,每一个季度的累计增长率却是逐渐增加的,三个季度的增长率分别为 21.4%、21.9% 和 22.3%;进口的增长率在提高,从上一年的 20.8% 提高为前三季度的 29%,分季度看,二季度增长率最高,为 30.6%,这与二季度国际能源和原材料的价格上涨有关;从进出口差额看,我国仍然保持着相当高的贸易顺差,前三个季度已经达到了 1 800 亿美元,只比上年同期略有下降,我国在经济贸易项目上收支不平衡迅速扩大的情况已经得到了一定的改善。

从总体上看,虽然从 2008 年上半年起,次贷危机已经引发了全球金融市场的连锁反应,但是对中国的对外贸易的增长还没有产生太大的影响,这一点和亚洲金融风暴期间我国出口增速明显放慢形成鲜明对照。中国的出口总值仍然能够保持较高增长,首先是进出口贸易表中反映的是用美元计价的进出口商品的金额,包括数量、价格和汇率等多种因素的影响,而不仅仅是实物量变化,但是我们知道,2008 年以来,无论是人民币汇率还是国内的商品价格都在上升,而且上升的幅度要大于往年,进口产品也存在这个问题,这就使得我们在名义增长率保持不变或略有上升的情况下,真实增长率可能会有所下降;其次是全球金融风暴的高峰发生在 9 月份,金融风暴对实体经济的影响可能还没有完全显现出来。但即使对实体经济产生冲击,其冲击得更多的还是投资领域,消费领域受到的冲击相对较小,而从中国商品的出口结构来看,与消费相关的中低档制造业产品占了相当大的比重①,而由于这些产品已经占领了一定份额的国际市场和消费刚性,保持这些产品出口的稳定是可能的。从目前情况看,世界各国经济已经开始走出金融风暴所带来的短期动荡,而这一冲击对实体经济的影响将是一个长期的过程。中国的外向型经济的发展可能会受到国际因素的影响。

但是,只要我们采取合理的应对措施,我们就有可能减少这种影响的程度,把它控制在最小的范围内。2008 年前 8 个月的情况,尽管国际形势发生了很大的变化,但是中国的出口增速依然是相当快的,对美出口的增长率仍然达到了 10% 以上,与此同时,对欧盟、东盟、韩国以及对全球的出口,分别达到了 20.6% 、29% 、41.5% 和 22.4% ,仍然保持了强劲的增长,这说明即使美国的实体经济出现的下滑(2008 年三季度 GDP 的增长率为 - 0.3%)和进口减少,中国仍有可能扩展自己的对外贸易。但值得指出的是,外向型经济在近些年来中国经济中的份额增长得非常快,无论是出口产品的增长,还是出口产品生产过程中所进行的中间投入,都远远高于国内经济的增长。全球金融危机和经济衰退,反而给我们提供了一个反思中国经济发展模式的机会,这就使我们应该处理好国内市场和国际市场的关系,处理好当前利益和长远利益的关系,处理好改善民生和长远发展的关系,保持中国的可持续发展。我们还要看到,全球金融风暴有对中国形成冲击的一面,也为我们发展经济重新提供了一些有利条件,如在全球经济增长放缓的情况下,国际市场的能源、自然资源以及资本、技术、设备等的价格可能会出现回落,这就为我们利用国际资源发展我国经济提供了较好的机遇,我们在研究金融风暴对我国经济产生的负面影响时,也要研究如何把握这一机遇使我国的建设资金在国际市场上得到更有效的利用。

从整体上看,我国经济增长面临增幅下降的压力。2008 年前三季度,我国的 GDP 按可比价格计算同比增长 9.9% ,比上年同期回落 2.3 个百分点。其中,第一产业增长 4.5% ,加快 0.2 个百分点;第二产业增长 10.5% ,回落 3.0 个百分点;第三产业增长 10.3% ,回落 2.4 个百分点。从工业部门看,9 月份规模以上工业增加值增幅从 6 月份的 16% 回落至

---

① 参见《中国统计年鉴 2008》中表 17 - 7:进出口货物分类金额。

11.4%,为 2002 年 4 月以来最低。1—8 月份,规模以上工业企业亏损面达 18.3%,同比扩大 2 个百分点。9 月份的发电量、原油加工量仅增长3.4% 和 3.7%,粗钢产量下降 9.1%。目前,全国钢铁产品的价格平均下跌已达 20%,山东、河北等地的许多钢铁企业的经营已经进入困境。有色金属、化工及能源类产品价格均有较大幅度下跌,造成了部分相关企业出现生产困难。

上半年还处于供应紧张状态的电力,到年底将陷入供应过剩、国内电力需求呈现快速下降的态势,发电设备利用小时到年底预计会跌破 5 000小时。历史上出现过的最低点约为 4 800 小时,是 1998 年亚洲金融危机期间。2006 和 2007 年,受电力紧缺形势影响,国内大量上马新电厂项目,每年新增发电量都在 1 亿千瓦时以上。电力需求在此时"刹车",将带来电厂亏损、银行贷款风险扩大等一连串问题。

重点汽车企业的净利率水准持续下滑,由 2008 年 7 月的 6.2% 下滑至 2008 年 8 月的 5.4%。9 月轿车库存再次上升,由 8 月的 18.7 万辆升至 9 月的 19.4 万辆。

纺织、有色行业亏损情况严重。珠江三角洲、长江三角洲及西部地区部分中小企业停产、半停产。

我国前 3 个季度全国税收完成 46 065 亿元,同比增收 8 904 亿元,增长 24%。第一、二、三季度税收收入同比分别增长 33.8%、27.7% 和10.6%,8、9 月仅分别增长 5.6%、2.5%,为 2003 年以来月度最低增幅。

2007 年到 2008 年,中国经济形势发生了显著的变化,股市、房市、生产者和消费者价格和 GDP 增长率都经历了很大的波动。我们可以把影响当前经济增长和价格波动的主要因素归为三类:一是预期和信心,很多人认为现在国际形势不好、通货膨胀严重、行业发展走向困境,中国经济增长很可能会明显减速,对未来的预期充满悲观,这一点在股市上反映得非常明显;二是总量因素,信心和经济周期等方面的原因导致和加剧了短期的供需失衡的现象,产能过剩开始出现,这也是中国整体的房地产市场经过一段时间的景气后,又重新开始回落的主要原因;三是结构问题:包括中国目前的产业结构、国际收支结构、收入分配结构、地区生产力布局结构等。在长期的高速增长之后,原有的均衡已经被打破,但新的均衡还没有建立起来,使相关领域的发展陷入停滞。从目前情况看,前两方面

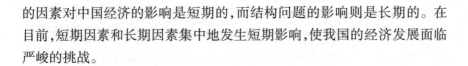

的因素对中国经济的影响是短期的,而结构问题的影响则是长期的。在目前,短期因素和长期因素集中地发生短期影响,使我国的经济发展面临严峻的挑战。

二、中国仍然有支持高速增长的有利条件

在过去几年中,美国和中国是对全球经济增长贡献最大的国家。由于次贷危机对美国实体经济所造成的冲击,美国和其他发达国家的经济有可能出现衰退。但世界各国普遍认为,中国将成为未来几年里保持强劲经济增长的少数国家之一。根据各个国际经济组织的预测,中国经济在未来两年内仍然会保持9%以上的经济增长率,成为全球经济增长最快的国家,同时也是对世界经济增长贡献最大的国家。而从我国自身情况来看,虽然存在着供需失衡、劳动力和资本品生产成本上涨、国际因素的各种矛盾,但经济向好的基本面并没有改变。我们通过边治理边发展,完全可能保持平稳较快的经济增长。概括地看,中国经济向好具有以下几方面的优势:

一是财政和金融体系运转有效。国家财政收支平衡,运转有效,虽然也存在着许多值得改进的地方,但从整体上看,目前的国家财政体系对保障一个强有力的、有效率的政府及政府体系的运作提供了坚强的支持。在资本市场上,我们抓住了有利时机,对国有商业银行进行了股份制改造,银行的资产质量、风险控制和金融创新处于改革开放以来最好的时期。资本市场进行了股权分置改造,国有大型企业的资产注入整个地改变了证券市场的企业构成,大大提高了直接融资市场的稳定性和成长性,虽然短期内有较大起伏,但从长远看,这一市场的发展才刚刚起步。由于我国在金融和资本账户上人民币并不是自由兑换的,对外金融投资的规模又相对较小,国际金融动荡对中国资本市场的实际影响并不大,影响的主要是一部分投资者的信心。

二是地方经济开始全面地发展起来,大国经济的优势开始显现,我们可以通过国内不同地区的分工和协作,实行各地经济的梯级发展,从而通过扩大内需来实现国民经济的可持续发展。20世纪80年代,中国经济增长主要是靠经济特区来拉动;20世纪90年代主要依靠的是沿海城市

和少数中心城市;在本轮经济周期中,各个地方的经济都在发展,从对各地 GDP 增长率的分析可以看出,各个地方经济增长速度的差异是收敛的。东北老工业基地、海南特区、中部地区、成渝城乡综合配套发展试验区、西部地区、天津滨海新区都发展起来,广东、上海、北京、浙江等地区的经济发展虽然有可能放缓,但仍然保持着相当的活力。这些地区之间明显地存在着优势互补关系,而各个地方经济的反周期发展,对中国经济的整体波动有平抑作用。从地区投资来看,2008 年上半年东、中、西部地区城镇投资分别增长 22.4%、35.3% 和 28.6%,这说明在本轮经济周期中原先增长较快的较发达地区投资已经开始减速,而中部地区和西部地区的发展仍然保持着较强的势头。

三是我国在逐渐失去一些传统的比较优势的同时,又开始形成新的比较优势。从前面的分析中可以看到,随着我国的经济发展,我们在原材料、资源和劳动力价格方面的比较优势正在逐渐减弱,但是在技术、资金、经营管理等方面的比较优势开始有明显增强。

我们通过引进、消化、吸收和再创新,大大提高了我国的技术水平。中国航天事业的发展、大飞机的制造、高速铁路的发展,是这种技术水平提高的集中体现。这为中国经济由劳动密集型向技术密集型和资本密集型提升以及产业结构的升级创造了条件,这就有可能通过技术进步而不仅仅通过增加投入来推动中国的经济增长。高速铁路和重载列车的发展,加上中国生产力布局结构的高速和产业升级,很可能就是中国经济增长的一个新的增长点。这将有可能改变中国的能源结构,通过更多地以电力为能源的交通工具的发展,突破中国的能源瓶颈。

我们组织资金进行大规模建设的能力有明显提高。目前进行的大规模高速铁路和大城市地下交通的建设就是一个明显例证。这为中国通过投资拉动刺激经济增长创造了条件,虽然中国经济增长中,消费需求拉动的贡献偏小,但是要改变这种局面,需要有一个长期的过程,而在不能过分依赖外向型经济的情况下,我们如果强调发展内需,从中短期看,还是要依靠适当的投资拉动。

通过现代企业制度的建设,我国企业开始出现一大批现代企业和企业集团,企业家的知识结构和管理水平都有明显提高。中国是世界上政府管理效率最高的国家之一,这已经从组织抗震救灾、奥运会、上海世博会等得到了证明。虽然政府中也存在着腐败、不作为等现象,但是从整体来看,各级政府在保证社会稳定的前提下积极地推动当地发展,确实作出了积极的贡献。

四是随着经济发展条件的变化,经济增长方式的转变与产业结构的升级已经开始发生。2008 年前三季度,在整个经济增长率降低的同时,高技术产业、装备制造业产业增加值却分别增长 16.5% 和 19.7%,其中大规模集成电路、笔记本电脑、液晶电视机、片式元件等高端产品生产增长 30% 以上。钢材产品结构向板材方向发展,板带比达到 53%,同比提高 2.4 个百分点。新型干法水泥比重继续提高,达到 56%,同比提高 3 个百分点。

五是消费仍在稳步增长,而且有继续提升的潜力。前三季度,社会消费品零售总额 77 886 亿元,同比增长 22.0%,比上年同期加快 6.1 个百分点。虽然 2008 年的物价上涨幅度明显地超过 2007 年,但扣除价格上涨因素后,我国的消费增幅仍然是提高的。在投资拉动和出口市场受到影响的情况下,要扩大内需就需要扩大消费。消费的增长既能改善民生,又能拉动经济增长,是我国经济发展的重要增长点。要促进全社会的最终消费,既有总量问题,也有结构问题。一方面可支配收入要能够持续提高,另一方面居民收入分配的结构要改善。从前面的数据看,一方面,我国居民可支配收入增长得很快,基本上保持了和我国经济增长同步,但是由于对教育、住房、养老、医疗等方面支出预期的变化,人们的消费倾向出现了递减;另一方面,我国近年来居民收入虽然增加很快,但收入分配的差异也在不断扩大,而高收入居民的消费弹性往往较低,而更需要改善生活的低收入者,收入增长得却相对缓慢。

三、积极的财政政策和适度宽松的货币政策

2008 年 11 月 15 日,国务院常务会议根据我国经济形势的新变化,决定调整原有的宏观经济政策,将应用积极的财政政策与适度宽松的货币政策刺激经济发展,并出台了推动内需的十项具体措施。从 2008 年的四季度到 2010 年,国家将投资 4 万亿元,加快民生工程、基础设施、生态环境和灾后重建等方面建设。这些措施体现了我们在科学发展观的指引

下,如何根据宏观经济形势和国际环境的变化来应对国内外严峻形势的挑战,以保持我国经济又好又快的增长。

从经济周期的观点看,中国的经济增长目前已经越过繁荣周期的峰值,开始进入经济调整阶段。在多年的高速经济增长中,我们已经积累了很多矛盾,如产业结构矛盾、收入分配矛盾、城乡发展的矛盾、国际收支矛盾等,经济发展客观上有调整的要求,即使没有全球金融危机,中国经济的调整也是需要的,前一段时间我国出现的通货膨胀,当然有国际因素的影响,但是更重要的还是国内各种矛盾综合作用的结果。但是问题在于,由于中国经济发展的特殊性,发展中所出现的矛盾要在发展中得到解决,经济增长中的大起大伏很可能会为我们未来的发展带来更多的矛盾。在这种情况下,我们需要对当前的主要矛盾有一个明确的判断,即到底是应该采取相对紧缩的政策控制通货膨胀还是采取相对宽松的政策刺激经济发展? 国务院常务会议的决定说明国家已经在这一方面作出了正确的判断,虽然这些政策可能会扩大某些方面的失衡,但从总体来看,对我国经济的发展具有积极的促进意义。从具体实施上,我们认为在实施新的宏观经济政策时,应该注意以下几方面的问题:

一是货币政策应保持连续性和稳健,调整力度不宜太大。调整存款准备金率和利率,是本轮经济周期以来中国人民银行紧缩银根、加强银行体系流动性管理的重要手段,尤其是存款准备金率,已经从2003年的6%提高到现在的17.5%。在2007年和2008年上半年,中央银行已经先后15次调整存款准备金率,力度已经相当大了。本轮经济周期中,我国对货币政策的应用力度是前所未有的,但也应该看到,由于中国处于转轨过程中的市场体系仍不完善,货币政策应用到一定程度时效应有可能弱化。2008年上半年,金融机构本外币贷款余额的增速为15.2%,但同期的固定资产投资增速则为26.3%,这说明固定资产投资增量的资金来源主要不是来自银行贷款而是自有资金。由于转轨过程中金融体系的不完善和市场化程度较低,通过货币政策的频繁调整来抑制通货膨胀或刺激经济增长,其作用程度仍然是有限的。我国将紧缩的货币政策过渡到适度宽松的货币政策,起了很好的导向作用。

二是要根据我国经济发展的需要,认真审视和调整我们现行的汇率政策。2005年7月,我国对实行多年的盯住美元的固定汇率政策进行了重大改革,开始实行以市场供求为基础、参考一篮子货币进行调节有管理的浮动汇率制度。由于当时人民币的币值客观上存在着低估的情况,三年多来,人民币升值的幅度是比较大的,美元对人民币汇率的中间价已经从1美元对人民币8.27元上升到2008年11月份的1美元对人民币6.80元左右,人民币的升值幅度已经超过了20%。但即使这样,美国等国家仍然认为人民币的升值幅度不够,还要求我们继续升值。人民币是否升值,当然受国际经济关系的影响,但是就我国制定汇率政策而言,主要还是要考虑中国经济发展的要求,如就业、稳定物价、经济增长和国际收支平衡等方面的要求,就目前情况看,人民币再继续升值,对我国的就业和经济增长都会形成更大的压力。另外,在人民币不断升值的预期下,国外的短期资金会不断地流入国内,一方面加大了银行的流动性,带来通货膨胀的压力,另一方面又可能因为在将来某个时刻抽走资金,对我国的货币市场带来冲击。因此,在经过三年较大幅度的调整后,人民币的汇率应该趋向稳定。

三是积极的财政政策要加大对内需的拉动,也要重视对供给的管理。2003年以后,随着我国进入新一轮高速经济增长,1998年以来实施的积极的财政政策在宏观调控中的作用开始弱化。在宏观调控中,我们更为重视的是货币政策(存款准备金率和利率的调整)和行政手段(如土地政策、价格管制等)的应用,财政政策在宏观政策中的影响开始降低。从作用方向上看,在本轮经济周期中,我们在实施偏紧的货币政策时,财政政策尤其是税收政策却是宽松的。我们在出口退税、农业税、土特产税、企业所得税等方面实施的一系列改革,其核心就是通过减税为生产者创造一个更好的发展基础。这其实就是供给学派所说的"减税是为了增税",从表面上看,税率或者是税种减少了,但由于经济发展了,税源或税基增加了,国家的税收反而增长得更快。从短期看,新实施的增值税由生产型向消费型的改革,可能会减少国家一部分财政收入,但如果企业发展了,国家的税收也会改善。从我国目前的情况看,积极的财政政策应该在宏观调控中发挥更大的作用:一方面,要通过扩大财政支出拉动内需,从需求方面刺激投资和居民消费的增长;在另一方面,要重视通过制度性减税和税收结构的调整,从供给方面减轻企业的负担并引导企业实现增长方式的转变和产业结构的升级。需求政策和供给政策、短期管理和长期管理要有机地结合起来。在政策扶持上,要处理好存量与流量的关系,在存量上要重视劳动密集型企业对改善我国就业形势的积极作用,通过政策扶持使它们克服眼前的困难;在流量上即在新发展项目上,要鼓励具有更高技术含量的企业获得发展,将我国的经济发展更多地建立在技术进步而不是简单的投入扩张的基础上。

五是要通过深化经济体制改革,推进我国的市场化进程。改革开放后中国经济增长和经济发展的最大动力是制度创新,如果没有改革开放和市场化进程,中国长期稳定的高速发展是不可想象的。一个经济发展阶段的经济效率,与相应时期的商品市场化、要素市场化以及政府干预经济的程度相关。因此,越是在经济发展遇到困难的时候,越是要注意解决我国经济发展中体制上的弊端。相对而言,我国商品市场化的程度较高,而生产要素市场(如劳动力市场、资本市场、土地市场等)发育相对较慢。但无论是商品市场还是要素市场,都有很多需要解决的矛盾。在商品市场上,要相机解决重要生产资料和服务的定价问题,改善能源和公共服务的价格形成机制。在生产要素市场上,要加强资本市场、土地市场等相对滞后市场的基础建设,发挥市场机制在合理配置资源方面的积极作用。

六是充分发挥地方政府的作用,促进地方经济的发展,充分发挥中国大国经济的优势,形成合理的生产力布局。随着我国的市场化进程,中央政府、地方政府和企业之间的关系已经发生了深刻的变化。计划经济条件下的行政关系已经更多地被经济关系所取代,地方政府在我国经济发展中的作用也就越来越突出。如果说中央政府可以更多地依靠总量的需求管理(包括财政政策、货币政策)来对整个国民经济的发展进行规划,地方政府则更多的是依靠供给管理(税收和费用的减免、招商引资的优惠等)来推动地方经济的发展。在这一方面,地方政府比中央政府有更大的优势,因为中央政府不可能深入了解各地企业的具体情况,各种鼓励经济发展的措施往往比较宏观,但地方政府则可能更加了解具体企业的情况并扶持企业的发展。在新形势下,国家应该为各个地方的发展创造条件,如通过基础设施的建设改善各个地区尤其是欠发达地方发展经济的条件,而地方政府则要根据地方的具体情况鼓励在当地具有比较优势的企业发展。地方政府之间也要加强沟通和协作,通过产业在不同地区之间的转移,由发达地区带动欠发达地区的发展。

从经济总量上看,中国已经走入世界前列,2008年中国的经济总量将会超过德国位居世界第三位。但在人均发展水平上,我们仍然和发达国家之间存在着较大的差距,人均GDP刚刚迈入中等偏低收入国家的行列。这在客观上要求我们抓住历史的发展机遇,通过又好又快的经济增长实现我国的工业化和现代化。亚洲金融危机和这一次由美国次贷危机带来的世界金融危机对我国的金融市场都没有形成实质性的冲击,但是对我国经济的影响程度却明显不同,其中的一个重要原因,就是我国加入经济全球化的程度已经相当高。我国的GDP总量已经占全球的6%以上,在国际贸易中所占的份额更大。由于我国的经济规模和高速增长,我们已经成为对全球经济增长贡献最大的国家。在这种情况下,我们迎接挑战并抓住机遇,采取积极的经济政策促进经济增长,不但符合中国人民的利益,同时也会增强国际社会的信心,这是中国对全世界新的贡献。

●原文刊载于《求是学刊》2009年第1期。
●刘伟,北京大学副校长、教授、博士生导师。
●蔡志洲,北京大学经济学院中国国民经济核算与经济增长研究中心研究员。

传统农区走新型工业化道路分析

祝洪章

一、引言

传统农区主要是指那些经济以农业(主要为种植业)为主,人口以农民为主的欠发达或不发达地区。传统农区地域广阔、人口众多。按照河南大学耿明斋教授根据地形特征提出的"平原农业区"概念,传统农区包含"河北和河南境内太行山伏牛山以东、桐柏山大别山以北的地区;大别山和长江以北、陇海铁路以南的苏北和淮北地区;山东省境内京沪铁路以西地区以及纵贯辽宁、吉林和黑龙江三省中部的广大地区"①,如果再加上北部低中高原、江南丘陵山地、四川盆地、西南中高原山地、青藏河谷等其他地形区域的传统农区,那么,传统农区所覆盖的面积之广,人口之多则不难想象。

传统农区的经济建设路径应如何选择呢? 主流观点认为应以农业为主,改造传统农业为现代农业,通过提高土地的单位产量和收益,提高农民人均收入。在此基础上,许多学者提出,还可以通过农业产业化,也就是农业市场化,包括农业生产商品化、专业化、规模化、组织化对农业现代化进行延伸,来实现传统农区经济快速发展。持这类观点的人数众多,影响广泛,是理论探讨的热点。

然而,农业现代化和农业产业化是解决传统农区经济转型的根本途

---

① 耿明斋:《欠发达平原农业区工业化若干问题研究》,载《中州学刊》2004 年第 1 期。

径吗？传统农区经济问题的核心是农民就业与收入问题，农业现代化和产业化对农民就业和增收的积极作用不容否认。到目前为止，农业仍是吸纳农村劳动力就业的主力，但农业现代化必然降低农业吸纳就业的能力，农业产业化初期虽然吸纳劳动力就业的能力较强，但随着产业化的发展和生产技术的提高，其吸纳就业的能力也会逐渐平稳下来，甚至有所下降。而截至目前，中国农村居民约为 7.2 亿，为达到初步农业现代化水平的农民人均耕地面积指标，我国必须至少减少 4 亿农村剩余劳动力，按照 2008 年农村出外务工人员 1.4 亿人计算，农村仍存在近 2.6 亿的剩余劳动力，农业现代化和产业化先行地区的经验已经表明，如此庞大规模的农村剩余劳动力是单纯依靠农业所无法解决的重大课题。

那么，城市工业又能否解决这一课题呢？据农业部 2008 年的统计数据，1982—2008 年的 26 年间，我国城市工业解决了农村近 1.4 亿人的剩余劳动力就业。我国农村劳动力的年平均转移量为 500 多万人，但农村每年的新增劳动力数量约为 600 多万，如果仅仅依靠向城市转移，现有的 2.6 亿农村剩余劳动力存量加上每年新增加的 600 多万，即使每年转移 1 000 万，至少还要近 70 年的时间。更何况，向城市转移的农民工具有半城镇化性质，个人进城较多，家庭落户较少。这一方面导致城市在吸收农村的年富力强的、相对较高水平劳动力的同时，将"老弱病残"滞留农区，因而出现农区"空心化"现象，使农区经济更加恶化；另一方面，进城农民工所从事的多是技术含量低而劳动强度大、收入低的工作，岗位需求的弹性大、流动性强，本次金融危机过程中，农民工就因经济形势恶化出现大量返乡现象。而且不容忽视的是，在我国农村剩余劳动力转移的过程中，文化闭塞、意识落后的传统农区与先进农区具有竞争关系，相比之下前者处于明显劣势。

20 世纪 80 年代，乡镇企业异军突起，农区工业以"苏南"、"温州"、"珠三角"等模式为代表，为解决农民就业、提高农民收入，甚至为促进整个国民经济快速增长作出了重要贡献，进而成为理论界探讨的热点。一些学者支持农区工业化（如刘伟，1992；张培刚，2002，等等），一些学者质疑农区工业化（如陈祥生，2003；周天勇，2001；郭克莎，2002，等等），但在我国实现全面小康社会的目标之下，在农业现代化、产业化和城市工业都无法独自解决农区经济发展路径难题之时，推进农区工业化势在必行，可以说农区工业化是实现农业现代化、产业化的前提，是中国整体工业化进程不可缺少的组成部分。因此,问题的关键已不在于是否应该推进工业化,而在于应该以何种方式推进工业化。汲取我国以往农区工业化的经验和教训,本文认为,传统农区应走新型工业化道路,这是其实现经济快速发展和转型的大胆但理性的选择之一。

二、传统农区走新型工业化道路的内涵与主要特征

传统农区走新型工业化道路并不单纯等同于在传统农区办工业,而是在农村社区范围内按照新型工业化的理念和方式建立和发展工业及其他非农产业,并改造包括传统农业在内的农村经济乃至整个农村社会,最终实现经济社会一元化的进程。

党的十六大报告提出,到2020年我国基本实现工业化的目标,并指出我国的工业化是一条不同于传统工业化的新型工业化道路,是"坚持以信息化带动工业化,以工业化促进信息化,走出一条科技含量高、经济效益好、资源消耗低、环境污染少、人力资源优势得到充分发挥的新型工业化路子"。

遵循我国新型工业化理论的基本思想,结合传统农区工业化的实际情况和问题,我们认为传统农区的新型工业化之路应包含以下主要特征:

1.可持续发展的工业化特征。近些年来,我国以传统工业化模式为特征的农区工业增长出现了明显的放缓趋势,这主要是由农区企业不合理的增长方式造成的。长期以来,我国农区工业化发展走的是一条以增加投入为主的粗放型经营道路,所以农村工业发展质量并不理想。历史教训告诉我们,传统农区的工业化要走可持续发展之路,具体地说,就是在传统农区工业化发展中,不仅要注重发展的现期效应,而且更重要的是强调发展的长远性、持久性和永续性,特别是要强调传统农区工业资源的永续利用、代际共享和代际均衡。同时要更加注重处理好农区工业化发展和环境保护的关系,避免农区工业化发展带来环境恶化的问题。

2.信息化的工业化特征。中国不像发达国家是在工业化成熟阶段发展信息化的,而是农业化、工业化、信息化同时发展。这为传统农区工业化实现技术层次和产业结构层次上的跨越式发展提供了可能。信息具有的明显的外溢效应、极强的技术创新性、广泛的技术渗透性、强劲的产业带动性,有利于传统农区通过信息化发展,促进农业现代化和产业化,

带动工业化。传统农区通过信息技术和信息技术产品水平的提升间接为工业化(特别是制造业的发展)提供更好的环境;同时,通过将信息技术应用于传统农区企业产品的设计、制造、管理、营销和服务的全过程,使企业开发新产品进入市场的时间短,产品质量好、成本低、服务好,从而提高企业的竞争力。

3. 传统农区新型工业化是一条以教育发展和技术创新为动力的工业化之路。教育落后和缺少技术创新已成为制约农区工业化的瓶颈。工业化是与教育发展和技术创新紧密联系在一起的,工业化的实现关键在于加速技术改造和技术进步。教育水平提高和技术创新能力形成是实现传统农区新型工业化的动力和源泉:一方面,通过传统农业向科技依存型农业转化,促进传统农区的可持续发展能力的提高;另一方面,各产业持续竞争力的提高必须以信息、技术的提升为关键。在传统农区走新型工业化道路的过程中,必须依靠教育发展和科技进步,不断提高工农业产品的科技含量,以产品质量好、价格低的竞争优势在国内和国际市场上打开销路,争得更大的市场份额,着重依靠科技进步和提高劳动者素质不断提高经济效益和竞争力。

三、我国传统农区走新型工业化道路的可行性分析

传统农区有自身发展中面临的一系列困难,比如基础设施薄弱,信息化建设滞后;科技力量薄弱,缺乏自主创新能力;利用外资水平低,对外开放度不够;融资困难,资金缺口较大;教育落后,低素质人口数量依然巨大;农区的管理体制改革滞后等。但同时,也拥有其起步的相对优势和一些条件,这些相对优势为传统农区走新型工业化道路提供了可行性。

1. 农产品原料丰富。在工业化进程中,以农产品为原料的加工业,始终是工业的重要组成部分。传统农区拥有充足原料和广阔市场的绝对优势。2008 年,传统农区粮食总产量为 39 917.5 万吨,占全国粮食总产量的 75.50%。其中,稻谷、小麦、玉米产量分别占全国总产量的71.76%、84.93% 和 77.22%。同时,各省、自治区又有其特色的农产品优势,如安徽省的油菜子、小麦、稻谷、豆类、花生和棉花,山东省的蔬菜和水产品,黑龙江省的大米、玉米和大豆,吉林省的玉米和水稻,河南省的小麦和玉米

等。产量大、品种丰富的农产品既满足了基本的食用需要,又为农产品深加工业和其他产业的发展提供了原材料。

2. 劳动力资源丰富。截至 2008 年,传统农区共有人口 7 亿,占全国总人口的 59.44%;传统农区共有劳动人口(15~64 岁)5.16 亿,占全国劳动人口的 59.86%,从总抚养比来看,传统农区 13 个省区中有 8 个低于全国 36.72% 这一比率,传统农区总抚养比的平均值为 35%,亦低于全国水平。而河南、湖南、湖北、安徽、四川等更是众所周知的劳动力输出大省。2008 年,除了江苏省职工平均工资为 31 667 元,略高于全国平均职工工资 29 229 元之外,其他 12 个省、自治区的平均工资均低于全国平均水平,传统农区的劳动力成本较为廉价。

丰富而低廉的劳动力资源为传统农区各种产业的发展提供了人力资源保障。大批的农村剩余劳动力可以通过技术、职业教育培训,转换为丰富的人力资源。

3. 国际、国内产业大转移。从世界历史角度考察,迄今为止全球经济共完成过三次产业中心的转移,目前正在进行第四次产业转移,也就是世界加工制造中心向中国的转移,特别是世界电子信息产品的制造向中国的转移。从我国国内历史来看,近 30 年来,我国东部地区承接了三次大的产业转移。第一次是 20 世纪 80 年代,香港地区的大部分轻纺、玩具、钟表、消费电子、小家电等轻工和传统加工业的转移;第二次是 20 世纪 90 年代初,主要是台湾地区和日本、韩国的电子、通讯、计算机产业的低端加工和装配的大规模转移;第三次是从 2002 年开始直到现在还在进行中的欧美及日本等发达国家跨国公司以制造中心、产品设计中心、研发中心、采购中心为代表的高端产业的转移。目前东部地区集中了全国 80% 左右的加工工业,以电子、信息、汽车及零部件制造为主导的国际产业形成了加速向东部地区转移的新态势。但随着东部地区经济高速发展,产业结构调整、优化、升级已经成为必然要求,再加上近年来东部地区加工工业开始出现土地、劳动力等生产要素供给趋紧、产业升级压力增大、企业商务成本不断提高、资源环境约束矛盾日益突出等问题,东部地区加工工业向中西部地区转移的趋势日益明显。在这一过程中,传统农区可以选择适合本地比较优势的产业,通过承接发达地区的产业转移,积累工业化的资金,安排当地劳动力就业。

4. 环境污染程度相对较低。人们消费结构升级,特别是对营养、健康、绿色生态产品的需求越来越大,由于高污染、高能耗的传统工业相对较少,这使得传统农区的自然生态环境得到较好的保护。2007 年,"内蒙古、辽宁、吉林、黑龙江、江苏、安徽、山东、河南、湖北、湖南 10 个省、自治区的每亿元 GDP 的排污量总和均低于全国平均水平,特别值得一提的是,吉林、黑龙江、江苏、山东、河南、湖北和湖南 7 个省的所有平均排污量均低于全国水平"①。环境污染程度低成为了传统农区走新型工业化道路的巨大优势,传统农区可以充分利用生态优势,进入对环境要求高的生态、旅游等可持续发展的产业,因此扩大了产业选择的范围。

5. 支农、惠农、保农政策提供支持。十六大以来,中央实施城乡统筹发展方略和"多予少取放活"、"工业反哺农业、城市支持农村"的方针,出台了一系列支农、惠农的政策,先后在全国范围内取消了农业税,出台了粮食直补、综合直补等多项涉农补贴,加大了农村基础设施建设和社会事业的投入,中央财政实际用于"三农"的各项支出逐年增加。加大了农村社会保障制度的建设与投入,新型农村合作医疗制度、农村居民最低生活保障制度、新型农村养老保险制度等保障制度的建设和不断完善,为传统农区的农民创业和择业提供了"安全网"。

6. 后发优势效应明显。后发地区通过强制性和诱制性制度移植变迁可以形成后发优势,传统农区可以直接模仿、吸收和采纳先发地区已经形成的有效的制度,避免了因不断"试错"而支付的高额成本,并使这一过程的时间大大缩短。制度性后发优势使后发地区能提高资源配置的效率、改变激励机制、降低交易费用和风险,从而促进经济增长。知识经济虽然一般会弱化后发优势,但传统农区的工业化不同于较高工业化水平基础上的后进国对先驱国的赶超,由于传统农区的工业基础非常薄弱,最初阶段所需的工业知识信息的获取成本非常低廉,获取方式却相对更加便捷。②

综合以上,传统农区若充分利用其后发优势和现有条件,有可能实现

---

① 吴艳玲:《我国传统农区走新型工业化道路的 SWOT 分析》,载《安徽农业科学》2010 年第 5 期。

② 参见牛飞亮、黄庆华:《后发优势与后发劣势——知识经济时代西部地区的制度创新与人才战略》,载《青海师范大学学报(哲学社会科学版)》2006 年第 3 期。

以往任何国家和地区都未曾出现过的跨越式大发展。

四、传统农区新型工业化的路径分析

虽然我国传统农区因农业竞争力、资源禀赋、经济发展水平、市场条件、区位条件等方面的不同,应采用区域差异化的发展战略,但传统农区工业化道路的本质是产业结构调整和产业升级的过程,本文仅立足产业角度就传统农区走新型工业化道路的实现路径作一简略分析。

(一)培育主导产业,实现突破式发展

我国传统农区在进行产业规划时,应因地制宜选择产业关联效果显著、收入弹性高、具有比较优势的产业作为主导产业,并重点给予财政、税收上的支持,保证其优先发展;对于进入或者处于衰退阶段的产业,制定产业进入和退出机制,限制企业在这些行业的进入,鼓励原有企业退出该行业或者更新改造原有技术和工艺,从而促进产业的优胜劣汰。应发展以区域内农产品资源优势为基础的,具有一定加工技术含量的农产品加工工业。在此基础之上发展知识型农区工业,从人口、资源、环境和经济的现状及其协调发展要求出发,加速中国农区工业从"资源依存型"向"科技依存型"的最终转变。

1.加强传统农区农业与工业的相关性。在以往的计划经济体制下,政府将传统农区定位为低价的粮、棉、油、烟等初级农产品的供应基地,由此形成的产业结构和经济格局使传统农区难以发挥自身独具的优势,不得不将经济发展过度集中在人均规模日渐缩小的耕地上,忽视了耕地之外的各种资源的利用和开发,以农产品为原料的工业发展滞后。2000年,我国农村工业与农业关联度系数只有0.4%。[①] 即使在传统农村工业发展的过程中,我们也发现乡镇工业与农业的关联度并不高,尤其是发展的初期。

目前,传统农区中农业优势明显的,可以立足农业,加快农业现代化。同时,围绕特色农业上工业项目,实现农业优势资源的工业化。在实现特

---

① 参见郑秀峰:《中国农村的产业发展及方向选择》,载《经济经纬》2004年第2期。

色农产品产业化的过程中,要注意利用产业分工提高技术层次,通过市场化完善制度条件,为产业集群化发展空间积蓄组织条件,把原产地品牌作为特色农区产品发展的主要目标。

在这一过程中,要把培养有文化、懂技术、会经营的新型农民作为主要目标之一。据联合国研究表明:劳动生产率与劳动者文化程度呈现出高度的正比例关系。专家测算,在我国,导致收入贫富差距的各种因素中,教育因素约占 20%。为此传统农区应大力调整农村学校布局,整合、盘活农村教育资源;进一步加大各级公共教育投资向乡村倾斜的力度,切实提高农村教育教学水平和教师待遇;尽快实行偏远山区的寄宿制教育;积极发展远程电化教育,建立农民继续教育的长效机制。多渠道、多层次、多形式开展农民科技培训和农民转移培训,提高农民科学种养水平和转产转岗就业能力;积极鼓励当地初、高中毕业生报考农业中、高等院校的农业专业;建立农村人才基金,为有志于农村创业的各类人才提供资金支持;创新农村人才评价、利用、奖励等制度环境,激励、扶持农村各类实用人才脱颖而出。

2. 以农产品加工工业为基础,不断延伸产业链。单靠发展农业而发展农区,是摆脱不了目前困境的,必须不断向农业的深度和广度进军,积极发展与农业联系密切的农产品加工业、畜牧养殖业、运输保鲜储藏业、绿色农业及农村的第三产业,发展与城市工业协作配套的产业门类,实现城乡协调发展。

生产链的延伸可以向横、纵两方面发展,延伸生产链的途径是多种多样的。现代化的迂回生产方式使区域产业分工越来越细,形成许多区域产业链条,按照其与主导产业的关联性,可以分为前向联系、后向联系和旁侧联系。产业结构调整的主要内容之一,就是通过这些产业联系对整个区域的各产业链条产生影响,带动区域整体经济的发展。但同时也要注意把握区域产业结构的动态变化,积极扶植潜在主导产业,促进产业结构顺利适时地转换,使区域产业结构始终保持最合理化。当新兴产业迅速发展,一些结构效益下降的衰退产业被淘汰时,如果没有产业政策的支持,完全在市场力量的作用下实现这一过程需要较长的时间,并且产业结构变化的结果可能与预期目标相偏离。因此,产业结构的调整常常需要在政府行政力量引导下,通过市场机制影响企业的行为来完成。

从农业文明向工业文明的转化,无论是社会主义国家还是资本主义国家,政府都在经济发展中扮演了重要的角色。美国经济学家迈克尔·波特(Michael Porter)在《国家竞争优势》一书中提出六大要素影响着一个国家的竞争优势,其中政府是影响国家竞争优势的重要因素之一。政府可以通过自己的活动来影响钻石体系另外几个核心因素中的任何一个方面,从而达到影响企业竞争优势的目的。弗里德里希·李斯特(Friedrich List)在《政治经济学的国民体系》一书中指出,在特定的经济发展阶段,一国要想培育发达的工业,就必须对尚且幼稚的工业加以保护。汉密尔顿(Hamilton)和克鲁格曼(Krugman)都强调保护幼稚工业和在参与国际产业分工过程中,通过政府的产业政策来实现产业结构的高度化和社会福利的最大化。当前,政府在推进新型工业化的过程中,既要实施有效的宏观调控,又要引导微观经济健康发展。政府应当成为引导新型工业化积极健康发展的施动者。作为变革的启动者和制度的安排者,政府必须创建通向市场经济的必备制度和意识。建立有利于走新型工业化道路的宏观环境和市场环境,要着眼于推进体制创新、机制创新和管理创新,采取深化改革的措施和办法,积极探索和开拓新型工业化道路。

经济转型理论认为,由于地方政府比中央政府更加接近民众,也就是说比中央政府更加了解所管辖的民众的需求和效用。所以,地方政府在中国经济体制转型中的作用是非常突出的。而传统农区的新型工业化,由于以循环经济为基础,是以产业集群为表现的大工业化的模式,所以不能走以往以乡村为单位的分散工业化,而必须有大视角、大眼界,必须打破地域界限,谋求地方政府之间基于区域经济同质性的合作机制。各级地方政府要打破地域界限,建立良好的合作机制,完善行政管理体制,加强地区之间的经济协作。分工与协作是相辅相成的,我国现行行政部门自成体系,造成"条条垄断"、"块块割据"的局面,妨碍了区域合作,削弱了农业经济的整体功能,农村市场陷入了支离破碎的境况。突破"部门的条条束缚"和"地方的块块封锁",推进行政管理体制改革是农区发展工业化的必要条件。

(二)承接产业转移,形成支柱产业

随着经济社会的快速发展,初级产品加工业产业转移趋势明显。我国的产业转移的来源地相对集中。东部地区产业转移的来源地主要是长

三角、珠三角和环渤海湾等地,特别是长三角和珠三角,作为全国最具活力的两大经济区,其产业转移的力度不断增大。产业转移要求较强的产业配套。承接产业转移能够实现传统农区的跨越式发展,将大大加快其工业化进程,迅速形成支柱产业,随着传统农区工业经济的发展,也将推动其城镇化进程,带动相关产业的快速发展。

1. 做好承接产业规划。承接产业转移,首先,要认真研究国内外产业转移特点和产业发展现状,结合本地区现有产业结构,制定产业规划,使之成为承接产业转移的基础,做到既着眼于当前发展需要,又面向未来发展趋势;既着眼于国内外产业对接,又考虑优势互补;既考虑同周边经济区域的分工协作,又着眼于自身的主导产业和特色,突出承接产业转移的重点。其次,传统农区在承接梯度转移中,要从自身实际出发,立足于保护生态环境,发展绿色环保产业。

2. 把高新技术产业即科技密集型产业作为承接梯度转移的重点。应借助发达地区信息、技术等优势,充分利用本地资源,引进发达地区的科技密集型产业;选择一批有一定基础或条件的、可以在某些方面取得突破的新兴产业,进行优先培养或与发达地区联合,将其做强做大;加强工业聚集区建设,把工业聚集区打造成为承接产业转移的重要平台。

3. 增强产业配套能力,形成集聚效应。应通过组织配套,加强对产业转移承接工作的组织领导,确保政策支持到位,服务协调到位;通过设施配套,完善传统农区的各项基础设施,尤其是交通道路、居住环境、社会治安等;通过产业配套,培育发展与主导产业相配套的生产性服务业,科学规划与主导产业相配套的区域性专业批发市场,完善产前、产中、产后各项生产性服务功能,形成产、供、销相衔接、相互依存、共同发展的经济生态链;通过人才和技术配套,发挥学校作用,大量培训技术人员,创新用人、选人机制,创建高水准的人才市场,从而为产业转移提供人才和技术支持。

(三)通过产业集群,建立生态工业园区,大力发展生态工业

据统计,我国农村由于产业布局分散导致产业组织规模不足,由此引发重复投资与低水平的过度竞争,使得资源利用率降低40%,基础设施投资增加20%~30%,行政管理费用增加80%,人力资源消耗增加1%~2%,最终表现为资金利用率降低20%左右。据河南省有关部门统计,农

村工业用地每公顷的产值仅及城市工业用地的十分之一。由于绝大部分农村地区基础设施条件差,加之工业布局分散,农村工业发展所需的供水、供电、供气以及交通、通讯、仓储等设施,几乎每个乡村甚至企业、农户各搞一套,造成人力、财力和物力的极大浪费。而产业集群可提高资源利用率,通过技术溢出和衍生企业的便利性能够促进新企业不断产生,公共服务部门的职业培训、技术支持有效地弥补了农村企业的先天不足,地方政府的积极参与可以不断改善本地基础设施条件与经济发展环境。产业集群是欠发达地区促进农村工业化的重要途径。

在传统农区,依据产业集群理论,发展生态工业园区,而且要以循环经济理论为指导,大力发展生态工业。生态工业是"依据生态经济学原理,以节约资源、清洁生产和废弃物多层次循环利用等为特征,以现代科学技术为依托,运用生态规律、经济规律和系统工程的方法经营和管理的一种综合工业发展模式"①。大力发展生态工业是坚持走中国特色新型工业化道路的必然趋势和战略选择。生态工业的核心是循环经济,循环经济的发展必然会带动农村产业化、农村地区产业集群的发展。循环经济的发展过程同时也是产业集中的过程。具有开放功能的循环经济会通过产业链的延伸和循环范围的拓展,将越来越多的关联企业吸纳进来,使最终废弃物的种类和数量减少,最终污染物的平均处理成本降低,生产效率提高。传统农区在我国严格的耕地保护制度下,必须探索工业集约用地的方式,建立生态工业园区,借助产业链的延伸,发展循环经济,以此为传统农区的相关企业带来生产成本优势和区域营销优势,构筑信息共享的平台。同时,通过引导农村工业区域的集聚,形成新的城镇或扩大城镇容量,推动城镇化的发展。通过农区循环经济的发展促进农业产业链向工业、服务业的纵深延伸,将城市与农村联结起来,逐渐在城乡之间建立起多元化、多形式的物流、信息流、资金流、人才流的循环运动的渠道,突破二元的结构,促进农村社会的全面进步。

●原文刊载于《求是学刊》2010年第5期。
●祝洪章,黑龙江大学经济与工商管理学院副教授。

---

① 杨文举、孙海宁:《发展生态工业探析》,载《生态经济》2002年第2期。

我国低碳经济发展的重点、难点与路径

盛光华,杜雪丹

求／是／文／荟 《求是学刊》发刊200期

在全球气候变暖对人类生存和发展提出严峻挑战的背景下,国际社会公认 CO_2 等温室气体的排放是全球气候变化的根源,需要全人类通过制度创新和技术创新,尽最大可能降低生产和生活中温室气体的排放量,提高碳生产效率,发展低碳经济,来应对全球气候变化问题。然而,不同的国家因经济发展的程度和水平不同、资源禀赋不同、历史文化不同,低碳经济发展的模式也应该不同。因此,我国发展低碳经济必须从我国国情出发,正确制定适合我国低碳经济发展的战略重点,找出难点和路径,来确保我国完成资源节约型、环境友好型社会的建设和实现经济增长方式的平稳转型及人类社会的可持续发展。

一、我国能源消耗与碳排放状况

(一)能源消耗状况

从我国能源生产、能源消费与经济增长之间的关系来看,随着国家出台的节能减排政策的落实,自 2005 年起,在 GDP 持续增长的前提下,我国能源消费增长率、单位 GDP 能耗和能源消费弹性系数平均下降了2.8%、0.07(万吨/亿元)和 0.31,说明经济建设中的能源利用效率在逐年提高。2007 年我国能源生产缺口是 30 138 万吨标准煤,占能源需求总量的 11.35%。而且随着 GDP 的增长,对能源的需求会进一步增加,给能源安全和能源消费带来更大的压力和挑战。

从能源消费结构来看,2008 年我国煤炭消耗 19.57 亿吨标准煤,占能源消耗总量的 70% 以上,由于煤炭燃烧的碳排放量远远高于石油和天然气,如何调整以煤炭为主的能源结构是我国今后经济可持续发展中一个亟待解决的问题。

从各行业能源消费情况来看,2007 年第二产业能源消耗为 19.4 亿吨标准煤,占能源消费总量的 73.1%,其中制造业消耗 15.6 亿吨标准煤,占能源消费总量的 58.8%。由此可见,我国能源消耗主要集中在支撑我国工业化和城镇化发展的制造业及重化工业上,而其中又多为高能耗产业,如何处理好经济增长和降低能耗之间的关系,是摆在我国经济建设中的又一个重要问题。

从全球能源消费状况来看,随着世界环境和能源机构要求减少能源消耗的呼声越来越高,各国都开始采取相关的措施降低能源消费量。近年来,美国、日本等发达国家的能源消费增长幅度已大幅降低,甚至出现了负增长的情况,单位 GDP 能耗也在逐年下降。与之相比,由于我国正处于经济发展的高峰期,能源消费必然随之增长,2008 年我国能源消费 2 002.5 百万吨油当量,已成为仅次于美国的第二大能源消费国,尽管我国能源消费增长率和单位 GDP 能耗都在下降,但能源消耗强度依然是美国的 2.86 倍,是日本的 4.5 倍,解决能源利用效率问题仍是我国面临的一项重要任务。与此同时,世界上很多国家都是以化石能源作为主要能量来源,占到能源消耗总量的 85% 以上,清洁能源的开发和利用是摆在世界各国面前的共同挑战,这也为我国发展新能源提供了机遇,如果我国能够更早更快更好地进行新能源的开发利用,不仅会强化我国经济的竞争优势,而且还会进一步提升我国在国际社会上的地位。

(二) 碳排放状况

根据 EIA 提供的国际碳排放量数据,2006 年我国碳排放量为 16.4 亿吨,已成为世界碳排放量最大的国家,其次是美国、俄罗斯、印度、日本。由国家发改委能源研究所提供的方法测算出来的我国碳排放量显示(周大地,2003)①,2006 年为 16.0 吨,2007 年为 17.3 亿吨。两组数据较为接

① 参见周大地:《中国可持续发展能源暨碳排放情景分析》,国家发展和改革委员会能源研究所,2003 年。

近,表明我国成为碳排放大国已是不争的事实。但从我国的碳排放年增长率和碳排放强度的变化状况来看,从 2005 年起这两项指标已经开始位于倒 U 型发展态势的下降阶段。说明我国近年来节能减排的措施已经收到了较好的成效。从发展趋势上看,完全可以实现温家宝总理在哥本哈根气候大会上提出的目标,即到 2020 年单位 GDP 碳排放比 2005 年下降 40% ~ 45% 。

然而,作为碳排放大国,减排问题依然十分严峻。首先,由于我国的能源结构主要是以煤炭为主,而煤的排放系数又大于石油和天然气,从而导致我国碳排放总量和煤炭消耗量存在着高度正相关,可见我国的能源结构将会成为制约减少碳排放量的一个瓶颈。其次,从碳排放强度来看,我国的单位 GDP 碳排放仍是美国的 5 倍,日本的 7.9 倍,这说明与发达国家相比,我国减排手段和技术装备还很薄弱,减排能力还相对落后,也预示着我国今后节能减排的任务会十分艰巨。

二、低碳经济发展的重点和难点

(一)重点

自 2003 年英国政府颁布的《我们未来的能源:创建低碳经济》白皮书以来,各国学者从多个角度对低碳经济问题进行了探索,Kawase(2006)、Johnston(2005)、Treffers(2005)认为,应该把低碳经济发展的重点放在未来 30—40 年间 CO_2 减排技术的可能性上;Unruh(2003)、Johan(2002)、Abdeen(2007)认为,应放在碳分解技术上,Koji(2007)认为,应放在区域低碳经济建设上。英国政府低碳经济建设的重点是提高能源效率和发展再生能源、建立碳排放市场和碳基金。[①] 德国政府的重点是气候保护高技术战略、高能源使用率、发展可再生能源、减少 CO_2 排放。[②] 如何把握我国发展低碳经济重点?本文认为,应立足于我国国情及我国能源消费

① 参见庄贵阳:《中国经济低碳发展的途径与潜力分析》,载《国际技术经济研究》2005 年第 3 期。

② 参见郭印、王敏洁:《国际低碳经济发展经验及对中国的启示》,载《改革与战略》2009 年第 10 期。

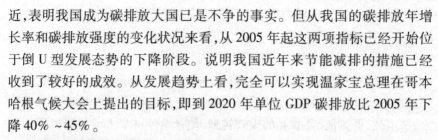

和碳排放现状,把"发展循环经济"和"节能减排"作为我国发展低碳经济的重点。其理由如下:

1. 循环经济与低碳经济的宗旨具有一致性

循环经济和低碳经济的宗旨都是在市场机制基础上,通过制度创新和技术创新,推动高投入、高消耗、高排放、低效益的经济发展模式向低投入、低消耗、低排放、高效益的模式转型,使社会经济步入可持续发展的良性循环轨道。① 我国发展循环经济初始,就强调从源头控制,减少在资源开采、生产领域的投入,提高资源利用效率,节能减排,推进废弃物的资源化、再利用化和再循环化,在生产、流通、消费领域全面贯彻实行"3R"原则。把发展低碳经济、利用低碳资源的思想贯彻到发展循环经济过程中,通过改善能源结构、提高碳能源效率,力求在能源使用上的减量化,从源头控制碳排放量;引导和鼓励消费低碳产品,加强产品的再使用化,废物的再资源化,提高产品的利用率,实现间接降低碳排放。使循环经济与低碳经济达到互动发展,借助我国发展循环经济基础来构筑低碳经济发展的产业体系。

2. 循环经济正逐步展开并取得了初步成效

首先,我国已经初步形成了"政府主导、企业主体、市场运作、全民广泛参与"的循环经济运行体制与机制。其次,我国已经制定出循环经济的发展规划,明确了循环经济的发展目标、任务和措施,发布了循环经济的评价指标体系,并在重点行业、重点领域实施了循环经济的推进计划。第三,我国已经积极有效地开展了循环经济的试点、示范工作。第四,我国已经在价格、税收、投资、进出口贸易等方面,制定有利于促进循环经济发展的配套政策。第五,我国第一部发展循环经济的法律文件《循环经济促进法》已颁布并于 2009 年 1 月 1 日起正式实施。② 我国发展循环经济的上述政策效应,使我国单位 GDP 能耗在 2005 年、2006 年、2007 年分别下降到 1.23、1.16、1.06 万吨/亿元。可见,用循环经济搭建起来的平台来推动低碳经济发展,既符合我国国情又有利于我国快速向低碳经济发展

---

① 参见付允、马永欢、刘怡君、牛文元:《低碳经济的发展模式研究》,载《中国人口:资源与环境》2008 年第 3 期。

② 参见孟赤兵:《循环经济是发展低碳经济的基本路径》,载《再生资源与循环经济》2009 年第 10 期。

模式转换。

3. 经济发展中的"高碳"特征非常突出

我国经济发展正处于人均 GDP 为 2000～4000 美元的工业化中期的爬坡阶段①,伴随城乡基础设施建设和居民住房、交通需求的不断增长,将会进一步拉动资源能源消耗高,污染排放强度大的重化工业发展,随着工业化和城镇化的加快,我国重化工业持续快速增长状况至少还需要持续 20—30 年,国民经济发展不可能绕过"重化工业"这个"坎"。2008 年我国化石能源消费总量为 18.55 亿吨标准煤,占能源消费总量的 92.6%。其中,工业能源消费占能源消费总量 70% 以上,而火电、钢铁、水泥、化工等重化工业,又占工业能源消费总量的 70% 以上。这预示着我国经济发展中的"高碳"消耗和"发展"排放还要持续相当长的一个时期。如果不提高我国经济的能源利用效率,实行节能减排,不仅会危及我国能源消费与能源安全,也会严重制约低碳经济的发展。而从我国经济发展的现状出发,实施节能减排是缓解我国经济"高碳"特征的最有效手段和方式,也是迈向低碳经济的最近途径。

4. 低碳能源替代高碳能源任重而道远

低碳经济的理想能源形态是核能、水能、太阳能、风能、生物质能,然而目前的能源技术依然制约着低碳能源替代传统能源,太阳能发电的成本是煤电、水电的 5～10 倍;一些地区风能发电价格高于煤电水电;作为二次能源的氢能,目前与利用风能、太阳能等清洁能源相比,商业化的目标还相距甚远;以大量消耗粮食和油料作物为代价的生物质能的开发,一定程度上引发了粮食、肉类、食用油价格的上涨。据测算,我国由高碳经济向低碳经济转变,年需资金 250 亿美元。这预示着在我国现阶段的经济发展过程中,仍需要依赖高碳能源,高碳能源在短期内尚无法被低碳能源所替代,在替代能源的经济技术上还没有重大突破的前提下,经济合理有效地利用传统能源,加强传统能源的技术创新,提高传统能源的利用效率,实现节能减排,不仅为新能源的普及和利用提供时间保障,还可以为低碳经济发展提供物质基础和技术保障。

① 参见庄贵阳:《中国经济低碳发展的途径与潜力分析》,载《国际技术经济研究》2005 年第 3 期。

（二）难点

1. 传统能源消费需求总量增长难以抑制

经济发展离不开能源推动,依据十六大提出的到2020年国内生产总值比2000年翻两番的目标,2000年我国GDP是9.92万亿元,翻两番意味着2020年GDP将达到40万亿元,年均增长7%。2000年我国能源消费总量为13.86亿吨标准煤,假设能源消费弹性系数为1,2020年能源消费需求总量将达到55亿吨标准煤。考虑到国家出台的各种节能减排政策措施的效应,假设能源消费弹性系数为0.75,2020年能源消费需求总量将达到约40亿吨标准煤。在致力于改善和提高人民生活水平和生活质量而进行的大规模的经济建设不可能停止的前提下,人口增加、消费结构升级、城市基础设施建设必将带来能源消费量和碳排放量的倍增。[1]加之我国经济发展中呈现的粗放特征,单位GDP的能耗大大高于发达国家的能耗水平,进一步加重了能源消费量和碳排放量。而低碳经济要求经济增长与由能源消费引发的碳排放"脱钩",实现经济与碳排放错位增长,通过能源替代、发展低碳能源和无碳能源控制经济体的碳排放,并最终实现经济增长的碳脱钩。[2]在实现低碳经济能源革命尚无法预期的状况下,由我国经济发展目标带来的能源消费需求量的增加,在短时间内尚不会有大的改观。

2. 能源资源禀赋形成的能源供求结构调整难度大

我国能源资源禀赋是"富煤少气缺油"。2008年在我国能源消费结构中,煤占70.2%,石油占18.8%,天然气占3.6%,核能和水电占7.4%。2008年我国煤炭生产与消费占全球煤炭生产与消费的42.5%和42.6%,煤炭生产和消费均位居世界第一,比生产(占18.0%)和消费(占17.1%)排名第二的美国分别高出1.36倍和1.49倍。我国目前能源资源条件、开发状况和供需变化,决定了我国以煤炭为主的能源生产和能源消费格局将长期存在,到2020年我国能源供求结构不会从根本上改变。由于煤的碳排放系数相当于石油的1.3倍,相当于天然气的1.7倍,我国GDP翻两番的经济目标带来的能源消费需求的增长已经构成了低碳经济发展的瓶

---

[1] 参见金乐琴、刘瑞:《低碳经济与中国经济发展模式转型》,载《经济问题探索》2009年第1期。

[2] 参见朱四海:《低碳经济发展模式与中国的选择》,载《发展研究》2009年第5期。

颈之一,以煤为主的能源结构会进一步加剧碳排放量,根据 EIA 提供的数据信息,2010 年我国 CO_2 排放量为 7 222 百万吨,到 2020 年 CO_2 排放量将达到 9 417 百万吨,CO_2 排放量以每年 2.7% 增长速度居全球之首。我国能源资源禀赋所决定的我国能源供求结构特征,使能源结构从高碳结构向低碳结构转换的任务十分艰巨,如果在能源技术上没有重大创新,短期内受能源供求结构的制约,能源消耗和碳排放状况不会有大的改观。

3. 产业结构的结构能源效益低下短期内尚不能克服

我国经济的主体是第二产业,2007 年第二产业创造的 GDP 占 48.6%,对 GDP 的贡献率为 54.1%(其中,工业占 48.2%),对 GDP 增长的拉动为 6.5%(其中,工业占 5.8%)。与之相对应的能源消费也主要集中于第二产业,2007 年第二产业能源消费占 73.1%,其中制造业能源消费又占第二产业的半数以上,而钢铁、建材、石油化工、有色金属等高能耗行业又占制造业的半数以上。煤炭消费的主要行业是电力和制造业;原油消费居于首位的是交通运输行业;天然气主要用于化工产业。这种情况显示,我国拉动 GDP 增长的行业主要是能源消耗大的行业,在产业结构中,低能源效益产业所占的比重高,高能源效益产业所占的比重低,产业结构的结构能源效益不但没有高度化,反而低度化了。加之我国第二产业特别是工业"大"而不"强",比较优势很大程度上依赖于廉价劳动力的获得,行业的竞争优势主要体现在加工组装的全球产业链的低端环节,产业发展模式粗放,"三高"问题依然突出。[1] 加之发达国家向我国转移高能耗产品生产的趋势,对我国产业结构的调整和升级提出了严峻的挑战。低碳经济发展要求较少能源消费量来完成经济高速增长,而能否做到这一点在很大程度上取决于我国产业结构轻型化的进程。

4. 能源技术尚没有重大突破

引发温室气体排放的物质动因是大量的化石能源消费,只要存在化石能源消费,就必然发生碳排放,形成碳足迹。然而限制碳排放并不仅仅是为人类实现碳平衡设定一个碳排放限额,还需要技术支持。实现低碳经济至少需要两个方面的技术支持:一是低碳能源的生产技术,即用技术上可行,经济上合理的低碳能源来置换、替代传统的高碳化石能源,以达

---

① 参见邹东涛:《发展与改革蓝皮书》,社会科学文献出版社 2008 年版。

到限制碳排放的目的;二是发展碳吸收技术,即通过碳捕捉和碳封存增加碳蓄积、减少大气中CO_2的排放量,促进碳平衡。尽管我国在能源技术的研发与应用上取得了很大成就,我国已经成为风电装机第二大国,太阳能电池生产第一大国,但能源领域的基础研发能力由于长期投入不足,研究经费和人才匮乏,造成能源技术研发能力薄弱,能源技术的研发平台还没有建立,产学研相结合的能源技术开发体系尚未形成,关键能源技术始终没有大的突破,能源核心技术水平和自主创新能力亟待提高。缺乏具有自主知识产权的能源核心技术,已成为制约我国低碳经济发展的重要瓶颈。

三、低碳经济发展的路径选择

针对我国社会经济所处的历史阶段和发展现状,我国学者从多个角度探讨了我国发展低碳经济的路径,并在调整产业结构、开发新能源、优化能源结构、建设低碳城市等方面形成了一致的看法,为发展低碳经济提供了有效的策略性措施。由于低碳经济发展的诸多制约因素不可能在短期内得以解除,因此在选择路径时,应该把我国发展低碳经济的路径分为"长路径"和"短路径"。把我国低碳经济发展中存在的问题,短期内尚无法彻底解决但长期又必须解决的问题放到长路径中,作为我国发展低碳经济未来要走的方向和道路,并引领短路径,使长路径和短路径尽管所要解决的具体问题不同,但却始终保持着一致的方向。

在长路径中,应把发展低碳经济纳入到我国建设资源节约型、环境友好型的国家战略体系之中,在战略层面上制定出产业和能源的发展规划,明确产业结构调整和能源结构调整的中长期计划,用单位 GDP 碳排放强度检验经济发展的中长期规划。

短路径是我国发展低碳经济急需解决的问题,低碳经济是经济发展方式、能源消费方式的变革,是人类生活方式的一次变革[①],但是,这场变革应该是现有经济体内的变革,它不能脱离现有的经济体而独立出现。因此,解决当前经济体中影响低碳经济发展的因素即是短路径要解决的问题。本文拟从经济体中的两大阵营——生产与消费出发,重点探讨低

---

① 参见邹东涛:《发展与改革蓝皮书》,社会科学文献出版社 2008 年版。

碳经济发展的短路径。

(一)生产领域中的低碳经济发展路径

根据我国工业化、城市化发展的进程,生产领域的节能减排是我国目前发展低碳经济的最有效方式,目前国家采取的节能减排政策已经取得了初步成效,今后还要在此基础上继续加大节能减排力度,提高能源利用效率,并通过节能减排政策促进产业结构、能源结构的调整,把节能减排纳入到资源节约型和环境友好型社会建设的战略框架下。在此基础上,构建出"政府推动,市场引导,企业参与"的低碳经济发展机制。首先,政府运用各种行政杠杆和经济标杆来引导生产领域中的能源消费,促使企业在生产经营中不断进行技术创新,提高和改进能源利用效率,实现节能减排。其次,要建立和完善低碳经济市场体系,自由竞争是市场经济的基石,低碳经济的运行必须以市场经济为基础,通过市场机制进行调节和控制,用市场信号来引领生产者投资于低碳技术,生产低碳产品,引导消费者消费低碳产品。第三,让企业成为节能减排技术创新的主体,在政府宏观控制,市场机制引导下,形成企业内部节能减排的动力机制,使生产者自觉地将其经营活动纳入节能减排、发展循环经济的轨道上来。例如,政府通过能源税或资源税对能源消耗大、资源浪费严重的企业进行调控,促使企业通过技术创新来提高能源使用效率。通过建立碳交易市场或碳排放市场,限制企业碳排放额度,由于购买碳排放额度会导致企业生产成本上升,市场信号会激励企业通过技术创新来降低碳排放。

(二)在消费领域中的低碳经济发展路径

在行业能源消费结构中,生活消费能源不仅占能源消费总量的10%,需要进行节能减排,而且终端产品需求量的变化会给生产领域需求量带来几何级数的变化,并会伴随消费偏好转移带动相应的产业结构调整。因此,对人们的消费活动进行有意识地、合理地、科学地引导,促进人们转变消费观念,形成良好的消费习惯和偏好,使之消费行为由高能源、高污染向低能耗、低污染、清洁化方向转变,是低碳经济发展的一条重要路径。首先,要向低碳化方向引导人们的消费观念。消费观念是人们基于一定的社会经济基础,在长期的消费行为中形成的思想意识,直接影响人们的消费行为。改变在工业化进程中所形成的"便捷消费"、"面子消费"、"奢侈消费"、"过度消费"、"攀比消费"、"一次性消费"、"炫耀性消费"等不良消费观念,引导消费观念向低碳、绿色、生态、健康的方向转变。① 其次,要向低碳化方向调整消费结构。在我国居民消费结构中,汽车、住房、家用电器不仅在消费支出结构中比重大、增长快,而且也是能源资源消耗大的产品,而低碳化的消费结构要求居民在衣、食、住、行、娱乐、医疗、教育等方面的消费中,要不断增加低碳消费品的消费,使低碳消费数量与低碳消费质量达到和谐统一。为此应该为居民消费的各个领域制定出低能耗、低污染、低浪费的消费细则,使居民在生活消费中明确什么样的消费行为是低碳消费行为。为居民消费建立起健康标准、消耗标准、环境标准、社会标准,以此来约束和限制居民消费中的高碳消费行为,发挥低碳消费对低碳生产的引导作用。

（三）构建低碳经济生活"示范区"

为了更有效地引导全社会的低碳生活方式,构建以低能耗、低排放、低污染为基础的低碳经济生活"示范区",不仅是建设低碳经济的一条有效途径,同时也可以对低碳经济发展进行有益的探索,在保持经济社会发展的同时,实现资源高效利用,实现能源低碳或无碳的目标,通过典型示范、示范带动、由点到线、由线到面,不断向全国推广低碳经济。首先,政府要制定出"建设低碳经济示范区的建设规划",明确"示范区"建设的战略目标、建设原则、建设任务、建设内容、保障措施,使低碳经济"示范区"建设有组织、有落实、有步骤、有管理。其次,要按照低碳经济建设要求,在"示范区"内,兴建低碳或零碳的区域基础设施,鼓励使用新型清洁的可再生能源,提高水、电、风能等新型能源的普及率,提高区域绿化率,增加碳汇。第三,调整区域内的产业结构布局,建立合理的专业化分工体系,提高能源利用效率,同时催生区域创新,鼓励应用新工艺、新技术,降低能源物质消耗。最后,倡导示范区内节能消费理念,提供低碳的交通方式,自觉采用公共交通工具和快速轨道交通系统出行,短途交通采取步行或自行车。住房设计和建设要引入低碳理念,如选用隔热保温的建筑材

---

① 参见陈晓春、张喜辉:《浅谈低碳经济条件下的消费引导》,载《消费经济》2009 年第 4 期。

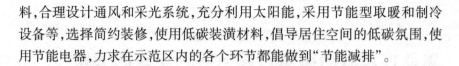

料,合理设计通风和采光系统,充分利用太阳能,采用节能型取暖和制冷设备等,选择简约装修,使用低碳装潢材料,倡导居住空间的低碳氛围,使用节能电器,力求在示范区内的各个环节都能做到"节能减排"。

(四)支撑低碳经济发展的能源技术创新路径

低碳经济能否发展,依赖于能源技术能否带来新的突破和革命。能源技术创新是低碳经济的直接手段。因此,为了能够取得低碳经济竞争的制高点,我国必须高度重视能源技术领域的研发问题,加大对能源研发领域的改革,为能源技术发展提供体制和制度保障。首先,要形成能源技术融资机制。目前我国能源领域研发投入不足是制约我国能源技术创新的重要瓶颈,构建一个多元化并存的融资体系是解决这一瓶颈最有效的措施,如建立能源基金,开通环境金融、风险投资、天使投资等。其次,要建设能源人才培育机制。如通过自主培养和引进吸收来增加我国能源技术人才储备,提高我国创新性人才的人力资本价值,加强知识产权保护制度,激励科技人员创新积极性等。第三,加强能源研发平台建设。在平台建设方面,我国与发达国家相比还有差距,奥巴马政府上台后,美国能源部投资 7.77 亿美元,支持 46 个能源前沿研究中心的建设和清洁能源创新人才的培养。与低碳经济相呼应,2010 年 1 月 6 日,我国能源局宣布首批 16 个国家能源研发(实验)中心正式成立,同时,国家能源局还专门设立了能源节约和科技装备管理司,负责能源行业能源节约和科技管理工作。这是我国能源研发平台建设的一个"利好"信号,可以更为有效地吸引能源研发资金和人才。最后,要建设"官产学研资介"相结合的发展模式。即搭建起由政府出台相关的援助政策,以实现产业化为目的,以高校实验室和研究所为依托,以能源创新成果尽快产业化的社会中介服务体系为载体,以能源风险投资为支撑,产学研相结合的能源技术创新体系,推动能源技术成果的快速产业化,为我国低碳经济发展提供技术保障。

●原文刊载于《求是学刊》2010 年第 5 期。
●盛光华,吉林大学商学院副教授。
●杜雪丹,吉林大学商学院硕士研究生。

流动性过剩的衡量及其与收入差距的关系

李学彦

自 2007 年以来,国内外学者对流动性过剩问题给予了高度关注,虽然对什么是流动性有着不同的阐述,但大多数学者将其理解为货币,如文魁、李学彦[1],焦方义、徐建中[2]等,基于此,本文也将流动性理解为货币。

在流动性过剩的研究中,分歧较大的是关于流动性过剩的度量问题,因此我们有必要对这一问题进行更为细致深入的研究。为此,本文首先对流动性过剩评判指标的现有成果进行评述,然后提出自己的判断标准,最后对如何化解流动性过剩提出自己的政策建议。

一、流动性过剩衡量指标的选择

关于如何衡量流动性过剩,国内外学者提出了不同的标准。欧洲中央银行(ECB)把流动性过剩定义为"实际货币存量对预期均衡水平的偏离",并以这种偏离程度作为衡量流动性过剩的指标。这种方法所反映出的问题与黄达在《金融学》中所称"超额货币现象"以及李斌(2004)在《经济发展、结构变化与"货币消失"》中所分析的"货币消失"现象是一致的。若以此作为衡量流动性过剩的标准,虽然看上去要简要明了,但其在均衡货币存量如何界定上,却存在着主观臆断。

Rasmus Rüffer 和 Livio Stracca(2006)将流动性过剩解释为货币需求超过当前名义支出的部分,即超额货币部分,将广义货币供给量 M_2 与名

---

① 参见文魁、李学彦:《流动性过剩的形成机理分析》,载《国际金融研究》2008 年第 4 期。
② 参见焦方义、徐建中:《流动性过剩的成因与宏观调控策略》,载《求是学刊》2008 年第 1 期。

义 GDP 的比值作为流动性过剩的度量指标。这种观点实际上是将金融深化指标作为流动性过剩指标。M_2 是一个存量,而 GDP 是个流量,比值只能反映出经济体系中,至当年末货币供应余额数与当年新增产量之间的关系。这一指标的关键是要找出一个合理适度的数值作为参照,但由于影响这一参照值合理性的因素较多,比较理想的数值不易确定。

余永定(2007)认为,流动性过剩是过剩的流动性资产,是商业银行所拥有的超额准备金,商业银行所拥有的超额准备金越多,金融体系中的过剩流动性资产就越多。这种观点具有一定的合理性,但是由于法定存款准备金比例的调整会严重影响超额准备金,并且商业银行过多的超额存款准备金又会倒逼央行被迫提高法定存款准备金。因此,要以此作为判断标准,还应该排除法定存款准备金比例调整的影响。

裴平、黄余送①从最优货币供给规则的角度,对适度货币供给增长率进行了测定($m = 0.144$),将 M_2 增长率与 m 作对比得出的 L 值作为衡量流动性过剩与否的指标。由于这一指标是以适度货币供给增长率为依托的,因此,对这一指标的测算至关重要。而裴平等对适度货币供给增长率的测算是以费雪交易方程式为基础的,并用 M_2 的数据替代 M 进行研究,这样处理后其所得出的结论的合理性显然是值得商榷的。

彭方平、展凯等(2008)通过代入 STSVAR 模型系统的一阶泰勒展开式中,进行线性对非线性检验后认为,金融机构存贷差是衡量流动性的指标。其结论较为合理,但相应的理论分析尚欠缺。

曾康霖(2007)认为流动性过剩的实质是商业银行的运作成本高,难以实现利润最大化。因此,他主张以考察多少资产被占用在低效益的资产上作为衡量流动性过剩的指标。由于曾康霖的解释是基于"流动性是指市场主体持有的资产特别是金融资产在市场中的交易状态",因此其有别于我们的分析框架。

那么,我们应该以什么作为衡量流动性过剩的指标呢? 笔者认为,既然流动性指的是货币,那么流动性过剩指的就只能是货币过剩,只不过这种过剩的衡量标准还有待商榷。我们认为,"过剩"一词是相对于某一相应事物而言的,即流动性过剩是货币相对于什么而言出现了过多。这种

---

① 参见裴平、黄余送:《中国流动性过剩的测度方法与实证》,载《经济学家》2008 年第 5 期。

过多是一种既存的事实,而不是一种主观的臆测;并且,这种过多是一种可以用"事后"的数据加以衡量的过多。

基于对货币性质及职能的一般认识,货币之所以重要,原因在于它既是交易媒介也是贮藏手段。交易也好,贮藏也好,其最终目的就是要获得货物和服务,尤其在不兑现的信用货币制度下,货币已经退化为纸币和电子形态,其价值几乎为零,因此,其存在是要以商品为依托的。所以,货币过剩最为可能的解释是货币相对于商品出现了过剩。这是对流动性过剩的一种较好解读。

也许有人会问,以上说的货币过多不就是通货膨胀吗? 通货膨胀不就是货币相对于商品过多吗? 其实不然。的确,通货膨胀是由货币过多引起的,但是那只是原因,通货膨胀是一种经济现象,是由货币过多引起的物价的普遍上涨。而我们这里的流动性过剩是一种经济运行状态。在这种状态下,货币存量过多,但还没有引起严重的通货膨胀;相反,这种状态还可能进一步加重经济的不景气,加剧通货紧缩①。因此,我们的这种运行状态其实是一种复合体,是一把"双刃剑",这也正是中国经济的复杂性所在。中国经济的这一症结导致我们的宏观经济调控经常捉襟见肘,左右为难。

那么,我们应该如何衡量这一过剩呢? 笔者认为,应用事后的量来衡量:在封闭经济的条件下,也即在通货紧缩或低通胀情况下,金融体系没有核销的巨额呆坏账;而在开放经济的条件下,还应该包括因本外币兑换而投放的本币。

在前人的经济理论中,虽然很难找到关于流动性过剩问题的论述,但在霍布森和凯恩斯的著作中论述了过度储蓄理论,该理论中就描述了"银行里贮有大批游资寻求有利投资而不可得之"的情况。我们认真推敲一下就会发现,这种现象其实是从可贷资金的供给与可贷资金的需求的角度来分析流动性过剩的。如果按照这种分析思路,我们对流动性过剩进行度量的话——这里,我们同样需要一个可以"事后""核对"的量:即无论微观主体的持币行为和动机怎样,企业对资金的需求怎样,也无论经济政策的制定初衷如何,其欲实现的最终目标如何,我们都可以通过"事

---

① 国内外经济学者在通货紧缩的定义上有三种意见,即"价格论"、"双因素论"和"三因素论",我们这里采用"价格论"的观点,即仅以 CPI 下降作为通货紧缩的标准。

后"的量来认定"事前"可贷资金需求的真实性,那么,作为银行中最能反映出该种状态的指标应该是银行的超额准备金。

上述两个指标虽然能够切中要害,但都存在一定的不足。第一个指标虽然比较理想,但由于我国在贷款管理过程中,多年以来采取的是贷款四级分类法,直到 2002 年以后才改为贷款五级分类法,这就影响了数据的连贯性,给实证分析带来了困难。第二个指标则应该是在法定存款准备金率稳定的情况下才更具说服力,考虑到我国法定存款准备金率经常变动,并且由于我国中央银行对法定存款准备金支付的利息要高于超额准备金,因此存在倒逼央行调整比率的动机与可能。所以,以此作为指标也不很理想。

基于这种思考,笔者将两个指标结合起来从而得出更有意义的指标:在既定条件下,银行不断增长的巨额存差额。存贷差作为衡量指标比超额存款准备金作为指标有一定的优越性,前者能体现出剥离出的并未被真正消化的呆坏账因素,而超额存款准备金却体现不了这一重要变化。并且,巨额存差已经表明贷款对储蓄的需求存在一定问题,而这一差额还在不断扩大,则会进一步表明银行业存在流动性过剩问题——储蓄没有办法转化为相应的企业贷款,并进而完成经济学上所说的"投资"。

从金融机构存差构成来看,主要是来自商业银行,而商业银行的存差主要包括以下几个不可动用或较难动用的部分:一是财政存款,该项资金不能用于商业银行贷款。二是法定存款准备金,这是整个经济系统为维持金融稳定和经济稳定必须付出的成本。三是二级准备金。虽然非法人金融机构无需交纳法定存款准备金,但必须按照其总行要求上缴总行统筹调度的资金,统称二级准备金。一方面用于弥补由总行统一缴存其总行所在地人民银行的法定存款准备金,另一方面由总行统一调度用于系统内头寸调剂或购买国债、政策性金融债等有价证券。四是库存现金。商业银行必须持有为满足客户提取现金需要的库存现金,而这部分资金会随着商业银行业务扩张而有所增加。五是超额存款准备金,这也是所有商业银行普遍持有的,只是数额多寡而已,主要用于满足日常结算和维持流动性的需要。超额存款准备金是低息资产,在一些发达国家,中央银行对商业银行的超额存款准备金是不付息的,以追求利润为目标的商业银行会尽量减少这种资产。商业银行会先运用超额准备金发放贷款,赚取存贷款之间的利息差额。若贷款风险太大,就会购买国债、归还央行贷款、拆借或存放在其他银行等。我国出于商业银行经营的考虑,一直对准备金存款计付利息。商业银行在宏观经济不景气、贷款风险增加或负债成本较低的情况下,主动将大量信贷资金上存央行套利,从而削弱了信贷资金对实际经济部门的支持力度。除此之外不排除商业银行在贷款有效需求不足时将资金转存人民银行获取低风险收益的可能。六是不良贷款剥离,这主要是商业银行通过各种方式剥离不良贷款,从而统计上造成在存款余额不变的同时贷款余额虚降,这部分只是统计数据,并不是真实可用的资金。

因此,巨额存差反映出的问题更为深刻,它不仅包括超额准备金和库存现金,而且包括呆坏账因素,它兼顾了宏观与微观两方面因素。鉴于此,在目前状况下,我们以存贷差作为衡量流动性过剩的指标。

二、流动性过剩与收入差距相关性的理论分析

文魁、李学彦(2008)的研究成果表明,流动性过剩需要两个条件:一是过度储蓄;二是国家对经济的过度干预。这为我们探究流动性过剩与收入差距的相关性提供了有益的思路。

既然流动性过剩的一个重要条件是过度储蓄,那么,如果过度储蓄不存在,即便有国家的过度干预,也很难出现流动性过剩。因此,我们可以从分析过度储蓄入手,寻找流动性过剩与收入差距的关系。

霍布森在他的《帝国主义》中,详细分析了过度储蓄的形成机理。他认为,过度储蓄是与财富分配密切相关的,是由于社会的分配不公平所形成的贫富差距造成的。

霍布森的分析基于这样一个假设条件,即:一个社会无论生产多少,或能够生产多少,那么这个社会就应该能消费多少。应该说,这一假设具有一定的合理性。因为产品分配所表现的地租、利润或工资是构成社会成员的实际收入的组成部分,每个人可以消费这些消费品,也可以同其他需要这种消费品的人来交换其他消费品。每一种东西生产出来,也就有消费的力量跟着产生。霍布森认为:"如果说因为产品不能得到消费,所以一些资本和劳动不能得到充分利用,则这种自相矛盾的说法的唯一可

能的解释,是因为有消费能力的人不对商品提出有效需求。"①

霍布森认为,由于现代机器生产的快速发展,使得产品数量得以极大提高。这些产品的消费主要有两条渠道:一条渠道是把产品输送给工人消费;另一条渠道是把产品输送给富人。由于竞争的工资制度阻碍了工资按效率增长的比例而相应得到提高,因此工人的这条渠道就如同在石砌的堤岸之间,不能得到扩大。而雇主则不同,雇主得到了生产效率的提高所带来的全部收益。霍布森认为,输送商品给富人的这条渠道又分成两条水流:一条水流输送富人本身所消耗的必需品和奢侈品;另一条水流则只是输送给他们储蓄的"泛滥"的水流。输送消耗品的水道,虽然多少可以扩大一些,但由于够得上肆意挥霍的富人毕竟是少数,因此这条渠道也决不能扩充得很大,而且这同储蓄这条渠道相比,无论如何只占很小的比例,因而过度储蓄就在所难免了。霍布森进一步指出,富人决不会机敏到将其消费提高到足以阻止生产过剩的程度,而同时富人输送储蓄的那条支流却在不断扩大和加深。储蓄"泛滥"的水流当然不是完全取决于富人的剩余收入,职业界和工业界的中产阶级,以至于少数工人也都有份。但是,"洪流"主要是发源于富人剩余收入的自动储蓄。

那么,"洪流"产生的根源在哪里呢?在霍布森看来,是由于消费力的分配不当而阻碍了一国对商品及资本的消化和吸收。他认为,这些收入同生产努力毫无自然联系,同消费的满足也不相一致,这些过剩财富渐渐积累就会成为过剩储蓄。他指出,由于人类的需要是无限的,如果收入或消费力的分配符合于需要的这种倾向而发生作用的话,显然消费将随生产力的提高而提高,因而不可能有储蓄过剩。但在一个经济社会中,如果需要对分配并无固定性的关系,"有些人分配到的消费力大大超过需要或可能的用途,而其他人分配到的消费力甚至不足以满足体力的全部需要,事情就完全不同了"②,从而产生了过剩储蓄。

霍布森指出,把不能转化为新资本的大部分国民收入储蓄起来的原因,并不是因为储蓄者的愚蠢,而是一般收入的分配使工人阶级所占的份额太少,雇佣阶级和占有阶级所占的份额太多,而储蓄过度正是由后者所造成的。

---

① (英)霍布森:《帝国主义》,纪明译,上海人民出版社 1960 年版,第 66 页。
② (英)霍布森:《帝国主义》,纪明译,上海人民出版社 1960 年版,第 67 页。

在凯恩斯的分析框架中,虽然其着重分析的是过度储蓄导致资本边际效率递减,从而加强了人们的流动性偏好,储蓄难以转化为投资,最终产生了社会失业问题。但他对边际消费倾向递减规律的阐述,同样为我们揭示出过度储蓄的根源是收入差距过大。

凯恩斯曾指出,决定储蓄与投资的动机是完全不同的。他认为,从行为来看,储蓄者与投资者是完全不同的两类人。储蓄是为了保存财富价值以便未来享受,若能使被储蓄的财富价值升值当然更好。而投资却完全不同,投资者的目的就是为了使财产增值,资本的边际效率是决定投资行为的关键因素,而投资萧条的根本原因在于资本的边际效率突然崩溃,而其所以崩溃,又在于人们的过度储蓄。"满足人们及家庭的现行的基本生活需要通常要比积累具有较强的动机。只有在达到一定的舒适程度以后,积累的动机才会转变为较强。由于这些原因,当实际收入增加时,人们通常会储蓄掉其收入中的较大比例。"[①]因此,凯恩斯认为正是今天消费的减少,才产生了第二天的衰退,而第二天的衰退,又加深了人们对第三天衰退程度的预期。

由于过度储蓄的存在,凯恩斯认为,治疗之道在于"采取大胆果断的步骤,即以收入再分配和其他办法来刺激消费倾向"[②],"使维持一定水平的就业量所需要的现行投资量具有较小的数值"[③]。正因如此,罗宾逊夫人认为凯恩斯主义的核心是收入分配问题。因此,凯恩斯认为过度储蓄原因在于收入差距非常巨大,解决的办法是通过收入再分配进行修正。

收入差距与流动性过剩之间存在相互影响的机理。

首先,是收入差距对流动性过剩的影响机理。通过对霍布森和凯恩斯关于过度储蓄与收入差距关系理论的梳理,我们可以看到,过度储蓄与收入差距密切相关,并且霍布森和凯恩斯都把造成过度储蓄的原因归结为过大的收入差距。

这样,我们就可以递推出收入差距对流动性过剩的传导机理:收入差距引起过度储蓄,而过度储蓄是流动性过剩赖以生存的必要条件,因而收入差距与流动性过剩密切相关,是引起流动性过剩的一个重要因素。如

① (英)凯恩斯:《就业、利息和货币通论》,高鸿业译,商务印书馆 1999 年版,第 102 页。
② (英)凯恩斯:《就业、利息和货币通论》,高鸿业译,商务印书馆 1999 年版,第 333 页。
③ (英)凯恩斯:《就业、利息和货币通论》,高鸿业译,商务印书馆 1999 年版,第 336 页。

果收入差距缩小甚至不存在,则依据霍布森和凯恩斯的观点,过度储蓄问题也就不存在,进而以此为依托的流动性过剩问题也就会自然解体。

这里面值得一提的是,过度储蓄只是产生流动性过剩的一个条件,如果流动性过剩的另一条件——国家的过度干预——仍然存在的话,是不是也仍然会造成流动性过剩呢？我们认为,在这一单一条件下,流动性过剩很难出现。因为在只有国家对经济的过度干预的情况下,其提供的过多的流动性只能转化为高数字符号下所对应的物价水平。如果通货膨胀上去了,就不会存在流动性过剩,这时呈现的只是以货币符号衡量的很高的物价。根据弗里德曼的研究结果,如果国家增发货币,向市场注入过多的流动性,其结果必然要以通货膨胀表现出来,虽然这存在一定的时滞,但这种时滞不会很久。因此,在这种没有过度储蓄的情况下,很难出现较长时间的流动性过剩。因此,我们完全可以通过将流动性过剩的前提条件进行逐步"瓦解"的方式来化解流动性过剩,这其实也就为我们从根本上化解流动性过剩提供了可能。

其次,是流动性过剩对收入差距的反作用。如果对流动性过剩不加治理,任由其发展下去,会进一步拉大收入差距,造成两极分化。

流动性过剩对收入差距的影响路径是这样的:过剩的流动性必然会被人们以各种形式持有,尤其为富有阶层所拥有。而这些流动性又会以存款利息、入股分红、炒股赢利、房屋租金、房地产炒作获利等形式进一步增加其财产性收入,并且其增长速度又要远快于劳动收入的增长,其结果只能是进一步拉大收入差距。根据世界银行统计,2003—2007年,中国的 GDP 年均增长超过 10%,但是中国最贫穷的 10% 的低收入人群的收入不仅没有跟上这个 10%,而且他们的总体收入还下降了 2.4%,而富人的收入增长速度则远高于此。因此,单纯从货币政策入手来解决流动性过剩问题是事与愿违的。

三、政策建议

通过以上分析,我们可以看到,由于收入差距的扩大导致了人们的过度储蓄,而过度储蓄作为流动性过剩的一个前提条件使其存在成为可能。如果消除人们的过度储蓄,国家的过度干预的存在,则只会导致恶性通货膨胀的出现。这充分说明,我国为了化解流动性过剩,应该从降低收入差距入手。

由于初次分配容易形成贫富差距,而再次分配又缺乏力度,三次分配尚未形成风气,因而造成贫富差距拉大,流动性过剩凸显的局面。在政策调整上,我们认为,应该在初次分配、再次分配以及三次分配上都作进一步的改善。

初次分配上,要更加注重效率与公平的协调统一,增加劳动报酬在国民收入中所占比重。据统计,1997—2007 年,劳动报酬占 GDP 的比重已从 53.4%降至 39.74%,而资本收入占比持续上升,其比重从 21.23%升至 31.29%。诚然,合理的收入差距能够激发人们工作的主动性、积极性与创造性,但贫富差距过大,尤其是不合理的收入所引起的过大差距,则会造成有消费需求的群体没有消费能力,而有消费能力的群体却没有消费需求的窘境。这样就必然要形成产能过剩的不利局面,造成社会效率的极大浪费和社会生产力的无法释放。我们应该看到,平均主义大锅饭会极大地制约生产力的发展,但贫富差距悬殊同样会束缚生产力,并进一步加剧流动性过剩。因此,通过提高最低工资标准来提升低收入就业群体收入是一种比较有效的措施(虽然这一政策尚存较大争议)。

再次分配上应加大对高收入者的税收征管力度,加大对贫困人口的转移支付。随着我国经济的快速发展,个人收入的来源呈现多元化的趋势,仅对个人的所得征税,而不考虑财产、遗产等因素,已经很难对贫富差距进行有效调节。即便是征收个人所得税,其税收来源主体也只是广大工薪阶层,很难对富人的真实收入起到调节作用。因此,应增加我国个人收入的透明度,建立个人收入申报制度,加强对个人所得税的征管。个人所得税执行的结果并不理想的一个重要原因在于,我们的所得税并不是建立在一个完整意义上的所得。目前其征收依据还主要是工资,而并非全部所得。因此,我们应该将个人的所有各项收入都纳入一个账户进行管理,如果其有未经过该账户的其他所得,则视为收入来源不明,予以严惩。这样,每个人的所有收入情况才能更加清晰地反映出来,制定和执行相应的税法才更有针对性,其税收调节作用才能更为有效。而通过对贫困人口的转移支付,则可以有效降低因治理流动性过剩而引发的通货膨胀的负面影响。

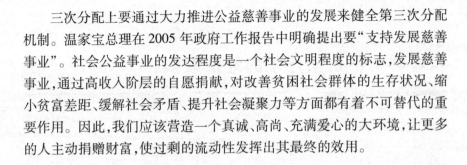

三次分配上要通过大力推进公益慈善事业的发展来健全第三次分配机制。温家宝总理在 2005 年政府工作报告中明确提出要"支持发展慈善事业"。社会公益事业的发达程度是一个社会文明程度的标志,发展慈善事业,通过高收入阶层的自愿捐献,对改善贫困社会群体的生存状况、缩小贫富差距、缓解社会矛盾、提升社会凝聚力等方面都有着不可替代的重要作用。因此,我们应该营造一个真诚、高尚、充满爱心的大环境,让更多的人主动捐赠财富,使过剩的流动性发挥出其最终的效用。

●原文刊载于《求是学刊》2010 年第 5 期。
●李学彦,黑龙江大学经济与工商管理学院副教授。

农业剩余不足条件下的经济发展

孙　剑,李惠斌

一、理论渊源

刘易斯(Lewis)在《劳动力无限供给条件下的经济发展》中指出发展中国家的经济是由两个不同的经济部门组成:一是维持生计部门,二是资本主义部门,或称现代部门。维持生计部门比资本主义部门要庞大得多,吸收大量的就业,同时存在隐蔽失业;劳动生产率很低,边际劳动生产率为零,甚至为负数;工资不是由农民的边际生产力决定,而是由维持传统部门劳动者生活的最低水平决定的。资本主义部门十分弱小,从业人数少;劳动生产率要比维持生计部门高得多,能够创造利润,形成剩余;由于维持生计部门存在无限的劳动力供给,资本主义部门的工资水平能够长期保持不变。在此基础上,刘易斯认为经济发展的动力在于城市工业部门,因此,要实现经济发展,就要扩大城市工业部门,而城市工业部门的扩大依靠于资本积累。由于农业部门存在大量的隐蔽失业人口,可以为城市工业部门扩张提供所需的劳动力,加之工资受供求关系影响而长期保持低水平,这就使城市现代化工业部门获得高利润。而这些高利润再投资,又能从农村吸收更多的劳动力,因此,经济发展的关键就是工业发展的规模与速度。[①]

很显然,刘易斯的二元经济模型存在一定的缺陷:一是过分强调工业

① 参见(美)阿瑟·刘易斯:《二元经济论》,施炜等译,北京经济学院出版社1989年版。

部门的重要性,忽视了农业部门的作用,把农业部门仅看做农产品和剩余劳动力的提供者。二是对现代部门的积累—投资—就业扩大之间的联系看得过分简单,忽视了现代部门投资的技术倾向。而实际情况是,随着资本积累的扩大,现代部门越来越倾向于采用资本密集型的技术,现代工业部门虽然扩大了,但就业机会却增加很少甚至不增加。三是二元经济模型是假设过剩劳动力只存在于农业部门,在城市则不存在失业,而现实的情况是发展中国家的城市同样存在严重的失业问题。

费景汉(Fei)和拉尼斯(Ranis)认为,刘易斯没有重视农业在促进经济发展方面的重要性,忽视了农业生产率的提高而出现剩余产品是农业劳动力向工业部门流动的先决条件。针对刘易斯理论的缺陷,费景汉和拉尼斯在《劳力剩余经济的发展》中对刘易斯模型进行了补充和发展,被称为费景汉－拉尼斯模型。费－拉模型认为刘易斯只考察了农业存在过剩劳动力的经济发展第一阶段,即农业边际生产率等于零,农业劳动力无限供给这一阶段,因而是不全面的。针对这一弊端,费－拉模型认为劳动力转移过程可以分为三个阶段:第一阶段,农业边际生产率等于零或接近零,传统农业部门存在大量的显性失业人口,劳动力的供给弹性无限大,劳动力从传统部门转入工业部门后,不会出现粮食短缺问题,因而劳动力转移不会受到阻碍。第二阶段,农业部门边际生产率提高,其值介于零和不变制度工资之间,农业部门存在隐蔽性失业人口。此时,因为农业边际生产率为正值,当农业劳动力转移后,农业总产品就会减少,平均农业剩余低于不变制度工资,提供给工业部门的农业产品就不足以按制度工资来供养工业劳动者,引起农产品价格上涨,导致工业部门工资上升,劳动力需求相对减少,利润下降,工业扩张减速甚至停滞,因而劳动力转移将会受到阻碍。第三阶段,农业部门已不存在剩余劳动力,农业边际生产率高于不变制度工资水平,农业部门商业化,农业劳动者的收入水平不再取决于制度工资,而由农业劳动边际生产率和市场共同决定。此时,农业与工业两部门平衡发展。①

费－拉模型指出提高农业生产率以获取更多的农业剩余是经济发展的关键,为了避免劳动力转移的停顿,必须使农业生产率与工业生产率保

---

① 参见(美)费景汉、古斯塔夫·拉尼斯:《增长和发展:演进观点》,洪银兴、郑江淮等译,商务印书馆2004年版。

持同步增长,以使农业和工业两个部门平衡发展。费-拉模型是对刘易斯模型的重大发展,为我们提供了一种更加接近发展中国家现实的理论描述。首先,该理论不仅把农业看做为工业提供所需的廉价劳动力,而且同时看做为工业提供农业剩余。这个观点纠正了刘易斯模型忽视农业部门发展和整个经济中的粮食供给问题,是对刘易斯模型的最重要的改进。其次,费-拉模型不仅指出农业部门技术进步是解决粮食短缺的根本途径,而且指出农业部门和工业部门之间的平衡发展是实现结构转变的关键因素。最后,费-拉模型系统研究了技术进步类型对工业部门就业增长的影响,提出发展中国家应注重引进和鼓励具有劳动使用密集偏向的技术创新的政策建议,对发展中国家有重要的指导意义。当然,该模型也存在着一些缺陷和不足:一是没有考虑发展中国家的城市失业问题;二是没有考虑到现代工业部门发展中来自有效需求方面的约束,将创造生产能力(而不是需求)看成是经济发展的前提。

二、中国的现实情况

中国属于典型的二元经济,自新中国成立以来一直致力于通过工业化实现经济快速发展,尤其是市场化改革以来,中国加快了工业化进程,期冀能够按照二元经济理论的路径实现劳动力转移和经济发展的目的,但是目前中国的经济发展已经出现了工业产能过剩与农业剩余不足并存、高资本积累率与城乡失业并存、投资过度与消费需求不足并存等现象,成为经济进一步发展和结构调整的瓶颈。

(一)工业产能过剩与农业剩余不足并存

市场化改革以来,中国依托廉价的自然资源和劳动力的优势,并以开放国内市场为代价,将国际产业资本引入国内,逐步填补并丰富了国内产业,使工业品供给逐渐走出短缺,由卖方市场转向买方市场。尤其在近几年持续高涨的投资推动下,部分行业已经出现严重过剩的局面。

以生产资料为例,2008 年,我国粗钢产能 6.6 亿吨,需求仅 5 亿吨左右,约 1/4 的钢铁及制成品依赖国际市场。水泥产能 18.7 亿吨,市场需求仅为 16 亿吨。目前在建水泥生产线 418 条,产能 6.2 亿吨,另外还有已核准尚未开工的生产线 147 条,产能 2.1 亿吨。这些产能全部建成后,水泥产能将达到 27 亿吨,产能将严重过剩。平板玻璃产能 6.5 亿重箱,产量 5.74 亿重箱,约占全球产量的 50%。2009 年上半年新投产 13 条生产线,新增产能 4 848 万重箱,目前各地还有 30 余条在建和拟建浮法玻璃生产线,平板玻璃产能将超过 8 亿重箱,产能明显过剩。煤化工产能过剩 30%。多晶硅产能 2 万吨,产量 4 000 吨左右,在建产能约 8 万吨,产能已明显过剩。此外,风电设备、电解铝、造船、大豆压榨等行业产能过剩矛盾也十分突出。

再以消费品为例,据商务部对全国 600 种主要消费品的市场供求状况调查数据,2008 年上半年在 600 种主要消费品中,供求基本平衡的有 491 种,占 81.8%;供过于求的消费品有 101 种,占 16.8%,主要集中在电器、体育娱乐用品、五金工具、鞋帽等领域;供应偏紧的为猪肉、牛肉、羊肉、大豆、豆油、菜籽油、花生油和鲜奶 8 个品种的农产品。

与此同时,农业发展却因支持力度弱、农业生产收益低等多重原因导致了农产品供给不足的现象。2004 年以来,我国农产品进口大幅增长,出现了严重的贸易逆差。2004—2008 年间,我国的农产品进口从 280.3 亿美元增至 586.6 亿美元,增长了 109%。2003 年,农产品贸易顺差还有 25 亿美元,到 2004 年则出现了严重的逆差,逆差额高达 46 亿美元。农产品供给不足引起了中央政府的高度重视,从 2004 年起,连续五年以"中央一号"文件的形式强调农业的重要性,要求各地抓好农业发展,提高农业综合生产能力,保障国家粮食安全。在中央政府的高度重视下,从 2005 年开始,农业生产虽有所增长,农产品出口增幅明显高于进口增幅,贸易逆差开始减少,2006 年逆差仅 6.7 亿美元,但 2007 年后,农产品贸易逆差再次迅速扩大,2007 年、2008 年逆差分别达 40.8 亿美元和 181.6 亿美元。

以粮食、食用植物油、棉花、糖料等主要农产品的进出口为例,2004—2008 年间,粮食进口量从 2 998 万吨扩大到 4 131 万吨,5 年进口累计 16 838 万吨,出口累计 3 875 万吨,净进口达 12 963 万吨,进口总量是出口总量的 4.3 倍。食用植物油进口量从 676 万吨扩大到 817 万吨,进口累计 3 623 万吨,出口累计 110.4 万吨,净进口达 3 512.6 万吨,进口总量是出口总量的 33 倍。棉花进口量从 191 万吨攀升至 211 万吨,进口累计 1 269 万吨,出口累计 6.4 万吨,净进口累计 1 262.6 万吨,进口总量是出口总量的 198 倍。糖料累计进口 594 万吨,累计出口 77 万吨,净进口 517

万吨,进口总量是出口总量的7.7倍。① 通过分析主要农产品的进出口状况,可以发现我国的农产品供给并不充足,在国际贸易中主要是需求方,需要依靠进口弥补国内的消费缺口,农业剩余还不足以支撑过度工业化。我们一方面需要加大出口来缓解国内过剩的产能,另一方面却要高价进口工业发展所需的原材料和农产品,国家利益和人民福祉受到极大的损害。

(二)高资本积累率与城乡失业并存

二元经济模型假定现代部门的就业创造速度与现代部门的资本积累成比例,资本积累速度越快,现代部门的增长率越高,创造新职位的速度也越快。但是,如果资本投资于劳动节约型的项目,则并不会带来相应的就业增加。

在我国的工业化过程中,随着技术进步和资本有机构成的提高,资本投入增长率远远超过就业增长率。资本密集程度的迅速提高,使工业部门吸收新增劳动力的能力随之减弱。2003—2008年间,中国的资本形成率从41%提升至43.5%,对第二产业的固定资产投资从5 701.7亿元增长至76 961.3亿元,5年间增长了1 250%,而第二产业的就业人数仅从16 077万人增长至21 109万人,5年间仅增长31%。很显然,对工业投资的增长难以带动相应的就业增长,而且目前的工业品供给已经过剩,国内市场难以消化过剩产能,这对企业扩张形成了约束。

此外,二元经济模型是假设劳动力过剩只存在于农村地区,在城市则不存在失业。在我国,城市与农村失业并存。2003—2008年,城镇登记失业人员保持在800多万,如果加上未就业的大学生及未登记的失业人员,失业率肯定高于公布的城镇登记失业率4%,城市就业压力相当大。在农村,由于从事农业生产的收益低,大量的农业劳动力以剩余形式表现出来,不仅造成农村地区就业岗位的损失,而且形成了城市劳动力的无限供给。以粮食进口为例,2004—2008年,我国粮食净进口分别为2 484、2 145、2 463、2 119、3 752万吨,按2005年平均每个农业劳动力生产的粮食为1 598公斤计算,每年损失的就业岗位分别为1 554、1 342、1 541、1 326、2 348万个。② 对于一个劳动力资源充足、国内就业压力大的国家

① 数据来源于《中国农村统计年鉴2009》。
② 根据《中国农村统计年鉴2009》计算。

而言,大量进口粮食实质上是在输出就业机会,加剧国内的就业压力。

(三)投资过度与消费需求不足并存

二元经济理论将创造生产能力视为经济发展的前提,在工业化尚未完成之前,需求不构成经济发展的约束,这显然与中国经济发展高度依赖投资、消费需求不足的现状相悖。

中国的经济增长一直对投资有高度的依赖性,经济增长速度快的年份往往是由大规模的投资驱动。最近几年,中国经济增长已陷入投资过度与消费不足并存的困境。2001—2008 年全社会固定资产投资平均增速为 23%,社会消费品零售额平均增速为 14%,投资增速比社会消费品零售额的增速快了 9 个百分点。全社会固定资产投资增长快于消费品零售额增长反映到支出法国内生产总值构成上就是资本形成率越来越高,最终消费率则逐渐趋于下降。2001—2008 年,我国的资本形成率从 36.5% 上升至 43.5%,最终消费率则从 61.4% 下降至 48.6%。

以投资需求、消费需求对 GDP 增长的贡献率来看,2001 年,投资需求、消费需求对 GDP 增长的贡献率均为 50%,到 2008 年,投资需求贡献率上升为 68.4%,而消费需求贡献率则下降为 37.7%。以两大需求对GDP 增长的拉动作用来看,2001—2008 年,投资需求平均拉动经济增长 5 个百分点,同期,消费需求均拉动经济增长 4 个百分点,投资需求对经济增长的拉动作用明显大于消费需求。

中国目前这样的投资 – 消费比例关系已经成为经济发展和结构调整的障碍,经济增长的内生作用没有充分发挥出来,往往需要投资的推动,而投资主导的经济终将导致过剩局面的出现,使得中国未来经济发展面临严重的消费需求约束。

三、农业剩余不足条件下工业化对国民经济的危害

(一)国家利益受损

在当前工业品过剩与农业剩余不足的背景下,中国的国家利益受到极大损害。我们知道中国经济的高速增长是依靠大量的生产要素投入来

实现的,为了维持经济高速增长,就必须以低廉的自然资源和人力资源价格为保障,当国内的资源供给无法满足工业生产的需求时,只能依靠进口,结果就是高价进口国外的自然资源和长期压低国内人力资源的价格,以确保中国的产品在国际市场上具有价格优势。

以铁矿石进口为例,在中国经济高速增长的 2007 年,我国共进口铁矿砂 3.8 亿吨,价值 337.8 亿美元,分别比 2006 年增长 17.5% 和 61.5%。2008 年我国进口铁矿砂 4.4 亿吨,价值 605.3 亿美元,分别比上年增长 15.9% 和 79.1%。价值的增长远远高于数量的增加,即使考虑到人民币升值可以抵消一部分价格的上涨,但也远远无法消除进口价格上升带来的成本增加。[①] 另据估算力拓通过不正当手段使中国钢铁企业因铁矿石涨价多付出 7 000 亿元人民币(折合 1 020 亿美元)的沉重代价,相当于澳洲 10% 的 GDP。

再以石油进口为例,2007 年我国进口原油 1.63 亿吨,价值 797.6 亿美元,与上年相比分别增长 12.4% 和 20.1%;进口成品油 3 380 万吨,比上年下降 7.1%,价值 164.3 亿美元,增长 5.7%。2008 年中国进口原油 1.7888 亿吨,比上年增长 9.6%,价值 1 293 亿美元,比上年增长 62%;进口成品油 3 885 万吨,比上年增长 15%,价值 300 亿美元,比上年增长 82.7%。[②] 据 IEA 粗略估算,石油价格每上升 1 美元/桶,在目前的进口水平上中国将多支付 6 亿美元。

资源产品进口量值的持续上升,对我国经济发展的冲击也越来越大。原因在于长期以来我国的工业化发展已经产生了路径依赖,由于消费对经济增长的贡献尚未充分发挥,所以只有保持较快的投资和出口增速,才能实现经济快速增长,才能缓解国内严重的就业压力。一旦投资和出口增速下滑,经济增速就会下滑,失业也会增加,无奈之下只能通过补贴和压低劳动力的工资来维持出口产品的价格优势。

为了化解原材料进口价格上涨压力,保持出口产品的价格优势,财政部宣布自 2008 年 8 月 1 日起,将部分纺织品、服装的出口退税率由 11% 提高到 13%,部分竹制品的出口退税率提高到 11%。11 月 1 日起,适当提高劳动密集型、高技术含量、高附加值商品的出口退税率,涉及 3 486 项商

---

① 数据来源于中国海关。
② 数据来源于中国海关。

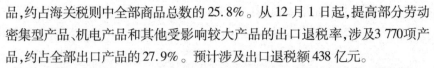

品,约占海关税则中全部商品总数的25.8%。从12月1日起,提高部分劳动密集型产品、机电产品和其他受影响较大产品的出口退税率,涉及3 770项产品,约占全部出口产品的27.9%。预计涉及出口退税额438亿元。

与此同时,农民工工资却有所下降,据农业部农村经济研究中心的调查报告,2008年下半年以来受金融危机影响而减少的农村外出就业劳动力数量约540万人,同时,外出就业劳动力下半年的月工资水平仅为1 064元,比上半年减少14.2%。与2008年上半年相比,下半年工业行业就业的农村外出劳动力工资月平均减少了209元,减幅达17.0%。而下半年中部地区农村外出就业劳动力的月平均工资减少369元,降低28.7%。

以财政补贴和压低劳动力的工资为代价,中国实现了出口增长,并换回了我们已经不再短缺的外汇,这些外汇根本不具有保值性,而且时刻面临贬值的风险,尤其在当前国际经济环境动荡不安的形势下,2.2万亿美元的外汇储备只是加大了国内货币供给量,增加了驾驭宏观经济运行的难度,除此之外,既没有增加国家利益,也没有增进全民福利,反而通过国际贸易使国家利益流失到国外。

(二)经济发展缺乏自主性

在农业剩余不足条件下工业化会使本国经济发展缺乏自主性。因为在国内市场不足以消化过剩工业品之时,只能依赖国际市场,而国际市场的动荡使得经济发展缺乏自主性。

2000—2007年,我国的外贸依存度由39.6%提高到63%,贸易顺差由241.1亿美元扩大到2 618.3亿美元,净出口对经济增长的贡献由12.5%提高到19.7%,拉动经济增长从1个百分点提高到2.3个百分点。外贸依存度的提高一方面反映了我国的经济开放程度,另一方面也暗含了国际市场波动会对中国经济造成严重影响。

2007年美的金融危机使中国的出口导向型企业面临严峻挑战,全球经济衰退引起的外需减少已经造成我国出口导向型企业停产减员、甚至倒闭的现象。据香港贸发局统计,2007年广东地区倒闭的企业超过万家。2008年,全国约有10万余家中小企业倒闭,广东省在2008年1—9月份内有5万多家企业关闭。我国月度出口增长率从2007年2月的51.7%下降至2007年12月的21.7%。2008年,全国工业生产增速明显回落,规模以上工业增加值同比增长12.9%,增幅比上年回落5.6个百分点,比2003—2007年平均增速低4.1个百分点。①

2008年上半年,当国内还在防止经济增长由偏快转向过热,防止物价上涨转变为全面的通货膨胀而执行紧缩性的货币政策时,美国的金融危机在进一步蔓延,下半年我们却不得不执行保经济增长的宏观经济政策,政府增加了4万亿的投资计划,货币政策也从紧缩走向适度宽松。中国经济在全球化的影响下,经济发展的自主性受到极大挑战。我们知道在固定汇率条件下,资本自由流动,很难保证货币政策的独立性。

(三)经济发展缺乏可持续性

市场化改革以来经济发展产生的惯性延续至今使得国内的经济发展陷入两难境地,如果摒弃传统的工业化模式,经济增长难以保证,而且短期内势必会造成大量的失业,影响国民经济的平稳运行;如果继续秉持传统的发展模式,中国的资源供给将难以为继,最终将因积重难返而陷入深渊。2003—2008年,中国的GDP平均增速为10.5%,而能源消费增速平均为10.6%;电力消费增速平均为13.2%;粗钢表观消费增速平均为14%。很显然,中国的经济增长建立在大量的资源和能源消耗基础之上,属于典型的粗放型增长模式。

近几年,中国GDP总量占世界的比重约为6%,但能源消耗占世界的15%左右;钢消费量占世界的30%左右;水泥消耗占世界的54%左右。目前,我国已成为煤炭、钢铁、铜等重要资源的世界第一消费大国,石油和电力的世界第二消费大国。不仅如此,我国的能源、资源利用效率还很低,万元GDP的能耗是世界平均水平的3~4倍,万元GDP用水量是全球平均水平的4倍。而同时,中国却是人均资源占有量低于世界平均水平的国家,水资源为世界人均水平的28%,耕地为32%,石油、天然气等重要矿产资源的人均储量仅分别相当于世界人均水平的7.69%、7.05%。

为了实现经济快速增长,中国的工业化进程不断提速,大量农业用地被转化为工业用地。1996年,国家历时十多年、耗资十多亿,摸清的全国耕地面积数量为19.51亿亩,但到了2008年,全国耕地面积已降为18.26

---

① 数据来源于国家统计局。

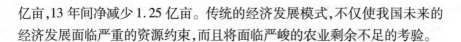

亿亩,13 年间净减少 1.25 亿亩。传统的经济发展模式,不仅使我国未来的经济发展面临严重的资源约束,而且将面临严峻的农业剩余不足的考验。

(四)产业升级困难

市场经济以来,中国的工业化是以国际产业转移与本国廉价劳动力结合的方式推进,并以劳动密集型产品的出口参与国际分工,但这种经济发展模式延续至今已经出现了主导产业低端化的现象,也就是我国的出口导向型经济发展模式已经陷入了"比较优势陷阱",主导产业被固化在国际分工中的低端,难以实现产业结构升级。

十四大以后,中国的对外开放进入新阶段,外资的大规模进入对中国出口导向型企业的发展起到了重要的推动作用,并使中国经济发展逐渐呈现外向型特征。1993 年,全国出口总计 917.4 亿美元,外资企业出口 252.4 亿美元,其占出口总额的比重为 27.5%,到 2007 年港澳台和外资企业的出口占到全部出口交货值的 70.6%。这一时期,出口导向型企业的发展使得出口额占国内生产总值的比重迅速提高,从 1993 年的 15.3% 上升至 2007 年的 37.4%,中国的外向型经济特征已经相当明显。但是,在我国的外向型经济中,两头在外的加工出口产品占了相当大的比重。2007 年的出口产品中,加工贸易所占的比重达到 50% 以上,加工贸易利用的主要是我国在生产要素上的比较优势,主要是劳动密集型企业,生产过程的技术含量低,单位产品所提供的附加值也比较低。目前,机电产品出口虽占据我国外贸出口的半壁江山,但许多产品的主要核心技术仍掌握在国外厂家手中,所以,在很大程度上我国只是外国公司低成本的制造基地。[①] 劳动密集型加工贸易企业的大量存在已经使中国深陷国际分工的低端,不利于国内的技术创新,也无助于产业结构的优化与提升。

四、农业剩余不足条件下的经济发展思路

在农业剩余不足条件下探寻经济发展和结构调整之道需要客观正确认识中国二元经济结构转换的长期性,调整经济发展模式,巩固农业的基

---

① 参见刘伟:《贸易保护主义抬头的原因、后果及我国的应对措施》,载《金融研究》2009 年第 6 期。

求/是/文/荟 HASO QSWH 《求是学刊》发刊200期

础地位,形成合理的产业结构;调整国民收入分配格局,改变经济增长过度依赖外需的局面,强化经济发展的自主性。

(一)客观认识二元结构转换的长期性

中国经济结构的调整是个漫长的过程,不可能一蹴而就。二元经济理论对结构转换持乐观态度,认为通过加快现代部门的建设,就可以将农村劳动力转移出去,从而实现二元经济向一元经济转换。其实不然,中国的二元经济结构特征自19世纪70年代洋务运动以来就已显现,一直持续到改革开放,100年来都没有根本性的改观。19世纪80年代,中国国民总产值中,农业所占的比重为66.79%,非农业所占的比重为33.21%。到1978年,我国的产业结构为28.2:47.9:23.9,虽然农业产值所占比重有很大程度的下降,但从就业结构的角度看,70.5:17.3:12.2的就业结构显示出我国仍属于农业国家。

在改革的进程中,虽然在不断地在优化经济结构,努力使工农业能够协调发展,但近30年的改革并未从根本上改变中国的二元经济特征,到2008年,三大产业产值比例为11.3:48.6:40.1,与1978年28.2:47.9:23.9相比,结构有所改善。但从就业结构来看,2008年,三大产业的就业比重为39.6:27.2:33.2与1978年的70.5:17.3:12.2相比,就业结构转换严重滞后于产业结构转换,也就是说,单纯依靠发展城市现代工业很难实现二元结构转化的根本性目标。从改革持续的时间与取得的成效看,30年的改革,工业部门的发展只提高了10个百分点的就业比重。考虑到中国每年不断新增的劳动力需要在非农领域就业,二元经济结构转换还有很长的路需要走,二元经济结构将在未来很长一段时期内延续。

(二)转换经济发展模式

不同的时代,造就了不同的经济发展模式,时代的变革,要求对经济发展模式作出相应的调整。建国之初,面对国际封锁与当时的资本约束,实行计划经济体制、确立公有制经济的市场主体地位、通过不合理的工农产品比价体系为重工业发展提供资本积累,形成以国有大型工业企业为支撑的经济增长模式是最优的选择。当秉持这一模式至人民生活因之受损之时,模式的调整是大势所趋,同时也是人心所向。处于转轨时期,中国的经济发展在摸索中前行,由于缺乏目标模式,只能对原有模式纠偏,着重发展农业和轻工业,却难以形成具有时代特点的经济发展模式。当我们选择了市场经济体制,让市场决定资源配置时,国外过剩的产业资本与中国廉价的自然资源和劳动力的结合必然造就了出口导向型的经济发展模式。当这一模式发展到中国的资源环境难以承受,经济增长的对外依赖性高度增强,国家对宏观经济运行的驾驭能力减弱之时,就必须选择新的经济发展模式。

当前,中国经济正处于工业化发展的中期,沿袭传统的经济发展模式显然不能实现持久永续的发展。经济发展模式的调整优化需要经济体制、资源配置方式、市场主体、主导产业、经济增长方式、收入分配方式和调控方式等因素的协调与配合。中国新经济发展模式的构建需要完善社会主义市场经济体制,强化市场的资源配置作用,形成充分竞争的混合所有制市场主体,经济增长应以国内消费需求为主、投资需求为辅,以资本密集和技术密集型产业为主导,应以产业结构合理,市场决定初次分配、国家调控二次分配的收入分配方式和国家采取财政政策与货币政策相机抉择调控宏观经济运行。

(三)形成合理的产业结构

经济全球化有利于落后国家的经济崛起,但鲜有通过承接国际产业转移成功实现赶超的例证。全球化最大的机遇是创造了相互依存的经济;最大的风险是被固化在国际分工的低端,难以走出困境。当前,中国的产业发展已经出现了农业滞后、工业过度外向,农产品供给不足与工业品供给过剩的局面。

中国的大国地位决定了其产业发展不能失衡,更不能过度外向化。要形成合理的产业结构,首先需要政府加大对农业发展的支持力度,保障国内农产品供给。因为保障农业的基础地位是实现工业化的基础,"没有农业和农村的发展,工业的发展是不可能的,或者即使取得了成功,也会产生国内经济的严重不平衡,从而使得广泛的贫困、不平等和失业问题更加尖锐、更加突出"①。1993 年颁布实施的《中华人民共和国农业法》规定

---

① 参见(美)托达罗:《经济发展与第三世界》,印金强译,中国经济出版社 1992 年版。

国家财政每年对农业总投入的增长幅度应高于国家财政经常性收入的增长幅度,但是,实际执行情况出入很大。1994—2007 年的 14 年间,只有 1994、1996、1998、2004 和 2006 年国家财政对农业总投入的增长幅度高于国家财政经常性收入的增长幅度,其他年份国家财政对农业总投入的增长幅度均低于其经常性收入的增长幅度,这显然有悖于《农业法》的规定。如果严格按照《农业法》的规定,2000、2001、2002、2003、2005、2007 年国家财政对农业的投入还应至少增加 38.9、49.4、100.2、61.8、352、796.4 亿元。[①]

其次,要降低对出口导向型企业的出口退税,减轻对外依赖性。我国目前大量的出口产品都享受了出口退税的优惠政策,在当前贸易顺差不断累积的背景下,降低出口退税率可以使得一批利润率极低而完全依靠低劳动成本从事低附加值加工生产的中小企业退出市场,迫使企业进行高附加值产品加工和生产,加强自主创新,实现产业结构调整与升级的目标。

同时,积极创造有利于科技创新型企业成长的环境,从注册资本、税收、贷款贴息方面给予优惠,使中国逐步摆脱以低端制造业为主的产业格局,实现主导产业由劳动密集型向资本和技术密集型产业转型。

(四)调整国民收入分配格局

基思·格里芬在《可供选择的经济发展战略》一书中将发展战略分为 6 类,包括货币主义战略、外向型发展战略、工业化战略、绿色革命战略、再分配发展战略和社会主义发展战略。[②] 外向型发展战略和工业化战略已基本实现,再分配发展战略应当是未来一段时期的主要战略。

国民经济的持续健康发展离不开居民收入水平的不断提高,而非政府收入的不断增加。中国自市场化改革以来,国民收入初次分配却呈现出政府所得不断增加,居民所得持续下降的趋势。1993—2006 年间,国民收入初次分配中,居民所得占比从 68% 下降到 56.5%;政府所得占比从 19.4% 上升到 24.2%;企业所得占从 13% 上升到 17.5%。在政府职能转变尚未完成的条件下,政府所得份额不断增大,必然直接或间接地推

---

① 根据《中国统计年鉴 2008》和《中国农村统计年鉴 2009》计算。
② 参见(美)基思·格里芬:《可供选择的经济发展战略》,倪吉详等译,经济科学出版社 1992 年版。

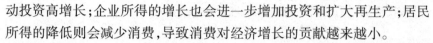

动投资高增长;企业所得的增长也会进一步增加投资和扩大再生产;居民所得的降低则会减少消费,导致消费对经济增长的贡献越来越小。

在国民收入再分配领域,对教育、医疗、社会保障等公共物品的投入不足则进一步抑制了居民消费,扩大政府消费。1993—2008 年间,居民消费所占比重已从 74.9% 下降至 72.7%,而政府消费占比则从 25.1% 上升至 27.3%。

为了实现经济持续健康发展,需要调整国民收入分配格局。在国民收入初次分配领域,要建立财政收入和居民收入协调增长的机制,通过国民收入分配适度向居民倾斜和增加居民的财产性收入来提高居民消费能力。在国民收入再分配领域,要加大对公共物品的投入,完善社会保障制度,使每个劳动者都能平等地获得养老和医疗保险,免除其后顾之忧,改善其消费预期。

(五)强化经济发展的自主性

我们的出口导向型发展战略在资本短缺年代曾发挥了重要作用,也为中国的经济增长作出巨大贡献。但目前国际、国内形势的变化决定了我们必须对出口导向型战略作出调整。

当前,为应对经济危机,世界各国都加大了贸易保护力度。中国产品出口正在面对名目繁多的技术壁垒,同时也不断遭到美国和欧盟的反补贴、反倾销调查,出口面临严峻考验。继续坚持出口带动经济增长,势必会加大中国与世界各国的贸易摩擦。另外,当前我国 2 万多亿的外汇储备已经加大了人民币升值的压力,吸引热钱不断流入,如果继续保持贸易顺差,只会加剧国内流动性过剩,增加国家驾驭宏观经济运行的难度。

另外,中国是个资源匮乏的国家,长期秉持出口导向战略必将耗尽国内资源,使得未来的经济发展缺乏资源支撑,而且现有的经济发展经验表明还没有一个大国依靠发展外向型经济进入发达国家行列,按照现行的模式只会使中国长期陷于国际分工的低端,难以实现大国崛起的目标。

中国是个发展中的大国,同时有着广阔的国内市场,依靠本国市场完全可以实现国民经济的正常循环。形势的发展要求必须把经济增长由外需带动转向内需带动,以强化经济发展的自主性。鉴于此,我们应适时调整出口导向型发展战略,并适时调整人民币汇率,减少国际贸易顺差,使国际收支保持在基本平衡,略有盈余的水平。

● 原文刊载于《求是学刊》2010 年第 2 期。《高等学校文科学术文摘》
2010 年第 3 期转载。

● 孙剑,中央编译局当代马克思主义研究所博士后研究人员。

● 李惠斌,中央编译局当代马克思主义研究所研究员。

中俄产业内贸易发展现状及趋势分析

王金亮

随着中俄"面向 21 世纪战略协作伙伴关系"的建立,两国在各个领域的合作不断加深,经贸关系也取得了突破性进展。两国间贸易往来取得的主要成果是双边贸易总体水平呈现出加速增长的趋势,并呈现出由产业间贸易逐步向产业内贸易转变的态势,但与中美、中韩的产业内贸易水平相比,中俄间的产业内贸易的发展相差甚远,产业内贸易水平有待提升。[①] 这里主要从总体状况和商品结构角度来分析我国与俄罗斯的产业内贸易发展现状,并在此基础上分析其发展趋势。

一、中俄产业内贸易发展的现状

(一)中俄产业内贸易发展的总体水平

1999 年以来,俄罗斯经济进入恢复性增长,中俄两国贸易也重新恢复显著增长,且增速逐年加快。这里利用 1999 年到 2007 年的相关数据,通过格鲁贝尔与劳埃德指数计算并整理得到中俄产业内贸易指数,如图 1:

[①] 韩立华:《中俄经贸关系的现状及提升路径》,载《俄罗斯中亚东欧市场》2007 年第 6 期。

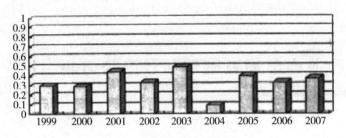

图 1 中俄产业内贸易指数

资料来源:根据《中国海关统计年鉴》和 uncomtrade 有关各期数据计算。GL 指数由按照 HS 商品分类体系基准计算的产业内贸易指数加权平均得出。

从图 1 可以看出,自 1999 年到 2007 年中俄产业内贸易发展比较稳定,但总体水平不高。除 2004 年,其余 8 年都保持在 0.3 到 0.5 之间,趋势比较平缓。这说明双方产业内贸易发展虽一直保持稳定但总体水平较低,长期没有突破性增长。这也与同时期中俄两国的 GDP 和双边贸易额的节节攀升形成了鲜明的对比。

9 年间中俄产业内贸易指数均未超过 0.5,最高的一年 2003 年达到 0.491,最低的一年只有 0.098,也就是说中俄产业内贸易特征不明显,产业间贸易占了双边贸易的大部分比重。这与中俄两国资源禀赋上的明显互补有极大关系,俄罗斯在资源密集型产品上具有比较优势,中国则在轻工业上具有比较优势,目前中俄贸易模式主要是俄罗斯出口基础资源、原材料型产品,中国出口工业制成品。正是这种互补的贸易结构导致了中俄产业内贸易发展水平不高。

(二)中俄产业内贸易的商品结构分析

根据国际海关统一使用的 HS 代码,把中俄贸易涉及的 21 类商品从 1999 年到 2007 年的进出口数据计算整理,分别得出每类产品的产业内贸易指数,拟通过这些指数对中俄产业内贸易的商品结构进行分析。见下表:

表1　中俄贸易中涉及的21类产品产业内贸易指数表

类　　别	1999	2001	2003	2004	2005	2006	2007
第一类 活动物,动物产品	0.86	0.49	0.90	0.98	0.52	0.69	1.00
第二类 植物产品	0.16	0.39	0.16	0.23	0.09	0.08	0.06
第三类 动、植物油、脂、蜡,精致食用油脂	0.07	0.21	0.16	0.00	0.04	0.00	0.00
第四类 食品,饮料,酒及醋,烟草及制品	0.13	0.09	0.23	0.12	0.01	0.01	0.02
第五类 矿产品	0.62	0.30	0.09	0.05	0.06	0.05	0.07
第六类 化学工业及其相关工业的产品	0.33	0.32	0.35	0.36	0.36	0.42	0.10
第七类 塑料及其制品,橡胶及其制品	0.34	0.31	0.49	0.66	0.97	0.69	0.57
第八类 革、毛皮及制品,箱包,绒线制品	0.32	0.04	0.12	0.20	0.19	0.07	0.04
第九类 木及制品,木炭,软木,编结品	0.02	0.03	0.06	0.06	0.06	0.07	0.11
第十类 木浆等,废纸,纸,纸板及其制品	0.22	023	0.22	0.25	0.21	0.28	0.35
第十一类 纺织原料及纺织制品	0.15	0.03	0.04	0.03	0.05	0.03	0.02
第十二类 鞋帽伞等,羽毛品,人造花,人发品	0.05	0.01	0.01	0.00	0.00	0.00	0.00
第十三类 矿物材料制品,陶瓷品,玻璃及其制品	0.08	0.06	0.06	0.04	0.01	0.01	0.01
第十四类 珠宝、贵金属及制品,仿首饰,硬币	0.00	0.00	0.03	0.16	0.36	0.00	0.00
第十五类 贱金属及其制品	0.09	0.18	0.17	0.29	0.36	0.67	0.56
第十六类 机电、音像设备及其零件、附件	0.35	0.76	0.99	0.53	0.40	0.27	0.15
第十七类 车辆、航空器、船舶及运输设备	0.01	0.38	0.49	0.92	0.52	0.73	0.71
第十八类 光学、医疗等仪器,钟表,乐器	0.29	0.65	0.72	0.89	0.85	0.32	0.00
第十九类 武器、弹药及其零件、附件	0.00	0.00	0.00	0.00	0.00	0.00	0.01
第二十类 杂项制品	0.01	0.00	0.01	0.00	0.00	0.03	0.00
第二十一类 艺术品,收藏品及古物	0.30	0.00	0.15	0.03	0.23	0.01	0.01

资料来源:根据《中国海关统计年鉴》和uncomtrade有关各期数据计算。

　　我们把以上21类产品按照自然资源密集型、劳动密集型和技术密集型划分为三大类,分别对每一类的产业内贸易指数进行分析。

　　1.自然资源密集型产品

　　自然资源密集型产品,是指在HS编码分类下,动物产品、植物产品、动植物油脂、食品、矿产品、木材及木制品、木浆、纸浆及纸张、陶瓷等矿物材料制品、珠宝等贵金属制品。

　　(1)产业内贸易为主的产品

　　动物产品的产业内贸易指数在1999、2003、2004、2007年每年都高于0.8,2007年高达接近1.0的数值,其他年份平均也都在0.5以上。因此,根据国际产业内贸易额的判断标准,中国与俄罗斯动物产品的双边贸易可以认为是以产业内贸易为主。此类产业内贸易主要是由于消费者偏好差异所带来的需求多样化,这其实也就是异质产品水平差异型的产业内贸易。

(2)既有产业间贸易又有产业内贸易的产品

植物产品,动、植物油脂类产品,平均产业内贸易指数在0.3到0.5之间,波动很大,最高到0.99,最低到0.01这说明这两类产品的双边贸易中既有产业间贸易也有产业内贸易。

(3)由产业间贸易向产业内贸易转变的产品

木材、木浆、纸、纸板等制品的产业内贸易指数呈现逐年上升态势,从1999年的0.22上升到2005年的0.35,这说明中俄此类产品的贸易在由产业间贸易向产业内贸易转变。

(4)产业间贸易为主的产品

食品、矿产品、陶瓷品、玻璃及制品、珠宝、贵金属及制品等类产品的产业内贸易指数平均不超过0.2,有的年份甚至为0,这说明这几类产品的双边贸易是产业间贸易为主的。其中值得一提的是矿产品的产业内贸易指数逐年下降,从1999年的0.62下降到了2007年的0.07,变成了产业间贸易为主的情况,这说明中俄矿产品的比较优势发生了转变。

2. 劳动密集型产品

劳动密集型产品,是指在HS编码分类下塑料及橡胶、革、毛皮及制品、纺织原料及纺织制品、鞋帽等、贱金属及其制品。

由于中国在劳动密集型产品的生产上长期具有明显的比较优势,所以中俄此类产品的贸易一直呈现单向流动的特点,因此在此类产品中没有以产业内贸易为主的产品。

(1)由产业间贸易向产业内贸易转变的产品

在劳动密集型产品中,塑料及橡胶制品的产业内贸易指数一直呈逐年上升趋势,从1999年的0.34上升到2005年的0.97,这说明中国和俄罗斯的塑料、橡胶制品的双边贸易由产业间贸易向产业内贸易转变,目前已呈现出产业内贸易为主的态势。贱金属及其制品的产业内贸易指数逐年升高,从1999年的0.09上升到2006年的0.67,由此我们可以看出贱金属及其制品的双边贸易也是由产业间贸易向产业内贸易转变的。

（2）产业间贸易为主的产品

纺织原料及纺织制品、革、毛皮及其制品以及鞋帽伞等制品的产业内贸易指数平均低于0.2，特别是鞋帽伞等制品的产业内贸易指数一直都低于0.1。纺织原料及纺织制品的产业内贸易指数刚开始一直保持在0.2左右，但在2007年则下降到0.02。革、毛皮及制品的产业内贸易指数也由1999年的0.34下降到2007年的0.04，这说明中国与俄罗斯塑料及橡胶、纺织原料及制成品和毛、革制品的双边贸易是以产业间贸易为主的。

3. 技术密集型产品

技术密集型产品是指在HS编码分类下的化工制品、机电、音像设备、车辆及运输设备、武器、光学等精密仪器。

（1）产业内贸易为主的产品

光学、医疗仪器等类产品的产业内贸易指数从2000年开始连续六年在0.5以上，最高在2004年达到0.89，这说明中俄此类产品的双边贸易是以产业内贸易为主的。

（2）既有产业间贸易又有产业内贸易的产品

机电、音像设备的产业内贸易指数呈波动趋势，2003年达到0.99，但到2007年又下降到0.15，这说明该类产品的双边贸易中既有产业内贸易又有产业间贸易；与此相似的是化学工业及其相关工业产品，最高为0.42，最低仅有0.1，也可以认为是既有产业内贸易又有产业间贸易。

（3）由产业间贸易向产业内贸易转变的产品

车辆及运输设备类产品的产业内贸易指数逐年上升，从1999年的0.01上升到2007年的0.71，其中2004年最高，达到0.92，这说明中俄该类产品的双边贸易正从产业间贸易向产业内贸易转变。

（4）产业间贸易为主的产品

从表1中可以清楚地看出，武器类产品的产业内贸易指数几乎为0，只有2007年为0.01，这说明中俄武器类产品的贸易模式几乎完全是产业间贸易而没有产业内贸易，也就是说中俄在这类产品的进出口上一直是单向流动，根据实际情况可知，中国一直从俄罗斯进口这类产品，俄罗斯在军用品上一直占有较强的比较优势。

综上可以看出，中国与俄罗斯之间很多产品的贸易都正逐渐从传统的产业间贸易向产业内贸易转变，并且这一趋势正在不断加强。

二、中俄产业内贸易发展趋势分析

客观的分析中俄产业内贸易发展的现状,我们应该承认,目前中俄产业内贸易的发展还是比较落后的。① 但从双边贸易发展的规律和趋势上看,中俄产业内贸易的发展仍具有相当大的潜力和空间。

(一)中俄产业内贸易拥有广阔前景

1. 两国经济的平稳增长为中俄产业内贸易的发展提供了强大的物质基础

Linder(1961)与 Balassa(1986)等西方学者的研究成果显示,人均GDP 的变化与消费者对变体产品的需求是一种正相关的关系,即人均GDP 越高,消费者对变体产品的需求就越高。近几年来俄罗斯的经济增长维持了一个比较高的速度,这无疑会推动两国贸易的发展,尤其是推动产品向差别化发展,进而促进两国产业内贸易的发展。目前,中国 GDP总值位居世界第四,2008 年中国人均 GDP 已突破 3 000 美元,东部沿海很多城市人均 GDP 已经超过了 8 000 美元。2008 年俄罗斯连续第九年保持经济高速增长。据俄联邦国家统计局数据,俄 2008 年全年 GDP 总额达到 11 400 亿美元,人均 8 030 亿美元,同比增长 5.6%。据俄海关统计,2008 年俄外贸总额为 7 350 亿美元,外贸顺差 2 012 亿美元。截至2008 年底,俄外汇及黄金储备已达到 4 900 亿美元。俄联邦国家统计局的资料显示,2008 年 1 ~ 7 月俄实现商品零售额 71 478 亿卢布,同比增长了 14.5%。这不仅为中俄产业内贸易的进一步发展提供了强大的物质基础,而且对两国的经贸关系也是一个长期的保障。

目前,在俄罗斯国内内需强劲推动下,中国商品在俄罗斯的受欢迎程度正在逐步回升,中国货的种类也在不断增加。据中国商务部分析,随着俄罗斯国内市场需求逐渐扩大,在本国商品难以满足需求的形势下,从中国进口的商品急剧增加,尤其是高附加值的产品进口成倍增长。以木材类产品的贸易为例,最近几年来,中国不仅从俄罗斯大量进口了原木,而

---

① 参见曹英华:《产业内贸易与中俄贸易可持续发展》,载《俄罗斯中亚东欧市场》2007 年第 1 期。

且随着俄罗斯国内消费能力的大幅度提升,对我国的木制建材产品、木制家具以及多种日常家具装饰品及生活用品需求强劲。尤其是第三类木制品种类最多,数量也最大,从珍贵木材制作的拐杖、木坐垫、竹藤制作的竹凉席、藤椅以及各类木制工艺品挂件,如小木钟、小帆船、小马车、小烛台、台历架、首饰盒,等等,可谓琳琅满目、丰富多彩。这种产品最受俄罗斯知识界人士及年轻一代消费者的青睐。这充分说明了木材类产品贸易正从以往的单向贸易向双向交叉的产业内贸易发展。

2. 两国相互直接投资发展的巨大潜力将为中俄产业内贸易的发展提供广阔的空间

中俄两国间的相互直接投资具有相当大的发展潜力。目前中国正处在历史上发展最快的时期,2008 年中国进出口总额已达到 2.6 万亿美元,与欧、美、日前三大贸易伙伴的贸易额均超过 2 000 亿美元。这同时也是国内产业升级动力最为强劲的时期。当前我国一些行业部门的产品已经进入成熟期和标准化阶段,成熟的技术、先进的管理水平、发达的营销网络,完全可以走向俄罗斯市场。轻工业一直是俄罗斯经济发展中的一个薄弱环节,也是俄吸引外资的重要领域之一。[①] 而境外加工贸易恰是我国政府现阶段鼓励企业开展境外投资的主要形式,也是俄联邦政府吸引外资的主要方向之一,因此,境外加工贸易是两国具有广阔发展前景的合作形式。

俄罗斯国内制度环境正在不断改善,从俄罗斯国家统计局的数据也能看到这种变化。从 2003 年第一季度起,俄罗斯开始扭转了近年来俄对外投资大于外国对俄投资的趋势。据俄罗斯国家统计局公布的最新数据显示,截至 2008 年底,俄吸引的国外总额已达 2 200 亿美元。2008 年俄吸引外国直接投资 232.72 亿美元,同比增长 43.8%,创历史最高纪录。目前,俄正经历着历史上最蓬勃的外国投资热潮。同时俄本身也已具备了一定的对外投资能力,一些实力雄厚的企业完全可以将资金投向具有广阔发展前景的中国市场。

2007 年黑龙江省东宁县率先赴俄开辟的乌苏里斯克经济贸易区可以视为直接投资带动产业内贸易的一个典范。在实施对俄经贸合作升级过程中,积极推进"走出去"模式。按照俄罗斯海关规定,半成品鞋出口关税仅是成品鞋出口关税的一半,东宁吉信集团首先决定选择制鞋业作

---

① 参见陈柳钦:《中俄自由贸易区问题探讨》,载《俄罗斯中亚东欧市场》2008 年第 4 期。

为进入俄罗斯市场的平台。2002 年 9 月,吉信集团与温州达芙妮等鞋业合作,投资 279 万美元,在俄罗斯乌苏里斯克兴建了拥有 14 条制鞋生产线的吉信鞋厂,在俄注册了"诺基"商标,从国内进口半成品鞋料,在俄日产各类皮鞋 3 万双,产品赢得了俄消费市场,年销售收入 2 亿多人民币。这也带动了更多的中国企业到俄罗斯投资办厂,开展境外加工。

巨大的相互直接投资潜力为中俄产业内贸易的进一步发展提供了广阔的空间,相互直接投资的增加必将带动两国产业内贸易的扩大。

3. 政府政策的有力推进将为中俄产业内贸易的发展创造有利的制度环境

双方政府政策上的支持也将大大推进中俄的产业内贸易的发展。这一点突出的表现在促进机电产品产业内贸易上。早在 2007 年,中国商务部就与俄罗斯经济发展和贸易部在莫斯科克洛库斯展览中心共同主办了中俄机电产品贸易洽谈会。在此期间,中国企业与俄罗斯企业签署 4 项合同,购买了俄总值约 5.09 亿美元的机电产品。其中最大的项目是特变电工沈阳变压器集团有限公司购买俄罗斯新利佩茨克冶金联合体的冷轧硅钢片(变压器零部件)合同,协议进口金额 4.6 亿美元。此外还有俄罗斯拉斗铲成套设备、电子元器件、数控机床等。与此同时,中国企业还与俄方签署了另外 6 项合同,向俄罗斯出口总值约 11.28 亿美元的机电产品。

2009 年 5 月 16 日到 18 日,黑龙江人民政府、机电产品进出口商会、中俄机电商会共同主办的中俄机电产品展销会在黑龙江省东宁口岸中俄机电产品展览交易中心举办,该展会成为了中俄机电产品展示、洽谈、交易的平台。

中俄机电产品展销会拥有其他展会无法比拟的优势:政府的绝对大力支持。

参展企业展位费由地方政府承担,主办方将协助参展企业产品进入俄罗斯市场开展准入认证工作;会同参展企业每年举办一届国际展会,组织国外客商参观、订货;组织参展企业产品参加国外产品展会;主办方将参展企业产品向东宁华信集团经销商推荐;参展企业在展览交易中心投资建厂,可享受《东宁地方政府鼓励投资优惠政策》等。

展销洽谈会的召开将有力地拉动中俄两国机电产品贸易额,带动区域经济的发展。在政府的大力支持下,还会有越来越多类似的政策出台,为中俄产业内贸易的发展创造良好的制度环境。

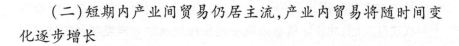

（二）短期内产业间贸易仍居主流，产业内贸易将随时间变化逐步增长

通过前面的实证分析，我们可以看出中俄产业内贸易整体发展水平有待提高。从商品结构分析中可以看出，只有动物产品和光学仪器的贸易是以产业内贸易为主的，大部分产品的产业内贸易水平均表现出不稳定的态势，都是既有产业内贸易又有产业间贸易，更有食品、纺织、鞋帽、武器等类产品长期以来以产业间贸易为主，这是由两国长期以来各自突出的比较优势决定的。这种互补性很难改变，而通过发展规模经济和靠两国相互直接投资带动双边产业内贸易的发展则需要一段很长的时间，因此，短期内中俄双边贸易的模式将会仍然以产业间贸易为主。①

但我们必须看到，目前已经有一些行业的双边贸易呈现出明显的产业内特征，产业内贸易发展的势头十分强劲。很多产品，如木材类、塑料和贱金属、车辆及其他运输工具等，产业内贸易水平均以令人欣喜的速度在逐年提高。既有产业内贸易又有产业间贸易的那些产品也有很大的发展空间向产业内贸易转变。这说明中俄产业内贸易的发展有较大潜力。

梳理产业内贸易理论和观察日渐扩张的产业内贸易实践，便可以发现：产业内贸易与产业间贸易互补为参与贸易活动的国家带来了 $1+1>2$ 式的福利效应。中俄双边贸易的往来主要就是通过产业间贸易和产业内贸易两种渠道共同实现的，而两者不是非此即彼的关系，而是相互补充、相互促进并在一定条件下可以相互转化的。如传统的日用消费品与自然资源产品的产业间分工依然会存在，而自然资源产品（如木材类产品）内部的产业内贸易也将进一步发展，实现由传统的产业间贸易向产业内贸易的转化，这恰恰是实现中俄贸易可持续发展的有效途径之一。②

短期内中俄双边贸易中产业间贸易仍将是主流，但很多行业目前也已呈现出由传统的产业间贸易向产业内贸易逐步过渡的态势，这也将是中俄产业内贸易发展的一个最重要的趋势。

综上所述，近年来中俄双边贸易取得了很大进展，但同时不应忽视两

---

① 参见梁琳琳：《关于建立中俄自由贸易区的思考》，载《西伯利亚研究》2003 年第 12 期。
② 参见赵传君、宋铁锋：《中俄贸易可持续发展研究》，载《俄罗斯中亚东欧市场》2007 年第 1 期。

国贸易中存在的问题,而发展基于规模经济的产业内贸易能在一定程度上解决这些问题,并使中俄双边贸易向更深更远的方向发展。通过对中俄贸易的现状和中俄两国经济的发展状况可以看出中俄产业内贸易的发展趋势:中俄产业内贸易整体上拥有广阔前景,中俄双边贸易短期内将仍以产业间贸易为主,产业内贸易将随时间变化逐步增长。

●原文刊载于《求是学刊》2010 年第 1 期。
●王金亮,黑龙江大学经济与工商管理学院副教授。

金融危机与中国崛起的历史机遇

乔　榛

2007 年 4 月在美国爆发的次贷危机一年后演化为一场世界性的金融危机，而且许多权威人士把这场危机看成过去 100 年最严重的金融危机，或者是 1929—1933 年后西方世界最严重的金融危机。[①] 在这场正在蔓延的危机中，亚洲国家特别是中国，以其充足的外汇储备、宽裕的财政和较少的债务、高速的经济增长以及可供开发的巨大国内市场，让世界看到了一个大国可能借机崛起的希望。到底这场正在发生的金融危机会给中国的发展带来怎样的机遇？中国有没有能力和条件抓住这一机遇？中国应该采取怎样的有效政策来把这种机遇变成现实？诸如此类的问题，要求我们认真地研究。

一、大国崛起的历史机遇及演进逻辑

人类自 15 世纪开始，进入了一个大国崛起的时代，先后有 9 个世界大国交替崛起，其中一些国家到今天依然在世界舞台上扮演重要角色，或者说仍属于世界大国。检索这些大国崛起的历史，它们各自不同的经历都包含一个共同的元素，即这些崛起的大国能够准确地把握历史机遇。

葡萄牙和西班牙是西方 15 世纪后最早崛起的两个大国，这两个按照自然条件来说只能算小国的国家成为世界大国，它们抓住的就是新航路开辟带来的殖民掠夺和殖民贸易的机遇。这种殖民活动使葡萄牙和西班

---

① 美国联邦储备委员会前主席艾伦·格林斯潘在谈到这场世界金融危机时讲，美国正在陷入"百年一遇"的金融危机中。新华网 2008 年 9 月 15 日。

求／是／文／荟　QSWH　《求是学刊》发刊200期

牙建立起势力遍布全球的殖民帝国，从而成就它们在 16 世纪上半叶成为第一代世界大国。荷兰成为继葡萄牙和西班牙后的又一世界大国，它以150 万人口和两个半北京大的面积的自然条件成为 17 世纪的一个真正的世界大国，而它的成功是对地理大发现后孕育的巨大商业机会的有效开发。英国的崛起在大国崛起的历史上更是具有突出的地位，在大国发展的道路上它主宰世界达两个多世纪，并被称为"日不落帝国"。而英国崛起是因为它抓住了一个更大的历史机遇。世界市场的开辟和形成，对商品提出巨大的需求，进而对生产能力提出严重的挑战。英国正是抓住了这一历史机遇，通过工业革命创造出巨大的生产力，进而以这种生产力为基础，推行自由贸易，拓展全球市场，逐步确立自由市场经济模式，成为世界上第一个工业化国家。法国、德国、俄罗斯和日本成为世界大国，它们借助的历史机遇是在英国开创工业化时代后，世界的发展出现了工业化的潮流，哪个国家能够加入并成功地实现工业化，就可以加入世界大国的行列。这几个国家正是借助国家的力量迅速推进工业化，从而顺利地完成了工业化。[①] 最后一个大国——美国，在 19 世纪末也完成了工业革命，为经济腾飞奠定了基础，从而也进入了大国的行列。但是，美国以其独特的地理位置和自然条件抓住了 20 世纪上半叶两次世界大战的机会，成为继英国以后又一个资本主义世界的超级大国。

如此的大国崛起历史记录的是一些迎接机遇和抓住机遇的典型。而细读这一历史，又可以发现这些历史机遇呈现了一种演进的逻辑。在 15 世纪以后崛起的 9 个大国中，具有广泛影响力的是两个大国，即英国和美国。其中，英国是在葡萄牙、西班牙和荷兰开辟的世界市场的基础上，通过与它们竞争，并借助工业革命和自由市场制度这两个巨臂把自己举到一个超级大国的地位上的。美国从英国手中夺得世界超级大国的地位，是通过在两次世界大战中积累的政治、经济和军事力量，进一步建立了金融霸权才取得的。因此，要成为一个世界大国特别是超级大国，其经历绝不会是轻松的，一定有一个十分艰辛的过程。而在这一过程中，又要求必须契合一种演进的逻辑。以英国为巅峰的第一代崛起的大国，是以发达

---

① 法国、德国、俄国和日本的工业化进程有所不同，法国和德国进展比较快，而俄国进展得比较慢，一直到俄国十月革命后，通过社会主义计划才最终完成工业化，日本最晚开始工业化，但其进展得也比较迅速。但从完成的情况来看，国家的作用在其中具有特殊的意义。

的生产力向世界供给大量的工业品;以美国为巅峰的第二代崛起的大国,则以巨大消费能力和发达的金融实力为世界提供巨大的需求市场;而新的超级大国需要具备向世界供给大量产品的能力和为世界提供巨大需求市场的潜能。当然,在这种演进逻辑的背后,是那些崛起的大国具备了作为大国的条件,而且这种条件在历史的变迁中呈现不同的特点。

二、大国崛起的一般性标准和阶段性特征

大国无疑是吸引世界所有国家的目标。但是能够成为大国的却是极少数国家。这是因为大国有着严格的标准。首先就大国的含义来讲,一般性的规定确实是许多国家难以达到的。

从自近代崛起的几个大国来看,大国的界定确实有着很高的标准。德国历史学家兰克在 1833 年发表的《列强论》一文中提出的"大国"定义是,一个大国必须能够与其他所有联合起来的大国相抗衡。乔治·莫德尔斯基则把定义具体化为,世界大国是世界的主导经济国,是世界经济和世界政治的最重要连接点。世界大国主导经济不仅规模大,或富裕程度高,而且意味着在技术创新的条件下主导性产业部分生产旺盛,并能积极参与世界经济,有足够的支持其履行作用的巨额财力。在制定国际贸易、投资、金融等方面的规则上起决定作用。[①] 对世界大国的如此理解,反映出成为一个世界大国需要具备的因素包括:(1)经济金融因素。一个世界大国,特别是超级大国,首先必须具有非常强的经济实力,这既体现在经济规模上,也体现在人均收入水平上,还需要在世界范围内有着广泛的经济影响力。(2)科技因素。近代以来的世界大国科技力量的影响力越来越突出,这代表了现代最先进的生产力,不仅是经济发展的基础,而且也是扩张自己影响力的重要保障。(3)军事因素。世界大国交替出现必然伴随着利益关系的调整和冲突,能够在这种冲突中保持住自己的大国地位必须有强大的军事力量作为保障,而且强大的军事力量也是实现大国影响力的重要条件。(4)文化因素。如果说经济、科技和军事代表着大国的"硬实力",那么文化则是作为大国需要具备的"软实力"。大国的

---

① 参见王思睿:《最后的大国》,《中国在线》2007 年 3 月 24 日。

地位固然需要"硬实力"来保障,但"软实力"的作用有时更为重要。大国可以通过自己的文化融合性,取得其他国家的广泛认同,这实际上在无形中显示大国的重要影响力。(5)政治和意识形态因素。政治和意识形态作为一个国家的上层建筑内容,它们分别是用来整合权力结构和为这种权力结构寻求合理性的依据。而政治和意识形态作为一个世界大国的因素,则可以通过这种政治制度和意识形态的认同减少国际社会的分歧,有利于达到世界性的沟通和协调,因而也属于"软实力"的一个重要方面。(6)人口和地理因素。这是古老帝国留下来的、显示其强大的重要因素。在近代大国的发展史上,尽管不再是决定性的因素,但是它们依然具有一定约束性的作用,即人口和地理因素可能不能成就一个世界大国,但现代要成为一个世界大国必须具有一定的人口和地理上的优势。

以上对大国标准的概括显示了在大国崛起过程中表现出来的全景式标准描述。进一步分析这些标准,又可以看出它们具有鲜明的阶段性特征。近代以来的世界大国,早期成就的大国主要建立在经济、科技和军事这些"硬实力"的基础上;而后来崛起的大国,其文化、政治和意识形态这些"软实力"表现出的影响力越来越突出;至于人口和地理因素只是作为现代世界大国的必要条件。这种阶段性特征表明,现在要成为一个世界大国,其困难程度更大,面对的挑战更强。

三、中国的大国潜力是否可以在当下的金融危机中获得释放

大国的崛起必须拥有历史性机遇,而且这种机遇必须要激活可以成为大国的国家具有的潜力。中国无疑是当今世界具有成就大国潜力的国家之一,而当下的金融危机为中国经济发展带来"千载难逢"的机遇。①

那么,中国具有的大国潜力到底有哪些?按照上述对大国标准分析,中国已经具备一些成为大国的初步条件。首先,就自然条件来说,中国是世界第一人口大国,而国土面积在世界排第三位。这些不仅成就中国成为古代的超级大国,而且在今天也是中国成为世界大国的有利条件。其次,就经济、科技和军事实力来看,中国在改革开放后的30年实现了经济

---

① 参见李成刚:《张曙光:世界金融危机对中国来说机遇大于风险》,《中国经济时报》2008年10月27日。

的持续高增长,GDP 年均增长达到 9.7% 。因此使 GDP 的规模有望在 2008 年达到世界第三的水平;而对外贸易总额从 2007 年就上升到世界的第三位;外汇储备在 2008 年超过 2 万亿美元,居世界第一位。在经济高速增长的同时,中国的科技和军事实力也有大幅度的提高,不仅通过引进技术实现了技术升级,而且通过吸收和创新掌握许多自主技术。在高科技领域以航天技术为代表,中国已跻身世界的先进行列。而从 20 世纪 90 年代开始的军事现代化建设,大大地提升了中国的军事力量。最后,就文化等软实力来讲,中国的传统文化有着非常丰富的内涵,其中有一些是与现代化相冲突的,但也有一些还是可以用来构建现代精神,如当代世界一体化和冲突并存的现实,非常需要一种和谐的理念来加以整合。而这种和谐理念要想在世界范围内形成将是一个巨大的挑战。中国传统文化中的和谐思想可以为培育这种和谐理念作出重要贡献。至于同样属于"软实力"的政治制度和意识形态,中国在改革开放背景下探索构建的社会主义民主、法治和社会主义核心价值体系,也是十分值得期待的。

总结中国在改革开放后积累的这些成绩,让我们看到了中国成为大国的希望,而且这也是在世界取得了一定的共识。不过,我们自己必须要清醒地认识到,与世界大国相比我们还是有一定距离的。而这种距离主要表现在"质"的方面。正像麦迪森统计的,中国在 19 世纪 20 年代还是世界上最大的经济体①,但就是这样一个世界最大的经济体,在 20 年后的西方坚船利炮下不堪一击。其中的原因十分清楚,我们是以一个农业国的经济总量与一些完成或正在工业化的国家相抗衡,结果当然是意料之中的。就中国今天的实力来说,尽管与鸦片战争前的中国相比不可同日而语,但是我们在"质"的方面依然不够强。具体说来,我们的 GDP 规模上升到世界第三的位置,但我们的人均 GDP 还只有世界中等偏下的水平;我们的对外贸易规模也居于世界第三位,但其中加工贸易的出口规模占全部出口的 53% (2006 年)②,且绝大部分加工产品不具有核心技术,收获的只是低廉的加工费;我们的科技和军事是有很大的进步,特别是在一些高科技领域还处于世界先进水平,但整体科技实力和科技创新水平

---

① 参见(英)安格斯·麦迪森:《中国经济的长期表现——公元 960—2030 年》,伍晓鹰、马德斌译,上海人民出版社 2008 年版,第 36 页。
② 参见《中国统计年鉴》(2007),中国统计出版社。

还比较落后;我们有着十分悠久的历史和丰富的文化沉淀,但其中具有现代因素的文化并不多。此外,我们巨大的 GDP 规模和很高的对外依存度,表明我国内需严重不足,进一步说明的是人民还很不富裕。这些属于一个经济社会"质"的内容,其对于一个想成为世界大国的国家来说有着非常重要的意义。如此摆在我们面前的任务就是,怎样把中国具有的量的优势转化为质的优势。而这种转化如同凤凰涅槃,需要一种突破"度"的条件。当一场席卷世界且被称为百年一遇的金融危机降临时,虽说会给我们带来很大的困难,但这难道不会成为我们实现凤凰涅槃的条件吗?或者说在这一危机中是否孕育着中国成为大国的机遇?

这场危机给世界,特别是发达国家带来巨大的困难。全世界在反思这场危机时,有许多人对自由资本主义崇拜提出质疑[1],进而对改变目前由主要资本主义国家主导世界经济的泛自由主义倾向怀有极大的热情。这些对于中国意味着什么呢?

首先,金融危机必然使发达国家的实体经济受到影响,而随着发达国家的经济衰退,与这些国家有着巨额贸易的中国出口和净进口势必会减少。特别是这次金融危机的中心——美国,对它的净出口构成中国对外净出口的主要部分,因此中国的净出口对美国的经济增长高度敏感。这样的局面给对外依存度高达 60% 的中国带来非常严重的影响。然而,当我们积极应对这一挑战时,又会发现在这种影响的背后也存在着一些机遇。不可否认,改革开放后的扩大对外贸易,给中国经济注入强大的活力,但因此也使我们的经济形成一种对对外贸易的依赖症,这造成的结果是对内需的挤出。尽管内需不足与对外贸易和引进外资没有因果关系,但是对外贸易确实吸引了我们过多的注意力,使我们不能很好地正视扩大内需的问题。如果说在改革开放之初,我们有理由作出这样的选择,那么在经历了 30 年改革开放后,我们必须考虑实现转型,即把外贸依存度降下来,用扩大的国内消费需求来替代。而要完成这一转型需要借助一种较好的机遇,本次爆发于发达国家的金融危机对于我们来说就是一次机遇。它使我们不得不把注意力转到扩大内需上。

其次,本次金融危机由美国的次贷危机引发,并主要在发达国家蔓

---

[1] 参见张飞岸:《美国次贷危机标志新自由主义的破产——访中国社会科学院经济研究所左大培研究员》,载《中国社会科学内部文稿》2008 年第 5 期。

延。但是,作为全球经济主导的发达国家经济出现问题,必然会延伸到发展中国家。中国虽然不在金融风暴的中心,但受到的影响也越来越明显。许多出口企业的经营发生严重困难,特别是那些没有自主知识产权的出口加工企业更是陷入停产或破产的境地。相反,一些具有自己品牌和自主技术的企业却出现良好的发展势头。因此,这次金融危机对我们的出口企业来说,是一次大浪淘沙的过程。不仅会淘汰一批质量较差的企业,而且会涌现出一批经得起考验的优良企业。特别是危机可能改变企业对低级加工产品出口的预期,被迫进行自主创新。从这个意义上讲,金融危机增加了我们实现自主创新的压力,使我们进入一种没有多少退路的境地。这样的挑战无疑也是一种机遇。

最后,金融危机越来越大的影响,已经不是哪个国家可以独立应付的,甚至发达国家的整体也是陷入其中而不能自拔。如此表明,要遏制这场危机必须使世界各国动员起来,加强协调、密切合作。这就给像中国这样的大国参与和发言的机会。中国改革开放之后不断积累的国力,确实让世界感到震惊,但我们在国际社会拥有的发言权和参与规则制定的权力还很弱小。而这对于一个想跻身世界大国的国家来说是非常重要的。发达国家是不会轻易让出或允许别人染指这一权力的。这场严重的世界金融危机,让发达国家感到力不从心,它们已意识到不让其他国家特别是像中国这样的一些大国加入拯救危机的行列,是很难在短期摆脱困境的。为此,它们必须要作出一些让步,包括美国自己都提出要对目前的国际金融体系进行必要的改革。胡锦涛总书记在金融市场和世界经济峰会上提出的改革国际金融体系的举措:加强国际金融监管合作,完善国际监管体系;推动国际金融组织改革,提高发展中国家在国际金融组织中的代表性和发言权;鼓励区域金融合作,充分发挥地区资金救助机制作用;改善国际货币体系,稳步推进国际货币体系多元化。① 这里发出的一个重要信息是,世界经济需要我们积极参与。这对于我们来说是一次很好的机遇。

---

① 参见胡锦涛:《通力合作 共度时艰——在金融市场和世界经济峰会上的讲话》,《新华社》2008 年 11 月 16 日。

四、中国如何把握机遇实现国家发展的转型

这场世界金融危机给中国带来困难的同时,也给中国带来机遇,即成为一个世界大国的机遇。我们确立这样的信心是基于中国改革开放30年积累的经济实力。但是,要把握这次机遇,实现向世界大国的转变,中国还有许多不足。如果说这场金融危机对于我们来说孕育着机遇,那是指危机向我们提出需要转型的目标,如把中国经济从对外贸易特别是出口需求的过多依赖转变为对扩大内需的依赖;把中国从一个引进技术为主的国家转变为自主创新为主的国家;把中国从世界主流以外的国家转变为世界主流中的国家。但是,我们能否实现这些转型,关键在于找到正确的发展方向和科学的政策措施。

首先,扩大内需一定要选择正确的途径,最终落脚点是扩大消费需求。扩大内需是摆在我们面前的一个重要问题,即使没有这场金融危机,我们也要认识到扩大内需的重要意义。这场金融危机加强了这种紧迫性。然而,扩大内需对于中国来说也是一个巨大的挑战。为了减轻这场世界金融危机带给我们的影响,中国政府已提出一个总额达4万亿元的扩大内需方案。该方案不论从规模上,还是在投入的方向上都是过去不曾有的。这充分显示了我们要阻止这场危机对我国造成更大影响的魄力和要把我国的经济转向主要依靠内需的决心。同时,在安排如此大规模投入时,中央政府推出的措施,把加快民生工程、基础设施、生态环境建设和灾后重建,提高城乡居民特别是低收入群体的收入水平作为主要的内容。这无疑是在引导扩大内需工程向提高消费需求倾斜。而这其中包含的一个较大的难题是,扩大消费需求比扩大投资需求有着更大的难度和更复杂的机制,因此,在实际执行时很容易变成单纯的项目投资。如果那样,我们不仅难以把握这场金融危机带给我们的机遇,而且可能引发又一次的经济过热。因此,如何把扩大内需变成扩大国内消费需求对我们的政策将是极大的考验。

其次,加快科技的自主创新必须下更大决心,关键是建立科技创新机制和创新保障制度。改革开放的30年间,我们通过引进技术和吸收消化,使中国的整体技术水平有了很大的提高。不过,我们也认识到更尖端

的一些核心技术是很难通过引进的方式获得的。因此,提高科技的自主创新能力是保持中国持续技术进步的重要支撑。然而,提高科技自主创新能力不仅需要一些条件,而且还要一些自主创新的机制和制度保证。经过30年经济高速增长,中国在科技创新的物质和人才积累方面有了一定的基础,而在科技创新的机制和制度建设方面还有许多不足,包括科技创新的投入、激励以及研究和开发的体制都滞后于科技创新的要求。因此,我们在推出的一系列旨在化解金融危机风险的政策和措施中,一定要把推动科技创新作为政策关注的一个重点。

再次,加强我国在国际经济秩序中的话语权,重要的是抓住未来影响世界秩序重要因素的主导权。美国国家情报委员会在2008年11月20日发布一份研究报告《全球趋势2005年——一个转型的世界》,称未来20年间美国将渐失主导地位,预言资源紧缺将重新引发国家间冲突。而由于新兴国家日益强大,经济日益全球化、财富从西方向东方转移、非国家因素影响力增强,到2025年时,国际体系将全面改观。在这一过程中,战略对手之间可能主要围绕贸易、投资、科技创新、企业购并等展开竞争,而在这场竞争中,美国在全球的主导地位将日渐削弱,世界将出现多个权力中心。① 中国基于目前拥有的资源,完全有条件争取成为世界的一极。当然,为此我们还要作出许多努力,包括调整我们的资源战略以及为此转变我们的经济增长方式和加快技术创新的资源替代步伐,树立我国在世界更加负责任的形象等,通过这些努力让世界知道中国是世界稳定的一极。

最后,努力挖掘我们的文化资源,重新确立中国文化在世界的广泛认同感。这是一项更为艰巨的任务。但要成为一个现代的世界大国,一种能够被世界广泛接受的文化是必不可少的因素。历史上的大国,不论是传统的大国,还是近代以来的大国,都高度重视文化的意义。中国在作为传统的大国时,文化的影响表现得非常突出。在那个世界还处于隔绝的时代,中国文化成为一种区域文化的标准。而这样的文化是在以开放的心态接受外来文化的前提下,通过文化的创新而形成的一种有着广泛基础的新型文化。当今的中国,如何在吸收世界优秀文化的基础上,重新创造一种更具广泛影响的文化,是我们要成就世界大国须努力去争取的。

---

① 参见《美国发全球趋势报告:未来20年美将失去主导地位》,《东方早报》2008年11月22日。

求/是/文/荟　《求是学刊》发刊200期

●原文刊载于《求是学刊》2009年第1期。

●乔榛,黑龙江大学经济与工商管理学院副院长、教授,生产力研究中心
  教授。

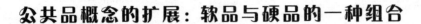

公共品概念的扩展：软品与硬品的一种组合

赵宝廷,路卓铭

求／是／文／荟

《求是学刊》发刊200期

　　尽管需求角度的公共品定义占据了主流的公共经济学教材,如萨缪尔森－马斯格雷夫的基于物品自身特性(非竞争性和非排他性)的公共品定义,但是它却难以对公共品的供给低效问题给出有力的解释。因此,回归维克赛尔－布坎南传统,从供求两方面相结合和公共选择的角度,对公共品的概念进行扩展并探索提高公共品供给的效率,是公共经济学的核心问题。近期已有部分学者开始了这一工作,并取得了初步成果,如科尔(Kaul,2003)从三个纬度对公共品概念进行的扩展,德塞(Desai M.,2003)使用3P方法对公共品定义的扩展等。①

　　任何一种对人们有用的物品,其生产、分配与消费等均离不开一些物品本身之外的人为风俗、习惯、道德、文化、意识、规范、法律、组织与制度等规则,本文视之为广义制度。物品本身与广义制度之间有不可分割的联系,如果没有广义制度,物品就无法被人们合理的利用,也就没有物品的配置与供给效率可言。人类社会进入商品经济时期后,商品交易、分工合作与竞争等成为经济社会的重要内容,资源稀缺引致个人之间存在诸多的利益矛盾,因此,人们在利用客观的物品之前,必须就如何分配或分摊资源与物品利用带来的利益或成本,达成一定的制度性安排或规则。由此,本文提出软品和硬品的概念,并在此基础上对公共品的定义进行扩展。

---

　　① KauL. Inge, etal, *Providing Global Public Goods：Managing Globalization*, Oxford University Press, 2003.

一、公共品概念的扩展

在对公共品的概念进行扩展前,作以下假设利于推理的顺利进行。(1)对物品分类坚持一元标准,否则可能导致分类的混乱、重叠与遗漏。(2)物品的分类与情景(包括经济和社会条件等)高度相关,不存在绝对的无条件的公共品,而且一个物品在一定的情景下或在一定的程度上是否为公共品是确定的,即某物品是否为公共品,是一定时间、空间与社会环境等的函数。(3)公共品的供给范围为国家层次,人口规模相对稳定(可设为固定不变)且不存在移民。(4)忽略非政府组织,或将其供给的物品视为类同市场个体(个人或企业等)供给的私人品。(5)不能清晰化产权的物品或资源,不归政府控制,政府不能未经个人同意或授权而将其归公,政府的资源仅来源于税收等被个体同意的正规渠道,且税收为中性。(6)各个体在市场上有平等的权利,所有物品的供给均需一定的规则或制度以协调个人间的利益矛盾。

(一)软品与硬品的概念

从个人参与客观物品供给决策的角度看,具体是从其决策的供给成本与收益角度来看,物品可以分为两个组成部分。一是客观的物品本身,即能够被人类感觉得到的物质形态或存在,本文称之为物品的硬品部分,简称硬品。它能够直接给人们带来一种或多种效用,其特征容易被人类的感观所认识。二是物品供给与消费中的广义制度,它与人类利用的客观物品紧密联系,如风俗、习惯、道德、文化、意识、规范、法律、组织与规则等制度性的东西,本文称之为物品的软品部分,简称软品。尽管软品难以给人们带来直接的效用,但它可以为人们带来间接效用,例如它可以帮助人们正确处理相互依赖性或利益矛盾,起到了降低成本与提高收益的作用。软品的存在与特征不容易被人们认识清楚。

硬品包括自然资源与人们生产的客观物品等,硬品的获得需要成本,例如人们的劳动、生产资料与其他的物品投入等。至于各种成本如何在个体间分摊,是由软品的具体内容决定的。硬品有很强的私人性,所有的硬品均有一定程度的竞争性与排他性。人们可以根据界定硬品产权的净收益情况而选择是否界定硬品的产权及其结构等。软品是被人类创造与利用的规则，是物品的重要组成部分，其形成过程也存在成本与收益，它是人们在长期的生产与生活、竞争与合作、选择与演化等的过程中形成的，被用于处理个人间利益矛盾。软品有较强的公共性，有多人参与供给决策的特点，表现为软品的联合供给性。萨缪尔森等学者没有将软品与硬品明确地区别开来，由此导致在实现的硬品中，很难发现萨缪尔森定义的公共品例子[①]，导致其公共品理论难以解释和解决公共品供给的低效率问题。

（二）软硬组合品

尽管组成各种物品的软品与硬品成本的比例各不相同，但所有物品的成本均由软品成本与硬品成本构成。如果用 r 与 c 分别表示软品与硬品的成本在物品总成本中的比例，其中，r 与 c 均不能取 0 与 1 值，即 $0 < r < 1$、$0 < c < 1$ 且 $r + c = 1$。因此，从成本角度看，任何一种物品均是软品与硬品组合的物品，简称为软硬组合品。且某物品的软品部分或硬品部分的成本比例可能各不相同，为从 0 到 100% 之间的某个比例。

（三）软品的分类

1. 正式软品与非正式软品。根据软品在一定的范围内强制力的强弱或其成员遵守软品的强制性程度不同，软品可分为正式软品与非正式软品。正式软品，是指集体内部成员必须遵守该集体的软品；集体组织对其成员的遵守情况有监督并强制其就范的权利，这种权利来源于组织成立之初集体成员的授权契约或经过集体成员"一致同意"的选择，例如国家的宪法。非正式软品，是指集体内部成员不一定必须遵守的软品部分；集体组织对其成员的遵守情况有引导但是没有强制其就范的权利，更多的是基于自愿基础上的个人选择，例如集体的风俗、习惯、道德与惯例等。从某个人与某一项正式软品的关系来看，如果某个人不遵守正式软品的约束，且集体无法对其进行强制性限制或惩罚，那么这个人就不应该再被视为该软品及其对应的硬品的集体内部成员，因此，针对某物品的集体的

---

① 参见 P. A. SAMVELSON，The Pure Theory of Public Expenditure，in *Rewiew of Economics and Statistics*，1954；高培勇、杨立刚、夏杰长：《中国财政经济理记前沿（4）》，社会科学文献出版社 2005 年版。

范围大小与其正式软品密切联系。各种物品对应的正式软品起作用的最优范围多种多样,由此,与之相对应,集体组织的范围也应大小不等。但是某一范围的集体可能对应多种正式软品,如同某俱乐部可能同时供给多种物品一样。实践中集体组织范围的大小多种多样,本文仅研究国家层次的集体及其公共品问题。

2.环境性软品与专用性软品。只有当物品的供给成本能够获得补偿时,人们对某硬品的需求才能得以满足,形成有效需求与有效供给。人们选择能使个人获得更多净利益的硬品成本补偿方式,硬品成本的补偿方式有两种:一是分散的市场方式,是指个人间使用直接的自愿交易方式,由物品的价格补偿硬品的供给成本;二是计划方式,是指个人采用间接的自愿交易方式,由税收补偿硬品的供给成本。

集体组织的成员通过公共选择,首先,就集体是否干预及干预硬品的具体内容进行决策,确定个体供给硬品的质量等非经济属性。其次,确定硬品成本的补偿方式。因此,根据集体组织干预硬品的内容与硬品供给成本的补偿方式不同,正式软品又可分为环境性软品与专用性软品。环境性软品,是指个人通过公共选择,确定以集体组织干预某硬品质量等非经济属性的正式软品,并确定该硬品的成本补偿方式为分散的市场方式。环境性软品构成个体供给硬品的基础性环境与约束,使得个体自愿交易得到保障。专用性软品,是指个人通过公共选择,确定以计划方式为某硬品成本补偿方式的正式软品。

二、公共品概念的扩展

专用性软品与某硬品一一对应,由它确定该硬品的供给数量、结构与个人对该物品的成本贡献率或税率等。各硬品的内在特点或运行规律不同,需要不同的软品与之相对应。政府为干预某硬品而必须供给与之相对的专用性软品,协调个人间的利益矛盾,确定物品成本与收益的分摊。专用性软品的价值体现为其对某硬品进行调节而产生的合作剩余,其成本通过相应的硬品的税价得以补偿。而环境性软品适用于所有硬品,并非针对某具体硬品,而其收益体现为环境性软品对所有硬品与专用性软品进行调节而产生的合作剩余,其成本通过所有硬品的税价得以补偿。

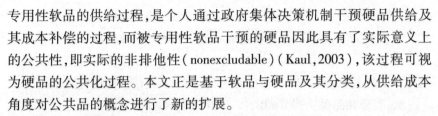

专用性软品的供给过程,是个人通过政府集体决策机制干预硬品供给及其成本补偿的过程,而被专用性软品干预的硬品因此具有了实际意义上的公共性,即实际的非排他性(nonexcludable)(Kaul,2003),该过程可视为硬品的公共化过程。本文正是基于软品与硬品及其分类,从供给成本角度对公共品的概念进行了新的扩展。

从某物品供给的成本来看,长期形成的非正式软品的成本平均到每单位硬品上的部分很小,可以将之忽略为零。因此,从一定条件下的物品供给的成本组成来看,物品的成本可以分为三部分,即环境性软品成本、专用性软品成本与硬品成本等。各部分成本在物品总成本中所占的比例分别用 a、b 与 c 表示,其中,a、b 与 c 均为非负数,且 $a+b+c=1$。由于不存在没有环境性软品的硬品,也不存在没有硬品的环境性软品,且专用性软品如果存在也必须与一定的硬品相对应,因此,a 与 c 均不能取 0 与 1 值,且 b 不能取 1 值,由此得到各比例的取值范围:$0<a<1$、$0\leqslant b<1$ 与 $0<c<1$。

（一）扩展的公共品定义

从物品供给成本的角度看,并非所有的物品都包括专用性软品,即 b 可取 0 值。因此,借助软品及其分类,可以对物品进行分类并得到扩展的公共品定义,如下:

1. 公共品是指具有专用性软品的物品或一种特殊的软硬组合品,其特殊性在于 $b\neq0$,其中,至少有三个方面的含义:一是该物品硬品部分的成本补偿方式的决策成本或与其相对应的专用性软品的成本不为零,即 $b\neq0$;二是专用性软品决定了该硬品的成本补偿方式包括计划机制;三是专用性软品决定着该硬品供给成本中由政府(或税收)支付的部分占全部硬品成本的比例,记为 c_2,同时也就决定了硬品成本中由私人部门支付的部分占全部硬品成本的比例,记为 c_1,其中,$c_1+c_2=c$ 且 c_1 与 c_2 均为非负数。

2. 纯公共品是指当 $b\neq0$ 且 $c_1=0$ 或 $c_2=0$ 时,不仅某物品的专用性软品的成本不为零,而且该硬品的成本补偿方式只有计划机制一种,即该硬品供给的成本全部由政府支付,私人部门不直接支付该硬品供给的成本。其中,由专用性软品决定并用于补偿某硬品成本的税收,是政府组织为鼓励私人部门参与硬品供给竞争而给予私人部门的补助,用以弥补私人部门参与硬品供给的各项投入或保证私人部门的各种投入要素获得正常利润。补助的大小相当于硬品成本的一部分或全部;该补助占硬品全部成本的比例由专用性软品决定;它相当于政府干预物品供给以实现最优效率的杠杆资金,如果没有它,社会就无法实现该硬品的有效供给。

3. 准公共品是指当 $b \neq 0$ 且 $c_1 \neq 0$ 或 $c_2 \neq c$ 时,某物品的专用性软品的成本不为零,而且该硬品的成本补偿方式有市场机制和计划机制两种,即该硬品供给的成本一部分由政府支付,另一部分由私人部门直接支付。准公共品的存在,并非说明专用性软品干预的失效,相反,正好表明政府组织基于个人和客观物品的差异性,选择了更能实现物品供给效率的制度安排。

4. 私人品是指没有专用性软品的软硬组合品,即 $b = 0$,表明政府不直接干预某硬品,硬品成本可以由市场机制得以补偿。

可见,是否具有专用性软品成为区分公共品与私人品的标志;物品硬品成本中政府支付占硬品全部成本的比例是否等于 1,成为区分纯公共品和准公共品的标志。在公共品定义中,客观物品的特性十分重要,但物品供给的制度规则更为重要,本文基于软品与硬品对公共品概念进行的扩展,体现了物品有效供给的思想。

(二)专用性软品的成本与收益分析

物品供给的市场失灵为政府干预硬品提供了可能性,当政府供给专用性软品的收益大于其成本,且其净收益大于私人部门供给硬品的净收益时,政府供给专用性软品是有效的。因此,政府对某硬品的干预是否可行与能否被通过,取决于政府供给专用性软品的净收益情况。

1. 专用性软品的成本。专用性软品是政府干预硬品的具体方式,是某硬品公共化的必要条件,需要专用性投入才能形成并得以起作用。专用性软品的成本包括:一是专用性软品的形成成本,是指政府及其职能部门为制定专用性软品而付出的论证、选择与决策等成本。例如参与人投入的时间、代理人的报酬与组织会议支出等;也包括一些附属性投入,如法律法规制度等的纸质本与电子文件等。二是专用性软品的执行成本,是指政府及其职能部门执行与实施专用性软品的成本,如专用性软品实施过程中执行部门的运行成本、工作人员的报酬等。三是专用性软品的监督成本,是指对专用性软品在决策与执行过程中可能存在的违规情况

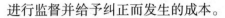

进行监督并给予纠正而发生的成本。

2.专用性软品的收益。收益的来源或原因,主要是由于政府供给专用性软品,可以满足大部分居民对某种硬品的公共需求,各居民的利益得到较好的协调,从而改善了整体居民的福利水平。具体来看,有以下几个原因:一是政府干预可以实现公平等社会目标,使社会保持稳定。二是集体决策与组织理性弥补了私人决策的非理性,并使个人对硬品的偏好得以更好地显示,提高了个体参与硬品供给的积极性,从而提高了硬品的供给效率。三是专用性软品可以取得额外的合作剩余,一定程度上有效解决了个人间的利益矛盾,并合理利用了相互依赖性的优势,例如合作带来的规模经济、集体消费与联合供给等收益。四是专用性软品可以稳定微观主体的预期,从而可能降低硬品的运行风险,产生部分风险收益。五是由专用性软品决定的给予私人部门的补助及其比例,调控着硬品市场的合理竞争,弥补了市场在某些硬品配置上的失灵问题,从而实现效率改进。另外,软品成本与收益的形式多种多样,且难以准确衡量与独立测算,但个人仍可能根据自己的净收益情况或主观评价参与公共选择,最终形成专用性软品,实现物品供给效率改进。

三、公共品最优均衡的图解

为了简洁说明公共品的公共选择过程,以下从个人参与公共品供给的角度,使用图形简略表示公共品及其公共选择均衡的形成过程如下:

(一)选择变量

1.硬品的公共品化率。个体通过政府机制,选择(或取消)相对应的专用性软品,来干预某种硬品并为硬品成本提供补助,或干预某种硬品的一部分并提供补助以弥补微观主体硬品供给成本的一部分,我们称该过程为硬品的公共品化。某种硬品成本的多大比例由政府补助进行补偿,取决于硬品在不同供给方式下各净收益的比较状况。政府通过供给专用性软品干预并补助某硬品成本的一部分或全部,那么,用于补偿该种硬品成本的财政补助占该硬品全部成本的比例,就是该种硬品的公共品化率,简称公共品化率,可以理解为某硬品被公共品化的比例。某种硬品被公共品化的比例记为 g，可以表示为 $g = (b + c_2)/(b + c)$。该比例体现了政府干预硬品的态度与程度，而被公共品化的硬品就是集体消费品或联合供给品。g 的取值范围介于 0 到 1 之间；特殊的，当 $b = 0$ 且 $c_2 = 0$ 时，$g = 0$，该种物品是私人品；当 $b \neq 0$ 且 $c_2 \neq 0$，$g = 1$ 时，该种物品是纯公共品；一般的，当 $b \neq 0$ 且 $c_2 < c$ 时，$0 < g < 1$，该物品为准公共品。

从物品供给的成本角度，专用性软品决定了政府通过税收方式承担多大比例的硬品成本，即决定公共品化率。如果政府没有干预需要干预的物品，那么这些物品就会供给不足，甚至无法供给。在一定条件下，对于某种物品来说，公共品化率是由个人通过公共选择机制确定的，是该硬品的专用性软品博弈的均衡或结果。

2. 专用性软品的人口支持率。在公共品化率均衡结果的形成过程中，个体对政府是否干预某硬品与政府补助比例的支持态度存在差异。集体决策必须反映所有成员的意愿，其有效性可通过成员对某专用性软品的支持与否表示，个体成员在综合考虑某专用性软品的成本与收益后，作出是否支持"哪种硬品被公共品化及其公共品化率"方案的决定，其中支持该方案的人数占总人数的比例叫做该专用性软品的人口支持率，简称人口支持率。当人口支持率大于或等于事先确定的标准多数比例时，某专用性软品才能通过并得以实施。

人口支持率是一个重要的联系物品供给决策机制与物品供给效率的指标，它体现了多数原则的决策规则，同时把人们对公共品的需求与供给联系在一起，也把公共品供给的成本与收益联系在一起，集中地反映了居民参与物品供给决策的状况。基于个人利益最大化的集体选择机制，把实现公共品供给效率的制度安排与硬品的公共品化等，在最初决策阶段给予同时考虑，既体现了政府存在的合理性，又体现了组织的选择是如何限制个人权利或非理性的，使得个人间的相互依赖性及其利益矛盾得以妥善解决。

（二）公共品最优均衡的图解

公共品专用性软品供给的成本可以分为两个部分：一是组织与决策成本，二是效率与信息成本[①]，且软品成本对公共品两个部分的供给均形

---

① 参见平新乔：《财政原理与比较财政制度》，上海人民出版社，上海三联书店 1995 年版。

成重要影响。

1. 公共品化率与成本和收益的关系。在人口规模不变和人口支持率一定的情况下，随着硬品的公共品化率升高，即政府干预硬品的程度的升高，引起政府干预的信息成本不断加速上升，导致单位物品的成本递增，如图 1 中的 C_1 曲线；同时，公共品化率上升带来相关收益的增加，体现了政府干预的目标得以实现；而收益的增加速度呈递减趋势，这是由人们对公共品的效用递减规律决定的，如图 1 中的 B_1 曲线。人们通过比较 C_1 与 B_1 曲线代表的各种公共品化率方案的成本与收益情况后，必然选择净收益最大的公共品化率方案，即图 1 中的 G_1 方案被通过。

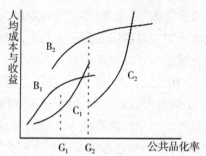

图 1 公共品化率选择的成本与收益关系图

同理，给定一个更高的人口支持率，与人口支持率较低时相比，人口支持率高说明个人偏好信息得以更好地显示，从而政府干预的信息成本下降，引起总成本下降，而居民从公共品中获得了更多收益，从而成本曲线向右移动，收益曲线向上移动，如图 1 中的 B_2 与 C_2 曲线所示。同样，人们比较 B_2 与 C_2 曲线表示的方案的成本与收益情况后，必然选择最优的公共品化率方案，即图 1 中的 G_2 方案被通过。由此，我们可以得到公共品化率与人口支持率之间存在一一对应的关系，且为正相关关系，将两者的关系反映到二维平面上，可用图 3 中的 G_{opt} 曲线表示。

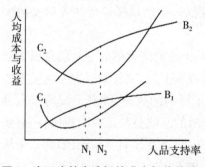

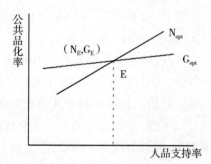

图 2 人口支持率选择的成本与收益关系图　图 3 公共品最优供给均衡示意图

2.人口支持率与成本和收益的关系。在公共品化率一定的情况下，公共品成本的大部分随人口支持率变化而变化，一是人均公共品的信息成本随着人口支持率的提高而下降，原因是个人对公共品的偏好信息随着人口支持率的提高显示得更充分，当人口支持率高到一定程度，信息与效率成本占总成本的比例很小，此时，信息显示充分的成本递减效应不再明显，导致总成本下降的速度减慢。二是组织与决策成本随人口支持率上升而增加，在人口规模不变的假设下，尽管不存在"是否接受某个人加入政府集团"的选择，但是存在组织与决策成本上升的规律。因为尽管组织的强制力是组织限制个人权利而维护集体利益的保证，但是组织的强制力随着人口支持率的升高而降低。

当反对的人数越少时，强制力越弱，该强制力的降低使得谈判时间延长、决策时滞效应扩大、讨价还价变得昂贵，引起效率损失，即增加了公共品供给的组织与决策成本。综合考虑以上两个方面的成本因素，当人口支持率低时，信息与效率成本比例大且下降快，从而导致总成本下降；当人口支持率高时，组织与决策成本比例大且上升快，从而导致总成本上升。因此，总成本的变化趋势是随着人口支持率的上升先下降后上升，如图2中的 C_1 曲线所示。

软品的支持率越高说明某公共品供给方案带来的收益越多，体现了政府供给的公共品得到居民的认可，个人从公共品消费中获得的人均收益就越高。但是收益的增加速度是递减的，因为人口支持率的升高，表示人们对组织提供公共品带来的收益认识的越来越清楚，也表示将有越来越少的人均额外收益被再次发现，如图2中的 B_1 曲线所示。人们通过比较曲线 B_1 与 C_1 代表的成本与收益情况后，必然选择最优的人口支持率方案，由图2中的 N_2 代表。

同理，给定一个更高的公共品化率，由政府干预的效率与信息成本随公共品化率升高而递增，专用性软品的成本上升，引起单位物品总成本的上升。而居民从更多的公共品中获得了更高的收益，体现了政府干预目标得以实现。因此，与公共品化率较低时的总收益与总成本相比较，总成本上升，成本曲线向上移动，总收益上升，收益曲线向上移动，如图2中的 B_2 与 C_2 曲线所示。同样，人们通过比较 B_2 与 C_2 曲线所代表的成本与收益情况后，必然选择最优的人口支持率方案，由图2中的 N_2 代表。由

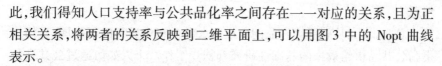

此,我们得知人口支持率与公共品化率之间存在一一对应的关系,且为正相关关系,将两者的关系反映到二维平面上,可以用图 3 中的 Nopt 曲线表示。

3. 软硬组合品的最优均衡条件。由以上公共品化率与人口支持率两个变量的成本与收益分析均得到:两个变量间存在一一对应的正相关关系,公共品供给的均衡点必须同时满足从不同角度中得到的这两种相关关系的两个条件或关系,从而得到政府供给公共品的最优均衡条件,即最优公共品化率曲线与最优人口支持率曲线的交点代表的方案,如图 3 中曲线 Gopt 与 Nopt 的交点 $E(N_E, C_E)$ 代表的条件。

四、结语

公共品是软品与硬品的一种组合品。政府通过供给软品以调节硬品的运行、协调私人部门间的利益矛盾并维护市场运行,以实现其职能和目标。政府组织或制度的集体理性或有效性,体现在政府供给软品的过程中。同一硬品有时是私人品,有时是公共品,有的是全免费供给消费者而有的是部分免费,这取决于硬品被专用性软品干预的时机、程度与比例等。硬品的公共品性质是通过政府供给的软品表现出来,政府供给软品与市场供给硬品共同实现公共品的供给效率。政府只能通过软品的供给间接干预硬品供给。政府虽然具有绝对的强制力,并可以形成软品或规则,但其有效性需要另一种绝对的权利与之相对应,并限制政府对硬品的直接干预;而硬品正是政府强制力无法起作用的范围,私人部门对硬品的绝对控制权可以起到限制政府的作用。只有将软品和硬品两者结合起来,才能得到真正萨谬尔森定义的纯公共品。硬品难以满足共时消费与联合供给的性质,而软品却具有共时消费与联合供给的特点,具有非竞争性与非排他性;硬品遵循市场化的价格机制、竞争机制与供给机制,而软品遵循集体选择机制;将公共品的有效供给分为软品供给和硬品供给两个层次,可以避免"公共品市场化"与"政府必须供给公共品"等争论,例如我国教育产业化取得的成绩,与教育硬品部分的市场化是分不开的,而其中存在的大量问题,却说明我国在教育软品部分的政府供给中仍存在很多问题。可见,本文对公共品定义的扩展,对公共品供给实践有较强的解释力。

　　总之,本文从软硬组合品的角度对公共品概念进行的新扩展,是探索提高公共品供给效率的基础性研究和初步工作。个人如何通过公共选择形成软品、软品变迁的特点如何,以及如何选择公共品硬品供给的微观主体及其形式等,均是该思路上需要深入研究的重要问题,这将构成未来研究的主要内容。

●原文刊载于《求是学刊》2009 年第 2 期。
●赵宝廷,山东财政学院副教授。
●路卓铭,北京大学政府管理学院博士后。

日本"金融战败"的前车之鉴

宋成华

　　第二次世界大战后的日本仅用了二十几年时间的恢复与重建就实现了经济的快速增长与产业结构的升级,日本的产品也以其物美价廉的优势逐步打开国际市场,形成较强的竞争实力。日本经济的成功,引起了国际社会的广泛关注,其经济发展模式也成为各国研究与学习的典范。然而,进入 20 世纪 90 年代以后,一度取得经济发展奇迹、并成为世界上最大债权国的日本却陷入了长期的经济低迷,从亚洲的领头雁跌落成为经济难题成堆、举步维艰的国家。而同期作为世界上最大债务国的美国经济却迎来了高增长、高就业及低通胀的"两高一低"的少有的景气局面。两国为何出现如此大的反差?

　　吉川元忠(2000)将本轮的经济低迷归因于日本的"金融战败",称这次是继二战以后的第二次战败,但此次战败发生在没有硝烟的金融战场上,美国巧妙地利用其发行国际货币——美元的优势,通过操控汇率、利率等金融工具,随心所欲地变动美元的价值,压迫日元升值,将日本人辛苦积累的外汇储备以及美元资产大幅削减,而日本政府恰恰对美国的要求言听计从,从而丧失了金融政策的独立性,致使实体经济受挫而陷入长期的低迷之中。

　　而今,美国将其矛头转向了中国,并试图联合欧盟、日本等国,对中国实施经济遏制。我们应如何避免日本的"金融战败"在中国上演? 本文在分析日本金融战败的原因及教训的基础上,对我国人民币汇率的调整以及推进经济的平稳健康发展提出了一些可行性的政策建议。

求/是/文/荟　HASO　《求是学刊》发刊200期

一、日本走向"金融战败"的轨迹

在一系列产业政策的大力扶持下,20世纪60年代之后日本的汽车、钢铁、机床、半导体等生产技术相继赶上或超过美国。日本企业不仅在国际市场抢占美国制造商的市场份额,甚至在美国本土市场上也对美国企业构成巨大的威胁,美国因此出现了失业增加、经济增长放缓的局面。美国人的消费欲强,为了满足过度的消费,不断地向各国举债,这为日本资金进入美国提供了方便。20世纪80年代中期,日本已成为世界第二经济大国,同时也成为美国的第一大债权国,而美国却跌落成为世界上最大的债务国。

随着经济实力的迅速提高,日本的民族主义思潮不断膨胀,开始对美国说"不",显示了日本不仅要在经济上成为强国,在政治及军事上也试图摆脱美国的束缚。为了遏制日本经济的扩张,美国相继对日本提出"自我出口限制"、开放日本国内市场、增加对美国产品的进口等要求,且动辄以制裁相威胁,两国的贸易摩擦接连不断,1955—1968年的日美纺织品摩擦、1976年钢铁制品贸易争端、1977年的彩电摩擦、1981年的汽车摩擦、1982年的半导体摩擦等相继爆发。

前苏联的竞争力弱化以后,美国对日本的看法发生了改变。对于这个昔日自己所扶持的"小弟弟",美国不再像战后初期那样慷慨大方。20世纪80年代以后,美国通过"广场协议"(1985年)、"卢浮宫协议"(1987年)、"巴塞尔协议"(1988年)等一系列国际协调措施,在金融方面不断向日本施压。迫于美国的强大压力,以及在政治及军事上对美国的依赖,日本在许多方面都极不情愿地作出了让步,也因此而一步步地陷入了经济的低迷。

1.压迫日元升值。长期的日美贸易,使日本积累了大量的外贸顺差和外汇储备,而美方形成了巨额的外贸逆差及外债,导致美国国内的贸易保护主义抬头。1985年9月22日,在美国的主导下,西方五国达成了"广场协议"。其主要内容是引导美元相对于日元、马克等货币贬值,日元从此开始大幅升值。日本的统计资料显示,在"广场协议"达成前一天的东京汇市上,1美元兑换242日元,到1985年12月底,美元就已跌破了

200 日元的大关,1988 年年初,美元进一步下跌到 1 美元兑换 128 日元的水平。不到两年半的时间,日元相对于美元大幅升值了近一倍,这给以出口为主的日本制造业企业带来了空前的压力。

为了遏制日元升值的趋势,"广场协议"后,日本央行不断地干预外汇市场,大量地买入和囤积美元,使外汇储备逐渐增加,1993 年底日本成为世界第一大外汇储备国。出于外汇储备的保值与增值的目的,日本不断购买美国的国债,也因此成为美国的最大债权国。然而,大量增加的美元资产也使日本患上了"美元贬值"恐惧症。在外汇储备较少的情况下,日本只是害怕日元升值,担心升值会降低其产品的出口竞争力。但随着外汇储备的增加,日本也越发担心起美元的贬值了,因为一旦遭遇美元大幅贬值,日本人积累的美元资产就会出现严重的缩水。为此,日本一方面控制外汇储备规模,同时又十分小心地避免冲击美国经济,唯恐引起美元暴跌,日本成了世界上最害怕美元贬值的国家。

美国人正是利用了日本的这一弱点,有意识地诱导美元贬值、日元升值,在降低日本产品的出口竞争力的同时,也使其美元资产大幅缩水,从而达到削弱日本经济实力的目的。这种状况的长期持续,也形成了巨大的通货紧缩压力。而美国通过美元贬值成功地实现了经济的转型,继续保持了世界经济火车头地位。

但美元汇率的大幅下跌,并没有带来美国出口增加的效果。日本贸易振兴机构的相关统计数据显示,美国的贸易赤字依然继续增大,1986 年为 1 550 亿美元,1987 年达到 1 700 亿美元,1988 年由于美国政府出台了鼓励中小企业出口的政策,贸易赤字减少到 1 370 亿美元,但不久这种出口增加的趋势即告结束,贸易赤字继续扩大。吉川元忠认为,出现这一状况的原因是由于美国企业的对外投资开始较早,并已在其他国家投资生产,轻易不会因为美元汇率的调整而将企业重新转移回国内;此外也可能与美国人的消费习惯有关,人们已经习惯了以往美元坚挺时所消费的物美价廉的日本产品,不会因为汇率的波动而轻言放弃。这意味着"广场协议"以后的日元升值,并没有使美国贸易逆差减小。

2. 要求日本参与同美国的利率协调。日元的大幅升值,使日本制造业的国际竞争力迅速下降。为了减小因日元升值导致的经济衰退,日本试图通过扩大国内需求,来弥补国外需求的下降,日本央行自 1986 年 1

月起先后分四次将再贴现率下调至 3%,1987 年 2 月又进一步下调至 2.5%,货币供给的大量增加,使日本经济出现了泡沫化倾向。本来这时央行应考虑出台提高利率的措施,以降低货币而大量增加的流动性。但 1987 年 10 月 19 日美国股市出现了"黑色星期一"的暴跌。为防止美元因此而大幅贬值,美国又召集西方主要国家在巴黎召开会议,达成"卢浮宫协议",协议要求日本和德国降低利率以帮助美国减轻美元贬值后资本外流的压力。而这次日本央行又一次响应了与美国的"国际"协调,将 2. 5% 的超低利率一直持续了 2 年零 3 个月,致使货币供给大量增加,日本陷入了"流动性陷阱"之中。同时由于监管的缺失,大量资金流向了股票与房地产市场,推动了股指和房地产价格的攀升,加速了经济泡沫的膨胀。因此,在反省泡沫经济的教训时,一些日本学者对出台这一低利率政策的目的性提出了质疑,"到底是为了日本,还是为了美国?"现在看,不得不说该政策更多地顾及了与美国的政策协调,而对本国的利益重视不足。

在经济出现一片"景气"之时,日本国内的一些学者如野口悠纪雄等人,对可能诱发的经济泡沫提出了警示,但并没有引起日本政府的足够重视,从而放任了股价与地价的上涨。1989 年底,当日本政府意识到经济泡沫的严重性时,平均股价已上升到 1986 年的三倍,1990 年全国的商业用地的平均价格也已经上涨到 1985 年的四倍水平。于是,为阻止泡沫的进一步膨胀,日本央行在 1989 年 5 月突然调整货币政策,将再贴现率从 2.5% 提高到 3.25%,并在此后的一年多时间内不断提升,到 1990 年 8 月第五次调整后,再贴现率已达到了 6%;针对房地产业的融资也在 1990 年实施了总量控制,央行要求金融机构每季度对房地产业的融资增长率要控制在贷款总额增长率以下;同时为了限制土地炒作,1992 年又针对投机性持有的土地按价格征收"地价税"。

上述的金融紧缩政策,带来了股价与地价的双双暴跌,统计数据显示,日经指数的平均股价从 1989 年 12 月末的 38 915 日元的历史最高点急速回落,1990 年 4 月降至 28 000 日元,1992 年 8 月进一步跌至 14 309 日元,与最高点相比下降了 63%。房价也从 1990 年下半年开始下跌,在 1991 年 7 月至 1992 年 7 月的一年内,东京的地价下降了 15.1%,大阪下降了 23.8%,京都下降了 27.5%。到 1998 年底,日本的土地和股市共有

1 200万亿日元化为泡影①。泡沫的破灭导致不少从事土地和股票投机的不动产企业、建筑公司陷入破产,一些从事土地担保融资的银行也受牵连而出现巨额坏账,北海道拓殖银行、山一证券等多家金融机构接连倒闭。泡沫经济的形成与破灭给日本带来了空前的打击。

3. 设定8%的银行自有资金比例,限制了日本金融机构的对外融资能力。"广场协议"引发日元持续升值,居高不下的日本的要素价格又使得产品成本难以下降,而且由于日本国内的低利率政策,使日美间的利差增大,于是自20世纪80年代中期起,日本金融机构便竞相开拓美国市场,而使其自有资本比率相对降低,美国既需要日本的资金,同时也希望对其规模加以控制。1988年7月美国倡议召开了西方十国财长和中央银行行长会议,制定了"巴塞尔协议",要求对外融资银行的自有资金比例要保持在8%以上。这一标准远超过日本金融机构的自有资金比例。协议公布时,日本、德国进行了消极抵制,但美国率先与英国达成双边协议,在两国间率先使用了该标准,并相约拒绝与不执行美英标准的各国金融机构开展交易。在美、英的联合施压下,日本又一次做出了妥协。这个8%的标准是"美国银行不觉困难而日本银行难以达到的数字"②。该标准的出台,大大削弱了日本金融机构的实力,导致其对外融资规模大幅下降。

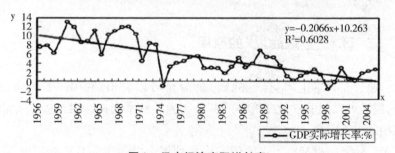

$$y=-0.2066x+10.263$$
$$R^2=0.6028$$

GDP实际增长率:%

图1　日本经济实际增长率

数据来源:经济增长数据引自日本内阁府编:『経済財政白書』,国立印刷局2006年版,第367页。

综上所述,美国通过一系列金融措施,使日本的经济实力大为降低,

---

① 参见(日)野口悠纪雄:《泡沫经济学》,曾寅初译,三联书店2005年版。

② (日)吉川元忠:《金融战败:发自经济大国受挫后的诤言》,孙晓燕、袁英华译,中国青年出版社2000年版。

加之政策的失误,日本自1991年起陷入了长达十多年的经济低迷之中。从实际年均增长率看,20世纪80年代为3.72%,而90年代则降为1.48%,经济增速明显放缓(见图1),同时日本又爆发了较为严重的通货紧缩。从"全球竞争力年度报告"看,在20世纪80年代到90年代初,日本曾一直位居世界竞争力排行榜的首位,但自1994年起排名开始下降,1997年为第9位,1998年为第20位,1999年及2000年均为第24位,2001年降为第26位,2002年进一步下降为第30位(见图2)。可见,在日本经济陷入低迷的同时,竞争力也在迅速下滑。2003年起局面才开始好转。

图2　日本竞争力世界排名情况

数据来源:根据文部科学技術政策研究所科学技術指標プロジユクトチーム编『科学技術指標－日本の科学技術の体系的分析－』2004年版第19页数据及其他相关资料绘制。

二、日本"金融战败"的原因

通过对日本走向"金融战败"的分析可以看出,利用一系列金融措施,同样可以削弱一个经济体的竞争实力。日本走向金融战败的原因可归纳为以下几点:

1.缺乏金融战略。在美国一步步利用金融手段向日本施压时,当时的日本政策当局尚没有金融战略的念头,他们仍专注于实体经济的实力,从而在美国提出种种协调要求时反应迟钝,最终导致其实体经济严重受挫。这是日本走向"金融战败"的主要原因。

2.日本的对外经贸活动高度依赖美国。在日本的对外贸易中,大多使用美元结算。而且日本对美出口占其总出口的比重一直在30%以上,如在1988年日本的出口产品中,对美国的出口所占比重分别为:机床的39%、半导体收音机的49%、录音机的51%、汽车的52%、摩托车的

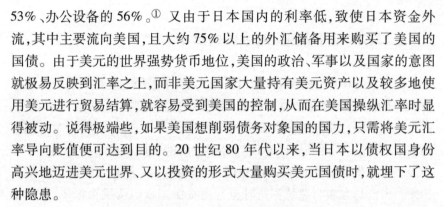

53%、办公设备的 56%。① 又由于日本国内的利率低,致使日本资金外流,其中主要流向美国,且大约 75% 以上的外汇储备用来购买了美国的国债。由于美元的世界强势货币地位,美国的政治、军事以及国家的意图就极易反映到汇率之上,而非美元国家大量持有美元资产以及较多地使用美元进行贸易结算,就容易受到美国的控制,从而在美国操纵汇率时显得被动。说得极端些,如果美国想削弱债务对象国的国力,只需将美元汇率导向贬值便可达到目的。20 世纪 80 年代以来,当日本以债权国身份高兴地迈进美元世界、又以投资的形式大量购买美元国债时,就埋下了这种隐患。

3. 日本政府金融政策的失误。首先,在 1986 年日本摆脱"日元升值萧条"后、经济出现复苏迹象,此时日本应该采取紧缩型金融政策来防止通货膨胀,但是为了与美国的协调,日本仍大幅下调法定利率,并维持超低利率 2 年零 3 个月之久,这不仅导致日本的资产泡沫膨胀,而且也加速了资金的外流,这一政策显然不合时宜;其次,1989 年当日本政府意识到经济出现泡沫时,突然于当年 5 月紧缩金融,大幅提高利率水平,并推出对不动产融资的限制措施,这种急刹车式的收紧政策,导致经济泡沫快速破灭,也使经济景气急转直下;此外,作为泡沫经济的后遗症,日本金融机构存在大量的不良债权。大藏省曾公布 1996 年的不良债权总额为 40 万亿日元,到 1997 年 3 月底经处理后的不良债权为 27.9 万亿日元,但 1998 年又公布说截至 1997 年 9 月底,日本的不良债权总额为 76.7 万亿日元,显然,不良债权越处理越多。这是因为在处理不良债权的过程中,日本政府没有采取果断措施,尽快剥离不良债权,而使处理时间拉长。受呆坏账的拖累,金融机构在经营中出现了惜贷行为,许多本来有望进一步发展的企业因得不到银行资金的后续支持而又陷入经营困境,贷款又变为不良债权,这也导致经济低迷进一步蔓延。

可见,日本政府的监管失利导致经济泡沫的产生,政府突然的政策转向加速了泡沫的破灭,而泡沫破灭后的处理措施不当又使经济低迷长期持续。日本的教训在于缺乏金融战略的思想,过多地重视了与美国的协调,从而在金融政策上丧失了独立性,最终导致实体经济严重受挫。

---

① 参见张舒英:《新时代的日本经济》,昆仑出版社 2006 年版,第 40 页。

三、日本"金融战败"对中国的启示

前苏联解体后,美国最大的对手消失,日本经历一番长期经济低迷之后,也对美国言听计从。受冷战思维的影响,美国视中国为潜在的对手,认为中国的崛起将对美国在亚太地区乃至全球利益构成威胁,对其国际地位形成挑战,因此利用已有优势遏制中国的发展就成为其首选。小布什当政时期就开始压迫人民币升值,自 2005 年 7 月起人民币已升值了20%。奥巴马在参与总统竞选时也曾指责中国操纵人民币汇率,提出中国必须让人民币汇率实现市场化、必须增加进口、必须严厉打击对美国知识产权的侵犯,以及加大对美国国内产业的保护力度等纲领,这为其赢得民众支持、获得大选的胜利奠定了基础。因此,新一届奥巴马政府采取对华强硬政策的可能性极大,对此我们要作好充分的准备。

在金融危机的冲击之下,当前美国对中国的依赖要高于中国对美国的依赖,对此我们要有清醒认识。美国新任国务卿希拉里·克林顿曾形容中美是"同舟共济"的关系,那么,两国应在平等互利的基础上,相互协商共同促进,美国也应尽到相应的责任。因此,笔者认为,中国应适时提醒美国:(1)贸易不平衡既有美国人对中国物美价廉产品偏好的原因,也是美国对华出口限制的结果,并非通过人民币升值就可以完全解决;(2)既然美方希望在能源及环保方面加强与中方的合作,希望中国节约能源、减少温室气体的排放,那么在这些领域美国也应放松对华技术出口的限制;(3)如果美方希望中方继续持有及购买美国的国债,那么前提条件是美国应承诺对发行规模进行限制,而不能不负责任地无节制发行。这些对于加强两国的战略对话与合作,促进共同发展都是必要的。

面对来自美国的人民币升值的压力,以及国际金融危机、世界经济增长放缓、贸易保护主义抬头等复杂局面,我们要警惕日本的"金融战败"在中国的重演,我们不仅要重视实体经济,更应重视金融体系的安全,应尽快提高我国金融体系的竞争力,日本的"金融战败"在以下几个方面给我们以启示:

启示一:人民币汇率的调整应以我为主。作为发达资本主义国家的日本,其工业化水平、国民整体的文化素质以及微观企业管理的科学化程

度,都是中国所无法比拟的。即便如此,20 世纪 80 年代的日元升值,造成了日本经济长达十多年的低迷。从 1989 年泡沫经济破灭至今,整整 20 年日本经济依然没有恢复元气,这是 1985 年签订"广场协议"、1987 年签订"卢浮宫协议"之时,日本人所未曾预料到的。

2005 年 7 月中国实施汇率改革以来,人民币已持续升值了 20%,而美国方面仍不满足,对此我们必须优先考虑本国利益。如果人民币在美国的打压下继续升值,则风险极大。"欧元之父"蒙代尔就曾指出,中国出口产品的强大竞争力源自其劳动力价格的优势,和人民币汇率关系不大。如果人民币升值将对中国经济产生六大影响,即降低企业利润和增大就业压力、增加财政赤字和银行坏账、打击出口、减少外商直接投资、加大通货紧缩、影响货币政策的稳定。实际上,人民币的升值已经给我国经济造成了较大的负面影响:外汇储备不断缩水,企业经营环境进一步恶化,经济增长明显放缓,加上受美国金融危机的拖累,2007 年 10 月以来我国股市连续暴跌,中国经济面临的困境进一步加大。因此,在美国的压力下,人民币被迫升值不仅无助于缓和国际贸易不平衡,也可能让中国经济面临的环境雪上加霜。我们应坚持以我为主,本着主动、可控和渐进的原则,逐步加大汇率的弹性,稳步推进人民币的国际化与市场化。

启示二:慎重使用利率政策。为应对日元升值,日本不断下调利率,基准利率几乎降为零,不仅使股市及房地产领域的泡沫逐渐增大,而且长期的低利率最终导致日本陷入凯恩斯所说的"流动性陷阱"之中,货币政策近乎失灵。虽然此后日本也曾尝试使用扩张性财政政策,但由于银行被呆坏账所累,财政政策对国内经济的拉动效果有限。而超低的利率,加速了资本的外流,也吹大了美国的资产泡沫。2008 年以来的美国金融危机使日本遭遇重大损失,原因就在这里。

金融危机爆发后,许多国家纷纷下调利率,欧美等国的利率接近于零,我国也自 2008 年以来几次下调利率,与它们相比,我国利率的调整尚有一定的空间,但我们要谨慎使用利率政策,更不能实行"零利率",在我国尚缺乏投资渠道的情况下,过低的利率不仅使今后货币政策的操作空间减小,也可能诱发股票或房地产领域泡沫的膨胀,给今后的宏观调控带来新的麻烦。

启示三:在国际贸易结算中应尽量增加人民币的使用,为人民币的国际化创造条件。许多国家的货币国际化都经历了一个渐进的过程,在本币升值时,对外结算倾向于使用本国货币。美国使用美元结算自不必说,德国、法国、英国等使用本国货币结算的比例也都逐步增加,1999年欧元启动后,欧盟各国间的贸易又大多用欧元结算。与之相比,日元使用的相对较少,虽然20世纪80年代初日本就提出了日元国际化的战略课题,但进程缓慢。日本较多地使用美元结算,而且又拥有大量美元储备,给后来美国操纵汇率埋下了隐患。因此,我们要吸取日本的教训,努力推进人民币的国际化。如在区域经济合作中增加人民币充当支付媒介的使用频率、对外发行人民币计价的国际债券、提供人民币计价金融工具的流通市场等,这将有助于扩大人民币的使用范围,促进人民币有序地跨境流动。

启示四:加大对金融机构的监管力度。在推行金融自由化过程中,日本误将放松金融管制等同于放松金融监管。泡沫经济时期,金融机构拼命向外贷款,导致大量富余资金进入股市与房地产市场,酿成了经济泡沫,而泡沫破灭后又天天催债,金融部门成为泡沫经济的始作俑者。

中国要汲取日本银行业当年忽视贷款审查、纵容投机的教训,尽快健全银行业的审查机制和风险控制体系。现阶段我国直接融资的发展仍相对滞后,企业融资仍高度依赖银行体系,而且由于2009年初股市的持续反弹,有大量的银行资金试图通过各种渠道进入股市及房地产市场,这将使风险向银行集中,因此,我们需要特别关注金融体系的稳健性,要强化融资的审查和风险的控制,防止金融机构只注重追求短期利益,而忽视长期风险。

启示五:实施外汇储备与对外投资的多元化,制定投资与储备两方面逐步摆脱美国及美元的中长期目标。多年来,美国一直通过鼓励消费来达到刺激经济增长的目的,其结果带来了消费者与政府借贷的大幅膨胀。本来美国人的储蓄率就很低,由于美国政府诱导美元的贬值以及不断降低利率,进一步刺激了美国人的消费欲望。消费的增加固然可以拉动经济的增长,但总要有度,一个国家不可能通过过度的消费实现经济的持续增长。近年来一些著名的投资家已对美国经济发出警告:沃伦·巴菲特已开始放弃美元,转而投资其他外国货币;索罗斯提醒说美国经济体系随时可能破裂;而投资界明星——约翰·邓普顿也早就指出,"最好尽快脱手美国股票、美元及过多的美国不动产"。2008年发端于美国的金融危

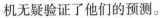

机无疑验证了他们的预测。

如此看来,我们也不应对美国经济过分乐观,即使从经济安全看,也应调整对美国过分依赖的情况。作为投资策略,在投资国别的选择上,应该考虑相应增加对其他国家的投资,特别是巴西、印度、俄罗斯等有进一步增长潜力的国家。同时也要重视生产性投资,努力增加实物资产的持有量,因为生产性投资不仅可以创造更多富有竞争力的产品,也有助于形成长期的经济增长动力。

在外汇储备的币种选择上,应尽量杜绝将储备大量单一投向美元的情况。截至 2009 年初,我国 1.95 万亿美元的外汇储备中,有 1.3 万亿是美元资产,其中近 7 000 亿美元为美国国债,这使得我们面临巨大的美元贬值风险。我们应尽可能在美元保持平稳的过程中,逐步减持美元储备,适当增持欧元、日元、英镑等币种资产。我们也应利用人民币坚挺之机,加快做一些过去想做而没有做好的事情,如扩大石油储备设施建设、增加黄金储备以及对外资源开发等。

启示六:利用资本市场未完全开放的条件,实行多部门联合,共同限制投机性资金的大量进入与突然迅速的撤出。1964 年日本成为国际货币基金组织成员后,陆续开放资本市场,这使日本难以实施独立的金融货币政策。

当前人民币所处的环境与当年的日元不尽相同。人民币的资本项目下可自由兑换目前还没有时间表,市场化仍需要一个过程。这意味着除了在政治上施加压力外,西方诸国还没有更有效的办法使人民币升值,人民币汇率调整的主导权依然掌握在中国手中。1997 年的东亚金融危机,中国受到的损害有限,这并非因为中国金融机构的抗风险能力强,而是由于资本项目未完全开放的结果。目前我们仍有必要利用这道防线,加强对国际游资的管控。我们应在遵守"入世"承诺的前提下,利用资本市场尚未完全开放这一条件,切实执行对外资进入与流出的各项规范措施,真正发挥其应有的作用,如建立商务、海关、税务、金融监管等部门之间的信息共享机制,联合限制国际短期投机性资本的随意进出。

●原文刊载于《求是学刊》2009 年第 3 期。
●宋成华,黑龙江大学经济与工商管理学院副教授。

应对当下金融危机的财政政策效应及选择

张少杰

由美国次贷危机引发的世界金融危机被人们认为是自 1929 年以来最严重的经济危机。虽然危机的中心是西方发达国家,但在全球经济联系越来越紧密的今天,任何一个国家想避免全球经济波动带来的影响变得十分困难。尽管中国以过去 30 年成功的改革开放积累的经济实力,具备了一定的应对这场危机的能力,但是,这场危机对中国经济发展所产生的负面影响也将是非常严重的。如何应对这场危机,这成为我国当下经济生活中的头等大事。而目前我们采取的最大的行动就是以积极的财政政策为手段,来缓冲金融危机对我国的冲击。2008 年 11 月 12 日召开的国务院常务会议上提出了一项旨在扩大内需、促进经济平稳较快增长的、总额达 4 万亿元、时间到 2010 年的投资计划。这一财政政策到底能起到多大的作用? 如何规划财政政策的取向? 具体选择怎样的财政政策手段和对财政政策作出怎样的结构安排? 这些问题是我们在实行积极财政政策过程中必须要关注并加以研究的。为此,本文的研究涉及如下几个内容:(1)当下金融危机的特点及对中国影响的程度;(2)财政政策应对金融危机的功能及取向;(3)适应当下金融危机形势的财政政策选择。

一、当下金融危机的特点及对中国影响的程度

金融危机是指全部或部分金融指标,包括短期利率、资产(证券、房地产、土地)价格、商业破产数和金融机构倒闭数的急剧、短暂的和超周期超

预期的恶化。① 它的基本特征是,人们基于未来经济的不确定性而出现更悲观的预期;整个区域内货币币值出现较大的贬值;经济总量与经济规模出现较大的损失;经济增长出现较大的下滑。同时还会出现,企业大量倒闭、失业率上升等现象,甚至还会伴随社会动荡或政治危机。然而,这些特征在不同的金融危机下表现得不尽相同。正是由于各次危机不同的具体特征,决定了应对金融危机时总是难以照搬其他的经验,而且使得处理金融危机成为一个世界性的难题。比如,1997 年发生的亚洲金融危机就与本次发源于美国的金融危机有很大的不同,一个是出现在新兴工业化国家,另一个是发生于老牌的、最发达的资本主义国家;危机的影响范围也不相同,本次金融危机的影响范围要远远大于 1997 年的那场金融危机。

本次发端于美国的金融危机之所以被一些人认为是百年一遇的严重危机,一个重要的原因是,这次危机是由作为世界经济"火车头"——美国爆发的危机引起的,而且是在经过长期增长中不断积累起来的矛盾的总爆发,因此其聚集的能量相当的强大,正是在这个意义上,人们把这次金融危机比喻为"金融海啸"。如此严重的一场危机,其特殊性自然也就十分明显,而且从爆发这场危机的原因看,本次金融危机涉及美国经济运行中的一些深层次问题。正如有人分析的,此次空前规模的金融危机的一个基本特点是软预算约束创新导致的证券化次贷的疯狂蔓延。② 软预算约束是雅诺什·科尔奈在 20 世纪 70 年代针对社会主义国家计划经济体制下的政企关系提出来的。它的基本含义是,国有企业并不会根据自己的收入确定支出,因为国有企业在资不抵债时仍然不会破产,并且可以得到政府的救助。软预算约束导致国有企业可以无限制地放大道德风险,因此,这成为计划经济体制下国有企业低效和浪费的重要原因。按理说,在发达的市场经济中是不应该出现这种现象的,或者说这种现象是可以得到有效控制的。但是,在发达国家的经济越来越虚拟化的今天,这种软预算约束得到了最易滋生的土壤,无节制的软预算约束创新充斥了金融领域。以投资银行为代表,它们创造出一些令人眼花缭乱且难以理解

① 参见(英)约翰·伊特韦尔等编:《新帕尔格雷夫经济学大辞典》,陈岱孙主编译,经济科学出版社 1996 年版。

② 参见许成钢:《解释金融危机的新框架和中国的应对建议》,载《比较》2009 年第 39 期。

的金融工具,具备一种可以超越国界调动全球金融资源的力量,而且把一些高风险的金融产品经过创新加以化解,这又加剧了软预算约束的创新。既然是软预算约束,那么一定会积累道德风险,而且随着软预算约束创新的扩大和深化,这种道德风险越积越大,最终的金融危机一定是难以避免的。

当下金融危机的这一特点对中国的影响也呈现出特殊的路径。首先,金融产品创新的风险转移对我国的影响。这是指我国金融机构购买美国金融创新产品遭受的损失。对此,普遍的观点认为,由于我国的资本市场尚未大规模开放,这形成了一道较好的"防火墙",一定程度上阻止了金融危机向我国扩散。当然,在这场危机中,我们的一些金融机构也受到了一些影响。其次,金融危机通过对发达国家实体经济的影响间接地影响到我国的实体经济。由于我国经济与发达国家经济联系最密切的一个途径就是对外贸易。截至 2008 年底,中国对外贸易进出口总额达到 25 616.3 亿美元,占 GDP 的比重达 58%。① 如此规模及比重的对外贸易,意味着中国经济与世界实体经济的联系是非常紧密的。在这样的状况下,中国经济的进出口部分首先受到冲击,尤其对出口的冲击对我们的影响更大。据海关统计,2009 年 1 月包括之前的两个月连续出现进出口增速下降的局面。由进出口尤其是出口速度下降带来一些出口企业经营困难,沿海地区已经出现大量外向型企业倒闭、停产或缩减生产的现象。这不仅对就业,而且对上下游企业也产生了连锁效应。这样的趋势如果得不到抑制,那么接下来的就会对国内需求产生全面的影响,进而导致国内经济的紧缩。最后,金融危机以一种外在冲击带来的影响会给中国经济发展带来一些新的机遇。② 任何一种危机总可能引发一个新的局面,而当受到外部危机冲击时,这种可能性会更大。中国经济高速增长 30 年提出许多需要变革的问题,而这样的外部冲击无疑会加速我们作出调整的抉择。对此,我们更应该重视。当然,能不能很好地应对危机,以及能否把危机变成机遇,这要取决于我们的对策是否科学合理。这其中对财政政策的挑战就更为突出。

---

① 进出口总额来源于海关统计公布的数据。根据最新牌价计算出 2008 年中国 GDP 折合成美元的总额,进一步得到中国 2008 年的对外依存度。

② 参见乔榛:《当下的金融危机是否孕育中国成为大国的机遇》,载《求是学刊》2009 年第 1 期。

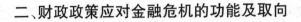

二、财政政策应对金融危机的功能及取向

财政政策是政府调控宏观经济的政策手段之一。财政政策发挥功能表现在两个方面,即财政支出政策和税收政策。当宏观经济出现波动或政府想达到某种宏观经济目标时,就可以采取财政政策,有时是将财政支出政策和税收政策一起加以使用,有时则需要在两种政策中加以选择,或者加以组合。因此,对财政政策的使用不在于要不要采取财政政策,而在于如何正确地使用某种财政政策或科学地组合各种财政政策。

在面临金融危机冲击时,中国政府采取的最有利的举措就是积极的财政政策。一笔总额达4万亿元并将在两年内完成的财政投资计划,让世界看到了一个强大的中国具有的应对金融危机的实力。当然,更重要的并不是要显示我们的实力,而是要用这一笔投资实现保增长、促就业的目标。这就涉及如何正确发挥财政政策的功能或效应的问题。

在财政政策的两种手段中,财政支出是与消费、投资以及净出口并列构成国内总需求的一个组成部分。财政支出政策就是通过调整政府的支出来达到刺激经济或抑制经济增长的目的。因为财政支出也就是政府花钱,与消费者和企业花费通过出售他们的劳务和商品所得的钱不同。政府既不提供劳务,也不生产商品,而是借助国家的税收特权得到他想要花费的钱。因此,政府财政支出的效果实际上是建立在财政支出与税收变化相互影响的基础之上,如财政政策的效果,可以是一个由财政支出支持经济增长和由税收抑制经济增长相抵消的结果。有人利用中国的数据(1986—2007年)测算了财政政策对经济活动的总体效果是使实际的GDP年平均增长1.142%。由于在这个期间实际的GDP的平均增长率约为9.75%,所以,在这个期间实际GDP增长率的11.71%是由财政政策贡献的。① 这表明,财政政策对经济增长具有一定的贡献。不过,对财政政策的效应还可以把财政支出政策和税收政策的效果分开来考虑。还是以上的测算,我国在1986—2007年间财政支出的效果是使实际GDP年

---

① 参见张龙、贾明德:《改革开放以来我国财政政策效应的实证研究》,载《软科学》2008年第5期。

均增长 2.42%,税收的效果是使实际 GDP 年均减少 1.37%。[1] 也就是说,财政支出对经济的促进作用要远大于税收对经济的抑制作用。这种对财政政策功效进行的实证分析,反映了财政政策或者作为财政政策的两方面内容的财政支出政策和税收政策对经济增长影响的程度。不过,这种测算是建立在修改后的汉森模型进行的,因此,反映的是财政政策的总体和两个内容各自对经济增长的回归结果。其实,财政政策在发挥效应时,并不仅仅是对经济增长的直接效应,它的促进消费和投资甚至是进出口的功能更是我们在当下的金融危机背景下不能忽视的。

在当下的金融危机中,我们为避免受金融危机冲击而出现经济衰退的关键是想尽办法扩大内需。因为金融危机对我们冲击最大的是对外贸易,特别是出口,对此,设法保持对外贸易的规模和增速自然是我们努力的一个方面。但是,以扩大内需来补充出口的降低更是需要我们考虑的。而中国改革开放以来,长期对外贸的较大依赖严重地抑制了国内需求的增长,特别是消费需求的增长。因此,在新的形势下,如何扩大内需就成为一个巨大的挑战。从一般的逻辑来讲,扩大内需必须要增加居民的消费和企业的投资。就增加居民的消费来说,除了增长居民的收入外,还有一些更重要的工作要做,即缩小居民收入差距和财富差距,以及提高居民的边际消费倾向。这本身是一个需要综合和系统解决的问题,其中一定不能忽视的就是政府的作用,或者政府借助财政政策发挥的作用。具体说来,有两个方面的效果可以通过财政政策来达到,一个是通过减税和扩大转移支付水平来提高居民的可支配收入。如对中等收入者加以减税,对低收入和无收入者加大转移支付力度,不失为财政政策的一个重要取向,另一个是通过建立完善的社会保障体系来提高居民的边际消费倾向。中国的高储蓄倾向对于处在发展中的中国来说,无疑是一个重要的发展条件,但是,并不是说中国的发展始终都必须要这样的高储蓄。当经济发展到一定程度后,这种高储蓄需要转变,因为它会造成对国内消费需求的严重抑制作用。但是,高储蓄一旦形成会产生一种路径依赖,人们把储蓄变成一种习惯。因此,必须有一种有效的制度来冲破这种路径依赖或习惯。国外的经验和我国的实际都证明,这种有效的制度就是社会保障制

---

① 参见张龙、贾明德:《改革开放以来我国财政政策效应的实证研究》,载《软科学》2008 年第 5 期。

度。然而,我国在社会保障制度建设方面,不仅严重滞后,而且严重的不平衡。这种不健全的社会保障制度是无法承担起激活居民消费意愿或提高居民边际消费倾向的重任。因此,更好地发挥财政政策支持社会保障制度建设的功能,是我们当前财政政策的一个重要取向。而就增加企业投资来讲,目前,中国最困难的企业群体是广大的中小企业,它们受各种限制,经营十分困难,而当下的金融危机对它们更是雪上加霜,因此,拯救中小企业特别是中小制造业企业是目前财政政策需要发挥的重要功能。采用为其减税和补贴是财政政策的又一个取向。就保持出口增长方面来说,尽管目前的形势很不乐观,但是,过于迅速的出口下降肯定是我们难以承受的,为此,在财政政策方面采取出口退税或出口补贴的手段,也是财政政策发挥功能的一个取向。

如此表现出来的财政政策的多层次和多样化功能,充分说明为应对当下的金融危机,财政政策有着见效快、力度大的优势。当然,一定不能忘记,财政政策应用必须要对各种财政政策有针对性地选择或组合。

三、适应当下金融危机形势的财政政策选择

财政政策是应对当下金融危机不可替代的政策工具。因为在人们的信心遭受打击而一时难以恢复时,政府站出来施以积极的经济行为不仅是对人们信心不足的弥补,而且也是恢复人们信心的保障。因此,现在的问题已经不是要不要实施积极的财政政策,也不是财政政策是否具有效应,而是如何正确地选择实施财政政策的手段。从财政政策本身来看,财政政策包括财政支出政策和税收政策。对此,进行财政政策的选择就是我们在当前的形势下,到底该实行财政支出政策,还是实行税收政策,或者是二者的某种组合。从财政政策调控的对象来看,财政政策通过调控消费、投资、进出口对经济增长施以影响,还会对就业、通货膨胀、社会保障等产生作用。因此,财政政策的选择需要考虑这些调控对象的特点进行,或单独采取财政支出政策、税收政策,或进行这些政策手段的某种组合。

"保增长"是我们应对金融危机首先要保证实现的目标。我国在之前较长的一段时间里,推动经济增长的主要力量源于投资和出口,二者贡献大约占70%,也就是说消费对经济增长的贡献只有30%左右。这样的

增长动力是不太协调的,特别是在发生世界性金融危机的形势下,我们的这种增长动力结构就面临巨大的考验。出口快速减少,进一步引发投资不足,这给我们的经济增长带来严重的威胁。财政政策在应对这种局面时,应该选择财政支出政策和税收政策的结合。在进行财政支出时,既可以进行财政直接投资,也可以进行财政补贴消费或投资。而在执行税收政策时,在危机时当然要进行减税,不过需要设计的是减税对象和减税幅度,目的是有利于增加消费以及减少收入差距。对于这两种财政政策手段的选择,关键的是如何安排好实施它们的序列和比例。在开始一定是以把财政直接投资基础设施和公用设施作为支出重点,但在可以带动或私人投资有所恢复时,必须把支出的重点转移到有利于增加消费方面,如补贴、增加工资、调整收入分配等。总之,在实现"保增长"的目标时,财政政策的选择最终要起到恢复私人投资信心和增加消费规模和比重的作用。

"促就业"是我们应对金融危机最需要实现的目标。任何一次经济危机所体现的最为严重的问题都是就业问题。失业人口迅速增加,既是危机带来的最严重的后果,同时也是加重危机的最重要的因素。财政政策在应对这种现象时,首先要通过基础设施投资吸引一批劳动力就业,还要通过增加职业培训和畅通就业渠道的投资尽量减少结构性失业。其次要通过对私人企业增加就业或不减少就业加以减税或补贴等措施,来缓解危机引发的企业解雇工人带来的影响。最后要为个人创业提供财政支持,这不仅是在危机中易于得到认同的手段,而且也是具有长远影响和战略意义的财政支持计划。

"求稳定"是我们顺利渡过这场金融危机的重要保障。金融危机或经济危机很可能演化为政治或社会危机,这是处理经济危机时最不愿看到的结果。为此,如何实现恢复经济和保持政治、社会稳定的双重目标,是应对危机的巨大考验。运用财政政策实现这一目标,除了以上两方面的措施之外,还有一种选择就是加大财政政策的支持力度,加快社会保障制度的建设。在这个方面,可以选择的财政政策是加大公共财政的支出,特别是针对建设养老、医疗和失业保险等社会保险事业的公共财政支持。

以上是在应对当下金融危机中针对不同目标进行的财政政策选择。当然,面对这样一场严重的金融危机,不可能是采取单一的财政政策就可以应付的。但是,财政政策具有的及时性、保障性强的特点,要求我们一定运用好财政政策,对财政政策的不同手段加以科学的选择和组合。

● 原文刊载于《求是学刊》2009 年第 3 期。《高等学校文科学术文摘》
  2009 年第 4 期转载。
● 张少杰,黑龙江大学教务处副处长、教授。

中国煤炭资源利用现状及成因分析

——基于不可再生资源经济学的视角

宋冬林,赵震宇

我国是世界上少数几个以煤为主要能源的国家之一,是世界第二大煤炭消费国,并且我国以煤为主的能源结构短期内不会改变。在我国煤炭资源主要由资源型城市提供。资源枯竭型城市是指资源型城市发展所依托的主体资源开发进入后期、晚期或末期阶段,其累计采出储量已达到可采储量的70%以上的城市。据初步统计,我国资源枯竭型矿业城市约占全国资源型城市总量的1/10,遍布于全国东、中、西部各个地区。其中,煤炭资源枯竭城市数量最多,约占资源枯竭城市总数的2/3。

本文将以我国煤炭资源为研究对象,试图利用不可再生资源经济学的基本原理来作为我国计划经济时期煤炭资源不可持续开发的理论依据。

一、文献回顾

不可再生资源经济学(The Economics of Exhaustible Resources)的起源应追溯到 Hotelling 在 1931 年发表的同名经典文献。在经济学的殿堂中,仅有少数的几个理论是建立在唯一的经典文献基础之上,资源经济学就是其中之一。尽管目前自然资源经济学吸引了大量的目光,成果颇丰,但追根溯源,资源经济学完全是在 Hotelling(1931)的基础上发展起来的。

尽管 Hotelling(1931)的历史已经久远,但对不可再生资源经济学的普遍关注才不过20余年时间。在 Hotelling 完成他的工作之后43年,Solow(1974)发现了 Hotelling 论文中的闪光思想,并将不可再生资源经济学发展为当今最为热门的经济问题之一。Solow 写道:"Hotelling 提到了关于市场利率可能超过社会所希望的贴现率的想法,我认为现在的经济学家更应该重视这种可能性。这毫无疑问是一个重要的问题,因为贴现率决定着均衡产量的配置。如果市场利息率超过了社会的理想利率,那么租金和市场价格以比它们'应有'的速度更快的速度增长。因此资源将会被开采得更快、枯竭得更早。"①

毫无疑问,是 Solow 的文献重新开始关注了 Hotelling(1931)。Solow(1974)之后,一系列基于 Hotelling(1931)的文献应运而生。

(一) 关于资源市场结构对不可再生资源开采影响的研究

Hotelling(1931)对不可再生资源市场结构,对其开采速度的影响进行了分析,得出了垄断市场更有利于降低资源开采速度,延长资源使用年限的结论。

后来的学者将这一问题的关键集中在:垄断生产者开采更慢(或更快)条件下,消费者对于不可再生资源需求特点的变化。特别是下面的结论已经被证明是正确的,如果不可再生资源的需求弹性是随着开采量的增加而递减的,垄断生产者将会开采得更慢(Tracy R. Lewis, 1976; P. S. Dasgupta and Geoffrey M. Heal, 1979)。Hotelling 的例子——假设了线性的需求曲线——显然是符合上述结论的。另外,如果需求随时间变动而越来越富有弹性,就会得到与上述不同的结论(Milton C. Weinstein and Richard J. Zeckhauser, 1975; Joseph E. Stiglitz, 1976)。这可以作如下解释:垄断生产者将利用早期相对缺乏弹性的需求来限制产量;随着需求弹性的增强,生产者的产量随之增长。但这个结论看起来有些不符合现实:首先,替代资源更可能是随时间推移而更易获得的;其次,加快开采速度就意味着资源的价格将会比利息率的上涨速度更快,这会产生无风险套利的机会,而均衡也就无法维持了(Dasgupta and Heal, 1979)。在不可再生资源垄断生产理论方面所取得的进展巩固 Hotelling 的结论:垄断减缓开采。它们更提供了关于这一结论的深入分析。

Hotelling 还考虑到了存在几个竞争性卖者的中间情况,他认为这种

---

① Solow, R. M., The economics of resources or the resources of economics, in *Proceedings*, *American Economic Review*, 1974, (64).

情况是比完全垄断和完全竞争"更符合现实经济世界的"①。在这里一种适合的分析工具是"古诺－纳什均衡"（Cournot－Nash equilibrium），其中每一个生产者都被假设为在接受其他生产者生产计划的条件下，选择一个生产计划来最大化其自身收益。然而，Hotelling 本人却认为这种均衡事实上是不存在的，因为"每一个卖者在根据他认为的其他卖者所采取的行动来修正自身生产行为时，无法考虑到生产行为对价格和自己预期的影响"②。尤其是，在将会枯竭的供给面前，生产者将会把价格提升到理论价格之上，并且所有生产者都有这一预期。这一结论仅具提示性，Hotelling 并没有给出进一步正式的分析。近来，寡头开采模型已经被开发出来，然而很难说它们的出现与 Hotelling 在前面的论述有很强的关联。大多数这类模型的产生都或多或少地受到 OPEC 行为的启发，它们的研究对象都是一个由垄断性卖者和竞争性买者构成的市场（Richard Schmalensee，1976；Stephen W. Salant，1976；Martin L. Weitzman，1976；Robert S. Pindyck，1977；1978；Esteban Hnyilicza and Pindyck，1976；Richard J. Gilbert，1978；Gilbert and S. M. Goldman，1978）。

（二）关于不确定性对不可再生资源生产的研究

今天很多关于自然资源的文献都在关注不确定性对于资源开采者行为的影响。而 Hotelling 在他 1931 年的文章中就提出了这个问题，他的分析是具有启发性和开创意义的。

Hotelling 关注勘探的不确定性会导致市场失败，因此就需要公共部门的介入，这一点现在被人们归结为"产权问题"。

事实上，Hotelling 认识到知识的外溢性。任何矿山的拥有者都无法排除与之相邻的土地所有者从他的开采行为中获益的可能。Hotelling 的继承者证明了信息的溢出效应能够导致资源社会开采水平不足的结论；每个生产者都将采取观望态度以期待他的邻居先勘探（Peterson，1975；Stiglitz，1975）。

---

① Hotelling, Harold, The Economics of Exhaustible Resources, in *The Journal of Political Economy*,1931,(4).

② Hotelling, Harold, The Economics of Exhaustible Resources, in *The Journal of Political Economy*,1931,(4).

尽管 Hotelling 仅仅关注到了勘探的不确定性,但这只是众多不确定中的一种。近来,一些文章已经致力于处理其他类型的不确定性问题,这主要可以分为两类:供给方面的不确定性和需求方面的不确定性。

前一类文章的贡献在于回答了 Hotelling 的原始问题:矿山品级不确定性的影响。如果资源质量是统一的、固定的,然而是不确定容量的,矿山拥有者将会以较之于确定容量情况下较慢的速度开采(Murray C. Kemp,1976;Gilbert,1979;Glenn C. Loury,1978)。在这里,不确定容量的矿山拥有者将服从一种保守的开采策略,因为他需要回避不可预期的资源枯竭。尽管资源的储量是未知的,然而不确定性却减少了开采量。Michael Hoel(1978)分析了通过开采一个已明储量的矿山而了解了第二座矿山储量的情况;Kenneth Arrow & S. Chang(1978)证明了在勘探活动成本高昂的情况下,如果勘探行为服从泊松分布(Poisson process),那么不可再生资源的价格将遵循一种循环的模式。有趣的是,Kenneth Arrow 和 S. Chang 的论文正是受他们发现现实中资源的价格并不符合 Hotelling 利息率定理的假设的启发而完成的。其他关于勘探的不确定性的研究还包括 Pindyck(1979),他假设勘探产出服从一个连续随机过程,还有 Devarajan & Fisher(1980),他们假设当前勘探的投入应该是未来开发产出的随机生产函数。

关于不可再生资源需求不确定性的研究,其方法和结论都具有重要的意义。一方面,如果未来的价格是不确定的,但是较近期的不确定性弱于远期,那么风险厌恶的生产者将会加快其开采速度(Weinstein and Zeckhauser,1975);另一方面,如果需求函数的随机变量在时期内是均匀分布的,风险厌恶的生产者将会把开采转移到未来(Lewis,1977)。Dasgupta and Heal(1974)和 Ngo Van Long(1975)分析了这样一种情况:当对资源的需求可能突然消失的情况下,或者由于替代品的突然出现,或者由于人为的禁止使用,都会引起生产者增加眼前的开采量。

(三) 关于市场利息率对不可再生资源影响的研究

在 Hotelling(1931)那里利息率对于不可再生资源的生产就具有重要的影响。Hotelling 认为生产者边际收益增长应该与利息率增长速度保持一致,这一定理在他的分析中具有重要的作用。Solow(1974)就认为,"这一定理是不可再生资源经济学的基础",这一点正像 Solow 在他论文中提到的,受到了所有当今资源经济学家的关注,甚至达到了"言资源经济学,必言利息率"的地步。

在 20 世纪 70 年代中后期,刚刚涉足不可再生资源经济学这一领域的学者基本上都对 Hotelling(1931)的利息率对资源开采影响的论述持赞同态度,如 Kay & Mirrlees(1975)曾经提到:"在经济中存在着当前消费的倾向,这种倾向使得留给我们孩子的和我们自己将来的可消费量更少……这一点毫无疑问地反映在较高的利息率上,它会使资源或多或少地以更快的速度耗尽。"①而 Meade(1975)将这个问题解释得更加形象具体:"市场利率的降低能够刺激对地下石油的投资,也就是将当年的石油转移到未来进行消费,换句话说,这能够鼓励对地下石油的保护,否则的话,这些石油原本当年就要被采出用掉了。"②

随着研究的深入进行,Hotelling(1931)所作的严格假设被逐渐放开,市场利息率对不可再生资源开采影响的复杂性也逐渐显现。如 Levhari & Liviatan(1977)就证明了 Hotelling 的利息率定理只有在非常特殊的条件下才是成立的,他们在考虑了开采成本的累计增加效应和不完全开采的情况下修正了这一定理,使之符合更加一般的事实。而 Farzin(1984)更是将替代资源引入到 Hotelling 的模型中,并对存在替代资源情况下的市场利息率对不可再生资源开采的影响进行了分析,得出了更加复杂的结论,而这些结果却更加符合经济现实。

本文以利息率为主要研究对象,来分析传统计划经济条件下中国在煤炭资源开采中所采取的掠夺性生产模式。

二、模型构建

中央计划经济模式下的国有垄断生产不同于西方传统的私人垄断生

---

① Kay, John A., Mirrlees, James A., *The Desirability of Natural Resource Depletion*. in *The Economics of Natural Resource Depletion*. edited by David W. Pearce and James Rose, London: Macmillan, 1975.

② Meade, James E., *The Intelligent Radical's Guide to Economic Policy: The Mixed Economy*, London: Allen & Unwin, 1975.

产,中央计划的生产目标是实现社会效益最大化,而非企业利润的最大化。在这样的现实情况下,本文认为中央计划经济模式下的生产行为更加接近完全竞争市场模式下的生产行为,区别只在于中央经济计划者取代了市场看不见的手来发挥资源配置作用。在不考虑中央经济计划者掌控信息不完全的情况下,这里将用完全竞争市场替代中央计划经济模式来构筑不可再生资源生产模型。

考虑一个具有如下特点的竞争经济:

C_1:存在一种已知极限储量的不可再生资源:S。

C_2:存在一种开采技术,其规模收益固定且不随时间而变动。在这种技术条件下,资源的开采成本可以表述为如下形式的成本函数:

$$c = c(r, w) \tag{1}$$

此处,c 是开采一单位资源的最低成本,r 是资本利息率,w 表示所有其他投入的价格。该成本函数在其定义区间是连续可微的。

C_3:资源使用收益的货币衡量为 $V(p_t)$,且有:

$$V(p_t) \equiv U[x(p_t)] \tag{2}$$

其中,p_t 表示时刻 t 一单位资源的价格;而 $x(p_t)$ 则是市场需求函数,满足 $x'(p_t) < 0$,在不考虑角点解的情况下,$\lim_{p_t \to \infty} x(p_t) = 0$ 而 $\lim_{p_t \to 0} x(p_t) = \infty$。假设收入的边际效用是固定不变的,那么总效用(消费者剩余)可以表述为 $U(x) \equiv \int_0^x p(x) dx$,其中 $p(x)$ 是需求函数 $x(p)$ 的反函数。结合(2),可以得到:

$$V'(p_t) = p_t x'(p_t) \tag{3}$$

C_4:未来的效用按照一个固定的利率进行贴现,此利率是完美资本市场下的市场利息率。

C_5:假设经济中技术允许不可再生资源能够被一种可能更高成本的资源完全替代。例如,煤炭是一种不可再生资源,而石油就是一种替代能源。假设经济满足技术要求,不存在替代资源生产的技术障碍。方便起见,还假设替代资源生产的规模报酬也是固定不变的,那么替代资源的生产成本函数可写做:

$$p = p(r, w) \tag{4}$$

其中,p 是单位替代资源的最低生产成本,对于任何给定的要素价格,始终存在 $p < c$。[①]

那么,现在需要解决的问题就是选择当前资源的价格路径 p_t 和替代资源开始使用的时点 T 来最大化从资源开采中获得净收益 W。可以表述为:

$$\max_{\{p_t\},T} W = \int_0^T e^{-rt}[V(p_t) - x(p_t)c(r,w)]dt + \int_T^\infty e^{-rt}[V(p_t) - x(p_t)p(r,w)]dt \tag{5}$$

$$s.t. \int_0^T x(p_t)dt \leqslant S, x(p_t) \geqslant 0, 且有 p_t \geqslant 0, t \geqslant 0。$$

对(5)求拉格朗日函数,并将(3)带入,得到如下求最优解的必要条件:

$$p_t - c(r,w) = \lambda e^{rt}, t \in [0,T] \tag{6a}$$

$$p_t = p(r,w), t \in [T,\infty] \tag{6b}$$

$$\int_0^T x(pt)dt \leqslant S \tag{6c}$$

$\lambda = p_0 - c(r,w)$ 是拉格朗日乘数。其中(6b)的经济含义可以解释为在替代资源使用初期由于储量巨大,其稀缺性并不会表现出来。

从(6a)-(6c)可以得到如下结论:不可再生资源的租金(稀缺租,即 $p_t - c$)随贴现率而增长,直到该资源的价格超过替代资源的边际生产成本为止,此时该资源将停止开采而替代资源将按照边际生产成本 $p(r,w)$ 供给。

三、模型对中国煤炭资源利用现状及成因的解释

改革开放前,中国实行传统的计划经济体制,一切产品要素生产都由国家统一计划执行。但是在现实经济中,经济计划者无法完全掌握浩如烟海的庞大信息量,这必然会造成经济生产中价格信号的失真,从而引起资源要素的巨大浪费。另外,我国传统计划经济时期所实行的"产品高价,原料低价,资源无价"的定价方式造成了经济中利益分配的不公,造成了原料和资源生产者的经济利益的大量流失。诸如上述因素造成了中国不可再生资源(尤其是煤炭资源)生产消费中的巨大浪费,导致了今日诸多资源枯竭城市可持续发展难以维系的惨痛现状。这里将利用前文中构

---

① 这一点是显而易见的。若 $p > c$,则替代资源就永远不会被使用;若 $p = c$,则当前资源与替代资源就是同质的,或者说是同一种资源。

建的模型,结合中国计划经济时期的现实情况,给出对中国煤炭资源生产现状的几个解释。

(一)煤炭资源枯竭城市发展不可持续性的成因——负稀缺租

计划经济时期,我国在经济生产遵循"产品高价,原料低价,资源无价"的定价原则。煤炭作为我国经济生产中最为重要的能源,生产和分配由国家统一计划。由于煤炭需求量巨大,为了满足社会生产需要,资源产地都要按照国家计委的计划开足马力大量生产。然而为了保证重化工业的优先发展,煤炭资源的价格却被人为压低。在计划经济时期,煤炭资源价格的上涨幅度远远落后于全国物价指数,煤炭生产企业几乎全部处于亏损经营状态。然而,由于计划经济条件下企业的经营目标在于实现社会效益最大化而非企业自身利润水平,煤炭生产企业不会由于亏损经营而降低产量或停业,这就造成了煤炭企业生产经营的恶性循环——越亏损,越生产。进一步造成了以煤炭采选业为支柱产业的煤炭资源城市资源的大量流失,而没有任何经济补偿。这也是当前煤炭资源枯竭城市陷入不可持续发展泥沼的主要原因之一。

煤炭企业亏损生产可以表示为:

$$p_t - c(r,w) < 0 \tag{7}$$

而在计划经济条件下,社会生产量由中央计委统一计划确定,煤炭生产企业产量固定为 $x(p_t)$。假设市场经济条件下煤炭的均衡产量和均衡价格分别为 x^* 和 p^*,则有:

$$x^* < x(p_t) \tag{8a}$$

$$p^* - c(r,w) > 0 \tag{8b}$$

也就是说,在传统计划经济条件下,煤炭生产企业以低于社会均衡水平的价格提供了高于社会均衡需求量的煤炭资源。在这种情况下,煤炭生产企业的简单再生产条件尚且无法满足,也就更不用说实现煤炭资源城市的可持续发展了。

结论1:传统计划经济条件下,煤炭资源的负稀缺租[$p_t - c(r,w) < 0$]是造成今日煤炭资源枯竭城市发展桎梏的主要原因之一。

（二）煤炭资源迅速枯竭的原因——低水平且缺乏弹性的利息率

传统计划经济时期,为了促进工业化发展,中国实行固定且低水平的利息率。这不仅造成了后来我国国有商业银行大量呆账坏账的产生,更为严重的是造成了我国煤炭资源的浪费,间接加速了资源枯竭的进程。

由(6a)可以得到:

$$p_t = c(r,w) + \lambda e^{rt}, t \in [0,T] \tag{9}$$

也就是说资源的理论价格由生产成本和初始期资源稀缺租在当期的现值构成,并且资源的理论价格是市场利息率(贴现率)的递增函数。

在计划经济条件下,中国实行低水平的利息率政策无疑会造成煤炭资源的实际价格低于其理论价格,而造成市场对煤炭资源的需求偏离其均衡需求量,造成对资源的超额需求。而计划经济条件下,计划主管部门根据当前需求来确定未来产量,这无疑会造成煤炭资源的过量开采,从而加速了煤炭资源的枯竭。而计划经济条件下,固定的市场利率不具备自我调整的纠错能力,煤炭资源超额需求的状况无法通过利息率调整得到解决。

结论2:传统计划经济条件下,低水平且缺乏弹性的利息率是造成煤炭资源超额需求,从而加速资源枯竭的原因之一。

（三）以煤炭为主的资源消费结构的成因——代价过高的替代资源

煤炭是我国最为依赖的能源资源,在我国一次能源的消费结构中,煤炭所占比例接近70%。这一点与发达国家存在着巨大的差异,在几个主要发达国家,石油在能源消费结构中所占比重最大,煤炭都相对较低,美国约占23%、英国约占17%、日本约占16%。发达国家能源结构转型发生的时期正是我国在封闭的计划经济体制下进行经济建设的时期,因而从计划经济体制中寻找我国能源结构滞后的原因具有一定的可行性。

石油替代煤炭成为主要能源的前提条件是石油资源的成本低于煤炭资源的成本,即 P < C,否则经济没有转变能源消费结构的动机。

我国计划经济时期正是国际石油价格处于由低位运行向高位运行转变的时期。在20世纪50至60年代,国际石油价格始终保持在较低的水

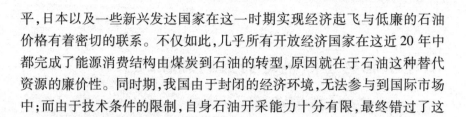

平,日本以及一些新兴发达国家在这一时期实现经济起飞与低廉的石油价格有着密切的联系。不仅如此,几乎所有开放经济国家在这近20年中都完成了能源消费结构由煤炭到石油的转型,原因就在于石油这种替代资源的廉价性。同时期,我国由于封闭的经济环境,无法参与到国际市场中;而由于技术条件的限制,自身石油开采能力十分有限,最终错过了这个提升能源消费结构的最好时机。

随着20世纪70年代末改革开放政策的确定,我国逐步参与到国际市场中。然而,此时的石油市场已经发生了根本的变化,几次石油危机的爆发使石油价格始终保持在高位震荡。石油作为替代资源成为我国能源消费结构主体的根本条件($P < C$)已经丧失。

结论3:传统计划经济条件下,封闭的经济环境是造成我国错过能源消费结构转型时机的原因之一。

总之,本文通过大量的文献梳理工作,找到了能够解释中国煤炭资源现状成因的经济理论——不可再生资源经济学,并在其理论框架下建立了一个适合中国现实情况的简单模型。通过对该模型的分析本文得到了关于当前中国煤炭资源利用现状及成因的几个简单结论:

结论1:煤炭资源的负稀缺租是造成今日煤炭资源枯竭城市发展桎梏的主要原因之一。

结论2:低水平且缺乏弹性的利息率是造成煤炭资源超额需求,从而加速资源枯竭的原因之一。

结论3:封闭的经济环境是造成我国错过能源消费结构转型时机的原因之一。

●原文刊载于《求是学刊》2009年第5期。
●宋冬林,吉林大学博士生导师,长春税务学院院长、教授。
●赵震宇,吉林大学经济学院博士研究生。

加速东北老工业基地振兴的新模式

——"伞"型模式

郭 力

2003 年,中国政府正式提出了东北地区等老工业基地的振兴战略,并陆续颁布了多项深化对外开放、促进东北振兴的区域优惠政策。东北振兴战略为俄罗斯政府提出的东部开发战略,也就是俄罗斯为西伯利亚和远东的开发战略提供了良好的外部环境。2004 年和 2005 年中俄两国总理定期会晤公报都强调,支持中国企业参与俄罗斯西伯利亚和远东地区的开发,鼓励俄罗斯企业参与中国西部大开发和振兴东北老工业基地建设。这标志着中俄区域合作进入了一个新的阶段,它正由单纯互补性的初级贸易阶段向以互补性为基础,实现双方高层次互动性合作的战略转变。2007 年 1 月,俄罗斯政府提出了"东部大开发"战略,并相继推出了多项具体的开发措施。2009 年 5 月,俄罗斯总统梅德韦杰夫指出:中国有巨大的市场规模和财政资源,可投资我们的经济,振兴远东地区和外贝加尔应与中国振兴东北计划在工作层面上协调一致。[1] 2009 年 5 月 21 日,梅德韦杰夫总统在哈巴罗夫斯克召开的边境合作会议上说,中国不仅是俄罗斯工业产品的强大市场,而且拥有巨大的金融资源可以投资俄罗斯经济领域,俄罗斯应当明确与中国合作的优先地位。[2] 这为中俄区域合作,加速东北老工业基地振兴提供了新的机遇和空间。在新的形势下,

---

① 参见《俄总统梅德韦杰夫想同中国捆绑开发远东》,《东方早报》2009 年 05 月 22 日。

② 参见《俄总统梅德韦杰夫:远东能源开发要吸引中国的投资》,《中国新闻网》2009 年 05 月 21 日。

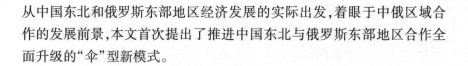

从中国东北和俄罗斯东部地区经济发展的实际出发,着眼于中俄区域合作的发展前景,本文首次提出了推进中国东北与俄罗斯东部地区合作全面升级的"伞"型新模式。

一、新模式提出了中国东北振兴的基本思路

随着中俄区域经济合作规模的不断扩大、合作领域的不断拓宽、合作层次的不断深入、合作途径的不断增加,对打破原有合作模式的束缚已经提出了迫切的要求,新模式的应运而生是历史发展的必然产物。据此,笔者提出了中国东北与俄罗斯东部地区合作的"伞"型新模式。新模式是指中国东北与俄罗斯东部地区应该大力开展技术贸易,以此为先导推动双方的产业合作,从而形成凝聚中俄区域互动发展的合力,达到最佳的资源配置的合作效果,并以此为中心向东北亚区域辐射,形成联动效应,确立中俄在东北亚区域合作中的主导地位。

(一)新模式的具体形态

新模式的形态是指在中国东北与俄罗斯东部地区大力开展以技术贸易为先导的产业合作的基础上,形成地方国际化产业集群的优势,成为东北亚区域合作的支撑点和产业合作的凝聚点,进而形成新的经济增长极,这一增长极的区域效应呈现为"伞"型。区域效应体现在利用中国东北与俄罗斯东部地区位于东北亚腹部的地理区位,以双方产业合作的合力优势为伞柄,并以此为制高点向整个东北亚地区辐射,通过伞骨——能源合作、科技合作、物流合作、人才等领域的合作——将区域内各国各地区的经济合作联结起来,形成东北亚区域合作的新模式——"伞"型模式。

(二)新模式的具体内容

新模式的内容首先是把发展以技术贸易为先导的产业合作作为中国东北与俄罗斯东部地区合作战略升级的突破口,把扩大贸易合作和产业发展有机地结合起来,统筹考虑区域经济发展的整体战略。具体来说,是大力开展技术含量高的资源加工业、以深加工为主的农副产品加工业,发展以高科技为引领的新兴产业,加强机械制造业领域的全面合作,以产业

求/是/文/荟 《求是学刊》发刊200期

合作为龙头带动中俄边境地区的贸易与高层次、规范化的国际规则接轨。

其次应明确中俄区域合作的发展方向是突破国界的地方国际化产业集群,这在产业集群的理论和实践上都是一个新的探索。重点是要解决以国界来划分经济主体的习惯方法,以地方国际化产业集群的方式,对中俄边境区域进行自然资源、人力资源、科技资源和资金等资源的重新配置,以期取得中俄区域合作的最大效益,达到合作的最佳效果。中俄地方国际产业集群的特点是资源技术互补型、高新技术主导型、专业人才共享型、经济效益双赢型。这将成为中俄区域经济发展的原动力和中俄经济技术合作的必然趋势。

(三)新模式的理论意义

新模式的意义在于通过中俄两国区域经贸的合作与发展,重新确立中俄在东北亚区域合作中的地位和作用。东北振兴离不开俄罗斯,俄罗斯的东部地区开发也离不开中国,经济互补和共同发展是中俄两国合作的重要内容。因此,突破以货物贸易为主的中俄区域经贸合作现状,寻求多领域、多形式的全方位合作,实现对俄经贸合作战略升级,规范历史上形成的民间认可的贸易形式,在俄罗斯即将加入 WTO 之际,尽快与国际贸易规则接轨。从理论方面探讨,其意义表现在:

一是打破了国际区域合作是以整个国家为单位的经验和理论。新模式实质是建立东北亚的区域一体化,区域经济一体化是世界经济一体化目标在区域层次上的率先实现。因为世界各国、各地区经济发展水平差异长期存在决定了世界经济一体化的实现是一个漫长的过程。在各个相对独立的区域内部,一些国家基于区域自身优势条件或者迫于外部经济、政治和安全因素的压力,利益共同点比较多,有可能首先在区域层次上建立一体化组织①。由此可以看出,在以往的理论中,国际区域经济合作或一体化,都是以整个国家为主体的,而新模式则是以两个国家的部分地区与其他国家的合作,这种合作形式目前在理论上还无人探讨。

二是打破了国际区域集团的主导国是发达国家的理念。目前所形成的关于区域经济一体化的理论基本上是以市场经济国家为研究对象的,

---

① 参见 www. xingyan. org. cnlblog lvpload File/2006 – 12 – 20。

如欧盟、北美自由贸易区、亚太经合组织等,并据此提出衡量区域经济一体化程度的六种形式,以及区域经济一体化的开放性、排他性、广泛性、竞争性、多层次性和不平衡性等特点。[①] 这就决定了在不同的区域经济一体化形式中有相应的经济合作规则和政策,形成不同程度的贸易创造、贸易转移和贸易扩大效应。而新模式提出的是以发展中国家和转轨经济国家通过合作而形成区域主导力量,以此对区域经济的发展形成日益强大的凝聚力,从而创造新国际区域合作形式下的新模式。

三是利用地方国际化的后发优势推动区域集团化形成。"伞"型新模式推动的是东北亚区域经济合作与区域经济一体化,其核心是以中俄合作的后发优势,来支撑整个东北亚区域的形成和发展,从而确立中国东北和俄罗斯东部地区以产业集群的方式,成为东北亚经济发展的中心地位。

二、新模式凝聚了中国东北振兴的内在动力

实现东北老工业基地振兴的重要途径之一就是扩大对外开放,通过引进国外的资金和先进技术提高生产效率,调整产业结构,达到生产资源的最佳配置,再现老工业基地的辉煌。毫无疑问,这也是中俄区域合作新模式提出的基本出发点和意义所在。

(一)新模式提出互动发展

互动性是指在科学发展观和构建和谐社会战略思想的指导下,以互补性为基础,双方在内容、方式、机制上形成更为紧密的协同和联动,相互的理解和支持,在共同的需求和利益中达到经济的互相促进向前发展。互动性更强调人的互动,包括人才的培养、文化的认同、信任的构建、和谐的培育、自律性和责任心的增强。经贸投资合作阶段最大的制约因素将是人才和人的因素,而人的因素问题则只能是采用互动的方式加以解决。提高互动性是推动中俄区域经济合作全面战略升级的根本保证。根据国际贸易的 H – O 理论,拥有要素禀赋差异性的国家具有相互贸易的内在动力。中国东北老工业基地振兴与俄罗斯远东地区开发的同步实施,为

---

① 参见周延丽:《中国东北振兴战略与俄罗斯开发远东战略的联动趋势》,载《俄罗斯中亚东欧市场》2006 年第 1 版。

求 是 文 艺 QSWH 《求是学刊》发刊200期

这两个毗邻地区经济的互动和经济合作的互动发展提供了难得的机遇，互动将会推动中俄双方各自的经济进入一个新的发展阶段。

（二）新模式重视共生发展

目前，中俄两国都处于加速经济发展的新阶段，中俄两国间的互依性合作要素必将愈来愈多，有些互依性的合作要素是中俄两国以外的其他合作伙伴难以替代和无法取代的。随着时间的推移，两国经济发展的互依性愈加显现出来，互依性要素必然产生共生性发展。共生性合作不仅仅局限在考虑从对方"获取"到互补性要素，同时在双方合作时，除了考虑自身发展的利益外，还应考虑到对方发展的利益需要，把双方共同发展的利益和需要作为合作出发点、合作的基点和合作的目标。因此，共生性合作更能体现战略协作伙伴关系的内涵真谛。共生发展合作是中俄两国战略利益的汇合点，两国共生发展的战略利益，对两国各自的国家利益有包容性，或者说两国共生发展合作的战略利益并不排斥两国各自的国家利益。加快共生发展合作，有利于促进两国经济发展，有利于中俄两国各自的国家利益得到巩固和强化。

（三）新模式强调和谐发展

中俄作为两个正在崛起的大国，经济实力增长很快，在国际经济格局中的地位逐渐提高。2006 年中国 GDP 为 209 407 亿元，同比增长10.7%，增速比上年加快 0.3 个百分点①。2006 年，中国外汇储备较上年增长30.22%，达到 10 663 亿美元，超过日本，成为全球外汇储备最多的国家②。对外贸易快速增长，全年进出口总额 17 607 亿美元，同比增长23.8%；顺差达 1 775 亿美元，比上年增加 755 亿美元③。2007 年，中国GDP 为 257 306 亿美元，列世界第 4 位，同比增长 13.0%，外汇储备15 282.49亿美元，对外贸易额达到了 21 738.3 亿美元。2008 年，中国GDP 为 300 670 亿美元，列世界第 3 位，同比增长 9.0%，外汇储备

① http://www. pinggu. org/2006 − 01 − 29.
② 商务部国别统计网，http://countryreport. mofcom. gov. cn/2007 − 01 − 19。
③ 商务部国别统计网，http://countryreport. mofcom. gov. cn/2007 − 01 − 19。

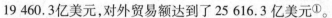

19 460.3亿美元,对外贸易额达到了 25 616.3 亿美元①。

2006 年,俄罗斯连续第七年保持经济高速增长。据俄联邦经济发展贸易部的数据,俄全年 GDP 总额达到 304 700 亿卢布(约 11 206.32 亿美元,人均 GDP 达 8 000 美元),较上年增长 6.8%,通货膨胀率控制在 9.0%。截至 2007 年 1 月 1 日,俄罗斯外汇储备(包括黄金)达到 3 037.32亿美元,居世界第三位②,2006 年俄罗斯对外贸易额达到 4 361 亿美元,同比增长 28.3%③,标志着俄罗斯经济已步入稳步增长阶段。2007 年,俄罗斯 GDP 为 7 328.92 亿美元(人均 8 612 美元),列世界第 13 位,同比增长 8.1%,外汇储备 4 763.91 亿美元,对外贸易额达到了 5 782 亿美元。2008 年,俄罗斯 GDP 为 11 400 亿美元(人均 11 806 美元),列世界第 10 位,同比增长 5.6%,外汇储备 4 794 亿美元,对外贸易额达到了 7 350 亿美元④。

从经济发展的现实看,中俄两国都已经走上了崛起的道路,调整经济发展战略加快崛起,已经成为中俄两国经济发展的首要任务。据此,在中国推出东北振兴战略之后,俄罗斯推出了"东部大开发"战略,目的就是加快各自国家欠发达地区经济发展的速度,实现本国经济的非均衡协调发展。"伞"合作模式是在新的形势下,找出两国经济发展战略的共同点,在互动和共生的基础上和谐发展,取得双赢。这是中俄两国人民的共同愿望,也是两国经济发展风险分散化的战术选择,更是两国成功实现崛起的战略需要。

三、新模式探索了中国东北振兴的实现途径

(一)以技术贸易为先导

新模式提出了发展以技术贸易为先导的产业合作来促进中俄区域合作地区的振兴。发展中国东北与俄罗斯东部地区的技术贸易战略,引进

---

① 根据国家统计局网站资料整理,http://www.stats.gov.cn/2009 - 06 - 30。

② 商务部国别统计网,http://countryreport.mofcom.gov.cn/2007 - 01 - 19。

③ http://www.sina.com.cn/2007 - 02 - 01.

④ 根据俄罗斯新闻网资料整理,http://rusnews.cn/2009 - 06 - 30。

俄罗斯的先进技术,争夺技术领域的优势地位,通过技术领先创造出新的投资机会,创造出新产业,创造出新的比较优势。与自然资源产业的比较优势有所不同,未来技术产业必须是创造出来的,并不是与生俱来的,新技术往往会成为建立国际性重要新产业的基础。通过发展战略技术和战略产业,提升产业素质,从而提升比较优势,打破多年来中俄区域经济合作一直以货物贸易合作为主的狭小领域的局限,促进双方的合作向技术贸易和产业合作的更高层次发展,从而带来生产资源的有效配置和生产效率的提高。

(二)以跨国产业集群为路径

新模式提出了中国东北与俄罗斯东部地区形成多个产业合作的地方国际化产业集群的命题。集群战略在国内外区域经济发展中,无论是高科技产业集群,还是传统产业群都取得了很大的成功。高科技产业群:如美国的硅谷、印度的班加罗尔地区、以色列的特拉维夫、英国的剑桥工业园、法国的索非亚等。传统产业集群:如意大利艾米利亚——罗马格纳地区、浙江嵊州的领带、海宁的皮装等。一般资本与技术结合型的产业集群:如日本的大田、德国南部的巴登－符腾堡等。而本模式的命题是在已有的产业集群概念的基础上,突破地域界限,以中俄两国部分地区产业的共同发展来形成新的地方国际化产业集群。这一命题的提出来源于跨边境地区产业集群的宏观背景,来源于经济全球化和区域集团化的发展趋势,而它的微观动力则基于发挥资源互补性所取得经济效益,加快实现国际地方间的多种产业链的合作,促进双方地方经济的快速发展。

(三)以"伞"型伞柄为支撑

"伞"型模式是指以中国东北与俄东部地区的合作作为伞柄,以此为支点向周边辐射的东北亚区域合作模式。在东北亚国家中,对合作模式的讨论目前尚无共识。韩国首先提出了建成"东北亚中心国家"的概念,建设以仁川为中心的东北亚物流中心;日本在20世纪80年代末,就提出了以日本为领头雁的东北亚区域"雁"型合作模式①;俄罗斯制定了"新东

---

① 参见尤安山:《东亚经济多边合作的发展趋势》,载《世界经济研究》2004年第4期。

方政策",通过对东部地区的开发,扩大其在东北亚区域合作中的影响和作用。2003年,中国提出了振兴东北战略,主要内容之一就是进一步加强对外开放的力度,扩大与俄罗斯东部地区的经济技术合作。"伞"型模式的支点正是扩大开放,强化跨国区域合作。目的是在这一模式下激活中俄区域合作的潜力,形成地方国际化产业集群,它的区域效应是促进中国东北和俄罗斯东部地区的深层次合作,形成区域发展的支撑力。而这一区域效应的实现,能改变东北亚传统的日本为领头"雁"的合作模式,形成以中俄伞柄为支撑的能辐射整个东北亚的区域合作新模式。

(四)以互动发展为引力

新模式提出在互补基础上的互动合作是实现中俄区域资源优化配置的科学发展观。中俄区域合作新模式的提出是以能源、科技、劳动力资源和轻工业互补为基础的,而在合作中绝对优势互补能否实现,资源配置能否优化,还取决于双方是否具备互动合作的条件。科学发展观的理念是中俄区域经济合作发展的目标,其不仅仅是进出口总额、投资额的单纯性指标,而且应该是综合目标,比如中俄边境地区整体经济发展水平,人民生活水平普遍提高程度,文明程度及社会环境的祥和安定等,而相邻区域的和谐是两国长期可持续合作的基本要求。具体表现为中俄双方对平等信任,尊重理解,认同支持,责任心或自律性的认可程度。这一理念是互动合作的核心和出发点,也是实现区域资源优化配置的必要保障条件。

四、新模式完善了中国东北振兴的保障条件

俄罗斯东部地区大开发模式推出的主要意图就是扩大与亚洲地区的经济联系与合作,利用外国的资金和技术,促进远东经济快速发展。俄罗斯东部地区大开发模式为中国东北与俄罗斯东部地区的合作提供了难得的机遇,俄罗斯向远东地区项目的巨额投资,证明了这种开放性的开发模式,在短期内不会发生实质性的改变。如何以俄罗斯东部地区大开发为契机,大力促进俄罗斯东部地区特别是远东地区与中国东北地区的区域经济合作,充分利用中俄毗邻地区各自的资源和产业优势,实现互补发展和共同发展,以互利、共生及谐和发展为基点,寻求区域合作的战略升级,

从主观条件和客观环境的有机结合中,加速东北的振兴,是东北走出围城的突破口。俄罗斯东部地区大开发,从客观上说为中国东北的振兴提供了广泛地参与国际区域合作的空间,也为中国东北地区实施"走出去"战略创造了有利条件。具体表现在:

（一）俄罗斯东部地区确立了新的开发模式

近几年,俄罗斯东部开发的模式也发生了根本性转变。一是以往"生产力东移"的模式被西伯利亚"自我发展"的模式所取代。二是开发投资主体多元化,由原来的主要靠中央财政支持,变为中央、地方、企业、个人多元投资以及尽量吸引外资。三是恢复和发展东部地区的经济,主要靠挖掘地区自身潜力。俄罗斯东部开发战略和模式的转变表明,仅靠自身的经济力量开采自然资源不会带来真正的发展,目标定位于开发必须遵从市场经济的原则,走国际化合作开发的道路。这一定位为中俄合力开发远东,振兴中国东北提供了难得的机遇,也提供了战略意义上的保障。

（二）俄罗斯出台了东部大开发的具体政策

2007 年 2 月 1 日,时任俄罗斯总统的普京在年度记者招待会上再次强调俄罗斯东部地区大开发的重要性。之后一周内,普京总统签署命令,成立了俄罗斯远东和后贝加尔湖地区发展问题国家委员会,由总理弗拉德科夫担任该委员会的主席,负责制定俄罗斯东部大开发的战略。俄罗斯政府将完成"东部大开发"的时间表初步定为 50 年。① 普京的东部地区开发战略可以概括为:经济补贴向东部地区倾斜,加紧向该地区迁入外来移民,开展强强区域主体合并工程,在国家的干预下重点开发油气资源带动东部地区发展。俄罗斯东部地区开发的新政策,表示了俄罗斯政府开发的坚定信心,也从政策上为中俄双方在新模式下的合作提供了保障。

（三）俄罗斯开始了东部大开发的实施步骤

2007 年对俄罗斯东部地区开发具有重要的意义。1 月 1 日,克拉斯诺亚尔斯克边疆区、埃文基自治区和泰梅尔自治区正式合并为一个新的

---

① 俄罗斯新闻网,http://rusnews. cn/ 2007 – 02 – 01。

联邦主体,俄罗斯媒体称其是拉动东部地区发展的"火车头"。2月12日,俄《观点报》报道,俄罗斯政府计划将现在的伊尔库茨克、安加尔斯克和舍利霍夫组建成西伯利亚地区一个特大城市,人口将达到100万。这在俄罗斯是史无前例的大胆之举,而这仅仅是普京政府宏大"东部开发计划"中的一个具体措施而已。2007年3月2日,俄罗斯政府批准了于2007年1月27日成立的俄罗斯远东、布里亚特、伊尔库茨克州和赤塔州社会经济振兴国家委员会条例。[①] 2007年7月1日,勘察加州与科里亚克自治区合并,新联邦主体为勘察加边疆区。俄罗斯政府的开发举措,从行政区划的方面集中了经济实力,为"伞"型模式的实施提供了保障。

(四)俄罗斯推出了东部大开发的具体内容

早在2007年2月,俄罗斯科学院远东分院经济研究所就指出,创建连接俄罗斯东部地区和亚洲能源市场的能源基础设施是东北亚各国和远东合作的主要方式之一,提出了东部地区大开发的国际合作意向。2007年,俄罗斯推出了投资开发远东地区计划,项目涉及交通基础设施、建设发电站、石油天然气开采、石油加工、造纸、金属冶炼、木材和渔业加工等。这些项目为"伞"型模式的具体实施,提供了可行性的内容保障。

(五)俄罗斯公布了东部大开发的财政支持

2007年3月27日,俄罗斯公布了财政对远东地区开发项目的支持计划(具体情况见表1)。对远东的8个地区,11个项目,投资2 412亿卢布,这是俄罗斯政府首次这么大规模向远东地区投资。这表明了俄罗斯政府开发远东地区的态度和决心,也从客观上保障了项目的顺利实施。这无疑也为中国东北参与俄罗斯远东地区的开发,提供了必要的保障条件。

同时,我们也应该看到俄罗斯东部地区大开发战略的积极推出,既有经济因素的影响,也有地缘政治因素的考虑。具体来说,一是亚太经济的迅速发展和对资源的巨大需求,为俄罗斯提供了巨大的商机;二是俄罗斯与欧盟的经济合作已趋于饱和状态,向深度开拓合作的难度很大;三是俄

---

① 俄罗斯新闻网,http://rusnews. cn/ 2007 - 03 - 02。

求/是/文/荟 QSWH 《求是学刊》发刊200期

罗斯西部地区的资源已相对枯竭,需要开发东部地区的资源来补充;四是俄罗斯想要在东北亚区域合作的博弈中占据主动地位,势必要调整位于东北亚区域内的东部地区的各项政策。

表 1　2007 年俄罗斯政府对远东地区投资表

地区	投资额	投资项目
滨海边疆区	350 亿卢布	150 亿给海参崴准备可能于 2012 年召开的 APEC 会议, 200 亿用于本地区的基础设施建设
雅库特	80 亿卢布	建设南雅库特水力发电站,到 2015 年投入使用,廉价的电力应该首先满足俄罗斯国内的需求,而不是用来出口
勘察加州	250 万卢布	修建勘察加机场
楚科奇自治区	530 亿卢布	国家与私人投资各半,发展楚科奇的采掘业,计划在楚科奇修建核电站
千岛群岛	180 亿卢布	140 亿来自联邦财政,修建连接大陆的海底隧道
择捉岛	12 亿卢布	修建新机场
赤塔－哈巴罗夫斯克联邦公路	710 亿卢布	2010 年建成赤塔－哈巴罗夫斯克联邦公路
马加丹州	300 亿卢布	2008—2013 年间,其中 200 亿用来发展燃料动力综合体, 72 亿用来发展水电站
合计	2 412 亿卢布	

资料来源:根据俄新闻网 2007 年 3 月 1 日至 2007 年 5 月 31 日的有关资料整理。

2003 年,中国政府提出了"振兴东北"的区域经济发展战略。并于当年成立了国务院东北地区等老工业基地调整改造领导小组办公室,敲定了"振兴东北"的首批 100 个项目,总投资 610 亿元人民币。东北振兴,不仅仅是要振兴老工业基地,而是要以振兴东北的工业为主导,实现东北经济的全面振兴。推进东北振兴实施有"三大战略":一是全方位开放战略;二是"地域经济一体化"战略;三是人才战略。① 在外商并购国企、产业化升级、扩大开放领域、税收政策、投资便利化五大领域颁布了吸引外资的优惠政策。同时,东北三省也公布了各省的特殊优惠政策。东北振

---

① 参见宁一等:《东北咋整》,当代世界出版社 2004 年版,第 215 页。

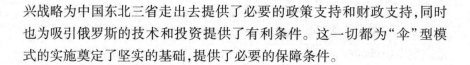

兴战略为中国东北三省走出去提供了必要的政策支持和财政支持,同时也为吸引俄罗斯的技术和投资提供了有利条件。这一切都为"伞"型模式的实施奠定了坚实的基础,提供了必要的保障条件。

五、新模式促进中国东北振兴的具体措施

(一)开展东北三省的联合研究设计对俄总体方案

目前,东北三省的对外贸易呈现的仍然是以地缘优势为导向的贸易格局,黑龙江以对俄贸易为主,辽宁以对日贸易为主,吉林以对韩贸易为主。虽然辽宁和吉林也在积极地开展对俄贸易,举办多种形式的对俄推介会、高新技术洽谈会等,但这种在行政区划领导下的传统对外贸易格局,显然已经无法适应区域经济一体化发展的要求。因此,要形成东北三省对俄的强势,必须组建有三省共同参与的对策研究课题组,制定东北三省对俄经济技术合作的统一政策、措施、方向及近期的重点,在俄罗斯禁止外国人在俄从事小额零售业的新形势下,抓住俄罗斯即将加入 WTO 的有利时机,集中东北三省的综合经济优势,积极参与俄东部地区的大开发,全方位开拓俄罗斯市场,推进俄中区域合作向纵深发展。

(二)创建东北三省的协调机构打出对俄的东北牌

在实施东北三省统一的对俄合作方案中,必须有能够协调三省的部门或机构,它应该是实质性的,不应该是游离在各省之间的务虚设置。这是能否以区域化打破行政区划的关键所在,也是以东北的区域概念对俄进行经济技术合作的重要内容。东北三省单打独斗对俄贸易的状况,已经束缚了中俄区域合作的发展,打东北牌是从区域合作的优势上,来推动中俄合作不断深入的内在动力。

(三)整合东北三省的先进技术形成对俄技术品牌

新模式提出了以技术贸易为先导的产业合作,从内容和方向上确定了对俄罗斯东部地区的合作是以技术为主的合作。东北三省从技术实力上看,有些技术超过了俄罗斯的技术水平,但有些技术与俄罗斯相比,还

有些差距。正因为如此，东北三省应该把各自的先进技术进行统一梳理，明确向俄罗斯有可能转让的技术清单，推出东北的技术品牌，以技术的品牌效应促进中俄的产业对接。同时研究确立可引进的俄罗斯的先进技术，形成技术的互补与共同研发，从而为中俄区域产业集群的形成奠定基础。

（四）利用东北三省的地缘优势强化中俄区域合作

东北三省与俄罗斯在新模式下开展合作，具有难得的地缘优势。黑龙江与俄罗斯有三千多公里的边境线，吉林珲春口岸与俄罗斯隔江相望，吉林东边道的建设，将与黑龙江的东宁相连，这就为东北三省与俄罗斯进行区域合作提供了优越的地缘条件。因此，建议从东北振兴的视角下，尽快完成东边道的建设，强化对俄的地缘优势。

（五）树立东北三省的崭新形象加大对俄的吸引力

历经 20 余年的中俄边境贸易，从高潮走向低谷，又从低谷走向辉煌，经济效益非常显著。但是在贸易的过程中，双方误解、摩擦、欺诈等不规范行为屡屡发生，中方的诚信程度和中国货在俄罗斯人心中的地位有所下降。在俄罗斯贸易规则逐渐与国际接轨，借东部地区大开发大力吸引外资之际，东北三省应该合理运营资金，以崭新的面貌和形式参与俄罗斯东部地区的贸易及开发合作，重新树立东北三省在俄罗斯的形象和诚信，对俄罗斯形成新的巨大的经济吸引力，从客观上为东北三省参与俄罗斯东部地区大开发创造条件。

一边是中国东北振兴，一边是俄罗斯东部地区开发，两国促进区域经济发展的共同目标，为中俄区域合作奠定了坚实的基础。虽然，"伞"型区域合作新模式为中俄区域合作的发展和作用的发挥提供了广阔的空间，但要使新模式转化为现实，还有相当的难度。首先是如何统筹和规划东北三省作为整体在中俄区域合作中的地位，发挥区域资源合理配置的优势；其次是怎样运用中俄两国政府给予振兴东北和俄罗斯东部地区开发的特殊政策，突出地方国际区域化特点；再次是如何把以技术贸易为先导的合作，提高到国际地方性产业集群的高层次合作等。中国东北与俄罗斯东部地区在崭新模式中的合作，将会对中国东北振兴和俄罗斯东部地区的开发起到巨大的推动作用，其现实意义和历史意义将远远超出中俄区域合作的本身。它不仅能加速东北的振兴,还会借助中俄区域合作的合力所形成的区域主导作用,扩大东北的国际区域性影响,以全新的姿态走向世界。

●原文刊载于《求是学刊》2009 年第 5 期。
●郭力,黑龙江大学经济与工商管理学院教授,东北亚经济研究中心、应用经济研究中心研究员。

农民工社会保障的路径选择与制度创新

刘传江,程建林

农民工社会保障制度构建是"建设和谐社会"和"城乡统筹发展"政策的应有之义,它突显了城乡发展中的人文关怀与社会和谐理念。虽然农民工社会保障成为社会各界研究的热点问题,但是,我国农民工社会保障的选择路径、城市与城市之间社会保障制度的衔接、社会保障体系构建、公平与效率协调等一系列问题仍处于进一步探索与逐步完善之中。

一、农民工社会保障:研究综述

理论界在建立农民工社会保障体系必要性及意义方面保持着高度的一致性。但是,对于我国农民工社会保障制度的构建思路、框架体系、统筹方式与社保资金来源等方面仍处于探索与争论之中。

(一)农民工社会保障体系发展的路径选择

概括起来,农民工社会保障有四种选择路径:第一,把农民工纳入到农村社会保障体系。该观点认为,农民工虽身在城镇,但其身份仍是农民,最终仍要回农村;另外,他们不像城镇居民那样具备交纳社会保险金的能力,因此主张把农民工纳入到农村保障体系。[1][2] 第二,把农民工纳

---

① 参见蓝春娣、任保平:《关于农民工社会保障问题的思路》,载《社会科学研究》2004 年第 5 期。

② 参见杨立雄:《"进城",还是"回乡"? ——农民工社会保障政策的路径选择》,载《湖南师范大学学报》2004 年第 2 期。

入城镇社会保障范畴。其核心内容在于,从社会公平的角度,农民工应与城镇职工同工、同酬、同待遇。① 第三,单独建立一套有别于城镇职工基本社会保障制度的新的保障体系,在实践过程中体现为为农民工建立综合保险,上海、成都等城市已开始实施。农民工综合保险要求缴费由用人单位全额承担,而外来农民工则享受工伤保险、住院医疗与老年补贴待遇。② 第四,构建一种作为过渡形态的"三元社会保障模式"③。这种社会保障制度,既不同于城市社会保障制度,又不同于农村社会保障制度,它应该是向上与城市社会保障制度、向下与农村社会保障制度接轨,是介于两者之间的一种相对独立的社会保障制度。之所以称为过渡形态的社会保障制度,其目的主要在于,等条件成熟时实现与城乡社会保障制度接轨,最终建立起城乡统一的社会保障制度。这一选择路径更多地考虑了有关制度之间的衔接问题。

(二)农民工社会保障体系统筹方式

关于农民工社会保障体系统筹方式,归结起来大致有四种不同的观点。第一,主张实行全国统筹。高书生从保障农民工社会保障权益的角度出发,主张把农民工纳入到社会保障新计划,实行全国统筹④,卢驰文也对此持相同的态度,主张中央统筹的农民工社会保障制度⑤。第二,坚持社会统筹和个人账户相结合。李迎生教授提出,社会保障经费来源由国家、企业(雇主)与个人三方负担,和目前城市户口职工实行社会统筹和个人账户相结合,企业负担部分用于建立社会统筹金,个人交纳费用为

---

① 参见宋斌文、林毓铭、吴小武:《将进城农民纳入城镇社会保险体系与相机抉择》,载《湖北省社会主义学院学报》2003 年第 1 期。

② 参见王家宝、韩琳:《进城农民工过渡性社会保障制度的构建》,载《人口学刊》2007 年第 1 期。

③ 参见李迎生:《从分化到整合:二元社会保障体系的起源、改革与前瞻》,载《教学与研究》2002 年第 8 期。

④ 参见高书生:《关于搭建中国社会保障新平台的设想》,载《经济研究参考》2003 年第 4 期。

⑤ 参见卢驰文:《建立中央统筹的进城农民工社会保障制度——兼与中国人民大学李迎生教授商榷》,载《中共南昌市委党校学报》2005 年第 6 期。

大头且全部进入个人账户。① 徐赛嫦主张建立社会统筹和个人投保相结合、基金积累模式和现收现付模式相结合的"混合型"制度。② 第三,主张在现阶段应以个人账户为主建立农民工社会保障制度。卢海元从农民工收入低、就业不稳定、流动性大等特点出发,认为应建立以个人账户为主、可随人转移的弹性社会保险制度。③ 第四,主张只为农民工建立个人账户,全部缴费进入个人账户,不搞社会统筹④。

(三)社会保障体系的组成及推进次序

对于农民工社会保障体系组成,目前学术界有两种基本看法:其一,目前农民工社会保障体系应主要解决农民工的工伤保险、医疗保险和养老保险问题,其他方面可以暂缓,因此农民工社会保障体系应有三个基本组成部分⑤;其二,将农民工社会保障基本等价于当前的城镇社会保险,即包括工伤保险、医疗保险、养老保险、失业保险以及生育保险等五大部分。⑥⑦ 另外,有学者对基本组成部分进行了拓展,考虑建立包括最低生活保障或者"公共劳动"形式的社会救助体制⑧与失业保障制度⑨。

就建设农民工社会保障的纵向顺序来看,当前由于主客观方面条件的制约,农民工社会保障建设不宜也不可能求大求全、齐头并进,而应该坚持分类分层分阶段逐步推进的基本原则。⑩ 首先,这种原则体现在农

---

① 参见李迎生:《从分化到整合:二元社会保障体系的起源、改革与前瞻》,载《教学与研究》2002 年第 8 期。

② 参见徐赛嫦:《农民工社会保障制度探析》,载《社会》2003 年第 7 期。

③ 参见卢海元:《适合农民工特点:建立弹性社会保障制度》,载《中国劳动》2005 年第 5 期。

④ 参见中国农民工问题研究总报告起草组《中国农民工问题研究总报告》,载《我国农民工调研报告》,言实出版社 2006 年版。

⑤ 参见郑功成:《社会保障学》,商务印书馆 2000 年版。

⑥ 参见路幸福、万青:《城市化进程中的农民工社会保障问题》,载《安徽农业大学学报(社会科学版)》2005 年第 9 期。

⑦ 参见鄢波:《社会弱势群体与农民工的社会保障》,载《社会与实践》2006 年第 2 期。

⑧ 参见李强:《城市农民工的失业与社会保障问题》,载《新视野》2001 年第 5 期。

⑨ 参见简新华、张建伟:《构建农民工的社会保障体系》,载《中国人口资源与环境》2005 年第 1 期。

⑩ 参见简新华、张建伟:《构建农民工的社会保障体系》,载《中国人口资源与环境》2005 年第 1 期。

民工主体的分类分层上,根据职业、收入状况以及工作稳定性把农民工划分为不同的层次;其次,在社保内容上依次建立农民工的工伤保险、医疗保险(尤其是大病医疗保障制度)与养老保险制度,失业和生育保险制度可以暂缓。

（四）社会保障的资金来源

农民工的数量与收入水平决定了社会保障资金的筹集是个难题,它决定着我国农民工社会保障制度构建的成败。关于社会保障资金来源,目前学者们较为一致的观点认为,社会保障资金由国家、企业、农民工个人三方共同承担,但在具体的参保类别上又有不同的区别。

目前,国家没有足够的资金来为农民工构建社会保障制度,而农民工本人的缴费能力有限,企业又往往从自身的经济利益出发,但都不能够因这些方面的原因而放弃农民工社会保障制度构建。因此,这就需要多方面筹资来建立农民工社会保障制度。关于社保资金来源,除了国家财政、企业缴费及农民工缴费外,有的学者提出了以下几种思路:土地转让费转入个人账户,买断"二胎"生育权将其所得转让个人账户,发行福利彩票[1]以及采用"以土地换保障"的机制,用土地使用权信托、抵押等方式来筹集。[2]

二、农民工社会保障的实践模式

目前农民工参加社会保障的主体模式是现行的城镇职工基本社会保险制度,参加商业保险和农村社会保障的情况并不具有普遍性。从整体上看,在现行的实践中逐步形成了三种模式:第一种是执行现行城镇社会保险制度,农民工与城镇职工实行同等缴费、享受同等待遇,如广东模式;第二种是在现行城镇社会保险制度框架内,根据农民工的情况适当降低门槛,为农民工建立社会保障制度,如北京模式;第三种是实行单独的农民工社会保险制度,如上海模式下的农民工综合保险,该制度的核心内容是对农民工实行"一个保险、三项待遇",即把农民工的工伤、医疗、老年

---

① 参见蓝春娣、任保平:《关于农民工社会保障问题的思路》,载《社会科学研究》2004年第5期。

② 参见刘子操:《城市化进程中的社会保障问题》,人民出版社2006年版。

求 是 文 荟 HSWH 《求是学刊》发刊200期

补贴作为一个整体统一参保。

三种实践模式虽然都规定一些具体的措施,但从长期来看,一些不合理的制度安排,使得农民工社会保障权益不能真正得到落实,这里以农民工养老保障来说明。第一,缺乏衔接。北京模式下地区间养老保险安排缺乏衔接;综合社会保险不仅与基本养老保险缺乏衔接,而且目前综合社会保险也无法与城镇职工基本养老保险衔接。广东模式下缴费比例及退休年龄的差别等也存在着不可衔接性。第二,具有一定的剥夺性。统筹部分的支付方式上,规定达到退休年龄后一次性支付,如果提前退休,该部分不能随之转移,这就形成了所谓的"沉淀资金";"属地"性原则,无疑对经常流动的农民工产生了一定的剥夺(实践证明,这种剥夺性已经充分地体现了出来)。广东模式下养老金的领取规定实际缴费年限应累计满15年,并且要求退休前5年累计缴费,这种制度安排妨碍了农民工退休后领取养老金,在一定程度上截留了农民工的养老金。第三,参保人退休后一次性领取养老金或养老补贴,不符合养老保障的代际交替模型与跨时期最优选择的目标。[①]

三、农民工社会保障的构建原则

考虑部分城市对农民工实施社会保障的实践做法,并结合农民工群体的特殊性,笔者认为构建农民工社会保障制度,应坚持以下原则:

(一)尽量扩大农民工社会保障的覆盖面

社会保障的科学机理是"大数法则",即大多数人群分摊少数人的风险。覆盖面越大,每个保障对象遭遇风险的概率越小,补偿越稳定,社会福利效应也越明显。贝弗里奇曾提出了社会保障的"全面普遍性原则",要求社会保障覆盖全体国民。虽然农民工参加社会保障坚持自愿的原则,但从制度安排的初衷来讲,应尽可能将较多的农民工纳入社会保障之内,以扩大社会保障的覆盖面,维护其社会保障权益。

---

① 参见周莹、梁鸿:《中国农村流动劳动力养老保障制度模式设计》,载《市场与人口分析》2006 年第 4 期。

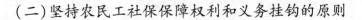

(二)坚持农民工社保保障权利和义务挂钩的原则

农民工社保保障必须实行权利与义务对应的原则,即农民工有享受社会保障的权利,也有履行社保保障制度相关规定的义务。农民工只有按规定参加社会保障,并按规定的缴费标准和年限缴纳保险费,才具有享受社会保障待遇的资格,在这一点上具有强制性。

(三)坚持灵活性与可衔接性相结合的原则

灵活性要求制度设计要有弹性,不仅要考虑农民工收入工作特点和收入水平,还要充分考虑到农民工就业和工作岗位变动较大的特点,建立适合农民工特点的有弹性的社会保障制度。可衔接性则要求在进行制度设计时,要考虑农民工社会保险与城镇职工、农村社会保险及地区与地区之间的衔接。农民工社会保障制度的建立必须考虑城乡社会保障制度的有效对接,通过在农民工社会保障制度中设计种预留除"接口",以便保险关系的正常转移与衔接。

(四)遵循"部分强制 + 部分自愿"的原则

"部分强制 + 部分自愿"原则主要体现在参保内容上。由于农民工群体的复杂性,他们对社会保障、医疗保险、工伤保险、失业保险以及女工的生育保险的需求也不尽相同,因此,应该区别对待。就目前而言,工伤保险必须覆盖所有农民工。目前国内的学者已经认识到这一点,并且已把工伤保险作为农民工社会保障体系中底线保障的最底层。而其他社保类别,如养老保险、医疗保险、失业保险以及女工的生育保险在扩大覆盖面的基础上宜采取自愿的形式。

(五)坚持"转移 + 折算"的原则

目前,中国的社会保险关系实行"属地原则",即只在"属地"范围内统筹、征集和使用,不具备便携性。社会保险关系的固定化、区域化,不适应农民工的流动,它在一定程度上阻碍了农民工社会保障制度的实施效果。因此,农民工社会保障制度构建必须保障能够有效转移,个人账户的设计也应该采用完全积累模式。对于农民工在经济发展程度、制度背景等不同省份之间的流动,应结合新迁入地关于农民工参保的有关规定,对已有的缴费年限进行一定的折算。

(六)采取"部分统筹 + 差别参与"的统筹方式

它包括两个层面的含义:第一,在农民工社会保险险别上,部分险别如工伤保险应由全国统筹;第二,以省级财政统筹为主,个别省份有差别地选择农民工参保类别,并由政府财政给予适当补贴。政府的补贴资金一部分来源于省级财政,另一部分来源于"土地换保障"思路中政府对土地初始永佃权再转让获得的地租性收入。

四、农民工社会保障的路径选择

根据农民工社会保障制度分类分层的构建原则,并结合农民工自身的特点,可以按照以下两种路径把农民工纳入养老保障体系,并进行相关的制度安排。

(一)将就业稳定的农民工纳入城镇职工社会保障体系

对那些就业稳定的农民工可以将其直接纳入城镇职工养老保障体系,权利和义务与城镇职工相同,即在城镇职工基本社会保险体系内,根据农民工自身的特殊情况适当降低门槛,将其纳入现行城镇职工基本社会保险体系,与城镇职工实行同等缴费、享受同等待遇。但在参保内容上可以具有选择性,目前主要参加养老、医疗和工伤三项基本社会保险,多数不参加失业保险和生育保险。由于该制度安排将农民工纳入统一的城镇职工基本社会保险体系,并且在险种和缴费、待遇上又有适当差别,险种设计比较符合农民工的风险情况和保障需要,而且易于实现与城镇职工基本社会保险制度的对接,有利于促进程序统一的城乡社会保险制度的形成。该模式既体现了社会保障的公平性、普遍性,又兼顾到了农民工的实际情况。

(二)对就业不稳定的农民工及个体工商户建立专门的社会保障体系

对于就业不稳定的农民工,特别是个体工商户,由于他们根本没有用人单位,所以对于只能选择为其量身定做,建立适合自身的养老保险制度,即针对他们制定专门的独立的社会保障制度。专门为农民工设计社会保障,并通过地方立法的方式加以确定,在一定程度上反映了人们对农民工观念的转变,它既是一种观念的创新,也是制度的创新。这种制度设计既与农民社会保障独立,也与城镇社会保障政策没有牵连,操作起来较为简便。但由于这种制度安排是独立的,所以存在着农民工社会保障与城镇社会保障体系的不可衔接性,不利于全国城乡统一社会保障制度的形成。当进入这部分保障体系的农民工就业稳定后,可以基于农民工社会保障缴费标准的"年×级"制度和折算制度转入城镇职工社会保障体系。

五、农民工社会保障制度创新:以养老保障为例

对农民工社会保障的制度创新,主要是针对专门为农民工建立社会保障制度这一路径而言的。在此,以农民工养老保障制度为例,尝试性地对已有的制度安排进行创新。

(一)建立农民工养老保障缴费标准的"年×级"制度

在进行制度安排时,农民工本人的积累水平是必须考虑的一个激励因素。本文所设计的全国统一缴费标准的"年×级"制度就充分体现了这种激励。其中,"年"代表农民工缴费的累计年数,规定养老金账户必须随着农民工自身的流动而流动,不同地区之间的缴费年限可以累积。"级"代表缴费级别,即缴费数额的高低,缴费数额高的退休后享受到的基础养老金待遇也高。

缴费标准结合缴费基数,就可以计算出农民工应缴纳的养老保险费。农民工养老保障"年×级"制度具有以下几个方面的特点:第一,它充分适应了农民工流动大的特点,解决了不同工作地之间农民工养老保险的连续性问题;第二,完全积累的个人账户,解决了目前由于工作地点变动而导致的养老金无法累计的弊端;第三,在一定程度上引入效率因素。"年×级"制度规定,缴费年限长,缴费数额高的农民工退休后将享受到较高的基础养老金待遇,从而激励农民工积极参与养老保险。

（二）建立缴费年限的折算制度

农民工在经济发展程度、制度背景等不同的省份之间流动时，应结合新迁入地农民工参保的有关规定，对原缴费年限采取折算的办法，引入折算因子，进行一定的折算。就目前而言，建立缴费年限的折算制度势在必行。

（三）建立可便于转移与携带的永久性个人账户制度

蔡昉通过是否实行现收现付的旧体制以及是否把农民工纳入到城镇养老保障中来进行的模拟结果显示，实行完全的个人积累新体制，同时又把农村转移劳动力吸纳到这个体系中，社会养老负担率最低。[①] 因此，农民工养老保险的个人账户比较适宜的选择就是采用完全或全额积累制度。个人账户的设计和管理必须允许转移，当农民工流动时，个人账户随同转移进入新的城市，按新进入城市的标准通过折算转入当地农民工养老保险账户。当农民工离开原参保地使养老保险关系无法转移时，暂时封存其个人账户，保留养老保险关系，待其达到领取养老金年龄时，将其账户余额转移至本人户籍所在地；农村未建立养老保险制度的，将账户余额一次性返还本人。

另外，农民工养老保险个人账户原则上只能用于养老，不能提前支取。当农民工遭遇重大疾病急需资金时，可以根据医疗机构出具的有关证明借支，这样使得个人账户具备了人性化特点。

（四）设立"农民工养老保险保证金账户"与"激励账户"

"农民工养老保险保证金账户"的功能主要体现在当用人单位不能按时缴纳养老保险金时，从账户中扣除该部分资金划入个人账户与集体账户，以维护农民工的社会保障权益。

"激励账户"的设计初衷是为了引入激励机制，以提升农民工养老保障制度的运行绩效，提高农民工参加养老保险的积极性。其思路为：农民工账户缴费积累年限如果达到规定的年限，若本人愿意，则应该允许其继续缴纳，从下一年开始进入"激励账户"。对于激励账户，不必按最初的

---

① 参见蔡昉：《建立可持续的养老保障体系》，《中国老年报》2004 年 12 月 8 日。

缴费比例,可以对其进行适当调整。

(五)农民工养老保障制度的弹性设计

第一,政府补贴的弹性机制。在农民工养老保障制度的构建过程中,政府必须为农民工养老保险提供财政补贴。政府财政补贴包括中央财政补贴与省级财政补贴,中央财政应承担起对农民工进行财政补贴的主要责任,省级财政补贴采取"多交多补,少交少补,不交不补"的原则,其补贴责任可随经济社会的发展和波动而适时调整,形成政府弹性补贴机制,引导农民工在能力许可的情况下提高缴费能力和缴费水平。

第二,缴费年限的弹性机制。这里包括两个层面的含义:首先,考虑农民工自身缴费的状况及流动性特点,他们缴费年限通常累计达不到15年,因此,在规定缴费年限可以累计的同时,不对缴纳养老保险的年限进行限制。自己的缴费年限与日后自己领养老金的年限对应,即如果农民工本人只交了8年的养老保险,届时他只享受8年的养老金待遇。其次,对那些已经达到退休年龄,本人能够继续工作,又有缴费意愿,允许对其延长缴费年限,并推迟领取养老金的年龄。

第三,养老金领取时间及领取方式的弹性机制。农民工可以选择在规定初始领取年限时开始领取,也可以选择在其以后的任何时间内领取。对提前及推迟领取养老金应作出相应的规定:提前领取人员,预期余命长,自然享受到待遇水平将会有所降低;而推迟领取人员,预期余命短,待遇水平将会提高。这样既符合公平原则,又突出了效率。在领取方式上,可选择一次性领取,也可选按月领取。

第四,有弹性的待遇调整机制。对缴费年限超过一定年限的农民工,每超过一年,今后领取时的计发比例相应增加一定比例,基础养老金的享受待遇也随之相应地增加。

本文在既有的研究成果基础上,立足于现有的农民工社会保障体系,并结合农民工自身的实际情况,对农民工社会保障进行了制度安排,并尝试性地进行了制度创新。但农民工社会保障制度构建是一个巨大而又复杂的工程,不是一蹴而就的事情。而本文仅仅从路径选择、制度安排与制度创新方面对农民工社会保障制度构建提供了一种思路。社会保障制度构建过程中一系列技术性的问题,如缴费基数、缴费比例、个人账户与社会统筹部分比例的确定以及政府补贴的比例与幅度等问题需要有关部门（政府有关部门、社保机构以及保险精算部门等）经过精确的计算和缜密的论证，因此本文并未过多涉及该方面的内容。对于这些问题，我们将在以后的论文中作进一步的研究。

●原文刊载于《求是学刊》2008 年第 1 期。
●刘传江，武汉大学人口·资源·环境经济研究中心教授、博士生导师。
●程建林，武汉大学人口·资源·环境经济研究中心博士研究生。

新农村建设与工业化、城镇化关系研究

——日本工业化和城镇化的发展对我国的启示

孙正林

求/是/文/荟

QSWH

《求是学刊》发刊200期

党的十六届五中全会通过的"十一五"规划,将建设社会主义新农村(以下简称新农村)作为我国现代化进程中的重大历史任务,明确提出建设新农村要坚持"多予少取放活",加大各级政府对农业和农村增加投入的力度,建立以工促农、以城带乡的长效机制的策略。目前我国正处于经济社会发展的战略转折期,也是农村工业化、城镇化和现代化发展的关键时期。因此加强工业化、城镇化的研究对推动新农村建设具有重大的现实意义。

一、我国工业化、城镇化的发展历程回顾与社会主义新农村的提出

(一)工业化

新中国成立以来,由于我国采取了以农建工政策,走的是以城市工业为主导的工业化道路,"三农"客观上承担了为城市工业化提供积累的重任,主要为工业化提供资金、产品、市场劳动力和外汇等。这使得我国农业长期处于欠债经营状态。另外,又由于城乡分割的二元社会结构,致使我国农村地区的工业化和城镇化发展严重滞后。

我国的农村工业化起步始于1970年,改革开放以后则进入一个迅猛

发展时期。乡镇企业异军突起,农民离土不离乡、离农不脱农、进厂不进城是最具中国特色的农村工业化道路,对推进工业化、城镇化过程作出了重要贡献。以劳动和资源密集型产业为主的乡镇企业迅速发展,在吸纳农村剩余劳动力、积累资本、推动农村工业化和城镇化过程中发挥了重要作用。随着工业化的进一步深入,虽然原有的乡镇企业模式在生产规模、技术水平、市场竞争力、生态环境保护等方面出现了一些问题。但是实践证明,乡镇企业在以工促农、以城带乡中发挥了重要作用。据统计,乡镇企业转移农村富余劳动力支出在 2004 年达到 1.38 亿元;支付工资总额在 2003 年达到 9 072 亿元,支农建农及补助社会支出在 2002 年达到 312 亿元。[①]

目前我国已进入工业化中期向工业化后期的过渡阶段,具备了工业反哺农业、城市支持农村的客观条件。但是由于农村工业化的产业选择不同于城市工业,我国绝大部分的县是农业县,其工业基础薄弱、资金严重不足、工业化人才奇缺,因此,必须立足农业工业化这个基点。发展农产品加工业不仅可以促进农民增收,而且可为农民拓宽就业渠道。随着我国经济的发展农业已经进入新的发展阶段,农产品加工业已经从被动发展的"工业依附型"向主动发展的"市场主导型"现代农产品加工业转变,引领了农业的发展,推动了农村工业化和城镇化。据有关资料显示,2004 年我国农产品加工业产值达到 3.6 万亿元。全国规模以上的农产品加工企业达 7 万多家,从业人数达 1 754 万,占全部工业从业人员的28%。目前,农产品加工业是我国国民经济的一大支柱产业。"九五"期间农产品加工业以年平均 8.6% 的速度增长,"十五"期间年均增长速度达 14%,高于同期国民经济增长速度。

(二)城镇化

新中国成立以来,我国农村城镇化道路可以分为以下几个阶段:(1)1952 年至 1960 年的快速发展阶段:第一个五年计划是大规模工业化和城市建设时期,社会生产得到很大的发展,采取"重点建设、稳步发展"的城市发展方针。1952 年到 1957 年的 5 年间城市化水平由 12.5% 上升

---

① 参见农业部课题组:《建设社会主义新农村若干问题研究》,中国农业出版社 2005 年版。

到 15.4%;1958 年的"大跃进",使从事农业生产的劳动力急剧下降,城镇人口剧增,比重由 1957 年的 15.4% 上升到 1960 年的 19.75%,年均提高 1.45 个百分点,是 20 世纪提高速度最快的时期之一。(2)1961 年至 1968 年的倒退阶段:由于"大跃进"致使城市物资供应不足,国民经济比例严重失调,经济发展出现了严重的困难,城市化水平大幅下降。此阶段,我国城镇建制基本停顿。(3)1969 年至 1978 年的停滞阶段:1978 年城镇化水平仅为 17.9%,仍然处于停滞状态。(4)20 世纪 80 年代的稳步发展阶段:经济的活跃为城镇化奠定了基础,尤其是乡镇企业异军突起,为 20 世纪 90 年代我国乡村城市化的快速推进创造了条件,这期间城市化水平上升了 8.5 个百分点,达到了 26.4%。(5)20 世纪 90 年代的加速发展阶段:此阶段,城镇化出现了多元化的特征。突出标志是自下而上的乡村城镇化的快速发展,小城镇人口增量占全部城镇人口增量的比重从 20 世纪 80 年代的不足 1/4,上升到 20 世纪 90 年代的 1/2。到 2000 年,我国城镇化水平为 36.2%,与 20 世纪 90 年代相比提高了 9.8 个百分点,增长速度加快。截至 2004 年,我国城镇化率达到了 41.8%。

(三)社会主义新农村的提出

20 世纪末,林毅夫便预测了中国未来必然要面临产能过剩的问题,并由此主张开展"新农村运动"。2005 年林毅夫以过剩论为基调,再次提出"新农村运动"[①]。他认为农村应该被纳入城市化进程,就目前而言,农村消费城市剩余工业品的潜力是非常大的,因而进行新农村建设十分必要。他主张国家对农村进行转移支付,通过农村基础设施的建设来改善农村消费环境,增加农民收入。为了能够吸纳更多的农村剩余劳动力,可以和生态建设还有广泛的农田水利建设相结合,甚至变相以工代赈创造就业岗位,以此拉动内需,消化存量剩余,摆脱通货紧缩的压力。

2006 年,党的十六届五中全会提出,建设新农村是我国现代化进程中的重大历史任务,此后国家全面启动了新农村建设运动。"社会主义新农村"是指在社会主义制度下,反映一定时期农村社会以经济发展为基础,以社会全面进步为标志的社会状态。主要包括以下几个方面:一是发

---

① 参见林毅夫:《建设中国新农村》,载《商务周刊》2005 年第 23 期。

展经济、增加收入;二是建设村镇、改善环境;三是扩大公益、促进和谐;四是培育农民、提高素质。由此可见,新农村建设是一个长期的庞大的系统工程,涵盖了我国农村的经济、政治、社会、文化等多个领域。长期以来,"三农"问题一直是决定我国全面建设小康社会进程和现代化进程的关键性问题,也是关系党和国家工作全局的根本性问题。没有农业的牢固基础和农业的积累与支持,就不可能有工业的发展;没有农村的稳定和全面进步,就不可能有整个社会的稳定和全面进步,因此新农村建设战略的提出是我国建设小康社会的重要举措。积极推进新农村建设,是21世纪新阶段我国农村改革发展的总任务,是解决"三农"问题的总抓手,也是统领农村工作全局的总目标。

二、关于新农村建设与工业化、城镇化的关系

关于新农村建设与工业化、城镇化的关系问题,我国当前在理论界和实际工作者中存在着两种不同认识。

一种观点认为,新农村建设的内涵和发展方向就是工业化和城镇化。如果中国投入数万亿资金进行新农村建设就如同漫天撒芝麻盐,什么问题都解决不了;如果用这些资金进行工业化和城镇化建设,并以此来带动农村经济发展,其新农村建设的效益可能更加突出。这种观点的理论基础是中国的农村无论怎么发展,选择什么样的发展路径,其内涵和发展方向只能是工业化和城镇化,这是中国走向现代化的必由之路。只有实现工业化、城镇化,才能最终解决中国的"三农"问题。中国"三农"问题的最终解决只能是建立在工业化、城镇化基础上的城乡一体化。

另一种观点却认为,新农村建设的内涵和发展方向是建设新农村,不是单纯发展工业化和城镇化。[①] 新农村建设与工业化、城镇化是两个并行不悖的轮子,共同推动我国"三农"问题的解决,最终实现城乡协调发展。这一观点的理论基点有两个:一是新农村建设本身并不是要把农村变成城市,以解决农村工业化和城镇化问题,而是要统筹城乡发展,使农村有着与城市相协调的发展条件和发展水平,使农民有着与市民相协调

---

① 参见左渭明:《农业工业化的提法不当》,载《中国农村经济》1991年第2期。

的生活条件和生活水平,因此,新农村建设的是农村而不是城市;二是如果把新农村建设与工业化、城镇化混为一谈,就可能使中国最终走向西方国家以牺牲资源和环境为代价的老路上去,这将给中国乃至世界带来灾难性后果。因为目前中国有9亿农民生活在农村地区,如果走西方国家工业化、城镇化的老路,那么无论是资源的破坏,还是环境的承载力都将是无法承受的。

由此可见,我们在推进新农村建设中,必须首先澄清一些模糊认识,正确认识新农村建设与工业化、城镇化之间的关系,才能使在新农村建设的过程中不因认识上的模糊而导致实践上的偏差。

(一)正确认识新农村建设与城镇化、工业化的关系

建设新农村必须准确把握新农村建设与城镇化、工业化之间的关系,才能更加稳妥地推进新农村建设,使新农村建设与城镇化、工业化协调发展。

据研究表明,从公元1000年到1820年,八百多年间全球人均收入只增长了50%。而工业革命后,从1820年到1998年,178年间人均收入增长了8.6倍,是前800年的二十四倍多。[①] 个人财富的增长是人类社会走向现代化的一个必然趋势。当前,实现社会主义现代化是我国经济社会发展的战略目标,走新型工业化道路,加快推进城镇化进程,是实现现代化的必由之路。而目前所进行的新农村建设就是在工业化、城镇化过程中进行的。它与城镇化、工业化是一个相互作用、相互支撑的有机整体。我们必须在工业化和城镇化进程中来认真谋划新农村建设。因为工业化、城镇化是推进新农村建设的前提。只有加快工业化、城镇化的进程,才能为农村富余劳动力转移提供条件,才能为反哺农业、带动农村提供经济基础,才能建立以工促农,以城带乡的长效机制。此外,新农村建设也是促进工业化、城镇化的巨大力量,是形成城乡良性互动关系的关键环节。没有农业和农村的发展,工业化、城镇化就失去了支撑条件。如果农业生产不稳、农村经济不发展、农民收入不增长,不仅会制约农村工业化、城镇化的发展进程,而且会严重制约新农村建设的发展。可以说,以目前中国的国情国力,坚持新农村建设与工业化、城镇化的协调发展,对于扩

① 参见(英)麦迪森:《世界经济千年史》,伍晓鹰等译,北京大学出版社2003年版。

大内需,推动国民经济增长,优化城乡经济结构,促进国民经济良性循环和社会协调发展,最终解决"三农"问题,构建和谐社会都具有重大的现实意义。因此,我们必须清醒地认识到,新农村建设与工业化、城镇化是相辅相成的。没有农村的工业化、城镇化,就没有农业现代化;只有工业化、城镇化,而没有新农村,就不是全面的农业现代化。我们的工业化、城镇化是能够带动新农村建设的工业化、城镇化;我们的新农村建设是能够促进工业化、城镇化的新农村建设。

(二)新农村建设中工业化、城镇化协调发展的必要性

农村工业化和城镇化战略是我国新农村建设和实现全面小康的重要举措。党的十六大报告反复谈到工业化和城镇化问题,强调工业化和城镇化协调发展,强调要走新型工业化道路,要走中国特色的城镇化道路。

建设新农村和推进工业化、城镇化是我国全面建设小康社会,实现现代化战略目标的两个车轮,二者相辅相成,既不能将二者混为一谈,也不能将二者割裂开来。农村工业化与城镇化存在着互动互利、共生共荣的密切关系。农村城镇化以工业化为基础,是工业化的直接结果,离不开农村工业化的强有力支持;而农村工业化的发展也依赖于城镇的发展与繁荣,为其进一步发展提供基本载体和生产要素。农村工业化是实施城镇化战略的主要推动力量,农村城镇化的依托是非农产业的发展和聚集,农村工业的发展为城镇化提供产业支撑,农村城镇化为农村工业化提供了新的发展契机。

农民是建设新农村的主体,建设新农村要千方百计调动农民的积极性。而当前农民问题的核心是增加收入问题。为此,农村富余劳动力向非农产业和城镇转移是一种必然趋势。没有工业化的发展,没有城镇化水平的提高,农村富余劳动力就没有出路。建设新农村就要把工业化和城镇化结合起来,让工业化与城镇化互为对方发展提供支撑。

(三)因地制宜发展工业化、城镇化确保新农村建设有效进行

我国从总体上已进入以工促农、以城带乡的发展阶段,初步具备了加大力度扶持"三农"的能力。但是,在实践中,具体到某一个省、市或地区的情况不尽相同。我国人口众多,幅员辽阔,区域经济发展差异较大,尤

其具体到基层的县和乡镇,各自的情况更是千差万别,因此,我们在实践中千万不能简单地生搬硬套,千篇一律,要从各地的实际出发分类进行,做到具体问题具体分析。比如,我国东部沿海经济发达地区,特别是长江三角洲和珠江三角洲地带的大部分市县和乡镇已经或基本实现了工业化、城镇化。其新农村建设的主要任务就是如何提升工业化和城镇化的质量以及如何反哺其他地区新农村建设问题,而不是在本地区范围内进行"两条腿走路"问题;对于中部地区,部分市县和乡镇从总体上已进入了以工促农、以城带乡的发展阶段。在这样的市县或乡镇就是新农村建设与城镇化、工业化同步推进,两个轮子一起转,两条腿走路,使新农村建设与城镇化、工业化互相促进,相得益彰。对于中西部经济欠发达地区绝大多数的市县或乡镇,其工业化、城镇化程度很低,"三农"问题严重,绝大多数人口还都集中在农村。因此,这些地区新农村建设的主要着力点是在农村,而不是工业化和城镇化上。也就是说,这些地区不是新农村建设与城镇化、工业化同步推进的问题,而是如何将新农村真正建设好的问题,绝不能把重点放到工业化和城镇化的推进上,那样就违背了新农村建设的宗旨。

三、日本工业化、城镇化的发展历程与启示

(一)日本工业化和城镇化的发展历程

日本的工业化与农村城镇化是同步推进的。在工业化的进程中轻重工业发展协调,轻工业吸纳了工业化构成中大量从第一产业转出的劳动力,特别是一些技术要求不高的中小企业吸收了大量的农村剩余劳动力,为城镇化的发展起到了重要作用。日本从 20 世纪 50 年代到 70 年代的城镇化大发展时期,中小企业发展很快。1954 年,日本共有 328.15 万个中小企业,从业人数 1 477.58 万人,到 1971 年,中小企业发展到 508 万个,从业人数达到 3 040 万人。[①]

日本各级政府十分重视对农村的投资,工业化、城镇化水平提高是政

① 参见王德勇等:《农村城镇化发展问题探索》,中国农业出版社 2005 年版。

府大量投资的结果。1960 年日本用于农业机械的支出为 841 亿日元，1975 年增加到 9 685 亿日元，增长了十倍多。由于机械化水平的提高，促进了农业劳动生产率的提高，自 1952 年到 1972 年的 20 年间，日本的农业劳动生产率提高了 3.2 倍。为此，政府鼓励农户非农就业，加快建设城镇，吸引农村人口迁移，完善农村基础设施，缩小城乡收入差距，最终完成了同步城镇化的历程。

日本自 20 世纪 50 年代城镇化的快速发展，城镇工商业为农村富余劳动力提供了大量就业机会，农业人口转移速度加快。农业人口占总人口的比例由 1970 年的 25.3%，分别下降到 1980 年的 18.3%、1990 年的 14.0%、1997 年的 9.2%。农业人口的减少为农户生产规模的扩大及农业现代化创造了条件。农村人口的减少、农民收入的增加，极大地改善了农村的基础设施，加强了城镇间、城乡间联系，为实现城乡一体化提供了可能，而农村经济的发展也为城镇产业和人口的扩散开辟了道路。由此，农村不再是单一农户居住的区域，而成为专业农户、兼业农户、非农户混居的社区，农业不再是农村的支配产业，致使日本的农村面貌获得了极大的改观。

（二）日本工业化和城镇化的发展对我国的启示

20 世纪 50 年代中期，日本在推进农村地区工业化、城镇化的阶段与我国目前的情况相似，也面临工农发展严重失衡的问题以及农民收入少、生活水平低下、农村基础设施落后等诸多难题。日本政府确定了发展农业现代化水平以带动农村经济的发展方针后，运用法律手段促进城乡协调发展。确保劳动力充分就业以及向农村地区引进工商产业的主要法规有《向农村地区引入工业促进法》、《新事业创新促进法》以及《关于促进地方中心小都市地区建设及产业业务设施重新布局的法律》等。在这些政策法规的引导下，农村工业化和城镇化有了长足的发展。特别是随着日本经济发展和工业化水平的提高之后反哺农业，使农村建设有了充分物质资金保障。

日本的经验证明，工业化、城镇化是解决农村发展的重要途径之一。其高度的工业化使科学技术装备农业的能力大大增强，技术装备的成本相对降低，国家支援农业的能力也大大增强，极大地提高了农业现代化水平,全面缩小了城乡差距。另外,城镇化的发展使其农村富余劳动力在短期内迅速减少,余下的农民又有机会在城市经济部门得到兼业机会,这使得政府在支援农民时的负担得以相对减轻。

日本农村发展总的来说是成功的。但是我们应当看到,日本农村发展也经历了一个曲折的发展过程。日本 20 世纪 60 年代以来农村人口转移是以向城市转移为主,农村地区向大都市地区的人口转移始终占日本国内人口转移总量的三分之一以上,这就形成了目前日本农村地区的人口过疏、老龄化等问题。由于工业化、城市化的进展,农业就业人口的减少,农村人口的高龄化,农业后继者的不足,耕地的破坏等,日本的农业生产开始走向低谷,粮食自给率逐年降低,到 20 世纪 90 年代中期已成为发达国家中粮食自给率水平最低的国家。我们在借鉴日本农村发展的成功经验的同时,更要充分考虑我国的国情,积极处理好社会主义新农村建设与工业化、城镇化的关系,推进我国现代化建设的发展。

● 原文刊载于《求是学刊》2008 年第 1 期。

● 孙正林,东北林业大学经济管理学院研究员。

中国 GDP 成本结构对投资与消费的影响

刘 伟,蔡志洲

在世界各国的国民经济核算中,GDP 的成本核算(也就是我国所说的按收入法核算 GDP)受到高度关注,这首先是因为 GDP 核算或者国民经济核算最早就是由收入或国民收入的核算发展而来,同时 GDP 的成本结构也是各国研究各个机构部门收支行为的起点。[①] 本文通过对近年来中国 GDP 成本结构及其收支行为的分析,探讨其对最终需求所产生的影响。

一、中国 GDP 的成本结构与最终需求

GDP 成本结构(Cost structures),指的是从收入方计算的国内生产总值项目构成。计算一个国家或地区的 GDP,可以用三种方法,即生产法、收入法和最终产品法。收入法计算的 GDP 包括四个大项,即固定资本损耗(主要是折旧)、雇员补偿(劳动报酬)、营业盈余和间接税净额(生产税净额)。这四项内容是一个经济在生产活动中作出的最初投入,即我们传统说法所称的初次分配收入,其中,劳动报酬或雇员补偿由劳动者获得,固定资本损耗和营业盈余是企业的收入,而间接税则由政府获得,它们形成国民经济活动中新增价值的成本支出。

---

① 参见联合国:《国民经济核算体系 1993》,中国统计出版社 1995 年版。

（一）1992—2005 年 GDP 成本结构

表1 1992—2005 年中国 GDP 成本构成（％）①

	劳动报酬	固定资产折旧	营业盈余	生产税净额	国内生产总值
1992	45.22	13.32	29.51	11.95	100
1995	47.08	12.97	27.33	12.62	100
1997	54.68	14.07	17.76	13.49	100
2000	54.24	16.15	14.46	15.15	100
2002	46.04	15.32	22.98	15.66	100
2005	41.40	14.93	29.56	14.12	100

注：表中 2002 年以前数据由相应年份投入产生表计算而来，2005 年数据根据《中国统计年鉴》中地区生产总值项目构成汇总计算。

表1 列出的是中国自 1992 年以来部分年份按百分比计算 GDP 成本构成的情况。

从表1 中可以看出，自 1992 年到 2005 年，生产税净额的比重略有增加，提高了 2.17％。但劳动者报酬的比重却经历了一个由低向高，再重新降低的过程，从 1992 年至 2000 年，它的比重由 45.22％提高到54.25％，提高了 9％左右，而从 2000 年到 2005 年，这一比重却由 54.25％下降到41.40％，下降了 13％左右。固定资产折旧比重的变化趋势也是类似的，只是幅度没有这么大。与之相反，营业盈余的比重却经历了由高向低，再由低向高的过程，调整幅度达到了 12％。可以看到，2000—2005 年，劳动报酬、生产税净额与固定资产折旧所占的比重都是降低的，但是生产税净额与固定资产折旧所占的比重都只是略有变化，而劳动报酬的比重则下降得相当明显，与之相对应，是生产税净额在 GDP 中的比重显著回升，而从更长的时间周期看，1992—2005 年，生产税净额、固定资产折旧和营业盈余所占的比重都有所提高，唯有劳动报酬的比重是下降的。

---

① 中国在 1992 年以前编制的投入产出表，还没有按照联合国的标准列示各项内容（如利润和税金合并为一项，这是由当时的计划体制所决定的），因此和后来的投入产出表在许多项目上不直接可比。

（二）初次收入与最终使用

表 2 列出的是与表 1 的对应年份里中国的投资率和积累率的情况。其中，投资率指的是资本形成占支出法 GDP 的比重，消费率指的是最终消费占 GDP 的比重，而净出口率则是货物和服务的净出口占 GDP 的比重。

表2　1992—2005 年中国投资率、积累率和净出口率（%）

年份	资本形成率（投资率）	最终消费率			净出口率
		消费率	#居民消费率	#政府消费率	
1992	36.6	62.4	47.2	15.2	1.0
1993	42.6	59.3	44.4	14.9	−1.8
1994	40.5	58.2	43.5	14.7	1.3
1995	40.3	58.1	44.9	13.3	1.6
1996	38.8	59.2	45.8	13.4	2.0
1997	36.7	59.0	45.2	13.7	4.3
1998	36.2	59.6	45.3	14.3	4.2
1999	36.2	61.2	46.1	15.1	2.6
2000	35.3	62.3	46.4	15.9	2.4
2001	36.5	61.4	45.2	16.2	2.1
2002	37.9	59.6	43.7	15.9	2.6
2003	41.0	56.8	41.7	15.1	2.2
2004	43.2	54.3	39.8	14.5	2.5
2005	42.6	51.9	38.0	13.9	5.5

资料来源：《中国统计年鉴 2006》。

劳动报酬、固定资产折旧、营业盈余和生产税净额对 GDP 甚至整个国民经济的生产部门来说是支出，但对于居民、企业、政府等机构部门（Institutional sectors）来说就是初次收入，而从初次分配到最终使用，还要经过复杂的再分配过程，才会形成 GDP 的最终使用。

居民的劳动报酬和企业的营业盈余中形成居民收入的部分按一定比例向政府交纳所得税或直接税，政府也会对一部分居民实施补贴，再加上其他转移支付，才形成居民可支配收入。[①] 居民可支配收入的一部分会用做储蓄，其他部分才是居民的最终消费；企业的营业盈余留给企业的部

① 在我国目前的国民经济核算中，并没有提供居民可支配收入的总量数字（仅有城镇居民人均可支配收入和乡村居民纯收入）。

分加上固定资产折旧,再加上政府对企业的补贴,以及通过金融市场等途径转移到企业的资金,将形成投资。而政府通过直接税、间接税等取得的收入,除了用于部分政府投资外,大部分将用于政府消费。因此,最终使用或最终需求的格局,首先要受到GDP成本结构的约束。

从国际收支平衡的角度来看,各国都力争做到把净出口率控制在很小的比率上,因此,在世界各国消费和投资都是最终需求的主要内容。从表2中可以看到,在这一期间,政府消费支出所占的比重(政府消费率)长期以来是相当稳定的,波动不超过3%,净出口率的波动相对也比较小。主要的波动反映在投资率和居民消费率上,而且这两项波动间是互补的,投资率提高,消费率就下降,反之亦然。虽然有些反复,但整个发展趋势是投资率在提高,消费率在下降,净出口率有所上升。2005年的投资率比1992年提高了8%,消费率则下降了10.5%,净出口率上升了4.5%。投资率最低的年份是2000年,这与表1中营业盈余比重最低的年份相对应,而消费率最低的年份是2005年,这和表1中劳动报酬的比重最低的年份相对应。这说明在中国,GDP的最初投入成本结构对最终需求是有比较明显的影响。具体地说,消费率和劳动报酬在GDP中的比重,投资率和营业盈余在GDP中的比重表现出比较明显的相互联系。但有三种情况可能会对投资率产生影响:

一是财政或货币政策有较大调整,如一些发展中国家通过增加国债和财政赤字的方法来扩大货币供应或增加国家直接投资,即使营业盈余不显著增加,也可能刺激投资率的提升,但这往往要以较高的通货膨胀为代价。中国1992—1995年投资率的提高,就和当时扩张的财政政策有很大关系。[①]

二是国际收支的较大变化可能会对投资率形成影响,如外商直接投资显著增加,也可能在营业盈余不变的情况下,使投资率显著上升;反之,当国际贸易顺差显著增加时,由于净出口率(货物和服务的净出口占支出法GDP的比重)提高,投资率则可能下降。

三是以经济景气循环为背景的货币和资本市场的变化可能对最终需求格局产生影响,如债市、股市、房地产市场的波动就有可能影响最终收

---

① 1993—1995年中国的CPI分别为114.7、124.1和117.1。

入在投资和消费之间的分配从而影响积累率,不过就中国目前情况看,这种波动通常只会对积累与消费之间的比率产生短期的影响。

二、从中、日 GDP 成本与需求结构的对比看高速增长

改革开放后,中国取得了举世瞩目的经济增长,但与此同时,中国所长期保持的高投资率在世界上也是少见的。从 1978 年到 2005 年,投资率最低的年份是 1982 年,为 31.9%,最高的年份为 2004 年,为 43.2%。根据世界银行《2002 年发展报告》,2000 年低收入国家投资率为 21%,中等收入国家为 25%,高收入国家为 22%;低收入国家消费率为 80%,中等收入国家为 74%,高收入国家为 79%。可以看出,长期以来我们的投资率大大高于各国的平均水平,而消费率则大大低于世界各国的平均水平。高投资率是高速经济增长国家的经济特征。日本和韩国在经济起飞过程中也有过投资率较高的时期。日本战后的投资率从 1952 年 21.3% 逐步上升到 1969 年 35.6% 的高位,然后在振荡中逐步下滑,到 2000 年已经下降到 26.3%。韩国从 20 世纪 70 年代初"经济起飞"到 20 世纪 90 年代中后期迈入"新兴工业化"国家,投资率从 1970 年 25.5% 逐步上升到 1991 年 39% 的高位后,逐步下滑到 2002 年 26.7%;同期消费率从 83.8% 逐步下降到 62.7%,然后再回升到 72.6%。[1] 表 3 列出的是日本战后高速经济增长期间以及进入平稳发展阶段之后某些年份的 GDP 成本与支出构成的部分数据。战后日本的经济增长,从其经济发展水平和经济增长率的高低来看,可以分为两个阶段,即高速增长阶段和平稳发展阶段,前一个阶段从 20 世纪 50 年代中期到 1973 年前后,后一个阶段从 1973 年前后开始,一直延续到现在。日本和中国的文化传统是相接近的,比方说人们都有较高的储蓄倾向和发展需求。通过日本与中国相关数据的比较,我们可以发现中国经济增长中的某些特征:

---

① 国家发展改革委员会固定资产投资司:《我国投资率和消费率有关情况分析》,内部报告,2005 年 8 月。

表3 日本 1955—1998 年 GDP 成本构成支出构成

| 年份 | 各成本项目占 GDP 的比重（%） | | | | 投资率 | 消费率 | 净出口率 |
	劳动报酬	固定资产损耗	营业盈余	间接税净额	（%）	（%）	（%）
1955	40.67	11.07	39.89	8.40	23.63	75.84	0.53
1960	40.61	10.96	40.41	7.92	32.86	66.69	0.45
1965	44.12	13.27	35.48	6.60	31.88	66.72	1.40
1970	43.49	13.27	37.38	5.99	39.02	59.70	1.28
1975	55.00	12.83	26.70	5.08	32.77	67.18	0.05
1980	54.29	12.78	26.96	5.87	32.24	68.65	−0.89
1985	54.27	13.61	25.44	6.63	28.15	68.49	3.36
1990	53.36	14.65	24.65	7.11	32.30	66.99	0.71
1995	56.70	15.97	20.03	7.39	28.59	69.94	1.47
1998	56.68	16.69	18.18	8.18	26.75	71.30	1.95

资料来源：日本内阁府经济综合研究所国民经济计算部《国民经济计算年报》。

　　第一，在经济高速增长阶段，也就是表中的 1955 年至 1970 年，日本的投资率是不断上升的，消费率则在不断下降，到 1970 年分别达到最高点和最低点（39.02% 和 59.70%）。这一点是处于高速增长阶段的经济的特征，较高的经济增长率往往是和较高的投资率相联系的。但不同的是，在高速经济增长阶段，其劳动报酬和营业盈余占 GDP 的比重一直是相当稳定的，劳动报酬的比重保持在 40% 左右，营业盈余的比重保持在 35% 到 40% 之间。而 20 世纪 70 年代以后，日本成为发达国家之后，劳动报酬、固定资产损耗和间接税净额所占比重呈现出比较明显的上升趋势，而营业盈余所占的比重则在迅速下降，从 1970 年 37.38% 下降到 1998 年的 18.18%，下降了近 20%。

　　第二，固定资本损耗是使用固定资产的成本，可以看到，在日本高速经济增长阶段，它占 GDP 的比重长期低于中国，直到 20 世纪 80 年代以后才开始明显提升。固定资产折旧占 GDP 比率，和两个变量有关：一是和固定资产的折旧年限，即折旧率有关；二是和在用的固定资产总量有关。由于战后世界技术进步方面的迅速进展，固定资产的折旧年限普遍缩短，影响这一比重的主要因素还是在用的固定资产规模，可以看出，中国高速经济增长期间（尤其是 20 世纪 90 年代）以来，其在用的固定资产规模相对地大于日本。而间接税净额的比重，日本长期低于中国目前的水平，而且在高速经济增长阶段，它的比重是逐渐下降的，而中国的比重则是逐渐上升的。

第三,在高速经济增长阶段,日本的投资率是逐渐上升的,最后达到高点,实现了由新兴工业化国家向发达国家的转化之后,再重新逐渐下降。而在中国,投资率则长期保持在较高的水平上,即使在 2000 年,投资率下降到较低点时,也达到 35.3%,接近日本高速经济增长阶段的高点。而从长期看,在高速经济增长阶段,中国投资率明显高于日本,而消费率则明显低于日本。从 1955—1970 年,除了个别年份之外,日本的消费率都在 65% 至 70% 之间,而投资率在 30% ~35% 之间。而在中国,从 1992 年市场化进程之后,投资率则长期保持在 35% ~40% 之间,消费率则长期保持在 55% ~62% 之间。但从 GDP 成本结构上看,中国劳动报酬的比重则长期高于日本,只是在近几年有比较明显的下降,而营业盈余的比重则长期低于日本。换句话说,我们在较高的劳动报酬率的基础上得到的是比较低的消费率,而在较低的营业盈余率的基础上得到的却是较高的投资率。而近几年来,这种局面还在加剧,劳动报酬率继续下降,而投资率还在进一步提高。

中国的工业化、现代化进程中的经济增长和日本或其他市场经济国家所表现出来的差别,主要原因在于中国工业化进程的体制背景和它们之间存在着重大差别。中国的高速经济增长是伴随着体制转轨而发生的,而这种转轨所带来的变化直接体现在 GDP 成本结构的变化中,不仅各个项目所占的比重在发生变化,其内容也在发生着深刻的变化。如产权制度的改革和现代企业制度的建立,就使得劳动报酬和营业盈余的内部结构发生了深刻的变化。但是在市场经济国家,无论是战后的德国、日本还是先前经济比较落后的韩国,市场经济体制已经是它们经济起飞的起点,制度创新主要体现在由初次分配到最终使用的中间环节上。如在日本,投资率的提高实际上是通过政府主导下的资本市场来实现的,20 世纪 50 年代主要依靠的是商业银行的间接融资,而 20 世纪 70 年代则主要是证券市场上的直接融资。虽然在这一时期,日本的劳动报酬率和营业盈余率都是相对稳定的,但由于收入在增加,经济增长的前景似乎又很好,人们有能力而且倾向于将更多的收入用于投资。而在中国,对初次分配领域的改革如股权改革、分配制度的改革对经济增长的作用表现得更为直接。如在 20 世纪 90 年代初期,国内企业投资的资金来源主要是国家投资,而在 2002 年以后,国内企业投资的主要来源则是自筹资金。在 20 世纪

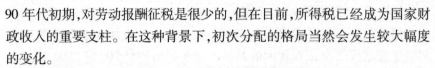

90年代初期,对劳动报酬征税是很少的,但在目前,所得税已经成为国家财政收入的重要支柱。在这种背景下,初次分配的格局当然会发生较大幅度的变化。

如果说在世界各国的经济增长中,体制创新、科技革命、产业组织和宏观管理等都在发生着重要的作用,那么相比较而言,由体制创新导致的初次分配格局的变化对中国的经济增长所起的作用更大,改革使企业家们、劳动者们更加重视初次分配收入并为他们实现改善初次分配收入的愿望提供了更好的环境,由此促进了整个国民经济的发展。但是,如果从初次分配和最终使用的关系看,中国收入支出结构仍然值得改善。如果在经济增长率和分配结构相近的情况下,却有较高的投资率,就意味着经济增长带给人们的福利相对较低,资源配置应该进一步优化。

三、二元结构对 GDP 成本和需求结构的影响

GDP 的成本或初次分配结构与最终需求是有关联的,但由初次分配转化成最终需求还要经过复杂的再分配过程。虽然劳动报酬对消费有较大影响,营业盈余则可能对投资产生较大影响,但是通过国家财政、金融机构等方面的作用,劳动报酬也可以转化为投资,营业盈余也可以转化为居民消费和政府消费。因此,改变投资和消费之间的比例关系,不仅需要宏观的需求管理,也需要供应管理和微观管理。

表4　2002 与 2006 年三次产业增加值构成比较(%)

	第一产业	第二产业	第三产业
2002 年增加值构成	13.5	44.8	41.7
2006 年增加值构成	11.8	48.7	39.5
增加值构成变化	-1.7	3.9	-2.2

资料来源:《中国统计年鉴 2006》。

表4 列出了 2002—2006 年三大产业部门的增加值构成以及它们之间的相互比较,从表中可以看出,到 2002 年,中国的工业化程度已经相当高,第一产业增加值在 GDP 中所占的比重已经降到了 13.8%,而非农产业所占的比重已超过85%,在此后的 5 年,随着中国加速了工业化过程,中国第二产业所占的比重进一步提高,现在,第二、三产业在国民经济中

所占的比重,已经接近90%,而第一产业的比重已经接近10%。

但是在另一方面,如果我们考察三次产业的劳动力结构,就会发现它和增加值结构间存在着较大的差异。表5列出的是2002—2006年三大产业部门的劳动力构成以及它们之间的相互比较。从表中可以看到,2002年,第一产业(主要是农业)中的就业人员占全体就业人员的比重仍然保持在50%的高水平上,近几年虽然有所改善,但直到2006年,第一产业劳动力的比重仍然高达42.6%。

表5　2002与2006年三次产业就业人员比较(%)

	第一产业	第二产业	第三产业
2002年就业人员占全体就业人员比重	50.0	21.4	28.6
2006年就业人员占全体就业人员比重	42.6	25.2	32.2
2002－2006年变业比重变化	－7.4	3.8	3.6

资料来源:《中国统计年鉴2006》。

表6　人均收入水平、GDP结构和就业结构

	人均收入水平(1970年美元)			
	400美元	600美元	1000美元	2000美元
第一产业占GDP比重	26.7	21.8	18.6	16.3
第二产业占GDP比重	25.5	29.0	31.4	33.2
第三产业占GDP比重	47.8	49.2	50.0	50.5
劳动力在第一产业中所占比重	43.6	34.8	28.6	23.7
劳动力在第二产业中所占比重	23.4	27.6	30.7	33.2
劳动力在第三产业中所占比重	23.0	37.6	40.7	43.1

资料来源:《中国统计年鉴2006》。

通过表4和表5的比较分析我们可以看到,第二产业的增加值最大,第三产业次之,第一产业最小,但从就业人员的比重来看,次序正好反过来,第一产业最大,第三产业次之,第二产业最小。这说明中国经济发展过程中各个产业部门的增长和其就业结构的变化是不对称的。钱纳里(1975)曾利用101个国家1950—1970年间的统计资料进行归纳分析,构造出一个著名的"世界发展模型",由发展模型求出一个经济发展的"标准结构",即经济发展不同阶段所具有的经济结构的标准数值(参见

表6）。① 如果以我国的增加值结构和钱纳里标准结构相比,按第一产业所占比重衡量,我国已经超过了人均2 000美元(1970年美元),但按照劳动力比重衡量,正好在400美元的标准上。这也说明由于中国人口众多、农村人口占较大比重这一特殊国情,经济增长中二元结构现象还相当严重。

表7　2002—2006年各产业部门劳动生产率比较

年份	项目	第一产业	第二产业	第三产业	合计
2002	按就业人员计算的人均增加值(元/人)	4 404	34 155	23 801	16 319
	人均增加值为平均水平的%	26.99	209.6	145.86	100
2006	按就业人员计算的人均增加值(元/人)	7 597	53 660	33 709	27 601
	人均增加值为平均水平的%	27.52	194.42	122.13	100

资料来源:《中国统计年鉴2006》。

表8　2005年中国按三次产业部门分类的GDP成本结构

	成本项目	第一产业	第二产业	第三产业	合计
增加值(亿元)	固定资产折旧	1 056.3	11 891.2	12 896.1	25 843.6
	劳动者报酬	17 120.1	29 777.5	28 902.6	75 800.2
	生产税净额	847.1	16 393.7	10 086.4	27 327.2
	额业盈余	4 047	28 984.2	21 082.5	54 113.7
	合计	23 070.4	87 046.7	72 967.2	183 084.8
各成本项目占GDP比重(%)	固定资产折旧	0.6	6.5	7.0	14.1
	劳动者报酬	9.4	16.3	15.8	41.4
	生产税净额	0.5	9.0	5.5	14.9
	额业盈余	2.2	15.8	11.5	29.6
	合计	12.6	47.5	39.9	100.0

注:此表由作者根据国家统计局公布的生产法和支出法GDP核算数据及历史数据估算,国家统计局数据公布后应以官方正式数据为准。

表7列出了中国三大产业部门2002—2006年劳动生产率(以每个劳动力平均增加值反映)及其比较的情况。从表中可以看到,2002年,容纳就业人员比重最大的第一产业部门生产率仅为平均水平的26.99%,而第二产业和第三产业的生产率则分别为平均水平的209.3%和145.86%,换句话说,第一产业的生产率仅为第二产业、第三产业的12.

① 参见(美)H.钱纳里等:《工业化和经济增长的比较研究》,吴奇等译,上海三联书店1995年版。

89%和18.5%。由于农业劳动力向非农产业的转移,2007年,第一产业劳动生产率的相对水平有所提高(0.53%),但这一基本格局仍然没有改变。而由于第三产业的生产率相对下降,第三产业和第二产业的生产率之间的相对差距又扩大了。而从总供给和总需求的关系看,在收入中用于投资的比例的程度是受到一个部门生产率水平制约的,一个部门的生产率水平越高,其剩余产品越多,所能够用于扩大再生产的投资的份额也就越大。表8列出的是2005年中国按三次产业分类的GDP成本构成,从表中可以看出,具有较高生产率的部门具有较高比例的营业盈余,从而为通过自筹资金扩大固定资产投资创造了条件。而对于生产率较低的第一产业部门,由于营业盈余较低,而较低的人均劳动报酬又使其难以增加储蓄,通过这一产业收入的消费剩余而形成的投资当然是比较低的。

从以上的分析可以看出,由于中国经济增长中的二元结构所形成的农村和城市(或第一产业与非农产业)之间生产率上的差距,对不同部门的收入在消费和投资间进行分配是有影响的。

四、从需求失衡看供给管理

从2002年下半年起,中国经济增长开始加速,在此之后,中国的固定资产投资一直保持着相当高的增长率。从2003年到2006年,中国消除了价格变动的全社会固定资产投资的年均增长率达到了22.74%,而在此期间,GDP的年均增长率为10.72%。全社会固定资产投资和GDP之间的弹性系数达到了2.12,也就是说,GDP每增长1%需要增加的全社会固定资产投资为2.12%。由于投资和消费间的关系是互补的,在GDP增速不变的情况下,投资增长得越快,消费增长得也就越慢,投资和消费的比例失调,意味着在经济增长中居民没有享受到应有的福利,同时也可能意味着投资没有发挥应有的效率,资源配置可能不是最优的。

表9 2000—2005 年投资金来源分全社会固定资产投资构成情况（%）

年份	国家预算内资金	国内贷款	利用外资	自筹和其他资金	合计
2000	6.4	20.3	5.1	68.2	100
2001	6.7	19.1	4.6	69.6	100
2002	7.0	19.7	4.6	68.7	100
2003	4.6	20.5	4.4	70.5	100
2004	4.4	18.5	4.4	72.7	100
2005	4.4	17.3	4.2	74.1	100

资料来源：《中国统计年鉴2006》。

在近几年的宏观调控中，对于固定资产投资增长过快、投资率过高的情况，国家采取了一系列调控措施。但是在这些措施中，大部分都是从需求管理的角度出发的，主要是通过调节货币的供给来平抑社会上的投资需求。但是固定资产投资增长过快的现象仍然在延续。和往年不同的是，在这一轮经济增长周期中，全社会固定资产投资中自筹资金占的比例较大，而且还在不断扩大。从表9中可以看出，国内贷款所占的比重从2003年以后就开始下降，这说明货币政策的调控发挥了作用，但对于自筹资金，货币政策的作用就不那么明显了。而从前面的分析中可以看出，中国投资率和消费率之间的失衡，从动态比较上看，有初次分配方面的原因，而从和市场经济国家的比较看，有我们的市场经济还不够完善、市场体系和再分配体系需要进一步发展方面的原因。这说明在中国要形成一个良好的、投资和消费互相促进的、可持续的经济增长和经济发展机制，仅仅靠在需求方的短期总量管理是不够的，还应该注重供给方的长期结构管理。从中国目前的情况看，改善供给方的结构管理，应该重视以下几方面的工作：

首先，在发展经济的指导思想上，增长导向应该逐渐转为发展导向。增长导向强调经济增长，而发展导向则在注重经济增长的同时，还要注意就业、价格总水平、收入分配和国际收支等多方面的问题。在"十一五"规划中，GDP增长率已经不再是地方政府的考核指标，但现在的地方政府出于改善当地经济的愿望，最注重的仍然是吸引投资和经济增长。这种愿望当然是好的，但是最后则有可能影响到当地群众甚至是全局的利益。因此，对地方政府发展经济指导思想的引导是非常重要的。应该看到，地方政府和中央政府促进或者是抑制经济增长的手段是有区别的，中央政府可以运用的国债、赤字预算、货币政策等需求政策地方政府是没有的，地方政府发展经济的主要手段则是供给政策,即通过改善生产要素方面优惠条件(如较便宜的劳动力价格)鼓励投资和发展经济,反之,则是利用行政手段限制某些方面的发展。对于各级政府在供给管理中产生的问题,中央政府通过需求管理是无法完全解决的。要求各级政府调整指导思想,也应该出台相应的供给政策。

其次,在初次分配领域,国家应该采取措施,改善低收入部门和群体的收入,如鼓励农业劳动力向其他部门流动、增加农业部门的人均收入等,通过整体地提高这一部分群体的收入,改善他们的生活,并通过这种改善调整投资和消费的比率关系。应该说明的是,初次收入分配的改善不一定要以牺牲效率为前提,如果说在部门内部,一个有差异的收入分配结构往往有助于行业竞争力的提高,那么在部门之间,过大的收入分配差异反而往往是不利于国民经济协调发展的。

第三,应该完善市场经济条件下收入再分配机制的应用。在市场经济条件下,国民收入再分配可以有多种手段,但主要手段是国家的税收政策。虽然新中国成立以来就有各种税收,如农业税曾对当时的工业发展提供过积极的支持,但税收制度真正作为一个完整的体系建立起来,还是20世纪80年代以后的事情。在国有企业实行"利改税"和所得税制度以来,中国的税收制度经过多次重大调整。近些年来,国家税收增长较快,与GDP间的比率在逐年提高,如何使税收政策和财政政策在供给管理中发挥更积极的作用,值得更加深入的研究。

第四,应该加强资本市场的建设。资本市场对于国民收入的使用具有重要意义。一个国家的经济发展水平提高,居民收入增加,转移为投资的资金也就越多,而资本市场的发展则为这种转移提供了中介,反过来,人们从投资中获得的回报,除了继续投资外,也有一部分转为消费,因此,资本市场是调节一个国家投资和消费关系的重要工具。在中国,无论是直接融资市场还是间接融资市场,都面临一个发展的任务。国有商业银行刚刚完成了股份制的改造,现在正处于一个全新的起点上。而证券市场虽然在20世纪90年代初期就已经建立,但是其真正大规模的发展,还是从2005年证券市场的股权分置改造开始的。由于市场刚刚开始扩大规模,发展还不平稳。金融机构能否调节好国民经济的消费和投资的比例并使它们趋于合理,是中国资本市场建设是否取得成功的一个重要标志。

第五,应该进一步加强统计工作的建设,改善中国的国民经济核算,无论是需求管理还是供给管理,都要建立在对经济发展的各种数量判断的基础上。从 20 世纪 80 年代中期中国开始建立 GDP 和国民经济核算以来,我们在这一方面已经取得了很大的进展。但和中国的 GDP 在世界上的排名相比,中国的 GDP 核算和国民经济核算还存在着很大的差距,许多市场经济国家已经建立的核算制度我们还没有建立,或者提供数据的及时性较差。例如,从需求管理的角度看,现在各方面对按季度核算的支出法 GDP 要求很迫切;而从供给管理的角度看,对于收入流量的核算(即从初次分配收入到最终收入再到最终需求的记录和分析)不但分类较粗,时效性也较差,这也影响了我们对宏观经济运行状态的精准的判断。

● 原文刊载于《求是学刊》2008 年第 2 期。
● 刘伟,北京大学副校长、教授、博士生导师。
● 蔡志洲,北京大学经济学院中国国民经济核算与经济增长研究中心研究员。

都市圈化：日本经验的借鉴和中国三大都市圈的发展

原　新，唐晓平

当今世界，城市化无疑已成为时代的主旋律，对发展中国家尤其如此。美国著名经济学家、诺贝尔奖金获得者斯蒂格利茨(J. E. Stiglitz)教授把以美国为首的新技术革命和中国的城市化并列为影响 21 世纪人类发展进程的两大关键因素，并认为城市化是新世纪对中国的第一大挑战。① 笔者曾在总结世界城市化进程的大趋势和我国城市化实践的基础上，提出一种新型的城市化道路——都市圈化。② 在这里，我们将进一步考察中国三大都市圈近年的发展情况，并将其与日本著名的三大都市圈进行比较。

一、都市圈、都市圈化

都市圈的概念最早要追溯到法国地理学家戈德曼(J. Gottmann)。1957 年戈德曼根据对美国东北海岸地区的考察，提出了影响深远的"都市圈"(Megalopolis)理论。戈德曼指出，在美国东北海岸这一巨大的城市化区域内，支配空间经济形式的已不再是单一的大城市，而是聚集了若干个大城市，并在人口和经济活动等方面有密切联系的巨大整体——都市

---

① 参见邹德慈：《对中国城镇化问题的几点认识》，载《城市规划汇刊》2004 年第 3 期。
② 参见原新、唐晓平：《都市圈化：一种新型的中国城市化战略》，载《中国人口·资源与环境》2006 年第 4 期。

圈:他将有许多都市区连成一体,在经济、社会、文化等方面活动存在密切交互作用的巨大的城市地域叫做 Megalopolis。[1] 亚历山大学派的犹太哲学家菲洛(Philo)在他的作为统治现实世界的理念的城市中亦使用了 Megalopolis 一词,汉语多译成都市圈、城市带、大都市带、城市群,也有译成都市连绵带、大城市网络区、特大城市、城市集群,等等。戈德曼认为,都市圈必须具备如下条件:其一,区域内有比较密集的都市;其二,有相当多的大城市形成各自的都市区,核心城市与都市区外围的县有着密切的经济社会联系;其三,有联系方便的交通走廊把这些核心城市连接起来,使各个都市区首尾相连没有间隔;其四,必须达到相当大的规模,人口在 2 500 万以上;其五,是国家的核心区域,具有国际交往枢纽的作用。

本文提出都市圈化(Megalopolitanization)乃类比城市化(Urbanization)而来,类似于日本学者今野修平提出的"特大城市群化"概念。[2]

根据诺瑟姆(R. M. Northam)的城市化进程 S 型曲线理论,当一国的城市化水平达到20%～30%以后,将会出现城市化进程加快的趋势,这种趋势一直要到城市人口比重超过70%以后才能下降。[3] 我国从整体上已进入城市化的中期加速阶段,此时将出现"大城市超先增长规律"[4]。体现在内涵上,指在原市区的范围内迁入的人口增加,或者使原来的小城市或中等城市增长为大城市,或者使本来就是大城市的人口规模进一步增长,这样在城市人口统计中,引起大城市人口在城市总人口中的比重增加;体现在外延或空间上,一方面指由于人口的聚集使城市地域空间扩大(不可能仅有人口密度增加而地域空间不变的情况出现),另一方面指由于郊区化或逆城市化的作用使城市人口向外扩散,城市向周围蔓延,城市与城市之间的农田分界日渐模糊,形成戈德曼所谓的都市圈或城市带。

因此,都市圈化与大城市化(Metropolitanization)既有联系又有区别。前者既有后者的特征即大城市规模和数量的增长、地域空间的扩大,但也

① J. GOTTMANN, Megalopolis, or the Urbanization of the Northeastern Seaboard, in *Economic Geography*, 1957,(3).

② 参见(日)今野修平:《中国城市化问题的整理与对策建议》,《城市化:中国现代化的主旋律》,湖南人民出版社 2001 年版。

③ 参见史育龙、周一星:《戈德曼关于大都市带的学术思想评介》,载《经济地理》1996 年第3 期。

④ 参见高佩义:《中外城市化比较研究(增订本)》,南开大学出版社 2004 年版。

有后者没有的内容,即大城市人口的向外扩散,城市的郊区化、城市空心化、逆城市化;大都市区(Metropolitan area)与大都市区之间首尾相连、分界日益模糊,复数的大都市区形成有机的都市圈(带)空间;与都市圈相联系的或其周边的中小城市、小城镇、都市农业等。

据不完全统计,我国现在已正式提出建设都市圈的城市和地区有近20个,但真正成型的也是最有影响的是位于东部沿海的三大都市圈,即长江三角洲都市圈、珠江三角洲都市圈和京津唐都市圈(或首都圈)。一般来说,比较公认的长江三角洲都市圈涵盖的范围包括上海市,江苏省的南京、无锡、常州、苏州、南通、镇江、扬州、泰州8市,浙江省的杭州、宁波、嘉兴、湖州、绍兴、舟山6市,共15个地级及以上城市;珠江三角洲都市圈则包括香港、澳门2个特别行政区以及广东省的广州、深圳、珠海、佛山、江门、中山、东莞、惠州、肇庆9个城市;京津唐都市圈包括北京、天津2市以及河北省的唐山、保定、廊坊、秦皇岛、沧州、张家口、承德7个城市。

二、日本的都市圈发展模式

在都市圈建设方面,日本可以说走在我们的前面。在区域发展战略和人口城市化发展战略上,日本学者早在20世纪50年代就开始了都市圈的研究。20世纪60年代日本政府也接受了这一概念,制定了《大都市圈建设基本规划》。[①]日本学者阿部和彦根据日本都市圈化(他称为"超大城市化")的经验,认为中国江苏省加上海市相当于另一个日本太平洋沿岸大都市圈:"江苏省和上海市的面积共计10.9万平方公里,大体上相当于去掉北陆三县后的日本首都圈、中部圈、近畿圈三大城市圈总面积(10.5平方公里)。江苏省与上海市的人口为8 600万,人口密度790人/km²,而日本上述三大城市圈(19都府县)的人口为7 900万人,人口密度757人/km²,就是说,虽然中日两国之间人口、面积、指标相距悬殊,但是上述两大区域在面积、人口、人口密度等方面十分相近。"[②]我们暂且不论苏沪是否可能建成另一个日本从东京、横滨经名古屋、大阪到神

---

① 参见高汝熹、罗明义:《城市圈域经济论》,云南大学出版社1998年版。

② (日)阿部和彦:《日本的产业结构升级与城市、地域结构的变化:超大城市化进程中中小城市面临的课题》,《城市化:中国现代化的主旋律》,湖南人民出版社2001年版。

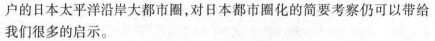

户的日本太平洋沿岸大都市圈,对日本都市圈化的简要考察仍可以带给我们很多的启示。

日本作为太平洋西端的一个岛国,整个国土由本州、北海道、九州、四国4个主岛和近3 900个岛屿组成,全国划分为47个都道府县,即1都（东京都）、1道（北海道）、2府（大阪府和京都府）和43县。日本全境崎岖多山、河谷交错、地形破碎、平原面积狭小且海岸曲折多港湾。在日本37.8万平方公里国土面积中,山地约占全国面积的76%,平原仅占国土的24%。日本水资源和森林资源丰富,森林总面积占全国总面积的66.6%,但矿物资源贫乏,除煤、锌有少量储藏外,绝大部分依赖进口。由于自然地理条件的限制,促使日本在发展过程中不得不实行人口和经济的高度聚集,主要集中在东京附近的关东平原、名古屋附近的浓尾平原和京都、大阪附近的畿内平原。

日本自1868年明治维新以来,人口增长很快,全国人口从1900年的4 380万人,增长到1950年的8 363万人,50年增长了90.94%;再增长到2000年的12 692万人,比1950年增长了51.76%,比1900年增长了189.77%。与此同时,城市化和工业化得到了同步推进,城市人口比重从1670年的8.7%增长到1920年的20.1%,第一产业的比重直到20世纪20年代一直超过50%。此后,纺织工业的发展吸引了大量农村劳动力,工业化和城市化进入了加速期。20世纪30年代至40年代重化学工业化期间,钢铁、化肥、船舶、汽车等工业得到了迅猛发展,缺乏资源的日本依靠进口重化工业所需的原料和燃料,造就了京滨、中京、阪神、北九州四大临港工业地带,结果人口也不断向这些区域集中,最终形成以东京圈、名古屋圈、关西圈为中心的太平洋沿岸巨型城市带。[1]

1950年,日本的人口城市化水平达到了50.3%[2],人口向大城市进一步聚集。据日本国情调查,1950年,全国人口分布集中于南北关中地区的占21.7%,集中于东海地区的占10.5%,集中于近畿地区的占13.8%,集中于北九州地区的占15.5%。相应的,从工业生产的产出比重看,1950年京滨地区的工业产值占全国工业产值的比重达18.9%,阪神地带

---

① 参见（日）阿部和彦:《日本的产业结构升级与城市、地域结构的变化:超大城市化进程中中小城市面临的课题》,《城市化:中国现代化的主旋律》,湖南人民出版社2001年版。

② UNITED NATIONS, *World Urbanization Prospects* (1999 *Revision*), New York, 2001.

达 20.1%,中京地带达 11.1%,北九州地区达 5.6%,这四大地带的工业总产出占全国的 55.7%。20 世纪 50 年代以后,日本经济进入高速增长时期,人口城市化速度进一步加快,1960 年达到 62.5%,1970 年达到 71.2%。这一时期,人口继续向三大都市圈聚集,据统计,从 1955 年到 1970 年,从地方圈净流入三大都市圈的人口达 750 万。①

20 世纪 70 年代以后,日本城市化进入缓慢增长期,到 1980 年日本城市化水平达到 76.2%,1990 年为 77.4%,2000 年为 78.8%(United Nations,2001)。自 70 年代起,由于工业向电器机械工业、汽车制造业等加工组装型工业为中心的结构转换,工厂开始向太平洋带状地带以外,尤其向建有高速交通网(新干线、高速铁路)的区域扩散,区域结构趋向均衡化。与此同时,都市圈则侧重于发展知识密集型产业,在分工中发挥高技术、基础技术聚集区的作用,并呈现出向商务职能和高级服务业职能专门化的转变趋势。这一时期,人口向三大都市圈聚集的势头减缓,既有流入人口,也有流出人口(人口向地方回流,即所谓"地方时代风潮"),且近距离流动和都市圈之间的相互流动更为多见。20 世纪 80 年代后半期以来,在全球化和信息化的浪潮下,日本向信息社会(知识社会)过渡,承担生产职能的工厂进一步从都市圈扩散到地方圈,甚至从地方圈转移到海外。而承担中枢商务职能的东京圈的作用进一步加强,人口再次向东京聚集,同时人口郊区化和人口逆城市化的迅速发展,城市与乡村的界限越来越难以区别,都市圈半径扩大,最终太平洋沿岸大都市圈(巨型城市带)形成,其人口情况如表 1。

---

① 中国社会科学院工业经济研究所,日本综合研究所:《现代日本经济事典》,中国社会科学出版社;日本综研出版股份公司 1982 年版。

表1　日本三大都市圈人口情况（2000 年）

地区	人口		面积		人口密度
	数量 （千人）	比重 （%）	数量 （km²）	比重 （%）	（人/km²）
1. 首都圈	41 317	32.55	36 346	9.62	1 137
东京圈（东京、琦玉、千叶、神奈川）	33 414	26.33	13 280	3.51	2 516
东京圈以外的首都圈（茨城、栃木、群马、山梨）	7 903	6.23	23 066	6.10	343
2. 中部圈（除北陆）	16 990	13.39	41 012	10.85	414
名古屋圈（爱知、三重）	8 901	7.01	10 877	2.88	818
名古屋圈以外的中部圈（长野、岐阜、静冈）	8 090	6.37	30 135	7.98	268
3. 近畿圈（除北陆）	20 855	16.43	27 168	7.19	768
关西圈（京都、大阪、兵库）	17 000	13.39	14 897	3.94	1 141
关西圈以外的近畿圈（滋贺、奈良、和歌山）	3 856	3.04	12 271	3.25	314
4. 三大都市圈小计	79 162	62.37	104 526	27.66	757
5. 新瀉北陆	5 606	4.42	22 144	5.85	254
6. 其他的地方圈	42 151	33.21	251 215	66.48	168
全国	126 919	100.00	377 855	100.00	336

资料来源：阿部和彦，2001。

由表1可知,占日本国土面积27.66%的太平洋沿岸大都市圈（一级都市圈）,包括首都圈、中部圈、近畿圈 3 个二级都市圈,聚集着日本62.37% 的人口,而其核心区域东京圈、名古屋圈、关西圈（三级都市圈）,则以 10.33% 的面积聚集日本46.73%的人口,也就是说以 1/10 的国土容纳了近一半的国民。其中,又以首都圈的人口最为密集,人口密度达1 137 人/km²,分别是中部圈和近畿圈的 2.75 倍和 1.48 倍。

总之,日本独特的自然地理条件,重化工业化、外向型经济的发展造就的临港工业地带,人口的高速增长、人口城市化进程的加速等,形成了日本独特的人口大城市化和都市圈化的人口城市化模式。舍此,地形破碎、耕地不足、资源奇缺的蕞尔小国日本,不可能容纳12 692 万人口。

三、我国沿海地区三大都市圈的发展

中国作为更大的大国（可称为"巨型国家"）,当然是日本不可比拟的,但是不要忘了,我们广袤的国土,有很多是不适宜人居住的。早在1935 年胡焕庸先生从人口分布的角度提出了著名的"爱辉－腾冲线"就揭示了中国人口分布的大势："今试自黑龙江之瑷珲（今爱辉），向西南作一直线，至云南之腾冲为止，分全国为东南与西北两部：则此东南部之面积，计四百万方公里，约占全国总面积之百分之三十六；西北部之面积，计七百万方公里，约占全国总面积之百分之六十四。唯人口之分布，则东南部计四万四千万，约占总人口之百分之九十六；西北部之人口，仅一千八百万，约占全国总人口之百分之四。其多、寡之悬殊，有如此者。"①如今，这条线仍是体现我国人口分布地区差异的最基本的分界线，2000 年人口普查资料显示，该线东南一侧，人口仍占全国的 95% 左右。我们在考虑发展的时候，要时刻牢记"人多地少、资源短缺"的基本国情。不管我们多么不愿意，真正能够作为我们借鉴对象的主要还是日本而不是美国。我们不要奢望与资源大国美国相比，除那些明显的国土、耕地、淡水资源、矿藏等数字外，美国本土除阿拉斯加外基本上介于北纬 20 ~ 40 度之间，属温带和亚热带范围，温暖湿润，土地肥沃，难怪美国作为世界上最大的工业国居然是世界上第一大农产品出口国！就拿人们津津乐道的"美国梦"来说，是国人永远也"消受"不起的。"美国梦"的典型模式是：郊外的私宅（My home）加私车（My car）。然而，早在 20 世纪 60 年代，就有学者指出，汽车社会是"现代社会最大的噩梦"②，其代价是城市住宅区的低密度化、土地资源的严重浪费、城市交通阻塞，人们通勤时间的不断拉长、能源的大量消耗，严重的环境污染。试想，在 13 亿人口的中国，如果人人拥有一辆小汽车和郊外带草坪的住宅，恐怕我们所有的耕地都用来修公路和建住宅都不够！与美国相比，日本比较经济地建立起大规模、高密度的城市社会，在大城市以轨道交通为骨骼的城市交通体系，不但大幅度地提高了大型城市的人口规模和密度，还提高了日本的经济效率。

对照日本都市圈的发展，我们还有必要考察一下，近年来我国兴起的建设"都市圈热"到底取得了哪些成果。就拿中国最主要的三大都市圈——长江三角洲都市圈、珠江三角洲都市圈和京津唐都市圈来说，据有关统计资料，列表 2。

---

① 参见胡焕庸：《中国人口之分布——附统计表与密度图》，载《地理学报》1935 年第 2 期。
② 参见矢作弘：《城市的成长管理之路》，《城市化：中国现代化的主旋律》，湖南人民出版社 2001 年版。

表 2   我国三大都市圈人口经济情况（2000 年）

地区	人口		面积		人口密度（人/km²）	GDP	
	数量（万人）	比重（%）	数量（km²）	比重（%）		数量（亿元）	比重（%）
1. 长三角都市圈	8 228	6.46	100 242	0.4	821	19 125	16.09
上海	1 640	1.29	6 341	0.01	2 588	5 409	4.55
江苏 8 市（南京、镇江、无锡、常州、苏州、南通、扬州、泰州）	4 151	3.26	48 512	0.51	856	8 231	6.92
浙江 6 市（杭州、宁波、嘉兴、湖州、绍兴、舟山）	2 436	1.91	45 389	0.47	537	5 485	4.61
2. 珠三角都市圈	4 788	3.75	42 631	0.44	1 123	23 636	19.89
香港①	667	0.52	1 068	0	6 241	13 563	11.41
澳门②	43	0.03	16	0	26 938	508	0.43
广东 9 市（广州、深圳、东莞、佛山、中山、珠海、江门、惠州、肇庆）③	4 078	3.2	41 547	0.43	982	9 565	8.05
3. 京津唐都市圈	6 183	4.86	168 974	1.76	366	6 553	5.51
北京	1 357	1.07	16 808	0.18	807	3 213	2.70
天津	1 001	0.79	11 920	0.12	840	2 051	1.73
河北 7 市（唐山、廊坊、保定、秦皇岛、张家口、承德、沧州）④	3 825	3	140 246	1.46	273	1 289	1.08
4. 三大都市圈合计	19 199	15.08	311 846	3.25	616	49 314	41.49
5. 全国⑤	127 293	100	9 600 000	100	133	118 862	100.00

资料来源：1. 人口采用 2000 年"五普"资料，为常住人口数。2. GDP 采用 2002 年数据，港澳用 2000 年数据，不会影响相对比例，正好部分抵消有人民币币值低估的影响。参见国家统计局编（中国统计年鉴）（2003 年），中国统计出版社 2003 年版。3. 其他数据参考景体华主编（中国区域经济发展报告）（2003—2004），社会科学文献出版社 2004 年版。注释：①②香港、澳门的 GDP 数字为 2000 年的美元数，按 1 美元 = 8.2 元折算成人民币。③按广东政府规划部门认定，珠江三角洲区划中的惠州市不包括其所管辖的龙门县，肇庆市不包括德庆、封开、广宁、怀集 4 县。④河北各市土地面积数据从各地政府网站获得。⑤全国的人口和 GDP 数据只包括内地和港澳地区，未包括我国台湾地区。

从表2中可以看出,三大都市圈已占全国3.25%,即31余万平方公里的土地,容纳了全国15.08%,即19 198.62万人口(人口密度达616人/km²,是全国的4.63倍),提供了全国41.49%的经济产出(GDP),这样的土地集约程度当然很了不起。三大都市圈的人口密度以珠江三角洲最为密集,达1 123人/km²,是长江三角洲和京津唐的1.37倍和3.07倍。与之相比,日本三大都市圈的人口密度更高,达757人/km²,是我们的1.23倍。如果说,京津唐地区由于气候条件和水资源的极度缺乏,人口过于密集可能会遇到一些问题,那么,长江三角洲的人口聚集过程显然没有完成。珠江三角洲都市圈的情况则相对复杂一些,从官方划定的珠江三角洲规划区来看,应该说基本完成了人口聚集过程,但在规划区之外的都市圈的外围尚有很大的空间可以发展。

进入21世纪以后,我国的都市圈化又有了新的发展。还是以沿海地区三大都市圈为例,如表3。

表3 我国三大都市圈发展情况(2006年)

地区	人口		面积		人口密度	GDP	
	数量	比重	数量	比重	(人	数量	比重
	(万人)	(%)	(km²)	(%)	/km²)	(亿元)	(%)
1. 长三角都市圈	8 471	6.41	100 242	1.010	845	38 149	1 681
上海	1 815	1.37	6 341	0.01	2 862	10 366	4.57
江苏8市(南京、镇江、无锡、常州、苏州、南通、扬州、泰州)	4 037	3.05	48 512	0.51	832	17 346	7.64
浙江6市(杭州、宁波、嘉兴、湖州、绍兴、舟山)	2 620	1.98	45 389	0.47	577	10 436	4.60
2. 珠三角都市圈	5 365	4.06	42 631	0.44	1 258	34 080	15.02
香港①	681	0.52	1 068	0.00	6 376	13 980	6.16
澳门②	59	0.04	16	0.00	31 250	1 116	0.49
广东9市(广州、深圳、东莞、佛山、中山、珠海、江门、惠州、肇庆)	4 634	351	41 547	0.43	1 115	18 984	8.37
3. 京津唐都市圈	6 203	4.69	168 974	1.76	367	19 259	8.49
北京	1 581	1.20	16 808	0.18	941	7 870	3.47

续表：

地区	人口		面积		人口密度	GDP	
	数量	比重	数量	比重	（人	数量	比重
	（万人）	（%）	（km²）	（%）	/km²）	（亿元）	（%）
天津	1 075	0.81	11 920	0.12	902	4 359	1.92
河北 7 市（唐山、廊坊、保定、秦皇岛、张家口、承德、沧州）	3 547	2.68	140 246	1.46	253	7 030	3.10
4.三大都市圈合计	20 039	15.16	311 846	3.25	643	91 489	40.32
5.全国③	132 179	100.00	9 600 000	100.00	138	226 905	100.00

　　资料来源：全国及各地 2007 年统计年鉴。注释：①②香港人口为年中人口数、澳门人口为年中人口估计数。GDP 数字已按 2006 年年末的货币兑换率折算成人民币。此按 1 人民币 = 1.0582港元，1 人民币 = 1.0244 澳门元。③全国的人口和 GDP 数据只包括内地和港澳地区，未包括我国台湾地区。

　　比较表 1、表 2 以及表 3，可以发现，2006 年，我国三大都市圈的人口密度有所增加，但仍未达到日本三大都市圈 2000 年的水平。2006 年我国三大都市圈聚集的人口已超过 2 亿人，占全国人口的 15.16%，高于 2000 年的 15.08%，说明我国人口进一步向三大都市圈聚集。2006 年我国三大都市圈聚集的 GDP 已达到 91 489 亿元，占全国 GDP 的 40.32%，低于 2000 年的 41.49%，似乎三大都市圈经济的聚集程度降低了，但仔细分析的结果是香港和澳门的因素在起作用。众所周知，作为发达地区的香港和澳门其经济增长显然低于处于发展中阶段的我国内陆地区，另外人民币的币值近年升值较快也是一个重要原因。2000 年香港和澳门的 GDP 占全国的 11.84%，到了 2006 年则只占全国的 6.65%。如果剔除香港和澳门，三大都市圈其他地区的经济聚集仍然在进行，并且超过了人口的聚集速度。

　　综上所述，日本地窄人稠的自然人文条件，重化工业化、外向型经济的发展造就的临港工业地带，形成大规模、高密度的城市社会，促使人口高速增长和加速城市化进程，既提高了大型城市的人口规模和密度，还提高了经济效率，形成了日本独特的人口大城市化和都市圈化的城市化模式。"人多地少、资源短缺"是我国基本国情，沿海地区珠江三角洲、长江三角洲和京津唐三大都市圈已呈现雏形，都市圈化正在初级阶段，要充分借鉴日本都市圈化的经验,扬长避短。我国三大都市圈各具特色,既适应世界潮流,又符合中国国情,我国的人口和经济仍然在继续向三大都市圈聚集。三大都市圈是目前,更是未来我国人口高度密集和经济发展的增长极,对推动全国经济协调、稳定、可持续发展具有不可替代的龙头作用和辐射作用。

●原文刊载于《求是学刊》2008 年第 2 期。

●原新,南开大学人口与发展研究所教授。

●唐晓平,教育部人文社会科学重点研究基地重庆工商大学长江上游经济研究中心副教授。

经济体制改革：中国经济学发展的本土资源

乔　榛

一、引言

中国经济体制改革对社会科学的影响当属经济学最为突出。同时，经济学在经济体制改革过程中受到的考验也最为巨大。对经济学来说，中国经济体制改革彻底地改变了传统经济学的一些基本认识，使经济学体系面临着重新整合的形势。原有的政治经济学需要发展，西方经济学被不断地引进，因此，中国成为经济学竞争的一个舞台。面对这样的情形，在经济学界形成了三种观点：一是发展马克思主义经济学，使之继续保持在中国经济学领域的主导地位。对此，许多马克思主义经济学家不遗余力地努力探索，如刘国光教授对中国经济学教学和研究中存在的一些问题的关注，不仅表现出他对中国经济学发展的担忧，而且也包含了强烈坚持和发展马克思主义经济学的期盼。[①] 二是大量引进西方经济学，按照与国际接轨的思路，把它作为中国经济学的新主流。例如有的学者提出，西方经济学或现代经济学的分析框架具有非常的普遍性、高度的规范性和逻辑的一致性，因此，现代经济学的基本分析框架和研究方法是无地域和国家界限的，并不存在独立于他国的经济分析框架和研究方法，现代经济学的某些基本原理、研究方法和分析框架可以用来研究任何经济环境和经济制度安排下的各种经济问题，研究特定地区在特定时间内的

求/是/文/荟
QSWH
《求是学刊》发刊200期

[①] 参见刘国光：《经济学教学和研究中的一些问题》，载《经济研究》2005 年第 10 期。

经济行为和现象。① 三是创建一种属于中国自己的新的经济学。例如有的学者倾向于构建中国特色社会主义经济学,认为中国特色社会主义经济学是马克思主义经济学在中国的发展,着重解决的是中国社会主义经济发展的基本问题。② 这三种观点分别代表了中国经济学发展的一个方向。但是,就目前的情况来看,还没有实现统一或普遍认同的迹象。因此,探索中国经济学发展依然是任重而道远。笔者认为,不管中国经济学取向怎样的前途,有一点是十分关键的,就是中国经济学的发展决不能离开中国经济体制改革这一最大的实践,而且随着中国经济体制改革越来越走向成熟,其丰富的经验会成为中国经济学发展的本土资源。

二、经济体制改革为经济学发展提供了巨大的机遇

经济学的发展经历证明了一个道理,即无论是一种经济学理论的形成,还是一种经济学理论的流行,都有着深刻而广泛的现实背景。古典经济学是在资产阶级努力想摆脱封建制度的羁绊,并且为自己的发财致富寻求合理性的背景下产生的。而之后的不断发展又都是建立在一些重大的经济发展背景下的。被马克思称为庸俗经济学的新古典经济学是在资产阶级取得了政治、经济统治后,需要说明资本主义经济制度合理性和永恒性的背景下形成并发展的。在西方经济学发展中具有里程碑意义的凯恩斯主义经济学,离开 20 世纪 20 年代末和 30 年代初的经济大萧条背景也难成气候。后来,在 20 世纪 70 年代重新活跃的新自由主义经济学,则得益于这个时期资本主义经济出现"滞胀"而使得凯恩斯主义经济学陷入困境的背景。西方经济学的产生和发展具有的这一规律,在马克思主义经济学的发展史上也同样能够看到。

马克思主义经济学诞生于 19 世纪 40 年代,这个年代资本主义发展表现出的一系列矛盾,是马克思主义经济学产生的现实根据。为了改变无产阶级的命运,也为了避免空想社会主义者局限于道德批判的不足,必须揭示出资本主义发展的内在规律,从中找到资本主义灭亡的必然性。正是在这种使命下,马克思主义经济学以资本主义生产方式以及和它相

---

① 参见田国强:《现代经济学的基本分析框架和研究方法》,载《经济研究》2005 年第 2 期。
② 参见杨承训:《深化中国特色社会主义经济学研究》,《人民日报》2003 年 8 月 22 日。

适应的生产关系和交换关系为研究对象展开资本主义发展内在规律的解剖，从而使自己在经济学中占有了重要的位置。本来社会主义制度建立后，马克思主义经济学应该得到进一步发展。但是，由于社会主义经济发展的经历比较曲折，一直没有找到一种成熟的社会主义经济发展的模式，因此，马克思主义经济学发展缺乏现实的基础。正是这样的原因，马克思主义经济学应该在社会主义制度下得到新的发展的情景并没有出现。

以上经验表明，经济学发展的机遇一定蕴藏在社会经济发展的重大变化之中。发达资本主义国家的经济发展决定着西方经济学的演变。其他任何一个重要经济体的重大发展，都可以为经济学发展提供机会，而且由此形成的经济学成果也一定是具有世界意义的。自 20 世纪 70 年代末开始的中国经济体制改革，现在已经经过 30 年了。在这 30 年中，中国以世界第一人口大国身份向世界交了一份非常好的经济增长成绩单，而在这份成绩单的背后，不同的经济学理论相互角逐，都想为这种巨大成绩作出科学的解释，并且努力争取自己在经济发展中的指导权。虽然这种竞争还处于十分激烈的阶段，但是仔细分析，会发现这里蕴藏了一种中国经济学发展的巨大机会。

中国的经济体制改革要实现的是从计划经济体制向社会主义市场经济体制转变。因此，西方经济学以市场经济的基础地位为根据，把中国经济学发展的西方化作为目标。而马克思主义经济学以市场经济体制的社会主义条件为基础，认为中国经济学发展应该继续坚持和深化马克思主义经济学。为中国经济学发展规划了第一种前途的信奉西方经济学的学者，大谈西方经济学的一般性，极力推崇西方经济学的基本分析框架和研究方法。而在这种分析框架下，发达资本主义国家的市场经济模式就被一般化，成为广大发展中国家以及前社会主义国家进行经济体制改革的目标模式。如 20 世纪 80 年代末 90 年代初，由一些西方经济学家提出并向发展中国家和前社会主义国家推销的所谓"华盛顿共识"，就被国内的一些学者当做中国经济体制改革的方向。但是，不仅我们的决策者没有接受这样的建议，而且那些接受了这种模式的其他国家因为按照这种模式进行改革而遭受巨大的损失。因此，所谓"华盛顿共识"并不符合中国的实际，也不能作为中国经济体制进一步改革的方向。而"华盛顿共识"在实践中失败，使得西方经济学的标准理论被质疑能否代表中国经济学发展的前途。为中国经济学发展规划了第二种前途的马克思主义经济学者中,一部分具有"原教旨主义倾向"的学者,恪守着被前苏联《政治经济学教科书》教条化了的马克思主义经济学基本原理,对中国经济体制改革的实践进行"标准化"的评价。如1995年到1997年间,一些马克思主义学者对改革开放以来的方针政策提出了强烈质疑。特别是在中共十五大召开前夕,有人上万言书,强调社会主义所有制仍应该把全民所有制作为公有制的高级形式和必须追求的目标。[①] 这显然不符合中国经济体制改革的方向,因此,这种具有"原教旨主义倾向"的马克思主义经济学也不能代表中国经济学发展的前途。

那么,中国经济学究竟该如何发展? 这决不是一个比较理论逻辑的完美性问题。代表中国经济学未来发展方向的是,以中国经济体制改革的实践为基础,去回答实践中提出的问题,为实践的进一步深化提供指导。只有这样的经济学理论才代表了中国经济学的前途。因此,中国经济体制改革的实践为经济学(包括中国经济学)的发展提供了一个非常好的机遇。

三、经济体制改革为中国经济学研究提供了丰富的材料

中国经济体制改革为经济学发展提供的机会,具体体现在改革中有许多问题是西方经济学和马克思主义经济学难以回答的,因此,必须有一种创新的经济学理论来对此加以解释。

中国经济体制改革创造了一种生产力发展的新模式,这是对经济学的一次巨大挑战,同时也对经济学的创新提出新的要求。经济学自诞生起就把财富的生产问题作为自己的研究对象。这一传统不仅在西方经济学中或明或暗地被保留,而且在马克思主义经济学中也有重要的位置。在西方经济学中,作为其创始人的亚当·斯密,就以国民财富的性质和原因为对象构筑自己的经济理论体系。对于如何发展生产力,斯密认为,生产力增长需要拓展分工和积累资本。前者是提高生产力的直接因素,后者是生产力增长的主要动力。进一步地讲,分工的拓展提出如何协调分

[①] 参见吴敬琏:《当代中国经济改革》,上海远东出版社2004年版。

工的问题,这需要发挥自由市场的功能;资本积累不仅是逐利的资本家的要求,而且是使用更多工人的物质保障。斯密以后的西方经济学逐步把生产力增长的问题边缘化,越来越集中于自由市场机制的研究。一直到现代,作为与自由市场机制研究并列的宏观经济学中才又出现了生产力增长的问题,不过,它被赋予经济增长这样的命题。在马克思主义经济学中,作为其方法论的历史唯物主义把生产力看做是经济社会发展的基础,因此,生产力发展在马克思主义经济学中有着特殊的地位。对于如何发展生产力这一问题,马克思主义经济学首先强调的是生产关系的重要意义;其次对分工也给予一定的关注。前者集中于对包括生产、交换、分配、消费的生产关系各环节的分析;后者则倾向于怎样通过计划来协调分工的研究。因此,马克思以后的马克思主义经济学逐步发展起了一个以生产关系为主要研究对象,并分析市场机制不利于分工,而计划是协调分工的有效机制的政治经济学体系。

然而,中国经济体制改革后的生产力发展呈现出一些新的特点。第一,生产关系调整,并没有呈现西方主流经济学强调的私有制主体地位,不过,社会主义的公有制经济也与计划经济体制时期大相径庭。结果出现了公有制经济为主体,多种所有制经济共同发展的格局。这样的所有制结构是所有取得经济成功的国家都不曾见到的。但是,就是在这样的所有制结构下,中国经济实现了历史性的增长。对此,西方经济学的生产力发展理论不能解释,传统的马克思主义经济学理论也没有现成的答案。因此,必须要有一种创新的经济学理论才能加以解释。第二,对计划经济体制进行改革,虽然在取向上是市场化的,而且改革后的体制也把市场作为配置资源的基础手段,但是,中国的市场经济体制运行具有鲜明的特点。市场虽然是配置资源的基础手段,不过,基于基本经济制度的性质,以及政府在经济中的特殊地位,中国目前的市场经济体制受到政府强有力的调控。而且,这种控制不同于发达市场经济体制下政府的宏观调控。不仅中央政府对经济运行具有很强的调控能力,而且地方政府在经济运行中更是具有主导作用。这种情况也是不同于任何国家的,但这种不太符合标准的经济运行,却为中国经济持续高速增长注入强大动力。对此,西方标准经济学认为这与自由市场经济存在着很大的矛盾,因而会限制市场经济正常发挥它的功能。然而,就是这样的一种不太标准的市场经济却给中国经济带来了意想不到的成绩。这也需要经济学的创新理论予以解释。第三，经济发展的地区战略调整，引起中国经济的地区发展严重不平衡。而且在经历了近30年的改革后，虽然经济增长也持续了30年，但并没有看出这种地区差距呈现缩小的趋势。这在标准经济学中也是没有相应的理论可以解释的。因此，必需一种创新的经济学理论来解释。此外，还有许多类似的问题，都是中国经济体制改革过程中富有成效的探索，也都面临着渴求理论解释的期盼。

中国经济体制改革过程中的这一系列变化，构成了中国经济发展的一种特殊模式。它迫切需要一种创新的经济学理论来对这种模式加以概括。而在这种模式中确实也包含了大量可以引发经济学创新的材料。简单说来，特殊的中国经济发展模式，可以创建中国发展经济学①；而特殊的中国经济运行模式，又可以形成中国市场经济理论；更值得一提的是中国政府在经济运行和发展中的特殊作用，还可以构建中国政府经济学。现在，摆在中国经济学界的一个非常重大的任务是，形成一套新的经济学分析框架或解释体系。不仅可以解释中国经济的运行和发展问题，而且也可以为经济学的发展增添一些新的内容。正是在这个意义上，立足于中国经济体制改革成功经验基础上的经济学创新，决不是一种局限于中国的经济学，而是具有世界意义的一种经济学。

四、经济体制改革为中国经济学走向世界奠定了坚实的基础

中国经济体制改革的成功，在表面上，是中国自己的事情。甚至其他社会主义国家改革中的问题重重，似乎说明中国改革具有非常强的特殊性。如果真是这样，那么以中国经济体制改革为背景发展起来的中国经济学，就只能是一个国别性的经济学。而这对于经济学发展的意义就大打折扣了。因为在全球经济日益一体化，各国的经济发展模式越来越相互借鉴的趋势下，经济学理论仅仅局限于一国的实践，肯定是没有前途的，充其量只能是一种阶段性的经济理论。不过，从实际的情况来看，中国的经济体制改革决不是一国的事情。首先，作为一个世界性大国，无论

---

① 参见何炼成：《中国发展经济学概论》，高等教育出版社2001年版。

是人口规模,还是经济规模,都在世界占有非常显著的地位。特别是其仍具潜力的增长,可能在未来起到引领世界经济发展方向的作用。对此,一些世界性研究机构作了预测,如高盛公司预测,如果中国政府继续支持增长的政策,到2040年,中国将成为按市场汇率计算的世界第一大经济体。德国贝塔斯曼基金会组织的一次调查中,得出了更为乐观的结果,中国将在未来20年内成为与美国竞争的世界强国。对于有着如此前途的大国经济,它的成功与一个小国甚至是中等国家的成功有着不同的意义。即使它不能成为世界经济的主导,也代表了经济发展一个方向,完全值得经济学加以理论总结,并成为经济学一个重要部分。其次,作为一种创新的经济学理论,中国经济学努力在实现经济学两大体系的融合。在经济学的发展史上,自古典经济学以后,出现了两大对立的经济学体系,一是继承了古典经济学自由主义传统形成了新古典经济学;二是继承了古典经济学劳动价值论形成了马克思主义经济学。长期以来,这两个经济学体系相互对立,各自为自己倾向的经济制度和经济体制加以辩护。在现实中,资本主义制度和社会主义制度相互对立,从而使相应的经济学理论难有互相借鉴的迹象。然而,进入当代以后,这种现象开始发生变化。不同经济制度或经济体制的一些内容开始融合,不同经济学理论开始渗透。不过,由于没有一个比较成功的实践基础,这种融合和渗透相对缓慢。中国经济体制改革在打破两种经济制度对立局面上迈出了比较大的步伐。私有制再也不是资本主义独有的经济基础,公有制为主体、多种所有制经济共同发展成为社会主义初级阶段的基本经济制度;市场经济也不是资本主义经济配置资源独有的手段,社会主义市场经济体制下的市场机制也成为配置资源的基础手段;按生产要素分配这一资本主义经济主要的分配制度,现已成为社会主义初级阶段收入分配制度的一个重要组成部分,按劳分配和按生产要素分配相结合是社会主义市场经济体制的一项重要内容。如此看来,中国经济体制改革不仅仅是一种改革的方式,而且也为人类经济制度的发展作出了重要的贡献。因此,建立在这一伟大实践基础上的中国经济学决不是一个国别性质的经济学,而是具有世界意义的经济学。

●原文刊载于《求是学刊》2008年第3期。《高等学校文科学术文摘》

2008 年第 4 期转载。

●乔榛,黑龙江大学经济与工商管理学院副院长、教授,生产力研究中心
  教授。

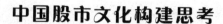

中国股市文化构建思考

马书琴

求／是／文／荟　《求是学刊》发刊200期

　　股市文化是在股票市场投融资活动中,由投资者、融资者、政府监管者以及中介机构形成的共同体中体现出来并反映其投资理念、价值观念、行为规范等文化规则的集合。股市文化蕴涵着中国股票市场成长的历史积淀,集中表达着这一特定市场文化体系的核心价值。中国股票市场成立于 20 世纪 90 年代初期,是强制性制度变迁背景下的新兴加转轨市场。股票市场短短 18 年的成长历程中,由于其初始制度设计的缺陷以及基础性制度的缺失,导致股市文化赖以依存的制度基础缺失,缺乏孕育健康、理性与和谐的股市文化的土壤,股市文化扭曲。

一、中国股票市场的基础性制度缺失

　　股票市场的基本功能是投融资功能,股票市场的本色应是一个有效的投融资场所。股票市场有效的投融资行为可以实现社会资源的优化配置、上市公司的价值再发现、投资者分散风险及获利的目标需求。从中国股票市场的初始制度安排来看,我们是从为国有企业的脱贫解困筹集资金的立场进行制度供给的,重融资而轻投资的功能定位缺陷,从一开始就放弃了对投资者的制度设计与制度保护。从股市成立之初的股市为国企扭亏服务、绩优企业与亏损企业捆绑上市,到国有股减持以弥补社会保障基金的巨额缺口、为健全和完善社会保障体系服务,再到股权分置改革后的大小非解禁、H 股回归大陆股市以实现央企整合,中国股票市场的融资与再融资功能得到充分发挥。2007 年以来,随着沪深股市的持续上涨,股票市场的融资功能迅速膨胀,对国有企业与国民经济的贡献迅速提升。

与此同时,与之形成强烈反差的是投资者(尤其是中小投资者)利益保护的制度缺失。股市的功能对于投资者而言,就是通过买卖股票和建立投资组合来转移和分散风险,以促进个人财富的保值增值,即增加财产性收入。也就是说,追逐利益,获取财富是投资者投资股市的唯一目的。很显然,中国股票市场的政策设计者并没有为投资者(尤其是中小投资者)设计其投资获利以及风险防范的行为途径,股票市场利益博弈的天平始终倾斜于融资者。1997 年机构投资者大力培育后,上市公司(尤其是国企和央企)和机构投资者(尤其是社保基金)共同成为股票市场中的强势群体,中小投资者的投资利益和投资信心屡遭重创。(1)现行股票发行制度使得上市公司股票发行市盈率高企,发行价格一步到位(甚至超高价发行),没有为二级市场投资者预留投资空间,二级市场投资者要想获利只能冒险参与投机性炒作。(2)现行股票交易制度中,投资者股票交易费用即使与欧美成熟的股票市场相比仍明显偏高,使得投资者无法依靠价值投资长期分享上市公司的红利收益(这在成熟的股票市场是投资者投资的主要动力),只能靠投机性炒作获取短期价差收益,因而,无形中增大了股票市场投资者的投资风险。中国股票市场交易成本之高使股市完全成为一个资金推动型的投机场所,股票买卖已成为一场"零和游戏",甚至是"负和游戏"。

股票市场的功能定位缺陷,导致投资者投资理念与投资行为扭曲。(1)股市的功能定位缺陷引发对股票市场的赌场与赌性争议。2001 年 1 月,经济学家吴敬琏两次在接受中央电视台采访时发话炮轰股市,说出了"中国股市很像一个赌场"的名言。2006 年 3 月,两会期间,在全国政协中外记者招待会上,吴敬琏依然坚持他的"股市赌场论"。吴敬琏是当今中国最有影响的经济学家,其观点和看法可以上达政府,下传百姓,对股票市场的影响力极大。吴敬琏的"股市赌场论"至今影响和左右着政府与民众对这一市场的理性认识。(2)股市的功能定位缺陷导致股票市场对投资者理解存在歧义。脱胎于计划经济的中国股票市场,不仅没有为投资者进行必要的制度设计与制度保护,而且计划经济的思维模式使得投资者被冠以投机取巧的"投机者",投资者(尤其是中小投资者)在意识上也不自觉地认同了自己的低微形象。(3)政府主导下存在严重功能缺陷的股票市场,投资文化失去了生存的土壤,投机文化成为主流。投机文化在中国股票市场上的表现是,投资者关注股票价差收益而忽视上市公司红利配送;投资者主导趋势为短线炒作而不是长线投资;不论是个人投资者还是机构投资者的高换手率反映了其投机炒作的行为动机,沪深证券交易所 2007—2008 年第一季度股票交易的高换手率就证明了这一点。第九、十届全国人民代表大会常务委员会副委员长成思危 2007 年末曾指出:"在股市投资者的结构中,从事长线投资的机构投资者为数过少。从衡量短线投资程度的主要指标换手率看,今年 1—8 月我国 A 股的月换手率多数超过 100%(相当于在一个月内将所有的流通股换手了一遍)。在一个健康的股市中,从事长线投资(持股半年以上)及短线投资的投资者之间应当保持着动态的平衡,而在我国股市中不仅散户的数量众多,而且绝大多数散户及机构投资者(各类基金)都在从事短线投资。"①投机文化产生的主要原因是基于为国有企业脱贫解困服务的目的,一大批绩差公司跻身到股市中来,真正具有投资价值的上市公司少之甚少。股票市场优质投资资源的匮乏,使投资者失去了价值投资的土壤,短线投机性炒作成为一种合乎理性的选择。投机文化对中国股票市场的危害是导致股票市场的常态是非理性的投机状态,甚至在某一时段呈现出过度投机的状态。

二、中国股票市场的文化扭曲

中国股票市场存在的最为严重的制度缺陷就是股权分置。股权分置是指上市公司的一部分股份上市流通,一部分股份暂不上市流通的中国股市独有的情况。股权分置把上市公司变成了股东之间的利益冲突体,而不是利益共同体,使股票市场的发展缺乏一个具有共同利益趋向的制度平台。为谋求非流通股股东与流通股股东基于互利原则的共同利益,实现上市公司股权全流通,2005 年 4 月股权分置改革正式启动。股权分置改革基本上采用的是单一的送股模式来实现大股东对流通股股东的支付对价,而流通股股东对大股东对价的支付则按"锁一爬二"的政策在随后的 36 个月中逐步实现,即"大非小非"解禁后的持续减持。大小非解

① 参见成思危:《健康股市需四方努力除隐忧》,《证券日报》2007 年 11 月 5 日。

求／是／文／芸 《求是学刊》发刊200期 QSWH

禁是中国股市股权分置改革中遗留下来的最致命威胁与最重大隐患,也是 2007 年 10 月以来沪深股指持续暴跌的罪魁祸首。大小非解禁彻底逆转了中国股票市场的供求关系,并摧毁了中国股市的估值体系。大小非解禁彻底改变了中国股票市场投融资双方的力量格局,使以往金融资本主导的股票市场演变为金融资本与实业资本共同主导的博弈场所。随着最近几年大非解禁潮的到来,大股东利益开始和上市公司流通股价紧密联系在一起,大股东具备了操纵和控制股价的基本利益动力。大股东有可能通过调整其公开信息的发布内容,来影响上市公司股价,从而获得更大的增值收益。伴随而来的缺乏道德约束的信息披露违规违法、内幕交易、市场操纵无疑会加剧中小股东的投资风险,有效的信用体系与诚信文化难以形成。

中国股票市场监管制度中存在的缺陷,极大地制约了股市的稳定、健康与和谐发展,股票市场公开、公平、公正的市场环境难以有效形成,市场规则与市场秩序遭遇挑战。(1)股票市场监管中的体制缺陷——典型的"计划经济"行为特征。我国的股票市场,建立于计划经济向市场经济转轨过程中的转轨期,受制于当时的体制和制度环境,股票市场监管带有计划经济的痕迹,表现为:政府监管中行政干预过多,股市的"政策市"特征明显,有时会导致市场调节功能失灵。我国股票市场成立至今,政策调控和行政干预是主导股票市场运行轨迹的主要力量,也是证券市场监管的核心武器。长久以来的"政策市"使得股票市场形成了一种特殊的市场与政府之间的"博弈"关系和"依赖"关系,导致股市的波动充满了系统性风险。(2)股票市场监管中的目标缺陷——多元化目标矛盾。中国股票市场基于"为国企筹资"的服务责任而成立,政府目标(发展国有企业:从解困、转制、全流通到整合央企)与监管目标(维护三公原则、保护投资者合法权益、维护和保障市场秩序)合二为一地归由证监会履行职责,不可避免地造成目标间的矛盾与冲突。(3)股票市场监管中的效率缺陷——监管能力与水平障碍。股票市场监管中的主要问题是,政府监管制约滞后,动态监管缺失,监管的技术手段落后,难以应付重大性、突发性市场异动,未能防患于未然,带来对市场参与主体的利益损害。

中国股票市场法律制度的缺陷主要体现在基本法的缺陷上,由此引致股票市场法制保障体系的缺失。由全国人民代表大会常务委员会制定并通过、集中规范中国证券市场的基本法,目前主要有《公司法》、《证券法》和《证券投资基金法》。随着股权分置改革的进行,后股改时代以及即将到来的全流通时代,股票市场的格局与特征将发生根本性的变化,《公司法》和《证券法》的动态修订与完善将提上议程。

三、新兴加转轨时期中国股市文化的构建思路

从国际资本市场发展的视野看,股票市场至今已有四百年的历史了。欧美成熟股市(英国、美国)发源于 18 世纪中后期,亚洲成熟市场(日本、中国香港)也发源于 19 世纪中后期,而我国的股票市场则成立于 20 世纪 90 年代初期,至今才有 18 年的成长历史,目前尚属于新兴加转轨市场。作为新兴市场,我国股票市场股权制度、监管制度以及法律制度等基础性制度存在的严重缺陷,制约着上市公司结构的优化、质量的提高以及上市公司治理的完善;制约着市场功能的发挥、市场运行效率的提高;制约着政府监管质量的提高、投资者合法权益的保护;制约着股票市场的持续健康发展。以上因素最终会影响和左右中国股市文化的形成与发展,并对其核心观念的确立产生决定作用。我国股票市场还有一个"特色性"特征,它是一个转轨市场。中国股票市场是伴随着我国经济体制由计划经济向市场经济的转变过程而建立和发展的,其本身处于不断改革和规范的过程中。转轨市场很容易产生特定时期的认识谬误,制约着人们对股票市场的理性认识,造成股市文化扭曲。因此,构建新兴加转轨时期的中国股票市场的股市文化,是股票市场理论与实践发展的现实议题。

笔者认为,中国股市文化的构建,应以互利文化为前提,以投资文化为基础,以诚信文化为核心,以正义文化为保障,从而实现中国股票市场的生态文明与和谐发展。

(一)中国股票市场股市文化构建的前提是互利文化

互利原则是市场经济的基本原则,也是股市文化构建的前提。近代西方古典政治经济学奠基人、18 世纪英国最著名的道德哲学家和经济学家亚当·斯密,在其两部代表作《道德情操论》和《国富论》中,通过对人类道德行为与经济行为的分析,揭示出人类基于自利行为的互利本性。

亚当·斯密首先揭示了人的自利行为。他在《道德情操论》中写道："毫无疑问,每个人生来首先和主要关心自己;而且,因为他比任何其他人都更适合关心自己,所以他如果这样做的话是恰当和正确的。"①亚当·斯密把这一论述在《国富论》中发展成为表述"经济人"的名言:"我们每天所需要的食物和饮料,不是出自屠户、酿酒家或烙面师的恩惠,而是出于他们自利的打算。"②在斯密看来,个人利益是人们从事经济活动的出发点,人类出于"自爱"(利己、自利)沉湎于对财富的追求。改善我们的条件而谋求利益,就是我们所说的人生的伟大目标。

亚当·斯密在揭示了人的自利行为动机后,进而通过对"同情心"、"看不见的手"的深刻阐述,揭示了人类的互利本性。在《道德情操论》中,斯密把源于人的同情的利他主义情操视为人类道德行为的普遍基础和动机。他说:"无论人们会认为某人怎样自私,这个人的天赋中总是明显地存在着这样一些本性,这些本性使他关心别人的命运,把别人的幸福看成是自己的事情,虽然他除了看到别人幸福而感到高兴以外,一无所得。这种本性就是怜悯或同情。""不管同情的原因是什么,或者它是怎样产生的,再也没有比满怀激情地看到别人的同感更使我们高兴,也没有比别人相反的表情更使我们震惊。"③斯密称之为"相互同情的愉快",实为人类心灵中"非意识"的"互利本性"。斯密在《国富论》中的"经济人"表述,也传达了"交换倾向"引致的"人的互利本性"。他说,市场"许多利益的分工,原本不是任何人类智慧的结果,不是人类想求一般富裕的结果……而是由于人性中互通有无、物物交换、互相交易的倾向"。"不论是谁,如果他要与旁人作买卖,他首先就要这样提议。请给我以我所要的东西吧,同时,你也可以获得你所要的东西:这句话是交易的通义。"④另外,《道德情操论》和《国富论》都对"看不见的手"作了论述,表达了他的自利从而利他的互利趋向与结果。在《道德情操论》中,他说道:"富人……的天性是自私和贪婪的……虽然他们雇用千百人来为自己劳动的

---

① (英)亚当·斯密:《道德情操论》,蒋自强等译,商务印书馆1997年版。
② (英)亚当·斯密:《国民财富的性质和原因的研究》,郭大力、王亚南译,商务印书馆1972年版。
③ (英)亚当·斯密:《道德情操论》,蒋自强等译,商务印书馆1997年版。
④ (英)亚当·斯密:《国民财富的性质和原因的研究》,郭大力、王亚南译,商务印书馆1972年版。

唯一目的是满足自己无聊而又贪得无厌的欲望,但是他们还是同穷人一样分享他们所作一切改良的成果。一只看不见的手引导他们对生活必需品作出几乎同土地在平均分配给全体居民的情况下所能作出的一样的分配,从而不知不觉地增进了社会利益,并为不断增多的人口提供生活资料。"①在这里,"一只看不见的手"说明的是对财富的获取欲本身如何实现促进人类福利的社会目的。而在《国富论》中,"一只看不见的手"说明的则是竞争过程的有益后果以及达到的对市场的自发调节作用。在这种场合,"像在其他许多场合一样,他受一只看不见的手的指导,去尽力达到一个并非他本意想要达到的目的,也并不因为事非出于本意,就对社会有害。他追求自己的利益,往往使他能比真正出于本意的情况下更有效地促进社会的利益"②。

古人云:"天下熙熙,皆为利来,天下攘攘,皆为利往。"人类的逐利与自利本性是人类从事经济活动的出发点,对财富的追求是经济进步的动力。然而,市场经济博弈格局的基础是互利,而不是自利最大化(更不是利用制度缺陷对利益的巧取豪夺)。诺贝尔经济学奖获得者阿马蒂亚·森曾指出,既没有证据表明自利最大化是对人类实际行为的最好近似,也没有证据表明自利最大化必然导致最优的经济条件(帕累托最优)。博弈论的"囚徒困境"模型也形象地告诉人们,互利与合作是人类从事经济行为的最佳选择。

市场经济的要素市场中,股票市场最能反映出资本的逐利性以及人类追逐财富的欲望,这本无可厚非,因为股票市场的魅力就在于此。但是,股票市场的逐利必须以互利为前提,股票市场中投资者(个人投资者和机构投资者)、融资者(上市公司)、政府监管机构以及中介机构等各参与主体的互利与多赢格局应该是股票市场的常态。唯有如此,才能实现股票市场的基本功能,使之成为有效的投融资场所。当前股票市场互利文化构建的难点,是对中小投资者这一弱势群体的理性认识与投资收益的制度保护。包括对中小投资者在股市中的作用积极肯定,对其作为投资者而非投机者的主体定位积极赞同,对股票发行机制、定价机制不利于

---

① (英)亚当·斯密:《道德情操论》,蒋自强等译,商务印书馆1997年版。
② (英)亚当·斯密:《国民财富的性质和原因的研究》,郭大力、王亚南译,商务印书馆1972年版。

中小投资者的非公平制度积极调整,对股票流通市场秩序的有效监管与法律保障,等等。美国华尔街有一句名言:"保护投资者利益就是保护华尔街",资本所有者利益的最大化是华尔街最基本的道德所在。党的十七大报告提出:国家将创造条件让更多群众拥有财产性收入。此举作为我国富民政策的又一延伸,意义十分重大。这一重要的提法对股票市场投资者(尤其是中小投资者)更是意义非凡。它肯定了投资者(尤其是中小投资者)在股票市场中不可或缺的地位、追逐财富的正义以及利益保护的必要,为投资者(尤其是中小投资者)通过买卖股票以实现货币资产的保值增值提供了有力的保障。总之,股票市场中上市公司与投资者、个人投资者与机构投资者、政府与上市公司、政府与投资者之间的互利与合作,应该是股票市场健康与和谐发展的基本道德原则与文化规则。

(二)中国股票市场股市文化构建的基础是投资文化

投资文化是一种成熟的股市文化,欧美等发达市场经济国家的股票市场就是这一文化的代表。与投机文化相反,投资者关注上市公司红利配送而忽视股票价差收益;投资者主导趋势为长线投资而不是短线炒作;投资者崇尚价值投资和理性投资而厌恶投机性炒作和非理性行为;股票市场的低市盈率、低换手率反映了其投资文化的行为动机。

前文所述,我国股票市场的功能定位缺陷与基础性制度缺失,缺乏孕育投资文化的土壤。众所周知,股票价格的变化首先受上市公司经营管理状况的影响,上市公司质量与内在价值决定其股票价格的长期走势与波动范围;股票价格的变化还受股票市场供求关系的影响,其价格的形成由市场的实际供求状况决定。在我国股票市场中,从上市公司质量来看,上市公司结构和质量整体水平不高,"从利润、回报率和其他指标来看,70%的内地上市公司没有达到国际标准"(成思危)。从股票市场供求来看,供求关系失衡一直是困扰股市健康发展的障碍,尤其是2007年以来的大小非持续解禁与巨量减持,股票市场供求失衡已超越市场承受的底线,市场估值体系崩溃,价值投资理念被市场无情摒弃。总之,上市公司质量和股票市场供求状况都不能支撑股票价格的长期牛市,中国股票市场缺乏持续上升的动力。

投资文化的培育,是中国股市文化构建的基础,也是股票市场持续稳定与健康和谐的保证。为此,提高上市公司质量,平衡股票市场的供求关系,明确政策预期,减少政府监管的非市场化干扰,培养投资者的价值投资与理性投资的理念与行为,是当前股票市场的重要任务。

(三)中国股票市场股市文化构建的核心是诚信文化

诚信是市场经济的道德法则,诚信文化也是市场经济的核心文化。诚信是一个具有普遍性的道德规范,它以各种形式出现在各民族的道德要求中;诚信也是一项法律原则,它广泛出现在世界各国的立法与司法活动中。经济学家刘伟曾对市场经济的诚信法则进行了深刻阐述。他认为:"市场经济对道德秩序最基本的要求是'守信'。因为,市场经济本身是信用经济,市场经济中所运用的一切交易工具,一切交易方式和交易行为,无不是信用的体现,客观存在的信用经济关系自然要求以'信任'作为宗旨来构造市场经济道德秩序。"①经济学家盛洪对市场经济中的诚信与失信问题,也发表过精彩论述。他说:"记得魁奈曾说过,如果每个人都把自己的资产负债表写在自己的脑门上,社会福利将会有所增进。用经济学的语言来说,欺骗就是让被欺骗的人付出的成本多于应该付出的,或获得的收益少于应该获得的。被骗不仅意味着个人的经济损失,而且意味着社会的经济损失。"②

诚信在我国股票市场中既是一种道德规范,也是一项法律原则。作为道德规范,诚信要求人们诚实、守信,自觉约束自身行为;作为法律原则,诚信要求人们在经济活动中恪守诺言、讲究信用,在不损害他人利益的前提下追求自己的利益。我国股票市场目前却面临着严重的诚信缺失与信用危机。(1)上市公司诚信缺失引发信用危机。上市公司诚信缺失主要表现为违规违法行为的普遍性,如信息披露违规违法、内幕交易、市场操纵等,一些影响巨大的行业龙头企业也不能幸免。如:家电龙头四川长虹转配红股违规上市,银行第一股深发展非法买卖本公司股票,乳品巨头伊利股份五高管非法挪用巨额资金,房地产业旗帜深万科董事长王石夫人违规买卖本公司股票等,此类案件不胜枚举。(2)证券公司和中介

---

① 参见刘伟:《经济学导论》,中国发展出版社 2002 年版。
② 参见盛洪:《高尚的帕累托佳境——谈谈经济学理想和道德理想的一致性》,载《南风窗》2002 年第 8 期。

服务机构诚信缺失引发信用危机。近年来,证券公司违法经营、中介服务机构违背职业道德的行为时有发生。有的证券机构违规参与坐庄、操纵股价;部分券商纵容客户透支,挪用客户保证金,违规自营和混合操作,严重扰乱交易秩序。另外,与股票市场相关的会计师事务所、律师事务所、审计师事务所和资产评估事务所等中介服务机构,为了牟取私利,违背职业道德,为企业做假账,提供虚假证明。中介服务机构的诚信缺失对股票市场和投资者信心的打击往往是致命的,远远大于上市公司违规违法,他们是保护股票市场秩序和投资者权益的重要屏障。(3)政策的不可预期引发政府诚信缺失。如果股市本身是可预期的,投资就会取代投机成为市场的主导;如果股市是不可预期的,就会引发短期行为,投机就会成为市场的主宰。我国股市的一大致命问题是:市场的不可预期造就了投机甚至是过度投机,而过度投机的一大诱因是股票市场中政府干预的不可预期,尤其是突发性干预所引致的。

诚信是市场经济的灵魂,是市场经济正常运行的基础。诚信文化作为股票市场的核心文化,首先需要股票市场各参与主体的道德自律,需要股票市场各参与主体诚实善意,恪守诺言,自觉按照股票市场道德准则行事,履行其在股票市场的道德责任与社会责任;其次股票市场的诚信更需要法律约束的保障。失去法律的约束机制,单单是理念上的诚信空壳,难以有效约束损害股票市场健康发展的非诚信行为,根本无法达到投资者利益平衡,难以体现公平理念。因此,上市公司、投资者(个人投资者和机构投资者)中介机构等市场参与主体的诚信义务与诚信责任的充分履行,不仅需要内在约束,还必须依赖于相关配套制度的有力保障,尤其是外部法律环境以及约束机制的完善。

(四)中国股票市场股市文化构建的保障是正义文化

"正义"一词的使用由来已久,在亚里士多德那里,正义是社会性、政治性的品德,是树立社会秩序的基础。他把正义分为两类:另一类是分配财富和荣誉,即分配的正义;一类是在交往中提供是非的标准,即纠正的正义。罗尔斯认为,正义是社会制度的首要价值。"在某些制度中,当对基本权利和义务的分配没有在个人之间作出任何任意的区分时,当规范使各种对社会生活利益的冲突要求之间有一恰当的平衡时,这些制度就是正义的。"①罗尔斯提出了正义的两个原则：第一个原则是"自由的平等原则"，它强调每个人都"平等"地享受政治自由等各种权利；第二个原则是"差别原则"，它强调社会经济的不平等，必须能够促使社会中"处境最不利"的成员获得最大的利益。②

亚当·斯密曾在《道德情操论》中对正义原则进行论述。他认为，正义是社会存在的最低限度的基础规则，是社会经济正常运行的底线伦理。"与其说仁慈是社会存在的基础，还不如说正义是这种基础。虽然没有仁慈之心，社会也可以存在于一种不很令人愉快的状态之中，但是不义行为的盛行却肯定会彻底毁掉它。""行善犹如美化建筑物的装饰品，而不是支撑建筑物的地基……相反，正义犹如支撑整个大厦的主要支柱。如果这根柱子松动的话，那么人类社会这个雄伟而巨大的建筑必然会在顷刻之间土崩瓦解。"③

经济学家盛洪对"正义"作了经济学层面的理解。他认为，在正常情况下，正义并不表现为一方压倒另一方，而是表现为利益冲突着的双方之间的均衡。在经济学中，正义体现为利益的均衡。它并不偏袒哪一方。既不偏袒生产者，也不偏袒消费者；既不倾向买者，也不倾向卖者。如果简单地、直观地描述一下正义在经济学中的位置，可以说，正义位于完全竞争市场的均衡点上，在这一点上，供给者与需求者之间的利益达到了均衡。与此同时，资源配置和激励效果都达到了最佳境界。④

正义原则是市场经济运行的基础性原则，也是股票市场"三公"原则的核心要求。《证券法》第三条明确规定："证券的发行、交易活动，必须实行公开、公平、公正的原则。"

正义文化在股票市场的现实体现就是对投资者（尤其是中小投资者）合法权益的法律与监管保护。《证券法》第一条开宗明义："为了规范证券发行和交易行为，保护投资者的合法权益，维护社会经济秩序和社会公共利益，促进社会主义市场经济的发展，制定本法。"投资者最主要、最

---

① 参见(美)约翰·罗尔斯：《正义论》，何怀宏等译，中国社会科学出版社 1988 年版。
② 参见(美)约翰·罗尔斯：《正义论》，何怀宏等译，中国社会科学出版社 1988 年版。
③ (英)亚当·斯密：《道德情操论》，蒋自强等译，商务印书馆 1997 年版。
④ 参见盛洪：《高尚的帕累托佳境——谈谈经济学理想和道德理想的一致性》，载《南风窗》2002 年第 8 期。

基本的六大权利是:投资知情权、资产安全权、公平交易权、投资收益权、管理参与权和股东诉讼权。我国股票市场运行至今只有短短的18年,其投资者合法权益保护机制是在实践与发展中逐渐建立起来的,目前还处于不断地修订、健全与完善之中。证券法律制度与监管机制在实施中存在很多漏洞和空缺,给了蓄意甚至恶意违规违法者以可乘之机。他们游走于法律与道德的边缘,其行为法不能治或者治之艰难,德虽能究但究之弱效,而其行为对投资者(尤其是中小投资者)的合法权益的损害后果却极其严重。投资者合法权益保护的民事责任制度和投资者合法权益保护的民事赔偿制度的迟滞与弱效,是制约股票市场正义文化培育的主要障碍。

综上所述,蕴涵互利、投资、诚信与正义的股市文化是健康与和谐的股市文化;而健康与和谐的股市文化是股票市场不可或缺的要素,也是股票市场稳定、健康与和谐发展的保证。

● 原文刊载于《求是学刊》2008年第4期。《新华文摘》2008年第23期转载、《中国社会科学文摘》2008年第11期转载、《学术界·学术论点》2008年第5期转载。

● 马书琴,哈尔滨师范大学经济学院教授。

中国民营企业现代转型的多位思考

——转型、创新与民营企业的持续发展

罗能生

我国民营企业经过 20 多年的发展,已步入新的成长期,面临着"第二次创业"的艰巨任务。这一时期,市场环境发生了根本变化,民营企业面临着更为复杂的挑战和机遇。民营企业发展走到了一个新的转折点,需要进行根本性的转型,实现从传统家族制企业向现代性企业的转变,构建与现代市场经济相适应的产权结构、管理体制和经营方式。

一、转型与创新:民营企业可持续发展的必由之路

我国民营企业产生于 20 世纪 80 年代,是随着改革开放的步伐逐步成长起来的,有相当一部分是从所谓的"个体户"起家,逐步发展成为各种类型企业的。在相当长的时期内,民营企业基本上是在一个缺乏健全市场环境中成长起来的,这种先天的制约和影响,使得我国大部分民营企业不论从体制上还是经营方式上,都存在不少局限性。在新的历史条件下,都面临一个转型的战略任务,需要在制度安排和经营方式上进行重大创新。

首先,民营企业的转型和创新是我国社会主义市场经济发展的必然要求,是我国市场经济系统转型的重要构成。随着我国加入 WTO 过渡期的结束和社会主义市场经济体制的逐步完善,以及以科学发展观为指导的国家发展战略的确立,我国市场经济进入一个全面提升和转型期,即从粗放的不健全市场经济向现代的健全市场经济的转型。主要表现在:一

求/是/文/荟 《求是学刊》 发刊200期

是价格体系进一步健全和完善,商品内在价值和市场供求关系对市场价格的决定作用不断强化,政府干预和其他外在因素对市场价格的影响越来越小。这就是说,企业试图利用非市场因素来获取市场利益或超额利润的机会或可能性越来越小,企业要在市场中生存、发展和获取竞争优势,除了按市场规律办事以外,别无他途。二是市场更加开放、自由。这一方面是我国必须按照"入世"时的承诺,根据 WTO 规则,向世界开放市场,我国市场逐步和世界市场一体化,我们将面临更大的来自世界的机遇和挑战。另一方面是国内各地区之间的市场更加开放和自由,市场分割的现象越来越少,全国统一市场更加健全。更加开放和自由的市场,为企业发展提供了更加广阔的市场空间,更多的发展机遇,也使企业面临更大的竞争压力,更多的经营风险,对企业的素质提出了更高的要求。三是市场竞争更加激烈,大部分行业的经营进入正常利润甚至微利时期,企业面临的不仅仅是需要应对来自更多、更加有实力的对手的竞争和挑战,而且再也难以像早期市场那样,抓住机会就可以获得超额利润。四是市场法制更加健全,市场运行更加规范,既为企业运作提供了更好的环境,又对企业行为提出了更加严格的要求。显然,民营企业作为我国市场的重要主体,必须适应我国市场经济转型和全面提升的必然趋势和要求,通过持续的创新实现自己的根本转型。

其次,转型是民营企业自身发展的根本要求,是民营企业应对市场新的挑战与机遇的必然选择。如上所述,在新的发展时期,民营企业面对的是一个更加开放、竞争激烈、挑战与机遇并存的市场环境,民营企业如果不能全面提升自己的品质和能力,就必然举步维艰,甚至被淘汰。目前,我国国营企业普遍遭遇两个发展瓶颈,一是资金短缺,二是人才不足。这两个发展瓶颈在一定意义上都是传统家族制企业的必然结果。由于产权的家族单一性、封闭性,社会资本不能直接参与进来,资本短缺必然发生;由于家族化的管理,外部人才难以进入,即使进入也因是"外人"难以有效发挥作用。所以,要从根本上解决这两大瓶颈,就需要实现企业制度的转型。转型也是民营企业实现可持续发展的根本要求。据有关资料统计,中国民营企业平均寿命只有4—5年,远远低于世界平均水平。[①] 民营

---

① 参见李亚:《民营企业创业管理》,中国方正出版社 2004 年版,第 104 页。

企业短命的重要原因之一,是其体制和机制的局限,特别是其封闭性造成的。封闭不仅造成了其不能有效吸纳外部资本和人才,难以做大做强,而且内部累积的矛盾、风险也缺少出口,难以化解,因而当企业遇到大的风险、挑战陷入困境时,很容易走向衰落。所以,只有实现从传统家族企业向现代性企业的根本转型,才能保证企业的持续发展和基业常青。

二、产权结构转型:由家族产权结构向社会化产权结构的转变

民营企业发展的转型是企业体制和运行方式的全面性的转变和创新,其中产权结构的转型是企业转型的基础和根本。

作为对企业财产权利的制度安排,产权是企业制度的基础,是影响企业运行的根本因素,也是民营企业实现转型的关键。只有在企业产权制度实现转型的基础上,才可能真正实现管理体制、经营方式等方面的转型。因此,实现民营企业的现代性转型,首先需要实现由单一、封闭的家族产权结构向多元、开放的社会化产权结构的转变。我国大部分民营企业都是家族企业,大部分家族企业产权结构的基本特点是:一是股权单一,往往是由一家或同一家族中的几户人家入股构成;二是封闭性,股权不向家族以外的人开放,甚至家族内部不同家庭之间也不开放。应该说,这种产权结构在一定历史条件下有其必然性和合理性。在企业草创时期,不确定性、风险性很大,除了家族人员出于一定的伦理责任加入以外,理性的外部人是不愿意去支持一个不可预期的企业的。而当企业发展到一定程度,赢利状况变好时,家族企业又不愿意外人来分享自己辛辛苦苦打拼出来的获利机会。此外,在企业体制不规范和外部环境不确定性很大的时候,企业经营管理风险很大,单一、封闭式的产权结构可以有效规避一些外部风险,特别是可以保障企业主对企业的完整控制权。当然,更为深层次的原因是中国传统的家族文化的制约。中国人把家和家族利益看得高于一切,也把家作为最重要、最为可靠的依托,对家族之外的人具有一种排斥和不信任感。因此,在企业经营中家族化现象也就必然非常突出。[①]

---

① 参见付文阁:《中国家族企业面临的主要问题》,经济日报出版社 2004 年版,第 109 页。

但是,随着市场经济和企业自身的发展,家族企业单一、封闭的产权结构成为制约企业发展的瓶颈,一方面使得企业无法较快地进行扩展,提升市场竞争力和获取规模收益;另一方面也使得企业最重要的资本——人力资本、特别是高层次人才的引进和使用变得困难,使企业素质难以提升,因而严重地制约了企业经营绩效的提高和持续发展。

我们曾经对湖南省民营经济发展比较早、比较好的邵阳市进行调研,随机抽取了该市 500 户中小民营企业,分析了民营企业产权社会化程度(或开放度)与经营绩效的关系。我们根据民营企业股权结构中参与主体的多少来测度其产权社会化程度,把企业产权由 1—2 个主体所有的设定为低社会化,3—5 个组成的为较低社会化,6 个以上组成但未上市的为较高社会化,上市公司为高社会化。同时,选取 3 年(2004—2006 年)的年平均产值和年平均利润为经营绩效指标,对民营企业产权的社会化程度及其与经营绩效的关系进行了考察和分析,得出如下结果:

社会化程度	企业数量(家)	所占比重(%)	平均年产值(万元)	平均年利润(万元)
低社会化	252	50.4	1 283.5	108.2
较低社会化	196	39.2	3 194.9	387.6
较高社会化	52	10.6	12 312.4	1 483.1
高度社会化	0	0	0	0

调研结果表明:(1)民营企业产权社会化程度普遍较低,低社会化和较低社会化占 89.6%,较高社会化的仅为 10.6%。(2)企业产权社会化程度与企业经营绩效呈正相关性,产权社会化程度越高,企业的年均产值和利润越高。这些实证结论进一步证明了实现民营企业产权结构转型的必要性和意义。民营企业,特别是那些发展到一定程度并期待做大做强的民营企业,必须积极稳妥地促进企业产权结构改革和转型。

民营企业产权结构的社会化有两种基本方式:一种是保持家族控股式的多元化结构,另一种是完全开放式的现代股份制结构。目前看来,家族控股式的多元化产权结构更符合大部分民营企业的实际情况和要求,或者说更与中国传统文化相契合,是大部分民营企业主和家族成员更愿意接受的产权改革方式,因而产权转型的阻力和成本会比较小,在一定程度上是可以实现帕累托改进的制度变迁方式。

在转型过程中,较大的民营企业可以采取存量不变,增量开放的方式,即原有企业产权不变,扩展或新办企业产权实现开放式、多元化结构,这样通过企业的不断发展,企业新的部分不断增长,也就逐步转化为社会化企业。这种方式的优点是既兼顾了已有家族成员的既得利益,可以减少改革的阻力和成本,又可以促进产权逐步社会化;缺点是不是任何民营企业都具备这种转型条件,而且新旧部分权利的协调问题可能会比较突出。较小的民营企业则可以采取保障家族控股比例的前提下,引进外部股份,优化股权结构和拓展企业规模。对于一些民营高科技企业和现代化水平比较高的企业来说,基于企业的持续发展和全面提升竞争力的需要,应该尽可能转型为与现代企业制度相适应的开放性的社会化股权结构。至于转型的途径,一方面是在企业扩展中,引入战略投资者,扩充和优化企业的股权结构;另一方面是通过股票上市,吸引更多的社会资本,实现产权的社会化。

实现民营企业产权结构的转型,首先是民营企业家及其家族成员要转变观念,由狭隘家族观念向社会观念转变,确立企业是家族所有,也是社会公共资产的观念;由利益独占观念向利益分享观念转变;由小富即安、谨小慎微的小商贩意识向自强不息、开拓创新的企业家意识转变;由只追求赚钱发财观念向追求事业成功转变。其次,要合理地处理和协调产权结构转型过程中的各种利益关系,既要兼顾家族的既得利益,改革不能损害家族的利益,同时,又必须保证新进入的产权主体有利可图,也就是要使转型成为一个帕累托改进的过程,这样才能最大限度地降低转型的阻力和成本,促进转型的顺利进行。再次,不同民营企业的产业性质和发展水平具有不同特点,应该根据具体情况来选择转型的方式和路径。除了民营企业自身的努力外,政府应该为民营企业产权结构的转型创造有利的政策环境和条件,给予民营企业股权扩展,甚至股票上市更多的机会和便利,为民营企业融资创造更好、更为宽松的条件,积极促进民营企业产权结构的合理转型。

三、管理体制转型:由人治管理向现代企业管理的转变

目前,大部分家族制的民营企业的管理体制是家长集权式管理。其基本特点一是家企一体,企业最高管理者一般为家庭中的家长或家族最

高权威者,家长与企业最高管理者融为一体。二是高度集权,主要表现在:企业大小事情的决策基本上都由最高领导者或家长一人决断;企业所有者直接经营管理企业,企业所有权与经营权融为一体。三是人治管理,企业管理制度不健全,管理以家长或企业领导者的意志为转移。家长的伦理权威起着至关重要作用,家族伦理是调节企业内部关系的重要机制。① 显然,这种企业管理体制是由家庭管理发展起来的,或者说实际上就是家庭管理在企业中的延伸。应当说,在家族企业发展初期,这种管理方式不仅具有必然性,而且可以降低管理成本和管理风险,具有一定优越性。但是,随着企业规模的不断扩大,经营范围和层次的不断拓展,市场竞争环境的日趋复杂,这种家长制管理的局限和弊端就逐步暴露出来,成为制约企业发展和提升的严重阻碍。作为市场微观基础的经济组织的企业,与作为社会生活单元的家庭,不仅有着不同的性质和规模,而且有着不同的运行规律和机制。企业是一种专业化的赢利组织,受市场规律约束,以利润最大化为基本价值取向;而家庭是社会的基本生活单位,主要承担着生命的延续和生活的组织,它以血缘和亲情为基本的纽带,以家庭传统和伦理为调节机制。② 显然,二者不仅承担着不同的功能,运行机制也有本质的不同。家长制管理不可避免地把家庭管理方式和运行机制引入到企业管理中,必然造成对企业管理的非专业化、非市场化,给企业的运行带来消极影响。同时,好的家长未必是好的企业家,特别是当家长不能摆脱家长角色而是以家长身份来管理企业时,家长就一定不是好的企业管理者。现代企业需要专业经营者以专业化方式来进行管理,家族制企业管理中所有权与经营权的统一,使得外部专业管理人才难以被引进,引进来了也因为缺乏控制权难以大有作为。集权式管理也会严重压抑下属的积极性和主动精神,一人说了算会严重影响企业的科学决策。特别是当家长管理者出现失误或者能力不足时,管理的混乱或低效就在所难免。家长制管理过于依赖家族伦理来进行管理,人情关系不可避免,制度建设往往不健全,人治色彩非常明显,与现代企业经营所需要的专业化、制度化管理是背道而驰的。

---

① 参见朱先春:《中国民营企业成长通鉴》,暨南大学出版社2003年版,第150页。
② 参见张原义、明立志、深传运:《中国私营企业发展报告》,社会科学文献出版社2002年版,第165页。

因此,要促进企业向更高层次和更大规模的发展,民营企业的管理体制必须实现根本的转型,即由家长集权式的人治管理体制向现代企业治理体制和管理方式的转变。

第一,对于那些已经发展到超出家长制管理所能适应的较大规模民营企业来说,应该在产权改革和转型的基础上,努力实现治理结构由单一集权式向所有权、经营权分离的转变,由家长独断体制向分权、授权体制的转变,有条件的要力求建立完善的现代企业的法人治理机制。所有权与经营权的分离是现代企业的一个基本特征,所有者作为股权人享有股权所有者的权利,获取股权收益,而企业经营则委托给专门的企业经营者。这不仅解决了企业专业化经营的问题,也使得企业资产(股权)能够比较容易扩展,促进了企业快速发展。民营企业要做大做强必须解决企业规模扩展和专业化经营的问题,而这两个问题都只有在企业实现所有权与经营权分离,健全委托代理关系的情况下,才能有效实现。当然,这里的分离并不是说原来所有者或现有的控股的民营企业主不能经营企业,而是说他(她)应该是以一种专业经营者的身份而不是所有者的身份来经营企业。企业经营者可以是企业主,也可以是外聘经理,基本要求就是具备良好的专业化的经营才能。

第二,管理主体由家长和家族成员向企业能人的转变,逐步实现管理的专业化、专家化。家族制企业由于产权的家族性,外部经营者往往难以进入,从企业的主要领导者到各部门的负责人,大多数都是家族成员,即使有少数经营者进入,往往也得不到重用,发挥不了重要作用。这是造成企业管理不规范、低效率的重要原因。因此,必须在产权改革的基础上,从根本上改变这种任人唯亲的现象,以专业人才来实现专业化的管理,实现企业管理的现代化。

第三,决策机制由经验独断、随意化决策向科学化、民主化的组织决策转变,建立企业科学决策体制。一方面,要在产权改革的基础上建立健全企业董事会,重大决策由董事会讨论决定;另一方面,是要建立专业性的企业调研机构,对市场信息、产品开发、产业投资、资本运营等进行科学的调研,为企业决策提供可靠依据。同时,民营企业要善于借用外脑,与相关研究机构和专家合作,利用专家的智慧为企业决策服务。

四、经营方式转型：由自发粗放式的经营方式向现代市场经营方式的转变

我国现有的民营企业大部分都是从较小规模甚至个体经营成长起来的，很长时期都是在一个不完善的市场环境中逐步发展起来的，这就使得其经营方式存在明显的局限与不足：不少企业经营理念落后，视野狭窄，小商小贩意识浓重，长于计较眼前小利小惠，缺乏战略经营眼光；经营方式粗放，常常只是凭经验进行营销，缺乏对市场的科学预测，不懂得现代营销方法的运用；经营手段不规范，大部分企业都存在违规操作，用非市场方式获取经营利益的行为和表现，少数企业甚至把商业贿赂、假冒伪劣等违规行为作为发财致富的捷径和经营诀窍等。[①] 随着我国市场经济体制的逐步完善和民营企业的发展，这种狭隘、粗放和不规范的经营方式，明显地不能适应新的市场环境和企业发展的要求，需要进行根本转变和全面提升，实现从自发粗放式的经营方式向现代市场经营方式的转型。

首先，要更新经营理念，转变经营观念，摆脱非市场经济体制下小商小贩的那种经营观念和习惯，确立现代市场经济条件下的经营理念。这主要有：(1)思维视角由商品生产销售者主体向消费者主体意识的转变，把消费者的需求作为生产经营最为根本的依据。在现代市场经济条件下，企业成败的关键不在于生产者如何去设计自己的产品和经营策略，而在于消费者对企业及其产品的认可与否，因此企业的一切必须以消费者的需求为中心，满足消费者的当前需求，发掘消费者的潜在需求。这里的关键是，不能仅仅把消费者当成可以利用的对象，而是首先要把他们当做一个值得尊重、需要去对其负责的主体，也就是不能只是口头上说"消费者是上帝"，而是真正把消费者当做衣食父母来对待。(2)由只注重产品向在保障产品质量基础上更加注重服务、注重品牌的转变。重生产轻服务在一些民营企业中具有普遍性。而在技术和产品质量逐步趋同化的现代市场中，服务往往是企业竞争成败的关键。因此，民营企业只有转变观念强化服务才能在市场竞争中立于不败之地。同时，不注重品牌建设也

---

① 参见张军：《转型治理与中国私人企业的演进》，复旦大学出版社 2006 年版，第 4 页。

是一些民营企业的老毛病,不仅造成了企业产品附加值少、价格低,而且市场交易成本高。因此,民营企业必须改变有产品无品牌的被动局面,加大投入培育和优化自主品牌。(3)由片面注重利润最大化向注重企业信誉、企业形象和企业无形资产的转变。企业为利,天经地义,但是一定要"取之有道",讲求诚信,注重信誉,在追求企业自己利益的同时,注重企业的社会责任,努力去打造企业优良的社会形象。只有这样,才能保证企业的长期和可持续发展。(4)由只注重竞争获得个别利益到注重竞争和合作相结合、实现双赢观念的转变。现代市场经济发展一方面是竞争越来越激烈,另一方面是合作越来越普遍。明智的企业已经抛弃传统的你死我活的竞争方式,而是在竞争的同时,寻求合作,在合作中实现双赢。民营企业在转型发展中也必须抛弃狭隘的竞争观念,树立一种大局观,更加崇尚合作,努力在合作中实现共赢。

其次,在经营手段上,由依靠经验和手工操作向依靠现代营销手段的转变。由于受各种条件和观念制约,民营企业往往不大注重经营手段技术上创新上的投入,往往满足于经验和手工操作,这是造成民营企业在经营决策落后和经营方式难以上档次的一个重要原因,严重制约了民营企业效率的提高和本质的提升。民营企业要实现经营方式上的现代转型,必须在经营手段上加大投入,全面提升经营方式的技术水平。第一,要学会科学的市场调研和分析,把经营决策建立在科学的市场调查、市场预测的基础上;第二,要学会借助计算机、网络等技术来处理、获取、传播经营信息和实现商务目标;第三,要学会利用电视、报刊等现代传媒和其他平台来开展公共关系活动,优化企业和产品形象,促进经营目标的实现。

再次,在经营方式上,克服不规范、非市场化的营销方式,确立依法经营、诚信经营、规范化经营的原则,构建规范化、理性化、现代化的市场营销方式和科学的经营管理体制。由于各种原因,目前民营企业经营不规范问题比较突出,在一些企业中存在制假售假、偷税漏税、拖欠债务、商业贿赂等现象。这种不规范的现象在民营企业发展初期有一定的必然性。但是民营企业只有超越了这种不规范、非市场化的经营方式,才能成长起来。作为正在走向现代化的民营企业来说,必须彻底摆脱这种靠不正当方式来谋取利益的行为冲动,勇于抛开小路走大道,坚持依法经营,诚信经营,规范自己的生产经营行为。只有遵循市场规则,运用市场方式来积极参与市场竞争,才能在市场经济中不断壮大发展。

第四,在企业经营发展方式上,由只注重实务运作的片面发展向注重以企业文化建设为主导的企业全面发展的转变。民营企业发展的初期,往往只注重产品的生产和销售等物质层面的东西,无法顾及企业文化建设,发展也是单一片面的。但是,当企业发展到一定阶段以后,企业文化建设就变得至关重要。企业文化犹如一个人的精神,一个人没有良好的精神状态,难以有大的作为,一个企业没有健全的企业文化,不可能做大、做强、做久。优良的企业文化是企业的灵魂,是企业的核心竞争力,是企业可持续发展的根本保障。民营企业只有培育和发展出自己独特和优良的企业文化时,才是一个成熟的、可持续发展的企业。因此,民营企业必须走出重物质轻文化的误区,大力加强企业文化建设。以企业文化为先导,促进企业全面发展,提升企业的整体素质和综合竞争力,这是企业现代性转型的真正实现。

此外,除了以上企业体制方面的转型以外,对于一部分已经具有良好发展基础的企业来说,还需要努力实现产业结构的转型,即由劳动密集型产业向资本密集型和技术密集型产业的转型;组织结构的转型,即由单一制企业向企业集团的转型等。

总之,民营企业转型是大势所趋,在新的市场环境下,所有民营企业都存在一个转型和创新的问题。但是,民营企业是一个大范畴,包含着各类性质和各种发展水平的企业,不同民营企业面临的发展问题多种多样,条件也各不相同,企业需要根据自己的现实状况、特点和发展水平,来选择实现转型的类型、战略和方式。如一些发展基础好、规模很大的民营企业,在产权结构和管理方式上都需要考虑向现代企业制度转型的问题,刚刚起步的民营企业的转型可能主要在于经营方式上如何与现代市场经济接轨;民营高科技企业在创新企业制度安排时,需要充分考虑到人力资本产权的问题,一般商品生产经营企业的制度创新则主要集中在基于物质资本的治理结构和管理体制上。如何实现民营企业的现代转型是一个复杂的过程,不可能一蹴而就,也没有普遍适应的模式,需要在深入调查研究和审慎分析的基础上,循序渐进,谋定而动,更需要具体情况具体分析,因"企"制宜,区别对待。

民营企业的转型的主体无疑是民营企业和企业家,同时需要政府为其创造良好的政策环境和转型条件,需要全社会的理解和支持。我们还必须认识到,民营企业转型过程中必然产生一系列的矛盾和冲突,需要付出一定的转型成本,甚至可能在短时期内转型成本大于转型收益。但是,为了适应社会主义市场经济发展的客观要求,为了应对日趋激烈的市场竞争,为了把企业做大做强,实现可持续发展,民营企业除了通过不断创新和改革,提升自己的实力和水平,逐步实现向现代性企业的转型以外,别无选择。

●原文刊载于《求是学刊》2008年第5期。
●罗能生,湖南大学经济与贸易学院副院长、教授、博士生导师。

转变外贸增长方式下的政策调整分析

张 楠

2001 年以来,我国外贸增长连年创出新高,贸易顺差增长过快。为了缓解贸易顺差过大,促进外贸平衡,自 2003 年以来,政府出台了一系列政策措施抑制外贸出口过快增长,同时优化出口商品结构,抑制"高耗能、高污染、资源性"产品出口,带动外贸增长方式转变和进出口贸易平衡,促进经济增长方式转变和经济社会可持续发展。为达到上述目标首先要研究贸易增长方式转变问题。但就此目标本身而言,并非某一单一政策本身所能解决。因此,转变外贸增长方式下的政策研究应有宏观视角,即应将问题的研究放到整个经济发展的大背景下,从与一系列政策实施绩效相关因素分析入手,探讨有效的政策组合,才能够真正达到转变贸易增长方式,优化产业结构的目标。本文中,我们就与转变外贸增长方式密切相关的出口退税政策,加工贸易政策,外商投资政策,人民币汇率政策及其他几个方面的配套政策调整进行阐述。

一、转变贸易增长方式:进出口结构协调发展

(一)我国进出口商品结构分析

表 1 显示了我国 2001 年至 2006 年进出口贸易额以及对外开放度的变化情况。伴随着中国 GDP 的增长,无论是进口还是出口,依存度不断扩大,外向型经济增长模式日益突出,进出口拉动经济增长的格局日益稳定。

表1　2001—2006 年进出口贸易额及对外开放度测量

单位:亿人民币

年份	GDP	进出口额②	外贸依存度②/①	出口额③	出口依存度③/①	进口额	进口依存度④/①
2001	109 655.2	42 183.6	38.4%	22 024.4	20.1%	20 159.2	18.4%
2002	120 332.7	51 378.2	42.7%	26 947.9	22.4%	24 430.3	20.3%
2003	135 822.8	70 483.5	51.9%	36 287.9	26.7%	377 195.6	25.2%
2004	159 878.3	95 539.1	59.8%	49 103.3	30.7%	46 435.8	29.1%
2005	183 084.4	116 921.8	63.9%	62 648.1	34.2%	54 273.7	29.7%
2006	209.407.0	137 487.8	65.7%	75 674.1	36.1%	61 813.7	29.6%

资料来源:据《中国统计年鉴 2002—2006》计算整理,2006 年数据根据中华人民共和国国家统计局 2007 年 2 月 28 日发布的《中华人民共和国 2006 年国民经济和社会发展统计公报》数据计算得到(年末人民币汇率为 1 美元兑 7.8087 元人民币)。

　　伴随着我国对外开放程度的不断提高,我国参与国际分工的层次也在不断提升。2006 年,我国矿物燃料、润滑剂及有关原料等资源类产品出口中,纯资源性产品如煤、焦炭及煤砖出口同比下降了 14.1% ;但在工业制成品出口中,按原料分类的制成品如轻纺产品、橡胶制品、矿冶产品及制品等资源和原材料密集型产品出口增长速度仍然过快,同比增长 35.4% 。机械及运输设备类产品的出口增长平稳,2006 年出口 45 63.64 亿美元,同比增长 29.6% ,已占到整个工业制成品出口的 50% 。另外,机电产品和高技术产品增长进一步加快,2006 年机电产品出口 5 494.39 亿美元,高新技术产品出口 2 814.91 亿美元,分别占整个出口总额比重 56.7% 、29.05% 。因此,总体而言,我国出口结构得到相对优化。另外,从合理进口结构来看,进口结构与出口结构具有较强的相关性,有何种出口结构必然伴随着相对应的进口结构,其对经济增长的作用和贡献并不亚于出口。2001 年以来我国进口规模不断扩大,速度增长较快,进口产品结构不断优化。2006 年初级产品进口中,原料成为最主要的进口商品,主要包括非食用原料、矿物燃料、润滑油及有关原料。两类产品在初级产品进口中的比重分别达到 44.44% 、47.56% ,这充分说明随着经济发展国内对资源、原料类产品需求日益增大。在工业制成品进口当中,机械及运输设备类产品进口增长最快,2006 年进口 3 571.07 亿美元,占到工业制成品总进口额的 59.1% ,同比增长 22.9% ,说明资本和技术密集型产品已成为进口的主导产品。这种变化趋势表明,中国一般加工业的国内生产能力已有极大提高,对国外低附加值的产品依赖程度减弱;与此同时,随着国内产业结构不断升级,对国外先进技术及成套设备的进口需求日益增长。

(二)当前不合理进出口贸易格局的成因

虽然我国商品进出口结构和规模正不断优化,但进出口增长并不平衡,贸易方式并不合理,进出口结构有些仍不匹配。

中国出口贸易的迅速增长取决于两方面的外部因素:一方面,中国出口贸易的迅速增长是全球跨国公司在全球生产经营布局的结果。表2中描述了2002年至2006年中国进出口的企业性质分类情况。表明2002年至2006年,中国国有企业除2002年进出口表现为顺差外,其余年份均出现了较大幅度的逆差。而外商投资企业出口和进口额均表现出快速增长的态势。这说明外商投资企业和非国有企业更加依赖外部需求,也说明中国的贸易顺差主要是国际跨国公司全球价值链、供应链安排的结果,并非完全由中国的贸易激励导致。另一方面,中国出口贸易的迅速增长又是世界产业转移和产业内贸易发展的结果,是经济全球化的必然现象。表3显示的是我国2002年至2006年对外贸易不同贸易方式下进出口额,加工贸易在总贸易额中的比重逐年提高。这说明,中国的贸易顺差是世界产业结构调整和产业内贸易发展的结果,是中国依据自身的比较优势,在全球经济中的定位的必然结果,中国只是顺应了世界经济发展的潮流。①

虽然我国商品进出口结构和规模正不断优化,但进出口增长并不平衡,出口速度更快,进出口结构有些仍不匹配。2006年资源性产品的需求增长较快,增长幅高达30.8%。这一生产结构与我国处于重化工业阶段密切联系,而这一生产结构反映在出口商品上,必然导致我国资源和原料类出口商品增长居高不下。换句话说,就是我国外贸增长仍然停留在粗放型增长方式阶段,只不过是摆脱传统纺织品上升到一个较高产品平台——机械电子加工装配。解决我国目前外贸粗放式经营的关键在于,遏制我国目前"大进大出"的加工贸易倾向。②

---

① 参见裴长洪、彭磊:《加工贸易转型升级——我国十一五期间重要课题》,载《宏观经济研究》2006年第1期。

② 参见裴长洪、彭磊:《对外贸易依存度与我国贸易战略调整》,载《财贸经济》2006年第4期。

表2 2002—2006年中国进出口企业性质分类表

单位金额:亿美元

企业性质	2002 年		2003 年		2004 年		2005 年		2006 年	
	出口	进口	出口	进口	出口	进口	出口	进口	出口	进口
总值	3 255.7	2 952.0	4 383.7	4 128.4	5 933.7	5 614.2	7 620.0	6 601.2	9 690.7	7 916.1
国有企业	1 228.6	1 144.9	1 380.3	1 424.8	1 535.9	1 764.5	1 688.4	1 972.0	1 913.4	2 252.4
外资企业	1 699.4	1 602.7	2 403.4	2 319.1	3 386.7	3 245.7	4 442.1	3 875.1	5 638.3	4 726.2
集体企业	188.6	94.8	251.3	132.4	317.9	177.2	365.1	205.2	410.9	199.6
私营企业	137.8	95.6	347.5	245.7	692.5	418.8	1 122.3	539.8	1 707.4	728.4

资料来源:据中华人民共和国《海关统计》各期数据整理得到。

表3 2002—2006年我国对外贸易进口贸易方式

单位金额:亿美元

贸易方式	2002 年		2003 年		2004 年		2005 年		2006 年	
	出口	进口	出口	进口	出口	进口	出口	进口	出口	进口
总值	3 255.7	2 952.0	4 383.7	5 614.2	5 933.7	4 128.4	7 620.0	6 601.2	9 690.7	7 916.1
一般贸易	1 362.0	1 291.2	1 820.3	2 482.3	2 436.4	1 877.0	3 150.9	2 797.2	4 163.2	3 331.8
加工贸易	1 799.4	1 222.2	2 418.5	2 217.4	3 279.9	1 629.4	4 164.8	2 740.3	5 103.7	3 214.9
①来料加工	474.8	341.8	543.3	537.2	685.7	391.2	839.7	670.3	944.8	738.3
②进料加工	1 324.6	880.3	1 875.2	1 680.2	2 594.2	1 238.2	3 325.1	2 770.0	4 158.9	2 476.6
其他贸易	94.2	438.7	144.9	914.5	217.2	622.0	304.3	1 063.7	423.8	1 369.4

资料来源:据中华人民共和国《海关统计》各期数据整理得到。

(三)转变贸易增长方式的内涵

当前以外资企业为主要出口主体、以加工贸易为主要出口模式的出口格局,使我国在出口数量不断攀升的同时,出口福利增长却相对缓慢。从长期来看,转变贸易增长方式,需要扭转出口贸易中加工贸易比重过大的趋势,需要政策引导出口行业向附加值高的一般贸易转变。而短期内,为平衡贸易增长,我国需要扩大进口数量,而这一策略需要从两个方面加以实施:一是我国应坚定不移地继续扩大关键中间产品及成套设备,高新技术产品的进口;二是符合我国当前所处重化工业阶段特征,对一些资源原材料应加大进口力度,建立储备制度,而对另一些资源类产品则应控制出口,降低能耗。因此,转变贸易增长方式,应与经济增长方式转变步伐相一致,即向适度和自主性经济增长方式转变,通过多方位、多角度综合运用政策组合手段协调进出口商品结构平衡,改变过度外向型贸易战略导致资源配置扭曲和经济效率降低的状况,实施某些关键产品进口替代。因此,转变贸易增长方式,必须通过协调运用出口退税政策、加工贸易政策、外商投资政策、人民币汇率政策等不同对外经济贸易政策组合,进一步引导产业结构的调整,限制高污染、高能耗、资源型产品的出口,使出口商品结构更趋合理;进一步引导加工贸易向一般贸易转换,与加工贸易限制类、禁止类目录相配合,提高一般贸易方式在出口商品中的比重;进一步引导贸易体制的转型,减少贸易国内流通环节,推广外贸代理制;进一步引导外资增长,优化外资出口结构,降低中低技术机械电子类产品出口比重。

二、出口退税政策调整分析

一般税收法理认为,出口退税应符合避免双重征税原则,符合流转税的消费者承担原则,符合流转税的中性原则,理想的出口退税并不是鼓励出口的优惠和补贴政策,而是消除出口歧视的中性措施。但现实世界并非如此。在出口退税所退的流转税中,增值税是最主要的税种,由于各国经济发展状况和财政体制不同,形成不同增值税体系。我国目前实行的生产型增值税,对固定资产存在重复征税,而且越是有机构成高的行业,重复征税就越严重,但对资本有机构成低的行业或企业和劳动密集型生产有利。可见现实世界的出口退税并非是理想的出口退税,但可以通过这一税收杠杆对外贸进出口进行总量和结构的调节。[①] 对具有宏观调控作用的出口退税政策而言,通过加大实施"差异化"力度,调整出口格局,从而起到促进经济增长方式转变的作用。但是,我国目前的出口退税政策存在缺乏统一性缺陷,即相同的出口商品由于企业的性质、类型、成立的时间以及贸易方式不同,所适用的出口退税的政策存在差异,造成实际税负不公。因此,出口退税政策调整应重点放在以下几个方面:

---

① 参见汤贡亮、李成威:《出口退税政策的经济效应:理论分析和实证研究》,载《税务研究》2002 年第 12 期。

1. 调整出口退税政策,对产业结构产生有利影响。在出口退税政策调整中,首先,应根据宏观调控意图设置出口退税率,按出口商品的性质不同,有差别、有层次地对不同商品设计阶梯型退税率。一般而言,出口退税率应按照"资源类产品—原材料—零部件—半成品—制成品"顺序从低到高顺序来排列,鼓励出口企业对出口的资源性产品进行深加工,提高商品技术含量和附加值。其次,对不同类型行业而言,这种阶梯型退税率也应该因时制宜。对于资本技术密集型产业来说,关键中间产品与最终成品一样应确定较高的退税率,鼓励企业进行中间产品的生产进口替代,完成向出口替代的转变;对于正外部性产业来说,应进行完全退税,以鼓励企业扩大生产出口。另外,我国经济增长在很长一段时间内必将依赖资源大量消耗,高污染与高能耗产业成为经济社会可持续发展最大阻碍。因此,应以出口退税调整为契机,进一步促使我国出口产品结构趋于合理,逐步实现由以粗加工制成品出口为主向以精加工制成品出口为主的转变;进一步抑制资源性产品行业投资过热的势头,并继而减缓其他相关行业投资压力,维持国内资源供需平衡,减缓煤电油运的紧张状况和环境污染;将地方政府的获利与相应承担的财政支付责任结合起来,协调区域之间的平衡发展。

2. 调整出口退税政策,对不同贸易方式实现税负平衡。当前出口退税政策对不同贸易方式而言出口税收负担是不一致的:首先一般贸易出口企业税收负担最重,其次为来料加工贸易,进料加工贸易的税负相对较轻。出口退税率调整引起的贸易方式之间的税负不平,不利于鼓励加工贸易企业使用国产料件,并有可能诱使企业高进低出,即高报进口料件价格、低报出口成品价格从而偷逃增值税和所得税,或者将进料加工改为来料加工,以减少应缴增值税金。出口退税政策新规定使内资企业从事加工贸易的积极性明显提高,使许多生产性出口企业要求外地供货商先将料件出口,再以加工贸易方式出口,从而大量增加加工贸易的"境外一日游"现象,人为地增加成本,削弱出口竞争力。因此,应尽快调整不同贸易方式下出口退税政策不公平状况,出口退税率调整应充分考虑出口和内销之间、出口贸易方式之间的税负平衡,对进料加工、进口料件按国产同类产品征退税率差征收增值税且不予抵扣,并将来料加工业务改为对加工费先按征税率征税,再按退税率退税,对来料加工的免税政策和进料加工的"免、抵、退"税政策只允许在出口加工区或保税区内进行,对非出口加工区或保税区外开展的来料加工贸易将现行免税政策改为"免、抵、退"税政策,与进料加工贸易政策相一致。

3. 调整出口退税政策,促进外贸体制改革。出口退税政策调整应逐步统一外贸企业出口和生产企业自营出口的计算方法,促使更多生产企业向自营出口方向发展,收购制的外贸企业向出口代理发展。对所有生产企业自营出口及委托外贸代理出口,一律实行"免、抵、退"法,对外贸收购出口应采用"免税采购","免、抵、退"和"先征后退"并存的方法。外贸企业向税务主管机关提供可证明上年出口业绩的海关单据,税务主管机关据以核实企业本年度免税收购出口商品的额度。外贸企业持税务机关颁发的免税收购证明向供应企业免税采购,供货企业将收到的免税收购证明交由其税收征管机关核查。若外贸企业本年度实际出口额度超过核准的额度,对超过部分实行按购进价格"先征后退"的办法,下一年度则会相应增加额度。对企业免税购进若用于内销的,应补税并核减下一年度免税购货金额。采取"免税购进"办法,不仅有利于出口退税共同负担机制的实施,激发出口地政府促进产品出口的积极性,而且统一了外贸企业出口和生产企业自营出口的计算方法,促进公平竞争。①

4. 调整出口退税政策,促进地区经济结构的转变。由于增值税征收环节与出口退税出口环节区域隔断,因此造成增值税收入与出口退税支出主体非一致性矛盾。这种矛盾导致出口退税企业集中的出口地政府分担出口退税款的财政负担加重,由此沿海地方政府鼓励出口的积极性将受到影响,要求发展加工贸易,限制一般贸易,限制收购异地货物。总体而言,出口退税政策鼓励高科技、限制低效率产品及资源消耗项目的倾向,势必促进技术领先地区经济更快发展。相反,落后地区产品由于出口退税政策抑制出口受阻,经济增长速度下降,这无疑是对经济相对落后地区的沉重打击,因此,在应对出口退税政策调整带来的不利因素条件下,经济落后地区必须转变经济结构方式,形成对经济优势地区的互补。

---

① 参见黄衍电:《出口退税管理面临的新问题与对策》,载《涉外税务》2005年第4期。

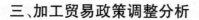

三、加工贸易政策调整分析

我国加工贸易发展导致我国制造业出口结构与制造业产业结构的非一致性。[①] 长期以来，由于我国的产业政策鼓励"进口替代"，而贸易政策则提倡"出口导向"，导致我国制造业产业结构是以资本技术密集型为主，而出口却是以劳动密集型为主。制造业中资本、技术密集度较高的主要集中于低效的国有企业，属于一般贸易，出口能力不高，"进口替代"在低水平上不断重复。虽然当前资金、技术密集型产品的加工贸易比重不断上升，但真正体现技术水平和要素含量的先进技术设备和重要中间投入产品等均未能实现国内生产替代。因此，以机电产品和高技术产品为主导的加工贸易仍然表现出明显的出口导向性，造成我国机电产品、高技术产品对世界经济变化的高度敏感和对外部需求的高度依赖。加工贸易是一把双刃剑，以加工贸易为主体的进出口，并不能从根本上解决中国产业的技术进步问题。因此，作为一种贸易方式，加工贸易在一国经济发展过程中的作用是阶段性的。也就是说，发展加工贸易的国家一般要经过进口料件的"进口替代"→制成品的"进口替代"→一般贸易方式出口的过程。也就是说，加工贸易作为一种确立本国新兴产业的途径而存在，是一国产业处于吸收、学习和成长过程中参与国际竞争、提高竞争能力的一种适时措施，包括"落地生根"[②]、"转型升级"、"自主创新"这样一个循环过程。

1. 加工贸易发展战略及政策导向调整。要实现我国外贸增长方式从数量增长型变为效益增长型，关键是培养我国产业竞争力的自我创造、自我强化、自我循环能力。也就是说，新产业的兴起，是在自身需求、自身技术创造基础上的一种创新构成，而在贸易方式上表现为一般贸易和境外加工贸易为主，服务贸易成为最具有增长优势的贸易类别。因此，为充

---

① 参见武海峰、刘光彦：《对外贸易、产业结构与技术进步的互动关系研究》，载《山东社会科学》2004 年第 7 期。

② "落地生根"一般是指加工贸易利用外资带动本地经济的发展，同时引导外资企业开拓内销市场，促进其从"三来一补"加工贸易型企业为主，向"三资企业"转变，再由"三资企业"向本土企业转变，实现由"海外接单、大陆生产、香港出口"的传统营运方式向"大陆接单、大陆生产和大陆直接出口"模式的转变，促使外资经济与当地经济不断地融合，使"飞地经济"扎下根来。

求 是 文 丛 QSWH 《求是学刊》发刊200期

分利用加工贸易实现贸易增长方式的转变,首先要充分利用这种贸易方式尽快缩短我国与发达国家产业结构上的差距。一是要有选择地发展加工贸易项目。从国家长远规划出发,应积极鼓励与加快健康、低污染、高技术附加的服务型加工贸易企业的发展;限制生产落后、资源浪费、高污染的加工贸易合同的审批,引导加工贸易的发展符合"走新型工业化道路"的目标。二是要鼓励我国企业"走出去"开展境外加工贸易。利用自身的优势,转移过剩生产能力,延长我国传统优势产业的生命周期,融入到发达国家先进技术研发、生产中心,学习创新,尽快缩短与发达国家在创新能力上的差距。三是促进加工贸易的"落地生根"以及推动加工贸易的"转型升级"。把引进来(完善投资环境和提升配套能力,引进大跨国公司的核心技术与业务)、扎下根(允许加工贸易企业有一定的内销比率,使加工贸易企业与本地市场形成密不可分的经济联系)、本地化(鼓励本地企业主导的进料加工贸易)作为不同阶段的目标和任务,创造产业、产品、工序的转型升级和技术进步的良性机制(如开放竞争、模仿、主动配套、联合开发、尊重产权)。加工贸易应由加工贸易制造为主逐步向采购、加工制造、分销服务、售后服务以及研发、信息咨询等方向转型升级。这实质上是沿着价值链逐步由低向高、由简单向复杂、由生产向综合服务和全球运营方向转型升级。具体而言,应当包括以下六方面任务:(1)加工贸易的产品结构升级,重点发展电子信息基础产业、新材料产业、生物医药产业等。(2)加工贸易的产业链延伸,重点培育研发、设计产业和仓储、物流业。(3)加工贸易的适度重型化,重点发展装备制造业和精细石化产业。(4)加工贸易的空间布局优化,重点平衡沿海和内陆间的加工贸易转移,为沿海地区传统加工贸易产业的优化升级提供产业聚集平台。① (5)加工贸易的组织方式优化,促进传统产业转型。进行传统产业的技术改造与技术创新,提高产品附加值与竞争力,从单一贴牌生产(OEM)向设计研发(ODM)、自有品牌(OBM)方式升级。(6)加工贸易服务支持体系优化,探索促进加工贸易优化升级支持性政策体系和生产服务体系,发展包括技术研发在内的服务能力。

  2. 促进加工贸易转型升级的政策调整。促进加工贸易由低层次加

---

  ① 参见王子先、杨正位、宋刚:《促进落地生根——我国加工贸易转型升级的发展发现》,载《国际贸易》2004 年第 4 期。

工向深层次加工转移,提高本土企业自主配套能力和关联程度,对现存传统加工贸易企业的功能进行深化,包括向上游产业链推进,重点发展研发和设计产业;在中游产业链精选,从事高价值低物耗产品制造;向下游产业链延伸,促进国际物流配送的服务企业的发展,促进加工贸易与服务贸易的结合。对加工贸易区域分布不均衡现状加以调整,以适应国际产业结构调整和国内产业结构转型升级的要求。(1)关于中间产品的进口替代战略的实施。廖涵(2003)对日本在华投资企业加工贸易本地采购率的研究,反映了我国加工贸易本地化比率低的现实。① 中间品采购率低的最主要的原因,一方面是加工贸易税收政策的问题。将出口退税政策扩大到中间投入品,对来料加工企业的国内采购同样实行退税,以提高来料加工企业国内采购的积极性。另一方面外资政策应作适当调整,制定更为优惠和灵活的政策鼓励外资进入上游产业,将关键设备和零部件生产环节设在我国,由核心企业的进入带动我国配套企业的进入,通过学习模仿逐步提高我国中间品的科技含量和质量。(2)延长产品生产加工链条,促进深加工结转。目前,深加工结转主要是手册对手册的结转,这种结转方式比较适合产品单一、购销渠道简单的加工贸易情况,但不适用于所需零部件结转种类繁多、购销渠道复杂的加工贸易情况。因此,我国应加紧制定并实施简便易行的结转深加工管理操作办法,从企业实际出发,将原则性与灵活性结合起来,注意提高加工贸易的便利化程度,规范良好的深加工结转秩序,通过电脑联网查询等方式及时调配加工贸易中的半成品,以促进加工贸易"转厂率"的提高,延长加工贸易的国内增值链。(3)拓展加工贸易企业的业务经营领域,有效促进加工贸易与服务贸易的发展。鼓励外商投资企业设立国际采购与配送中心,提供海外销售网络和渠道的信息服务和中介服务。应将国内企业运送到保税区的货物视同出口,具备申请出口退税的资格,予以办理出口退税。拓展加工贸易企业的业务经营领域,建立和完善加工贸易企业向区域总部转变的服务支持系统。考虑允许加工贸易企业为其境内外公司提供采购、销售、物流、信息、决策咨询、研究开发等经营性服务,对其赢利给予减免税政策。(4)实现加工贸易的地区间转移和协调发展,应当在加工贸易政策促进

---

① 参见廖涵:《论我国加工贸易的中间品进口替代》,载《管理世界》2003 年第 1 期。

上体现出对中西部、沿海地区的差别对待。对于传统加工贸易,鼓励中西部地区企业承接传统加工贸易,应当与加工程序、加工技术等效率的提高相结合,使传统加工贸易在中西部走出一条有自身特色的道路。而沿海加工贸易企业应引导其加工贸易方式的转变,如由简单的贴牌生产(OEM)向设计生产(ODM)、自有品牌(OBM)转变,最终向一般贸易形式转变。引导传统加工贸易向"沿海自主接单、中西部生产和沿海直接自主出口"方式转变,强化沿海出口加工区在接单、出口两方面的功能,实现两头在沿海,生产在内陆这样一种分工协调模式。

四、外商投资政策调整分析

新颁布的《企业所得税法》将内外资公平竞争体现在四个统一上,即:内资、外资企业适用统一的企业所得税法;统一并适当降低企业所得税税率;统一和规范税前扣除办法和标准;统一税收优惠政策,实行"产业优惠为主、区域优惠为辅"的新税收优惠体系。从"两税合一"改革内容来看,对待外资的态度已经转向"重质不重量"的高级阶段,即鼓励外资重点投向高新技术产业、先进制造业、服务业、农业和环保产业,同时严格限制高污染、高能耗的项目进入。"十一五"期间如何在《企业所得税法》实施基础上,在新的引资起点上继续深化外商投资成为一个重要的课题,关键在于制定和完善"两税合一"相关的配套措施,继续优化投资环境。

1. 对税收优惠的制定及实施,要从单纯偏重结果的税后优惠环节调整为结果与过程并重、税后优惠与税前优惠结合,以间接优惠为主,配合以减税、免税等直接优惠政策。因此,所得税税收优惠的环节应以加速折旧、投资抵免、再投资退税、亏损结转、纳税扣除、科研费用列支、提取技术开发基金等间接税收优惠为主,以提高企业进行技术改造、技术开发和技术创新的积极性,进而促进产业升级和结构优化。另外,为鼓励外商投资企业参与资本市场,实施并购投资,应对资本资产的税务处理作出相应规定。比如资本交易利得或损失方面,本着鼓励投资、防止投机的原则,对企业取得的当期资本交易中的净收益,应计入企业的应纳税所得额;企业资本交易中发生的损失,只能冲抵其从资本交易中取得的收益;若企业当期资本交易发生损失,用当期收益弥补后仍有亏损的,可结转冲抵以后年度资本交易所取得的收益。[①] 再者,继续深化相关财税改革,提高与新《企业所得税法》之间的协同效应。增值税是我国目前最大的税种,增值税从生产型转为消费型,有利于降低资本有机构成高的企业的税收负担,从而有利于提高其投资积极性,促进技术进步和经济结构优化。因而,在总结东北地区增值税改革试点经验的基础上,争取尽快推广至全国,可以从整体上减轻税制改革对外资企业造成的影响。

2. 制定内外资统一适用的《企业并购法》,引导和规范外资并购投资行为。现行的《关于企业并购的暂行办法》、《关于外国投资者并购境内企业的规定》作为规范内资和外资企业并购行为的主要法规,对由企业并购衍生出来的诸多问题,如兼并对象、交易方式、企业职工的安置、债务处理等缺乏统一的立法规范,严重阻碍了我国企业资产重组的步伐。因此,应尽快制定一部全国统一的《企业并购法》,以规范日益高涨的企业并购活动。外商在华的并购投资实践表明,其青睐的并购对象主要是《外商投资产业指导目录》中限制进入的行业,特别是市场潜力巨大、利润空间较大、外商在此领域具有技术领先的绝对优势的行业,如汽车制造、医药、通讯设备制造等成了大型跨国公司进入的重点,还有就是中国目前无论是在经营理念、经营管理水平和市场化的程度都与发达国家存在巨大差距的服务业,如电信服务、批发零售、金融、保险、物流、港口、运输业等。在具体目标企业的选择上,外商所选中的目标企业往往是那些在国内市场规模大、发展潜力大、在行业中处于骨干地位的优势企业,特别是处于行业排头兵地位的上市公司更是外资并购的重点目标。因此,对外资并购应加强监督和引导,确保国家对重要的战略产业的控制力,对这些行业的大型外资并购要有严格的审查和控制机制,保证重点战略产业的安全。

3. 加大服务贸易领域利用外资的力度,大力承接全球服务外包。应把服务业吸引外资作为中国经济跨越转型的又一次机遇,而服务外包的跨国转移是最好的切入点。应尽快研究相应服务贸易及服务外包行业的特点,根据其对我国经济发展的作用大小,分类推出给予外商投资的鼓励措施,使其在我国新一轮增长中扮演更重要的角色。

---

① 参见张蕊:《我国内、外资企业所得税制的比较研究》,载《江苏科技大学学报(社会科学版)》2006 年第 1 期。

五、人民币的汇率政策调整分析

2000 年以来,中国经济又重新面临着通货膨胀的压力,政府不得不采取紧缩性的货币政策,采取提高法定存款准备金率、实施差别存款准备金率、窗口指导、提高存款利率等措施。但由于吸收不断增大的外汇储备,致使基础货币大量增加。为此,为维护人民币币值,央行又只能采取对冲操作,不仅增大央行的操作成本,更重要的是对紧缩性货币政策形成巨大冲击。对于开放条件下的中国,汇率问题已经通过货币政策传导渠道影响到了中国经济的整体,因此,如何把握人民币汇率改革成为最重要的课题。随着对外开放领域和程度不断扩大和加深,我国已经实现了人民币经常项目下可兑换,并且中国政府虽然在名义上对资本与金融账户实行管制,但事实上受双重套利的驱动,中国的资本流动是一种不完全的自由流动。正因为中国政府事实上没能控制资本的自由流动,才使得"三元悖论"在中国以下形式表现出来:中国政府在主观上试图选择独立的货币政策和汇率稳定的目标,放弃资本自由流动;在事实上的选择是稳定人民币汇率和在利差、汇差双重诱惑下的资本违规流动,而无法实现独立的货币政策。即在"不可能三角"中,我国政府选择了固定汇率制度和资本自由流动(或加速放松资本管制)的某种结合。这种结合在很大程度上已经影响到中国货币政策的运行(独立性)。

由于世界上既没有适合所有国家的统一的汇率安排,也没有适应一国任何时期的单一的汇率安排。John 和 Mauro(2003)利用 1999 年新的汇率制度分类系统对汇率制度选择的决定因素进行了详尽的分析,研究结果表明,经济规模大、对外贸易占 GDP 比重较低、高通货膨胀、政治稳定、转轨经济的国家更易采用浮动汇率制度;资本控制程度较低的国家更易采用硬汇率盯住的汇率制度;资本开放和资本控制都不是影响一个国家选择浮动或盯住汇率制度的强有力因素,反而决定了对中间汇率制度的选择,资本控制越强的国家更易采用固定汇率制度。[①] 由于加入 WTO 后中国对国际资本流动的限制已经放松,因此尽管中国还没有达到资本

---

① JOHN. GRACE , MAURO. PAOLO, Long Run Determinants of Exchange Rate Egimes: a Simple Sensitivity Analysis, IMF Working Paper, No. WP/02/104 ,2003.

的完全自由流动,但资本有限流动的程度已经发生了变化。根据"蒙代尔三角"理论,在货币政策独立性、资本自由流动与汇率稳定这三个政策目标中,中国必须根据实际情况作出调整。随着我国经济规模的扩大,我国大国经济的特点将会越来越明显,货币政策的目标将由外部转向内部,货币政策的独立性愈加重要,也就是说,在"蒙代尔不可能三角"中,我国的客观情况已经决定了货币政策独立性这一支点不动或基本不动。因此,加强汇率政策独立浮动意味着真正把汇率作为一个独立的、灵活的变量和调控宏观经济的工具,而不是外贸政策的附庸。相对完全固定和自由浮动汇率制度而言,中间汇率制度可以控制经济失衡,对发展中国家而言,将均衡汇率平价维持在一个同经济基本因素相一致的水平是汇率体制选择上的重要一环。但为了弥补中间汇率制度在日益增加的国际资本流动下存在的本质缺陷[1],20世纪60年代末出现爬行盯住和宽带浮动汇率制度,随后又出现了爬行带汇率制度,Dornbusch 和 Park(1999)将其命名为"BBC"(basket,band and crawl)准则。因此,人民币汇率应在保持固定汇率制度积极因素的前提下,引入浮动汇率制度内在的积极因素,逐步提高浮动区间,以使汇率制度与资本自由流动的程度逐步适应,在一定幅度内灵活地根据实际经济情况来选择和调整汇率政策及对资本流动情况的控制。对于今后我国汇率制度改革走向,应以保持我国货币政策的有效性相一致为目标,遵循资本管制以控制短期投机资本为主、利率市场化逐步完善和人民币汇率重归有管理的浮动汇率制的改革整体设计,中央银行货币政策操作目标应该逐步从控制名义汇率和货币供应量变化转向控制实际利率和实际汇率变化的最优线性组合。因此,必须明确今后相当一段时期内我国货币政策的作用目标以及在此基础上稳步推进汇率制度改革。对于今后汇率制度改革的方面,要确保货币政策在三个方面发挥重要作用。第一,要防止泡沫经济。第二,要防止国际资本大进大出。第三,防止金融机构先于实体经济超常发展。因此,有必要兼顾汇率制度的改革和其他货币政策传导机制改革的协调一致。首先,加强资本项目的管理,保证货币政策的独立性和汇率相对稳定。目前我国经济体制不完善,货币政策的独立性和汇率相对稳定比资本自由流动更为重要,

---

① JOHN, WILLIAMSON, The Crawling Peg. *Princeton Essays in International Finance*, No. 50, 1965.

因此有必要对资本项目下人民币自由兑换持更谨慎态度,以有效管理国际游资在我国的自由流动,防止其对我国经济的冲击和有可能造成的货币危机。其次,在保持人民币汇率相对稳定的前提下,适度扩大汇率浮动幅度。通过扩大汇率浮动幅度,增强汇率对资本流动和外汇供求的影响,加强汇率政策和货币政策的配合,实现内外部均衡的统一。此外,还可以削弱外汇占款与货币供给的联系,提高货币政策工具的效力,疏通货币政策的传导机制。再次,确立有效的货币政策工具。例如先改革利率管理体制,建立合理的利率市场化形成机制。只有由市场形成的利率,才能充分发挥利率的调控作用。然后发展国内债券市场,扩大公开市场操作的规模。同时通过外汇市场调节汇率实现对内均衡和对外均衡。最后,注重再贴现、外汇储备等在基础货币供应中的作用,运用政策的组合和配套措施实行有效的基础货币投放。

另外,外贸增长方式的转变还应包括进口增长方式转变以及对外经济参与方式的转变。一方面建立进口贸易的协调管理机制,培育进口贸易支持体系,实行有目的的进口激励,优化进口产品结构、进口市场结构,实施进口增长方式的转变。另一方面不断扩大我国资本的对外输出,在统筹国内国外两种资源两个市场前提下,完成从商品输出向生产和资本输出转变,从寻求商品市场向开拓利用资源转变,从世界工厂向世界公司转变。总体而言,"十一五"期间贸易格局不会出现翻天覆地的变化,现有贸易格局仍具有稳定性,进出口仍将保持高位增长,但是局部贸易结构调整、贸易方式转变以及贸易顺差质量提升将在"十一五"期间表现得更为明显,为最终实现贸易增长方式的理想转变打下坚实的基础。

● 原文刊载于《求是学刊》2008年第6期。《人大报刊复印资料·国际贸易研究》2009年第3期转载。
● 张楠,黑龙江大学经济与工商管理学院副教授,中国社会科学院财政与贸易经济研究所金融学专业博士研究生。

论中俄石油合作对我国可持续发展的战略意义

焦方义,王晓佳

1992 年,我国制定了《中国 21 世纪议程》,开始统筹考虑经济增长、社会发展、资源消耗、环境保护和生态平衡的关系,将可持续发展问题提到议事日程上来。近年来,随着我国经济的持续高速增长,石油消费量迅速上升,石油的对外依存度不断加深。在国内供不应求的情况下,如何保障海外石油资源的稳定供应已成为我国可持续发展面临的重要问题,而加强与邻近的世界石油出口大国——俄罗斯的合作无疑是一个最优的选择。

一、我国石油的供给与需求现状

(一)我国石油需求现状

随着国民经济的快速增长,我国对石油的需求量也迅速增加。中国最近 20 多年来的经济始终持续保持高速增长的势头,国民经济各行各业的迅猛发展极大地拉动了对能源特别是石油的需求,中国石油消费需求的增长已成为全世界石油需求增长的主要推动力之一。

我们可以用能源消费弹性系数来反映国民经济增长与能源消费量之间的关系。能源消费弹性系数即能源消费量年平均增长速度与国民经济年平均增长速度之间的比值。通常情况下,能源消费总量的增长速度与国内生产总值的增长速度成正比例关系,即国民经济增长越快,能源消费量越大;反之,则越小。

2006 年 1 月 9 日,国家统计局发布公告说,在根据经济普查数据对国

求／是／文／荟

《求是学刊》发刊200期

内生产总值历史数据进行修订后,1979 年至 2004 年中国 GDP 年均增长率为 9.6% 。"十五"期间的经济增长速度也达到了 9.4% ,而 2006 年上半年,我国 GDP 增长率超过 10.9% 的省多达 24 个。可以预见,在今后一段时期内,我国国民经济将继续保持高速增长的势头,石油的消费量也将持续增加,对石油的需求日趋旺盛。

粗放式经济增长方式没有根本改变,增加了对石油的需求。

我国国有大中型企业普遍存在的现象是:不注重技术革新和设备的更新改造、设备陈旧落后、产品几十年不变,再加上体制的僵化,使得粗放式经济增长方式得不到改变,而直到 20 世纪 90 年代初我国才开始重视这个问题。《中华人民共和国国民经济和社会发展"九五"计划和 2010 年远景目标纲要》正式提出要实现两个根本性转变,即"经济体制从传统的计划经济体制向社会主义市场经济体制转变、经济增长方式从粗放型向集约型转变"。党的十六届五中全会明确提出,必须把加快转变经济增长方式作为"十一五"时期的战略重点,努力取得突破性进展,使经济增长建立在提高人口素质、高效利用资源、减少环境污染、注重质量效益的基础上。

由于经济增长方式尚未改变,我国单位产值的能源消耗是美国的 4 倍,英国的 5.3 倍,法国和德国的 7.7 倍,日本的 11.5 倍。单就石油的消费来看,20 世纪 80 年代以来,中国对石油的需求一直在稳步快速增长。(见表 1)

表 1　中国石油消费弹性系数

年份	石油消费量年平均增长率(%)	GDP 年平均增长率(%)	石油消费弹性系数
1981—1985	0.92	10.71	0.086
1986—1990	4.61	7.87	0.586
1991—1995	6.94	12.00	0.578
1996—2000	5.65	8.27	0.683
2001—2003	6.55	8.13	0.806

资料来源:国家统计局统计和《中国统计年鉴》(1981—2005)。

由表 1 可知,"六五"期间,我国的石油消费弹性系数仅为 0.086,石油消费量的年平均增长率也比较低,为 0.92% ;而"七五"期间,石油消费弹性系数迅速上升为 0.586,石油消费量的年平均增长率也增加为

4.61%；由于在"八五"期间,经济的粗放式增长方式还没有引起政府的高度重视,经济快速增长,达到了年平均12%的增长率,所以我们看到,年石油消费量也以6.94%的速度高速增长;因计划建议中明确提出要改变经济增长方式,所以"九五"期间的GDP增长率降为8.27%,石油消费量的增长也有所减少;而2001—2003年,石油消费量的年平均增长率又有所回升,达到了6.55%。这些都说明如果粗放型经济增长方式不改变,我国对石油的需求也不会减少。

汽车普及率的提高促进了石油的消费。

随着居民收入的普遍提高,我国的消费需求结构发生了巨大的变化,汽车开始大规模地进入家庭。1980年,我国人均GDP为106.5美元,汽车普及率只有0.225辆/1 000人。[1] 在国家8 757.4万吨的石油消费量中,交通运输和邮电通讯业占10.4%,为911.5万吨,依靠国内的石油供给就能满足人们的交通运输需求。2003年,汽车普及率已为5.16辆/1 000人,为1979年的27倍,全国汽车保有量增加279万辆,据估算,这部分成品油消耗量在560万吨左右,占石油消费增量的22%。[2] 据新浪网2006年7月6日的一篇报道称,中石化的一位业内人士推算,我国汽车保有量到2020年将达到1.3亿辆,按照目前的油耗,预计汽车石油消耗量会达到2.5亿吨。届时,汽车将成为我国主要的石油消耗品。汽车普及率的提高进一步增加了我国对石油的消费需求。

(二)我国石油供给状况

我国石油资源主要分布在东部、西部和海域,其中东部是我国石油储产量的主要地区。但经过数十年的开采,我国东部的大庆、辽河和胜利等老油田已进入稳产后期,产量逐年下降,"占全国的比例已由1988年的92%下降到2003年的65.1%"[3]。而且这些油田大多存在开采技术难度大、成本高等情况。相对而言,西部如新疆、青海、塔里木等油区的剩余可

① 参见刘强:《石油供应与中国汽车工业发展关系分析——石油供应是否为中国汽车普及》,载《上海综合经济》2003年第12期。

② 参见苏树林:《中国经济快速发展拉动中国石油需求增长》,载《中国远洋航务公告》2004年第8期。

③ 参见刘增洁、吴初国:《我国石油安全供应面临的问题》,载《国土资源情报》2005年第10期。

采储量有了较大上升,对稳定陆上的原油产量起了重要作用,但这一地区的大多数油田开采条件十分恶劣、技术复杂、建设周期长。随着渤海区亿吨级以上大油田的发现,我国海上石油开发前景被中外专家看好,但是由于受采油技术、开发成本、气候条件等因素制约,这一领域的发展也很不稳定。

按照能源经济学的观点,一般地说,发展中国家的能源供应和经济增长是正相关的,较发达的国家可以通过技术进步、调整经济结构等方法来减少对能源的需求。而我国的情况却与之相反,虽然我国近十年经济始终保持10%左右的增长率,但我国石油后备资源严重不足,国内石油产量增长缓慢,年均增长率由20世纪70年代的13%下降到20世纪80年代的2.7%,20世纪90年代进一步下降到1.5%左右。2005年我国石油表观消费量为3.17亿吨,国内原油产量只有1.81亿吨,另有1.36亿吨石油依靠进口。根据英国石油公司(BP)的统计,我国剩余石油可采年限为13.4年,而世界平均为40.5年,中东地区为81.6年。[①] 因此,我国国内石油的生产与供给形势十分不容乐观,供需缺口日益加大。

在国内生产的石油供不应求的情况下,从国外市场进口来缓解巨大的需求压力是十分必要的。1993年和1996年,我国先后成为成品油和原油的净进口国。我国石油进口主要来自中东、非洲和亚太,2004年从中东和非洲进口的石油占到了进口总量的74.1%,对中东地区的石油依赖程度远远超过了国际公认的安全警戒线。而我国从这三大地区进口的石油全部要依靠海运,途经的一系列海峡多为高风险地区,运输路线比较单一,高度依赖马六甲海峡。中东和非洲地区长期以来战乱频发、政局动荡,而我国对马六甲海峡也不具备控制力,这些使我国石油供应形势更加严峻,寻找稳定的国外石油供应来源也成为中国经济能否保持持续快速健康发展的一个关键。

二、中俄开展石油合作的优势及对我国可持续发展的战略意义

解决我国面临的日益尖锐的石油供需矛盾,除了加大国内石油的勘

---

① 参见谷文艳:《世界石油资源供求状况综述》,载《国际资料信息》2006年第4期。

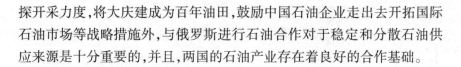

探开采力度,将大庆建成为百年油田,鼓励中国石油企业走出去开拓国际石油市场等战略措施外,与俄罗斯进行石油合作对于稳定和分散石油供应来源是十分重要的,并且,两国的石油产业存在着良好的合作基础。

(一)地缘优势

中国和俄罗斯是亚洲最大的邻国,两国拥有 4 300 公里长的边界领土接壤,得天独厚的地缘优势使中俄两国长期以来一直互为重要的贸易伙伴。石油资源丰富的西西伯利亚油田、东西伯利亚油田和远东的萨哈林油田位于俄罗斯的东部,这些地区大都与中国接壤或者相邻,仅黑龙江省与俄罗斯的边境线就长达 3 000 多公里。另外,早在 1999 年 5 月 12 日,吉林省珲春市到俄罗斯马哈林诺的中俄铁路就已经接轨,铁路口岸开通试运行。布拉戈维申斯克市到黑龙江省黑河市的跨黑龙江大桥也在积极筹建中,中俄之间的石油合作具有很大的现实性。这种地缘优势使我国从俄罗斯进口石油等资源产品十分便捷,如可以利用"泰纳线"管道运输方式,管道运输运量大、成本低、安全便捷,且源源不断,具有进口中东、拉美等国石油不可比拟的成本优势和安全优势。对我国来讲,进口俄罗斯的石油不仅可以缓解国内日益加大的石油需求压力,还可以降低我国对中东石油进口的依赖程度,提高了我国石油供应的安全系数,从而保证经济的可持续发展。

(二)政治优势

冷战结束后,中俄两国的国际政治、安全环境不容乐观。美国基于地缘政治考虑,急于控制西亚—中亚—东亚的广大弧形地带,北约已经实现了两次东扩,这对俄罗斯的国家安全造成了直接威胁,严重挤压了俄罗斯在国际舞台上的政治空间。美国进军中亚、日美同盟不断加强,使中俄处于被包围的状态,两国都迫切需要创造和平稳定的周边环境。只有相互支持、携手合作才能进行最有效地防御,降低风险。这种在政治与安全方面互相借助的因素促使两国领导人从战略高度看待和处理双边关系,也成为双方开展石油合作的推动因素。

中俄两国石油合作具有良好的政治基础。1996 年,双方决定发展"面向 21 世纪的平等互信的战略协作伙伴关系",并建立起两国领导人定期会晤的机制,开辟了中俄关系史的新纪元。2001年7月16日,中俄两国首脑签署了《中俄睦邻友好合作条约》,为中俄两国人民"世代友好、永不为敌"奠定了法律基础。2003年10月20日,俄罗斯总统普京表示,在任何情况下,俄都准备同包括中国在内的传统伙伴国发展关系。同时,不论是通过铺设一条直接通往中国的管道干线或支线,还是通过增加铁路运输量,俄罗斯都将增加对中国的石油出口。2004年10月,普京总统访华期间签署的《中俄联合声明》称:全面深化包括能源和投资合作在内的中俄经贸合作,是巩固和发展中俄战略协作伙伴关系的重要因素。

俄罗斯增加对我国石油的出口和两国加强石油能源合作,对巩固和发展战略协作伙伴关系具有重要意义。而维持两国的战略协作伙伴关系是处理中俄关系的基石。这种战略协作伙伴关系的建立对于中国利用俄罗斯西伯利亚和远东地区的石油资源有着非常重要的现实意义。

(三)历史文化优势

新中国成立之初,前苏联曾派出大量的专家和工程技术人员援助我国在"一五"期间建设的156个大型工业项目,对新中国基础工业的建立发挥了重要作用。在实施这些援建项目时,中国在许多领域与前苏联开展了合作,培养了一大批优秀的工程技术与科学研究人员。至今,曾在我国东北三省工作过的前苏联专家和学者们还与中方保持着一定的联系,这对促进两国人民的民间友好往来,开展经贸、科技、文化合作发挥了积极作用。

前苏联解体后,中俄两国在和平共处五项原则的基础上重新确立了外交关系,自建立"战略协作伙伴关系"和签署"睦邻友好合作条约"以来,两国关系进入了一个全面发展的新时期。中俄两国领导人于2005年7月正式宣布,为全面推动两国战略协作伙伴关系向前发展,双方决定2006年在中国举办"俄罗斯年",2007年在俄罗斯举办"中国年"活动。"国家年"的举办将促使两国人民加深相互之间的了解和理解。深厚的历史文化底蕴为两国石油合作的发展打下了牢固的基础。

(四)俄罗斯丰富的石油资源为两国合作奠定了市场基础

俄罗斯拥有丰富的石油资源,2003年石油产量达到4.21亿吨,创12

年来新高,超过沙特阿拉伯成为世界第一大产油国,而其同时又是世界第二大石油出口国,出口量逐年增高。根据《俄罗斯 2020 年前能源战略》,到 2020 年俄罗斯的石油出口量将达到 3 亿吨左右。石油的出口成为俄国内经济稳定和换取外汇的重要手段。俄罗斯出口石油主要面向英国和爱尔兰、东欧地区、地中海地区、西北欧地区、美国和加拿大,2001 年向这些国家的出口已占俄石油出口总量的 86%。① 由此可见,俄罗斯石油出口过分依赖欧洲市场。为确保石油出口安全,俄罗斯开始实行石油出口市场多元化战略,将逐渐增加对东北亚国家的输出,而中国也越来越成为其重要而稳定的出口市场,这为中俄石油合作奠定了市场基础。

(五)中国对石油巨大的需求为合作创造了条件

目前,中国是世界第二大石油消费国,仅次于美国。据专家预测,2020 年前后,中国石油进口有可能超过 3 亿吨,届时将成为世界第一大石油进口国。由于能源缺口迅速扩大,我国石油进口量逐年上升,2004 年中国进口石油 1.2 亿吨,同比增长 34.8%。国际能源署建议成员国的战略石油储备标准是 90 天的石油净进口量。目前美国、日本和德国的石油储备可供使用的天数分别达到了 158 天、161 天和 127 天,而中国石油系统内部原油的综合储备仅为 30 天。为了满足经济发展的需要,在今后相当长的一段时期内,我国石油还将依赖进口。如前所述,现在中国石油进口主要来自海湾地区的产油国,少量来自委内瑞拉等其他国家和地区,从石油安全的角度来说,中国这样的石油消耗大国迫切需要实现石油进口的多元化。中国市场对俄罗斯石油的出口具有巨大的潜力,出于自身利益的考虑,俄罗斯也必将与其他国家竞争中国的石油消费市场。

(六)两国石油合作有利于创造"双赢"局面

中俄石油领域有很强的互补性,俄罗斯石油资源丰富,我国石油资源匮乏。我国作为石油消费与净进口大国,力争实现石油供应来源的多元化,增强我国能源供应的安全化;俄罗斯作为石油生产与净出口大国,正在积极寻求多元化的石油出口市场,同时大规模的投资和石油外汇收入

---

① 参见刁秀华:《新世纪中俄能源合作》,载《西伯利亚研究》2005 年第 1 期。

有利于其经济的快速复苏。俄罗斯于 1995 年制定实施的《俄联邦产品分割协议法》规定:"取得租让权的外国投资者可以自主编制开发计划,使用自己的资金、技术和设备开采所承租的自然资源,而且多采多得。在协议有效期内,投资者可免缴除利润税、资源使用税、俄罗斯籍雇员的社会医疗保险费和俄罗斯居民国家就业基金费之外的其他各种税费。"①俄政府也试图通过税收优惠政策以及国家与投资方之间的产品分成形式,吸引外国投资者,加快俄罗斯油气田的开发。其国内政策取向有利于投资,俄罗斯也鼓励外资进入,进行油气勘探与开发以解决自然资源开发中的资金不足问题。在这种背景下,两国完全可以通过石油能源领域的合作,相互保障能源安全,促进本国经济的发展。

三、推进中俄石油合作的对策建议

(一)实施"走出去、引进来"战略

俄罗斯不仅石油资源丰富,而且与我国地理位置邻近,开发成本较低,互补效益明显。目前,西方跨国公司正利用其强大的资本运营实力和丰富的合作开发经验,加紧对俄能源和其他原材料部门进行渗透和控制,我国有实力的石油企业也应采取"走出去"战略,积极参与俄罗斯石油资源的勘探开发,建立石油生产和供应基地,以投资、参股或购买开采权、参与产品分成等方式加紧进入俄资源产品的实质性生产领域,占领市场,为两国的石油合作创造条件。我国石油资源虽然相对贫乏,但人力资源十分充足,而且专业技术人员和工人的素质普遍较高,无论是与俄罗斯合作勘探、开发俄境内的石油资源,还是铺设输油管道、扩建铁路、增加石油输送能力,我国都能提供足够的人才。2005 年 11 月 4 日,中俄总理在第十次定期会晤签署的《联合公报》中指出:加强能源领域合作十分重要,双方支持中国石油天然气集团公司和俄罗斯管道运输公司研究从俄罗斯到中国的原油管道设计和建设问题的工作;支持并加快两国石油天然气企业采取多种方式合作,在石油开采和加工领域尽快取得实质性的成果,欢

---

① 参见宋魁:《俄罗斯能源战略的新态势》,载《俄罗斯中亚东欧市场》2005 年第 6 期。

迎扩大在中国、俄罗斯以及第三国境内油气项目合作的可能性。这些都将有力地促使我国企业走进俄罗斯。经过多年开采,我国石油储量已经严重不足,需要不断加大勘探和开发力度。同时,油气资源分布也很不平衡,中西部地区油气资源相对来说较为丰富,而东南沿海经济发达省份的油气资源则较为匮乏。为保证东南部地区的石油供应,我国制订了"西气东输"计划,该计划的实施也需要加强与国外企业的进一步合作。自改革开放以来,我国在国内石油勘探开发领域已经与外国企业展开了深层次的合作,加入 WTO 进一步促使我国石油市场的对外开放,外国公司也可以进入我国石油产品供给、运输和销售等领域。俄罗斯是世界石油大国,在石油开采、运输等领域拥有丰富的经验。我国应本着互惠、互利、平等竞争的原则,吸引俄罗斯石油企业"走进来",参与中国的石油项目,为今后中俄两国更广阔的石油合作打下坚实基础。

(二)利用俄石油资源实现大庆资源型城市转型和可持续发展

大庆是一座因油而兴的资源型城市,石油产业是大庆最重要的经济支柱。据统计,石油和天然气开采约占大庆市工业总产值的 70%。众所周知,石油是不可再生的战略性资源。大庆原油产量在 1976 年跃上 5 000 万吨,并连续 27 年稳产 5 000 万吨以上,但在 2003 年首次下调至 5 000 万吨以下。虽然此次产量调整数量并不大,但是,作为已经连续高产多年的老油田来说,资源的逐渐衰减却已经成为不容忽视的现实问题。如何实现大庆这个东北老工业基地最大的油城的城市转型已经成为大庆人面临的首要问题。

中俄输油管线的建设给大庆的可持续发展带来了新的机遇。修建石油管道是近年来两国经贸合作中的重要议题。原计划从俄罗斯东西伯利亚的安加尔斯克经中俄边境满洲里到达大庆(简称"安大线")的长达 2 400千米的输油管道,每年可以向中国输送最多达 3 000 万吨的石油,可以说这条管线一旦建设成功,直抵大庆,对其保持经济总量的稳定增长将起到十分重要的作用。可惜好事多磨,虽然在 2004 年最后一天,俄罗斯政府宣布最终选择修建从泰舍特至纳霍德卡(简称"泰纳线")的石油运输管道,但普京总统在 2005 年 9 月 5 日宣布,"泰纳线"一期工程只修建到俄中边境城市斯克沃罗基诺,随后将通过支线每年向中国大庆输油

2 000万吨。除了建立石油管线外,俄还答应增加通过铁路向中国北方地区供应石油的数量,2006年达到1 500万吨。大庆的石油产业主要由石油开采业与石油加工业这两部分构成。来自俄罗斯的石油无疑将为大庆的石油加工业输送大量的"新鲜血液",将有力地促进石化、乙烯等工业的进一步发展。积极加强、促进与俄罗斯的石油合作对大庆延长产业链、实现城市转型将具有巨大的推动作用。

(三)建立政治互信,密切民间往来

由于石油是现今各国激烈争夺的重要战略物资,中俄两国的石油合作就不仅仅是单纯的经贸领域的合作,而是具有战略意义的政治合作。因此,中国在与俄罗斯开展石油合作时,尤其要注重加强与俄政府间的协调与磋商,要针对俄方政界对中国的防范心理,多做释疑的工作,争取首先在政府层面上建立政治互信。石油合作具有长期性并涉及国家的战略安全,因此建立起两国之间的政治互信尤为重要。

民间方面,许多俄罗斯人对中国的历史文化与现今情况不甚了解,尚有很多"中国威胁论"的看法。近年来,中俄两国国家领导人频繁会晤,但如果仅停留在上层之间的往来还是远远不够的,两国地区、企业、经济团体、民间团体之间的交流还需要进一步加强。通过各个层次的交流与往来,以各种方式加深俄罗斯人民对中国社会状况与对外政策的了解,消除他们对中国的偏见和疑虑,提高中俄贸易互信程度,为中俄石油合作创造良好的人文环境。两国政府要为此积极创造条件,给双方的民间交流与往来提供指导和服务。

(四)改善边贸条件,推进中俄贸易全面升级

目前,俄罗斯已成为中国第八大贸易伙伴,也是中国在欧洲的第二大贸易伙伴。中国成为俄罗斯第四大贸易伙伴,也是俄罗斯在亚太地区的第一大贸易伙伴。近十多年,两国的贸易总额始终保持快速、稳定增长。1992至2001年贸易额由58.6亿美元增加到106.7亿美元;2002至2004年贸易额翻番,2004年超过了200亿美元;而2005年贸易额则达到291

亿美元。[①] 同时,两国领导人提出到 2010 年要将两国贸易额提高到 600 至 800 亿美元的目标,为了实现这一目标就需要两国人民加强交往,挖掘潜力,大幅度提高贸易额。

但我们还应看到,在双边贸易中还有很多不利因素在阻碍贸易的增长。如中俄双边交通不畅的问题就严重阻碍了双边的经贸合作。中俄双方铁路和公路密度过低、等级过低,与发达国家相比,密度低 50% 以上,速度也低 50% 以上。两国政府应从互惠互利的角度出发,将动员国力和吸引外资相结合,逐渐改变目前铁路、公路、桥梁建设滞后的问题,改善交通状况,促进经贸发展。此外,中俄两国贸易信息渠道不畅,有关双边经贸的法律法规披露机制极不健全,中介组织匮乏,也严重影响了双边贸易的规模。因此,两国政府应尽早建立中俄贸易信息网络系统,强化两国贸易的中介服务体系,延长国际运输线路,推进中俄贸易全面升级。

● 原文刊载于《求是学刊》2007 年第 1 期。
● 焦方义,黑龙江大学经济与工商管理学院院长、教授。
● 王晓佳,黑龙东方学院国际贸易系讲师。

---

① 参见陆南泉:《对中俄经贸合作形势的几点分析》,载《俄罗斯中亚东欧市场》2006 年第 7 期。

我国外部经济失衡调节的政策趋向

陈传兴

一、我国外部经济失衡及其效应分析

进入 21 世纪,我国经济出现了低通胀、高增长的良好态势。据国家统计局公报,2000—2005 年期间,GDP 年均增长率高达 9.3%,居民消费价格指数 CPI 年均为 1.2%。但同期外部经济出现了失衡。国际收支顺差从 2000 年的 466 亿美元猛增到 2005 年的 2 089 亿美元,外汇储备余额从 2000 年的 1 655.74 亿美元猛增到 2005 年的 8 188.72 亿美元,大约增长了 4 倍。据国家统计局公报,2006 年 1—6 月份期间,出口增长 25.2%,贸易顺差增加了 614 亿美元,外汇储备比上一年增加了 1 222 亿美元,高达 9 411 亿美元。国际收支巨额顺差以及外汇储备的急剧增长对我国经济社会发展产生了积极效应。我国对外贸易的持续高速增长为我国创造了大量的就业机会,促进了产业结构调整与升级,拉动了国内生产总值的快速增长,提高了我国的综合国力、国际信誉以及对外投资与融资的能力。这为逐渐推进资本项目开放,实现资本项目下的人民币自由兑换创造了有利的条件和坚实的基础。但是,国际收支巨额顺差以及外汇储备的急剧增长也带来了负面效应:人民币升值。[①] 一般来说,当国际收支大量顺差时,外汇市场上对人民币需求就会迅速增加,从而迫使人民币升值。为此,中央银行于 2005 年 7 月 21 日宣布人民币升值 2%。由于人民

---

① 参见巴曙松:《深化汇率改革六项诉求》,《国际金融报》2006 年 7 月 20 日。

币小幅度升值不足以消除巨额的国际收支顺差,这就产生了对人民币进一步升值的预期。虽然中央银行采取了一系列措施,将人民币利率控制在较低水平,以防止外国套利投机资本大规模流入而加大人民币进一步升值的压力,但其效果并不明显。这是因为在实行外汇管制的条件下,影响人民币升值的最主要因素是国际收支的巨额顺差,而非人民币与美元之间的利差。因此,只要国际收支顺差继续增加,即使人民币利率处在低位,仍不足以阻止外国资本,尤其是短期投机资本的大量流入,进而加大人民币升值的压力。[①] 国际收支巨额顺差必然引起外汇储备急剧增加,而外汇储备的急剧增加在现行的外汇管理体制下必然导致银行外汇占款迅速增加,通过货币乘数效应,促使信贷扩张,货币供给大量增加,助长通货膨胀。2004 年消费物价指数 CPI 为 3.9%,而同期 1 年期名义利率仅为 1.98%(包括 20% 的存款利息税),两者相抵后实际利率则变为负利率。近两年来,名义利率虽有所提,即使消费物价指数未能反映房地产价格的大幅上涨,实际利率仍处在很低水平。负实际利率和低利率一方面造成了银行信贷市场的扭曲,在较大程度上助长了信贷扩张,减弱了中央银行的调控能力,另一方面造成流动性货币过剩,引发固定资产投资过快增长,出现了钢铁、水泥、电解铝、房地产等产业投资过热、产能过剩以及产品价格大幅上涨的局面。一些产业的低效率重复投资造成了资源浪费和紧张,加剧了产能过剩和产业结构矛盾,扩大了对国际资源的需求和依赖以及国际贸易摩擦。

如何调节我国外部经济失衡进而实现内外经济均衡,国内外专家学者纷纷提出了不少观点和方案。归纳起来主要有四种:一是运用汇率政策,加大人民币升值幅度以减少或消除国际收支顺差;二是运用外资与外贸政策调节外汇供求,保持人民币汇率基本稳定,加快完善人民币汇率形成机制;三是采取紧缩性货币政策减缓流动性过剩问题;四是采用税收政策控制国际收支顺差规模。笔者认为,国际收支巨额顺差的原因是多方面的,既有出口为导向的发展模式的内部因素,也有国际资本流动与国际产业转移的外部因素;既有外资和外贸优惠政策的短期因素,也有粗放型经济增长方式和经济结构不合理的长期因素。因此,消除外部经济失衡,

---

① 参见王允贵:《贸易条件持续恶化——中国粗放型进出口贸易模式亟待改变》,载《国际贸易》2004 年第 6 期。

实现内外经济同时均衡是一个错综复杂的系统工程,不仅要运用行之有效的政策配合调节机制,还要进一步完善实现内外经济均衡的长效机制。

二、外部经济失衡调节的政策选择

一项经济政策只能达到一个目标,要实现内部与外部经济同时均衡必须将宏观经济政策进行适当的配合使用。鉴于外部经济失衡调节的适用性和有效性,笔者主张采用以财政政策为主、汇率政策、货币政策和外资与外贸政策相配合的政策配合调节机制。税收政策、汇率政策以及外资与外贸政策进行配合使用,旨在减少或消除过多的国际收支顺差,保持国际收支的基本平衡。在运用紧缩性货币政策减缓外汇储备过快增长而引起的流动性过剩的同时,运用扩张性财政政策以抵消紧缩性货币政策所带来的负面效应,保持经济持续稳定增长。

(一)汇率政策

在浮动汇率制度下,汇率政策是用以调节国际收支不平衡的一个有效的调节工具,通过汇率变动消除国际收支不平衡。从理论上讲,当国际收支发生巨额顺差时,应动用汇率政策,通过本币升值减少或消除过多的国际收支顺差,减缓流动性过剩和通货膨胀的压力。但是,从中国目前实际情况看,完全依靠人民币升值来消除外部经济失衡难以达到预期的作用和效果。这是因为:第一,在以出口为导向模式和粗放型出口增长方式下,人民币升值的调节作用往往受制于国内经济结构和增长方式、进出口商品结构、进出口需求弹性、国际资本流动以及国际产业转移等因素,因而难以达到通过人民币升值来消除国际收支顺差的预期效果。第二,即使人民币升值能够达到其预期目标,也只是影响进出口总量与规模,而不能起到调节进出口结构和转变出口增长方式的作用,而且人民币升值将抵消出口退税的财政补贴的作用。第三,在资本金融账户尚未开放、人民币汇率形成机制尚未完善的情况下,如何保持人民币汇率的均衡水平,如何确定人民币升值的预期目标。第四,在金融体制不完善、外汇市场不成熟、尤其是缺乏避险金融工具的条件下,人民币大幅度升值必然给外向型企业和金融机构带来巨大的外汇风险,这将会波及整个金融体系的安全性。因此,人民币大幅度升值不是当前调节国际收支顺差的最有效的调节工具。笔者主张,在当前调节国际收支顺差过程中,应以税收政策、外资与外贸政策为主,汇率政策即保持人民币小幅度升值为辅的政策配合调节机制。同时,要积极推进资本金融账户的改革与开放,加快完善人民币汇率形成机制,逐步发挥汇率在资源配置中的基础作用和国际收支的调节作用。

(二)货币政策

造成目前流动性过剩、投资过热、产能过剩以及某些产品价格大幅上涨的主要原因有:一是因外汇储备急剧增长而引起的货币供给增加;二是低利率政策;三是长期以来形成的依赖扩大投资需求拉动经济增长的经济结构性问题。按照金融理论,抑制流动性过剩的有效货币政策工具是提高利率。但是,关于利率政策,国内存在着分歧。低利率政策赞同者主要担心提高利率会导致大量投机资本流入,进而加大人民币升值的压力。其主要理论依据是利率平价学说。

利率平价学说阐明了两个国家之间利率与汇率的关系。例如,当美国的利率高于英国时,美元为远期贴水,即 $F > S$,意味着远期美元将贬值。较高的美元利率可以补偿美元贬值的损失,否则,没有人会持有美元资产。相反,当美国利率低于英国利率时,美元为远期升水,即 $F < S$,表示远期美元将升值。只要两个国家的利率不同,远期汇率同即期汇率之间就会出现差额。假定其他条件不变,一国利率的变化将会引起本币汇率的变化。当一国利率水平提高时,大量游资就会流入,以获得较高的利息。外资流入一方面将增加对该国货币的需求,另一方面造成该国外汇储备增加,这双重作用将导致该国货币升值。相反,当一国利率水平降低时,短期资本就会从该国流出,从而导致该国货币贬值。因此,利率也是汇率变动的重要影响因素,反映了短期内货币市场和外汇市场之间的内在联系。但必须指出,利率变动只能影响汇率的短期波动,而且只是影响汇率短期波动的因素之一。另外,交易成本、外汇管制、汇率预期等因素都会导致实际汇率变动与套补利率平价之间经常发生偏离。当这种偏离发生时,利率平价也就不能确切反映利率与汇率之间的内在联系。

利率平价成立的两个重要前提条件是:货币利率市场化和货币完全

自由兑换。从中国角度看,这两个条件目前基本不成立。因此,在目前情况下,人民币利率和汇率之间的相关性并不明显。大量外国短期投机资本通过合法或非法渠道进入我国是为了博取人民币升值的利益,而不是为了套取美元和人民币之间的利差。况且美国连续 17 次提高美元利率,缩小了套取人民币利差的空间。因此,只要国际收支顺差得到有效控制,加强对外国短期投机资本的监管,适当提高人民币利率并不会导致大量外资流入,促使人民币升值,毕竟资本金融账户尚未开放。为了控制货币流动性过剩、投资过热而可能引发的通货膨胀压力,2006 年中央银行连续两次提高存款准备金率,将准备金率从 7.5% 提高到 8.5%,连续两次提高贷款利率。另外,国务院还出台了一系列调控产能过剩产业以及房地产价格过快上涨的政策。从目前情况看,不论名义利率还是实际利率都处在历史较低水平,提高利率很可能是抑制目前流动性过剩和投资过热的有效货币政策工具。

(三) 财政政策

以财政政策为主的政策配合调节机制是调节当前外部经济失衡较为有效的政策工具。它不仅能够在宏观上有效控制总量,而且能够在微观进行结构调整和优化;不仅能够化解人民币升值和流动性过剩的压力,还有助于抵消人民币升值和紧缩性货币对经济增长的负面影响;不仅有助于增强外部经济失衡调节的有效性,而且有助于完善内外经济均衡的长效机制。

财政政策包括两个方面:一是运用税收政策,调整和降低出口退税率,或征收出口税,调整和取消外商直接投资的优惠税收政策,同时采取"奖入限出"的贸易政策和"严进宽出"的外资政策,不仅能够控制和减少国际收支顺差,而且能够优化出口结构和增长方式,改善利用外资的结构,提高利用外商直接投资的质量。利用税收杠杆,调节收入分配,缩小城乡居民、地区之间以及行业之间的收入差距,以提高低收入人群的消费能力以及中高收入人群的消费倾向,提高消费在 GDP 中所占比重。制定和实施优惠税收政策,鼓励和促进技术创新,促进产业结构调整与升级和经济增长方式的转变。二是运用公共财政支出,加强对高科技、先进制造业和现代服务业的财政支持,增加研究与开发的财政投入,以提高企业的科技水平和核心竞争力。进一步完善社会保障制度,以减少城乡居民的后顾之忧。增加公务员、事业机关单位职工以及离退休人员的工薪收入,增加农民和低收入者的政府转移支付和财政补贴,以提高他们的消费能力和积极性,进而扩大消费需求,提高消费对 GDP 的贡献率。扩大中央预算内投资,包括农村基础设施建设、基础教育、公共卫生等社会事业建设以及生态平衡和环境保护、农村人口素质以及健康水平等方面的财政支出(巴曙松,2006)。①

（四）外贸与外资政策

保持人民币汇率的均衡水平在很大程度上取决于国际收支的基本平衡。运用适当的外贸与外资政策以调节国际收支顺差,保持国际收支的基本平衡。

（1）加强贸易收支的调节。一是适时控制出口规模。当出口大幅度增长,贸易顺差急剧增加时,应通过实施出口配额、调整出口退税率、征收出口税等出口管理手段,及时调控出口规模,以减缓人民币升值的压力。二是转变出口增长方式。当前,国际贸易保护主义相当盛行,加之数量扩张型的出口增长方式,在今后一段时间内,我国仍将面临严峻的国际经济环境和国际贸易摩擦。因此,根据国内外经济环境的变化,及时调整外贸发展战略,尽快扭转目前重规模、轻效益的状况,大力改善出口产品的结构,提高出口产品的技术含量,将出口增长方式从数量型转变为质量型,确保出口贸易的长期稳定增长。三是适当增加进口。这一策略不仅有助于缓和贸易收支的巨额顺差,而且适当增加国内紧缺物资、原材料、能源和高科技产品的进口,也可以满足国民经济快速增长的需要。适当增加从美国的进口,不仅有助于减少中美之间的贸易不平衡,以免美国以巨额贸易逆差为由对我国出口产品实施限制措施,还可以要求美国政府放宽其高科技产品对我国的出口限制。放宽企业用汇限制,允许企业利用外汇进口急需的先进机器设备,以加快产业结构的调整与优化,增强出口产品的竞争力。

（2）加强资本金融项目的管理。一是加强金融监管,阻击投机活动。

---

① 参见巴曙松:《深化汇率改革六项诉求》,《国际金融报》2006 年 7 月 20 日。

金融主管部门应进一步加强与完善结汇的审核和监督制度,加强对外汇管理形势的分析与研究,建立和健全对资金跨境流动的全程统计监测体系;加强跨境资金流动的监管,密切关注短期资本流动的规模、渠道和方式,以及境外投机资金的动向,有效化解境外短期投机资本流入对人民币升值的压力;加强对外国投机性资本流入的监管,严厉打击套利、套汇以及其他投机活动,以确保我国金融体系的安全性。二是调整利用外资的政策。目前,外国直接投资主要集中在劳动密集型产业,以追求低成本和短期效益的投资目标。因此,在今后制定新的引资政策时,应当逐步取消外资的税收优惠政策,与内资享受同等国民待遇。在利用外资政策上,不仅要制定外资鼓励和优惠的规定,同时也要制定有关外资禁止和限制的规定。资本金融项目管理的重点将从鼓励外资流入、限制流出逐渐转向流入与流出平衡。引进外资的目标从追求数量转向注重质量,以扩大跨国公司的技术溢出效应,促进投资流向从劳动密集型转向资本和技术密集型。三是加大对外直接投资的力度。我国不仅要积极培育和发展合格境内机构投资者开展对外证券投资,还要大力发展对外直接投资,鼓励具备条件的国内企业走出国门,通过对外直接投资利用国际资源,提高国际竞争力。这有助于缓和外汇储备的急剧增长,保持资本金融项目的基本平衡。

三、完善内外经济均衡的长效机制

外部经济失衡在较大程度上暴露了内部经济结构、增长方式、经济体制以及市场机制的问题,而这些问题反过来也会影响外部经济失衡短期调节的有效性。

因此,在运用财政政策为主的政策配合调节机制减缓外部经济失衡的同时,更为重要的是完善内外经济均衡的长效机制。

(一)转变经济结构与增长方式

自实行对外经济开放政策以来,我国 GDP 保持着接近两位数的年均增长率,实属来之不易,受世人瞩目。但从经济结构看,我国经济增长主要依赖于固定资产投资和对外贸易。固定资产投资占 GDP 的比重从

2000 年的 36.5% 上升至 2005 年的 48.6% 。进出口总额(按汇率 1:8 折算)占 GDP 的比重从 2000 年的约 42.4% 提高到 2005 年的约 62.4% ,其中出口所占比重从 2000 年的 22.3% 提高到 2005 年的 33.4% 。我国是世界上人口大国,拥有巨大的国内市场,而消费需求占 GDP 的比重已从 2000 年的 38.2% 下降至 2005 年的 36.8% 左右。这种不合理的经济结构往往要受制于国内外经济环境变化的影响,容易造成经济的短期波动,也是造成外部经济失衡的主要原因之一。

造成消费需求低水平的原因是多方面的,主要有:收入分配因素,表现在东西部地区、城乡居民、不同行业等方面的收入差距扩大,造成大多数低收入者的收入以及消费的缓慢增长;传统的消费支出因素,表现在轻消费、重储蓄,以致造成家庭消费和储蓄比例严重失调,城乡居民储蓄存款居高不下,甚至在存款利率水平很低的情况下,城乡居民储蓄存款总额节节攀升,超过了 15 万亿人民币;体制改革因素,表现在教育、社会保障以及住房等方面体制改革的不完善,加大了广大城乡居民的家庭开支,挤占了家庭一般消费需求,也是造成城乡居民储蓄存款总额节节攀升的一个重要因素。消费需求低下不仅造成了消费品的产能过剩,制约了经济长期稳定增长,还严重依赖出口以摆脱国内产能过剩,从而加剧了国际贸易摩擦。因此,要运用积极的财政政策、收入政策、货币政策等其他政策,着力提升广大城乡居民的消费能力,积极引导和激发他们的消费欲望,大力提高消费需求在总需求中的比重。要正确处理好消费、投资和出口三者之间的比例关系,根据国内经济环境的变化,积极、灵活地利用国内与国际两大市场,以保持国民经济稳定持续增长。

长期以来,我国经济增长在较大程度上依赖于要素数量和规模的扩张,因而容易造成投资过热、产能过剩以及经济大起大落。粗放型出口增长方式已对我国经济持续增长产生了制约作用与负面影响。其主要表现在:(1)促使贸易条件恶化。在我国出口贸易中,大约 70% 的产品出口额增长幅度不如出口量增长幅度。由于近年来国际资源产品市场价格大幅度上涨,尽管我国出口产品价格相应上涨,但出口价格幅度落后于进口价格的上涨幅度,说明我国的贸易条件仍未得到改善(王允贵,2005)。[1]

---

① 参见王允贵:《贸易条件持续恶化——中国粗放型进出口贸易模式亟待改变》,载《国际贸易》2004 年第 6 期。

（2）加剧国际贸易摩擦。根据世界贸易组织公布的《2005年上半年反倾销报告》，2005年上半年，在96起反倾销立案中，涉及中国产品的案件数为22起，约占总数的1/4；在53起最终实施反倾销措施的案件中，涉及中国产品的案件数为18起，占总数的1/3之多。仅2005年，美国和欧盟就对我国纺织品服装实施了10多起特别保障调查和措施。（3）降低经济福利水平。贸易条件恶化本身就会导致福利水平下降。另外，国际贸易摩擦造成出口数量减少，国内供给增加，产品价格下降，生产者剩余减少，失业人数增加，进而造成福利水平下降。（4）造成资源浪费与紧缺。在出口至上的重商主义思想的影响下，一些企业不惜代价扩大资源产品出口，这在一定程度上加剧了国内资源紧缺状况。扩大出口势必造成大量资源流向出口部门，而出口部门的低效率生产必然造成资源紧张与浪费，资源使用效率下降。粗放型出口增长方式增强了对国际资源产品的依赖。目前，我国原油、铁矿砂、氧化铝、铜矿石等进口依存度高达40%到90%，进而制约了我国的议价能力，并引起国际上的高度关注和防范（高虎城，2006）。① （5）加大人民币升值压力。大量的贸易收支顺差促使我国外汇储备大幅度增加，而外汇储备的过快增加一方面促使人民币升值，对人民币升值的预期又助长了投机活动，外国短期投机资本的大量流入进一步加大了人民币升值的压力；另一方面助长国内通货膨胀并弱化了货币政策的主动性。为此，转变我国出口增长方式势在必行，迫在眉睫。转变经济增长方式首先要大力发展科学技术，着力提高科学技术在经济增长中的作用，依靠技术进步提高资源以及生产要素的使用效率，提高经济增长的质量；加大研究与开发的资金投入，全面增强自主创新的能力，加快产业结构调整与升级；利用经济杠杆淘汰落后生产能力和高耗能、高污染和产能过剩产业，大力发展高科技、先进制造业和现代服务业；积极运用信贷、税收、外汇等经济杠杆，转变出口增长方式，提高出口产品的技术含量和附加值；积极推进出口市场多元化战略和"走出去"发展战略，努力实现出口规模和经济效益的双增长，保持进出口贸易的基本平衡。

（二）进一步完善人民币汇率形成机制

人民币汇率的均衡水平在很大程度上取决于包括经常项目、资本金

---

① 参见高虎城：《中国对外贸易的形势与环境》，《社会科学报》2006年2月9日。

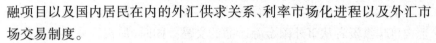

融项目以及国内居民在内的外汇供求关系、利率市场化进程以及外汇市场交易制度。

第一,加快利率市场化的进程。利率平价理论在很大程度上解释了利率是国际货币资本流动的重要决定因素,也是影响汇率变动的因素,揭示了短期内货币市场利率、外汇市场汇率之间的内在联系。中国加入世界贸易组织后,随着对外经济和市场经济的深入发展,中国经济正在与世界经济融为一体,利率、汇率和汇率政策将越来越多地受到国际经济变化的影响。当前,我国商业银行要加快经营机制改革,积极推进人民币利率市场化进程。在利率市场化的条件下,两种货币的利差能够充分反映货币远期汇率的变动趋势,从而有助于形成人民币汇率的均衡水平和保持汇率的基本稳定。此外,人民币利率市场化迫切需要商业银行积极开发远期外汇交易品种以及金融期货、金融期权、金融互换等外汇衍生产品,提高金融产品的创新能力和定价能力,以便向客户提供更多、更好的风险管理工具,使外向型企业可以根据汇率的变化趋势,运用避险金融工具转嫁外汇风险。人民币远期外汇交易品种的推出有助于进出口企业和银行通过人民币对外币的远期外汇、期权等外汇交易方式转嫁外汇风险。

第二,完善外汇市场交易制度。自1994年4月4日银行间外汇市场开始运行以来,外汇市场取得了长足的进展,但与成熟、发达的外汇市场相比,不论是市场主体和交易规模,还是交易方式和交易品种等方面,都存在着很大的差距,在较大程度上难以适应人民币汇率形成机制改革的需要。因此,进一步完善银行间外汇交易市场,扩大外汇交易市场主体的数量和范围,提高外汇指定银行自营业务的比重,增加外汇交易的币种和品种,扩大外汇市场的交易规模;积极引进"做市商"交易制度,充分发挥"做市商"在定价以及汇率形成机制中的作用;大力开发与创新交易品种以及规避风险工具,积极引导外向型企业运用避险工具,转嫁和防范外汇风险;提高金融服务和监管水平,增强外汇交易的透明度,规范外汇交易行为,依法维护金融市场公开、公平、有序竞争,有效防范和化解金融风险。

第三,加快资本金融账户的改革与开放。放宽对出国旅游等外汇兑换的限制以及个人合法资产对外转移的限制,扩大居民和企业的购汇数量;在积极发展合格境外机构投资者制度的同时,大力开展合格境内机构投资者制度,积极稳妥地推动保险公司、社保基金以及其他金融机构以自

求/是/文/荟 QSWH 《求是学刊》发刊200期

有外汇和购买外汇的方式进行境外证券投资,允许居民和企业通过合格境内机构投资者从事外国金融产品的交易。同时,加快开放国内金融市场的进程,鼓励境外金融机构通过与国内金融机构的多种形式的合作,拓宽境外金融机构参与国内金融市场的渠道。加快资本金融账户的改革与开放,不仅有助于改善国际收支的大量顺差以及缓和外汇储备的过快增长,而且有助于推进资本金融项目下的人民币可兑换的进程,为进一步完善人民币汇率形成机制创造良好的条件。

●原文刊载于《求是学刊》2007 年第 2 期。《新华文摘》2007 年第 9 期、《高等学校文科学术文摘》2007 年第 3 期摘编。

●陈传兴,上海外国语大学国际工商管理学院教授。

我国内部资本市场交叉有效模式的提出

张德红

一、内部资本市场的研究现状

国外对内部资本市场（Internal capital market，ICM）的早期研究主要集中在对内部资本市场产生的客观动因的总结上。Chandler（1987）总结了美国、德国和英国三个典型工业资本主义国家制造业集体的历史，虽然没有提出内部资本市场的概念，但却间接描述了内部资本市场存在性、配置效率及规模，认为现代企业为了追求整体利益的最大化，需要用一只"看得见的手"在不同部门之间调配资本、劳务和技术等内部资源，以提高投资效率。规模经济和范围经济是与在这些单位内部更加有效率地使用设施和技能密切地联系在一起的，这种内部市场机制的组织能力为企业的持续增长提供了内在动力。[①] Williamson（1975）认为内部资本市场具有三个方面的优势：一是通过对分部的会计查账程序削弱信息的不对称性，ICM 在信息的真实性、及时性、准确性等方面均占有优势，对市场环境的适应性也相应加强；二是移置成本低，在 ICM 中，企业很少有不协作和不积极的分部经理，企业能更迅速转移、配置资源，通过削减对某些业务的资金配置，将其重新分配到更有前途的业务中；三是 ICM 增强了企业的调节能力，总部通过授权方式避免陷于对分部活动的非连续调节，最

---

① 参见（美）小艾尔弗雷德·D. 钱德勒：《企业规模经济与范围经济：工业资本主义的原动力》，张逸人等译，中国社会科学出版社 1999 年版，第 15～19 页。

求/是/文/荟 《求是学刊》发刊200期 QSWH

终可能实现最佳的资本资源配置。[①] 20 世纪 90 年代以后,内部资本市场的研究开始规范化,主要研究内部资本市场的配置效率,得出了许多重要结论。Thompson(1997)指出:"通过改变而获得的竞争优势只有在组织结构也做出主动调整的情况下才是有效的,而不能是由于外部的压力。"[②] Scharfstein(1998)从总体上研究了内部资本市场的配置效率,认为内部资本市场在从事一种具有"社会主义"性质的低效率的交叉补贴(cross – subsidized)活动,即把大量资本配置到低 q 分部。[③]

国内研究主要从 21 世纪初开始。李善民等(2004)的研究表明:收购公司绩效逐年下降,目标公司绩效则有所上升,但整体而言上市公司并购后的绩效下降显著,并购没能实现其价值创造功能。[④] 周业安等(2003)的研究结论是:中国上市公司以国有股为主的股权结构为内部资本市场发挥作用提供了广阔的范围。[⑤] 曾亚敏等(2005)研究结论否定了内部资本市场假说,认为公司实施收购的动因是滥用自由现金流 。[⑥]

从国内外研究可见:ICM 有其产生和发展的客观基础和经验证据,但是,经验总结和理论研究还不成熟,甚至有"有效率"、"低效率"和"无效率"之争,尤其是对"社会主义现象"的理解存有"偏见",没有深入研究我国企业内部市场交叉补贴现象的必然性和显著性,因此,需要进一步研究社会主义性质对建立完善的内部资本市场理论体系的积极意义,进而提出我国企业内部资本市场的有效模式。

① WILLIAMSON, O. E. , *Markets and hierarchies:analysis and anti trust implications*, New York:MacMillan Free Press,1975.

② 王劲:《小型企业在旅游实践中的竞争与生存之道》,http://www. dss. gov. cn/。

③ SCHARFSTEIN,David S. ,The Dark Side of Internal Capital Markets:Evidence from Diversified Conglomerates,*NBER Working Paper*,1998.

④ 参见李善民等:《收购公司与目标公司配对组合绩效的实证分析》,载《经济研究》2004年第 6 期。

⑤ 参见周业安、韩梅:《上市公司内部资本市场研究》,载《管理世界》2003 年第 11 期。

⑥ 参见曾亚敏、张俊生:《中国上市公司股权收购动因研究》,载《世界经济》2005 年 2 期。

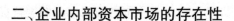

二、企业内部资本市场的存在性

（一）内部资本市场"存在"的历史基础

20世纪初期,激烈的市场竞争使杜邦公司的创立者创造了垂直式综合类型的企业,这种企业类型产生的经济动力是在一个管理良好的等级企业里可能比在外部不可靠的市场交易中有更多的获利机会。然而,垂直式企业在其发展过程中显现出管理效率降低和所有者目标弱化的趋势。为克服这两项不利因素,导致了以通用汽车为典范的多部门企业的出现,这被誉为"资本主义20世纪最重要的改革"[①],其经济学和管理学意义主要在于:

1. 建立与完善了内部"准市场"体系。工业革命前,交易记录的是一个企业与另一个企业之间的业务关系,而且这种关系是在市场中确定的。但是,随着企业规模的扩大,交易记录在企业内部单位之间越来越受到重视,出现了内部核算单位、内部银行、内部仲裁机构等"准市场组织","市场机制"成为与内部"计划机制"并行的一种管理控制企业的有效方法,在企业内部实现了两种机制的有机结合。市场机制在企业"外部"和"内部"都能有效发挥"看不见的手"的职能,扩大了市场机制作用的范围。在企业内部的准市场里,可以运用"市场机制"协调企业内部的经济业务,建立"自我调整"的市场体系。

2. 内部市场的核心功能是能够提供"可想象的"管理信息。从信息角度分析,"准市场体系"的建立,根源于对内部信息的要求。20世纪初期,伴随市场竞争产生了"内部复杂的企业组织"和"广泛的企业组织",管理人员需要短期决策信息对内部经营进行有效控制,而市场价格超过了管理人员控制范围,不能"适时"取得。因此,内部"市场机制"的建立和完善成为企业家的希望和需要。外部市场机制只能提供"刚性"的供求信息和价格信息,而不能提供决策和控制企业所需要的"可想象的"信息。信息的功能包括确定企业生产的最终成品和中间产品的消耗水平,

---

① （美）H.托马斯·约翰逊、罗伯特·S.卡普兰:《相关性的遗失:管理会计兴衰史》,侯本领、刘兴云译,中国财政经济出版社1992年版,第57页。

求／是／文／荟 《求是学刊》发刊200期

衡量生产过程的效率,激励生产工人,评价和监督生产过程的管理人员,分析资本使用的效益。内部管理信息可以由决策者依据企业发展目标的要求而制定,而且根据管理需要是"可想象的",有利于内部关系的协调和企业发展过程的控制。

3. 内部市场使"利益相关者"转为"利益共同体"。利益相关者对于企业主要是收益期望,而对企业的发展没有应有的责任承担。比如销售商经营由多家制造商提供的多种产品,他们对企业内部的生产流程无需给以足够的关注。相反,销售商会利用制造商的竞争得到更有利的商品,不仅是对个别生产者造成生产效率和市场效率的极大损失,而且影响了所有社会再生产的环节。生产者建立和取得自己的销售渠道和原材料来源渠道的需求使"利益相关者"转化为"利益共同体",企业由兼顾相关者各方利益转化为直接协作实现"共同利益"。

(二)我国企业建立内部资本市场的现实基础

上市公司作为改革制度的先驱首先接受了市场的检验和推动,其资本运行和财务状况诠释着社会总资本的周转率和经济发展状态。

上市公司发展的早期,国家着重考虑了管理制度改革、经济与产业发展政策需要和企业历史积累。对企业和其利益相关者而言,也有两个共识:企业已经业绩优异,发展前景良好,因此,不仅鼓舞了投资者对上市公司当前的投资热情,而且也鼓励了潜在的投资者。但是,由于相关因素的影响,随后上市的企业过多地注重了上市所带来的融资功能。即使是已上市企业也积极配股和增发,"资本运营观念"和"圈钱效应"迅速膨胀,作为资本增值真正来源的物质资料再生产过程被历史地"旁置","强融资"和"弱经营"成为普遍现象。因此就有了对中国上市公司收购动因的如下理论解释:收购发起公司在收购后的会计业绩和市场业绩变动均与收购前所持有的自由现金流显著负相关,股权收购是投资过度的表现。[①]

从另一方面观察,即使上市企业通过资本市场的融资功能取得了所设想的融资规模和融资效应,目的也十分明确和积极,但是,普遍性的问题是忽视了对企业体制的根本改革,"规模不经济"问题显著。企业在内

---

① 参见曾亚敏、张俊生:《中国上市公司股权收购动因研究》,载《世界经济》2005 年第 2 期。

部管理上还延续着一套旧的体制,造成公司经营缺乏活力,资本成本观念淡薄,资本资源在企业内部不能得到有效的配置,资本不仅不能流向投资效益高的部门,反而更多地流向了低效益分部。犹如在不完善的资本市场上,资本再一次流向低效率部门。(如图1)

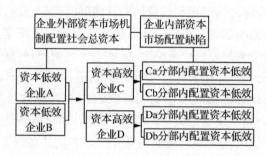

图1 资本市场效率和资本流向示意图(箭头表示资本流向)

2000 年起,我国企业开始卷入巨大的兼并和收购浪潮。股票市场发出的信号对并购浪潮也起着推波助澜的作用。当公司宣布并购信息时,其市值平均上升 30% ~ 50%。然而,由于并购企业具有大规模、多活动的复杂性,管理者难以了解企业内部生产经营过程的全部信息,因此陷入"双重"信息不对称困境,即企业外部利益相关者与企业管理当局信息不对称,企业高层管理当局与各分部、分公司信息不对称。对应企业"内部信息不对称",管理当局多数采取了集中管理的途径,而这又必将导致企业陷入无效率的官僚主义困境。

总之,我国社会再生产资金运动因金融市场运行和公司内部资本管理的缺陷而低效或无效,成为国民经济发展的实质性障碍。一个可行的思路是建立企业内部资本市场,并且积极探索完善和发展内部资本市场的有效模式。

(三)实证分析

我国上市公司 ICM 的存在性可以哈药集团为例。哈药集团的内部架构可概括为集团母公司和集团的控股公司:哈药集团、三精制药和哈药股份。哈药集团是企业架构中的枢纽,集团下属 29 家企业,其中包括哈药股份和三精制药两家上市公司。内部资本市场历经三步战略环节:三精制药借壳上市;哈药集团有限公司由国有独资公司变更为国有控股的有限责任公司;哈药集团有限公司收购哈药股份持有的三精制药16.07%的股份。哈药集团目前的资本构成如图2所示。同时,哈药建立了良好的"内部产品市场机制"。在定价政策上采取各方以自愿、互利、公允的原则进行内部交易。采购原材料的定价依据是公司保留向第三方选择的权利,以确保分部之间以正常的价格向其他部门提供产品,双方在参考同类产品市场价格的基础上协商定价。销售产品的定价依据是公司销售给第三方的价格。采购原料质量稳定,保证了公司的原料供应,有利于公司的稳定经营;公司产品销售建立了稳定的渠道,扩大了公司的影响力;委托代销产品有较强的市场竞争力,通过销售,为其建立了稳定的销售渠道,同时也为公司带来了效益。2007年哈药内部交易环节与额度预计达21 084万元,其中,向关联人采购与主业生产有关的各种原材料6 995万元,向关联人销售上市公司生产或经营的各种产品、商品10 281万元,受关联人委托代为销售其生产或经营的各种产品、商品3 808万元。总额比上年增长134%。(资料来源:哈药集团股份有限公司2007年预计日常关联交易公告。)

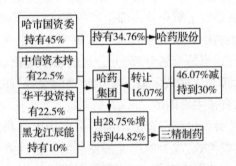

图2　哈药集团股份有限公司内部资本市场结构

　　哈药集团正在不断扩展内部市场的交易活动,其具体的交易政策、交易目的和交易对公司的影响都证明了哈药集团内部存在"准市场"而且能有效运行。

三、我国企业内部资本市场"交叉有效模式"的提出

　　在资本主义市场经济中,我们所认为的"强市场"体系往往是一个

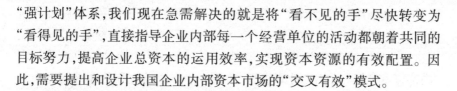

"强计划"体系,我们现在急需解决的就是将"看不见的手"尽快转变为"看得见的手",直接指导企业内部每一个经营单位的活动都朝着共同的目标努力,提高企业总资本的运用效率,实现资本资源的有效配置。因此,需要提出和设计我国企业内部资本市场的"交叉有效"模式。

(一)模式提出的概念选择

目前,国内外对内部资本市场的定义主要有三个角度:资本市场运行范围、资本分配机制和内外市场功能互补。从资本市场运行范围定义,内部资本市场是企业内部各分部围绕企业内部资本展开竞争的市场。定义突出了内部资本市场是一个与企业外部资本市场相对独立的市场"系统",以"模拟"外部资本市场的运行机制和功能为目标,强调内部市场调节。从资本分配机制角度定义,内部资本市场是企业总部在内部各部门之间分配资金的一种机制,定义体现的是内部市场与外部市场不同的资本分配机制,外部资本市场通过资本价格引导资本流动,内部资本市场是运用"价格手段"依靠计划机制分配资本。从内外市场功能互补出发,内部资本市场被定义为企业利用内部和外部资本市场的互补关系来提高资本资源配置的一种财务战略,企业可以利用市场互补性创造价值。定义的三个角度记录了内部资本市场发展的时间和空间差异,我国企业内部资本市场"交叉有效模式"应当在"现实"和"现时"的限制下提出。

然而,我国内部资本市场定义应具有"仿社会主义市场经济"特征。内部资本市场机制应在企业总部的整体宏观调控下对资源配置起基础性作用,通过内部转移价格杠杆和竞争机制,把资本配置到效益较好的部门和环节中去。因此,这种模式的内部资本市场基本上符合"有计划的商品经济"和"社会主义市场经济"的概念。

(二)内部资本市场"交叉有效模式"的内涵

市场机制的核心要素是"价格",但是,"价格"在市场中是以"不确定"为主要特征的。正是这种"不确定"导致了"高效率"和"非经济性"的"共生"与"共存"。解决问题的途径是强化"高效率"和削弱"非经济性"。内部交易系统具有将不确定因素转化为确定因素的管理机制。内部交易系统受市场中不确定因素的影响较少,可以在减少交易系统风险的同时,显著提高管理效率。通过建立"内部价格"体系和机制,发挥价格机制的积极功能,化解"外部"市场价格"不确定"的消极影响。所以,应建立一种内部资本市场"交叉有效模式":即在一个企业组织内部建立"内部资本市场",利用"计划机制"将每一生产经营过程的业绩同整个企业的业绩联系起来,评价整个企业的业绩,利用"市场机制"提高每一生产经营过程的业绩,最终实现企业整体价值的提升和社会总资本的周转效率。

"交叉有效模式"可以使内部市场体系发挥比外部市场更好的功能。

1. 内部"市场机制"最具意义的是直接将利润和基本生产工人的效率联系起来。利用"内部价格"的基本目的是帮助管理人员评价和控制企业内部生产过程的效率。一般的市场环境下,利润是所有者权益的增长因素,没有基本生产工人的任何利益。但是,在企业内部的"准市场"中,可以创造"如果基本生产工人能提高效率就能分得利润"①的机制。这种机制的建立需要一套完整系统的制度体系和标准体系,在一定程度上必须借助"社会主义计划经济"的体制优势。

2. "交叉有效模式"能为管理人员追求利润的目标提供强烈激励,通过内部市场规则增加激励的权威,以连续合理的方式分配现金流量。这一模式发挥作用的方式是利用先进和复杂的财务控制技术和管理会计体系,彻底检查和及时提供关于下属单位的业绩信息,提高高层管理部门的目标与公司业主目标相一致的可能性。

3. 内部资本市场以资本的商品化为基础,并在这个基础上形成统一完整的市场体系和反应灵敏的市场机制,将资本资源有计划按比例地合理分配给内部各种产品和各个分部,以满足各部分的发展需要和企业总目标实现的需要。内部市场主体拥有自己的相对独立的"产权",资本是从总部有偿取得的,分部可以在企业总体计划目标范围内追求局部利益的最大化,自由选择投资方案,进行投资决策。"交叉有效模式"的显著特征是用计划这只"看得见的手"指挥市场运行。

4. "交叉有效模式"可以使内部市场体系发挥比外部市场更好的功能还在于我国内部资本市场应是一种社会资本资源的配置方式,要从宏

---

① (美)H. 托马斯·约翰逊、罗伯特·S. 卡普兰:《相关性的遗失:管理会计兴衰史》,侯本领、刘兴云译,中国财政经济出版社 1992 年版,第 135 页。

观去认识,不能只从内部微观个体理解,提高的是社会总资本的效率而不仅仅是个别资本的效率。

(三)"交叉有效"模式的设计与效率均衡

内部市场不是给定的,需要依据管理者恰当的"想象"和"期望"设计而成。通过内部资本市场和外部资本市场的互补,企业总部就可能有充足的资金来为内部各个投资机会融资,并通过投资机会的排序和内部资金再分配来强化控制力。同时,内部资本市场的构造可以使各分部达到各种再融资标准,放松企业整体和各分部的融资约束,同时,获得投资的最大利益。

"交叉有效模式"实现内部资本市场效率与外部资本市场效率均衡的行为过程,如图3所示。对于进一步研究 ICM 在企业内部资本配置有效与高效,研究"社会主义性质"对建立完善的内部资本市场理论体系的积极意义,研究建立"内部转移价格"和"剩余控制权"机制,实现企业内部资本资源的有效配置,在企业这个"理想王国"中将"计划经济体制"和"市场经济机制"进行较为完美的结合,"交叉有效模式"的提出都具有基本前提意义。

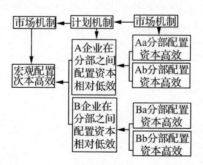

图3　内部市场资本配置效率的形成机制

按照"交叉有效模式"设计企业结构和控制程序,能够使庞大的企业组织克服低效率和官僚主义状态,进而提高社会总资本效率。本文提议进一步研究我国企业内部资本市场"交叉有效模式"的影响因素、运行规律及其特征,探讨国家、企业和分部的资本配置效率的差异和协同,总结运行效果的经验数据,建立效率评价模型,尤其是深入研究社会主义交叉补贴的宏观效应。最终建立一个真正的"社会主义性质"的企业内部资本市场的概念框架和理论体系,为建立"强势有效"的内部资本市场提供理论支持。

●原文刊载于《求是学刊》2007年第4期。
●张德红,黑龙江大学经济与工商管理学院教授。

论经济增长与环境质量

——评 **EKC** 曲线假说

侯伟丽

自 20 世纪 60 年代开始,随着生态危机的出现,经济增长被认为是生态危机出现的首要原因。于是,学者们开始对传统经济增长理论进行反思,并纷纷致力于经济增长和环境质量关系的研究,但由于环境质量监测数据的缺乏,当时的理论假说大多缺乏实证资料的验证。

20 世纪 70 年代,伴随计算机分析技术的应用和普及,对经济增长和环境质量关系的讨论进入一个新阶段。一些学者开始利用计算机模型预测未来,经济学家也开始将环境问题纳入经济模型中进行分析。然而,这一时期出现的各种模型得出的结论各不相同:一些模型认为经济增长和环境质量的稳定和改善是不相容的;而另一些模型则认为经济增长和环境质量改善可以兼顾。20 世纪 80—90 年代,由于环境监测技术和手段的进步,人们能够获得大量关于环境质量监测的实证数据,学者们开始利用这些数据分析经济增长对环境质量的影响,提出了环境库兹涅茨曲线(EKC)假说。

一、经济增长与环境质量的关系:EKC 假说

实证研究发现,经济增长与一些环境质量指标之间的关系不是单纯的负相关或正相关,而是呈现倒 U 型曲线的关系:当经济发展处于低水平时,环境退化的程度处于较低水平。当经济增长加速时,伴随着农业和其他资源开发力度的加大和大机器工业的崛起,资源消耗速率开始超过再生速率,产生的废弃物的数量和有毒物质迅速增长,环境出现不断恶化

的趋势。但当经济发展到更高水平时,经济结构向知识密集的产业和服务业转变,加上人们环境意识的增强、环境法规的执行、更好的技术和更多的环境投资,使环境恶化现象逐渐减缓和逐步消失,并开始出现改善的趋势(见图1)。Panayotou 等人将经济增长与环境质量之间的这种关系称为"环境库兹涅茨曲线假说"。

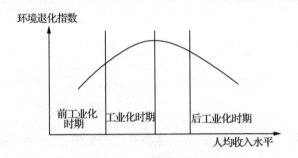

图1　环境库兹涅茨曲线

　　环境经济学家认为,EKC 形成的原因主要有以下几点:一是环境质量是奢侈型商品,只有当人们的收入增长到一定程度之后,才会对环境质量形成有效需求,且其收入需求弹性趋于上升;二是经济增长使得社会有更大的投资能力,可以投资于环境保护,促进环境质量的改善;三是随着经济增长,经济结构有向污染减轻方向发展的趋势;四是由于政府政策往往是对利益集团压力的反应。在发展的初期,产业部门比环境利益集团的组织化程度高,政府对环境需求的反应少,只有经济增长到一定水平,环境利益集团被较好地组织起来之后,政府才会对环境需求作出积极的反应。

　　EKC 假说的提出在环境经济学家之间引起了很大的争论。为此,自20 世纪90 年代以来,许多学者利用全球各种环境监测的数据,用回归分析法研究这些环境质量指标随人均收入增长的变动情况,从而对 EKC 假说进行检验。由于使用的数据不同,到目前为止,有关 EKC 假说实证研究得出的结论差异很大。我认为 EKC 假说的科学性还有待进一步证实。其主要理由有以下几点:

　　(1)由于资料的缺乏,现有的研究样本仍然存在较大的局限性。其所涉及的地区范围不广,时间序列不长。研究大多不是基于同一地区情况的纵向比较,而是在不同地区间污染指标的横向比较的基础上得出的结论,这使支持 EKC 假说的实证研究存在不确定性。例如 De Bruyn 通过对美、英、联邦德国、挪威四国 20 世纪 60 年代中期至 90 年代中期人均收入与 CO_2、NOx 和 SO_2 排放量变化进行相关分析,发现 20 世纪 60 年代至 80 年代这些国家人均收入和污染物排放量的关系曲线类似倒 U 型;但是 20 世纪 90 年代以来污染物排放量又上升,使相关曲线演变成为 N 型。Bruyn 因此认为引起 20 世纪 70 年代以来排放量下降的因素不是经济增长和收入提高,而是能源危机,经济增长的作用其实是导致更高的排放量。[1] 这也就是说,EKC 假说中环境质量在人均收入达到一定水平后将改善的结论是不成立的。

(2)这些实证研究多是针对部分城市的空气质量指标和水环境指标,这些环境指标随经济增长大致上有先恶化后改善的趋势,但不同研究计算的曲线峰值却存在较大的差异。例如,各种研究结果计算的 SO_2 峰值变化范围在 3 000 至 13 400 美元之间,这使得研究结论失去了说服力。有些反对假说的人甚至怀疑这些研究者是在故意挑选适合倒 U 型曲线的样本。

(3)呈现倒 U 型曲线关系的多为可逆的、在环境中可自然降解的污染物。而且,呈现倒 U 型曲线的污染物多为地方性污染物,这些污染与当地人口的健康福利有直接的关系,因而也较容易得到重视和治理。对于全球性的环境问题或者污染方和受害方在时空上相距较远的环境问题,经济增长对环境的改善作用不大。如温室气体排放,流域上游水土流失增加下游的洪水威胁,当代人破坏环境资源危害后代的可持续发展等。

(4)由于 EKC 数据主要来自发达国家,这些国家的环境质量改善也许可以从另一个角度得到解释:即发展中国家为发达国家提供了"污染天堂"(Pollution Heaven),发达国家在产业升级中向发展中国家转移了污染源,环境问题可能依然存在,只是从一地转移到另一地,或从当地的污染问题转为区域性甚至全球性的问题。

(5)目前的实证研究多是针对单一的污染物指标,对环境质量的整体状况则没有考察。由于随着经济发展,经济活动的物质基础会相应发生变化,导致环境污染从一种污染转向其他形式的污染,这样虽然有的污染指标下降了,但总体环境质量可能并没有改善。

---

[1] DE BRUYN, S M, BERG J. C, OPSCHOOR, J. B., Economic Growth and Emissions: Reconsidering the Empirical Basis of Environmental Kuznets Curves, in *Ecological Economics*, Vol. 25, 1998.

（6）由于环境的承载力是有限的,随着环境中积累的污染物的增加,环境对污染物的吸收能力下降。当污染超过环境承载界限时,最终有可能形成类似《增长的极限》预言的崩溃状态,再也没有机会改善。

二、EKC假说的政策含义

EKC被总结出来后,得到了广泛应用,许多学者将其作为经济增长与环境质量二者之间的通用关系,但也有许多学者对EKC假说提出强烈质疑。这种争论还直接延伸到环境政策领域。支持EKC假说的学者认为经济增长引起的环境污染是暂时现象,增长自身就是治疗环境污染的良方。而反对EKC假说的学者则认为要实现可持续发展,有必要减缓经济增长的速度,甚至停止经济增长。这样,在对经济增长的态度上,学术界存在着反对经济增长和支持经济增长等不同的观点(见表1)。

表1　支持与反对经济增长的不同政策建议

	经济增长对环境质量影响的观点	政策建议
彻底的支持者	经济增长和环境质量间存在直接正相关关系。经济增长刺激有利于环境的技术进步;环境质量是一种奢侈品,经济增长可改变人们的生活模式,使人们对环境质量的有效需求增加,它对环境质量是有利的	促进经济增长,保证自由市场机制的正常运转
有条件的支持者	尽管产出增长会对环境质量造成潜在威胁,但经济增长可为环境保护提供资金,经济增长还是环境政策实施的前提,经济增长和环境质量间是正相关关系	在促进经济增长的同时,鼓励环境政策的实施
温和的反对者	经济增长带来物质产出的增加。它对环境质量是有害的,环境政策虽有助于减缓环境退化,但在增长的经济体中,环境政策的作用是有限的	采用降低污染密集型产业增长速度的环境政策
激烈的反对者	经济增长带来物质产出的增加,从长期看,经济增长对环境是有害的,环境政策的实施对环境质量有暂时的正面作用,但如果不停止增长,环境质量不会有根本性的好转	降低经济增长速度甚至停止经济增长

（一）反对经济增长

许多学者认为经济增长和环境质量之间的取舍是一个两难问题。经济增长意味着更多的产出,而要得到更多的产出要求更多的投入,势必要加大对环境资源的开发力度,同时产生更多的环境污染。因此经济增长和环境质量改善两个目标是难以同时达到的。人类社会要实现可持续的发展,唯一的办法是降低经济增长的速度甚至停止增长。持这种观点的主要有以 Meadows 为首的罗马俱乐部成员、Boulding、Daly 等人。他们认为,地球物质系统实际上是一个封闭的系统,就像一只孤立的宇宙飞船。随着经济子系统的增长,生态系统从一个"空的世界"转变为一个"满的世界",这时候自然资本代替人造资本成为稀缺因素,经济子系统就需要从数量性增长转换为质量性增长。Daly 还明确提出可持续发展与经济增长是不相容的,认为增长是一种物理上的数量性扩展,可持续发展必须是一种超越增长的发展。也就是说,可持续发展必然意味着一场离开经济增长的激烈变革,并引向一种稳定状态的经济。[①]

(二)支持经济增长

与悲观的、反对经济增长的理论相反,一些学者认为技术进步会扩大自然边界,经济增长会导致经济结构的变化,使经济由依赖自然资源开发利用的传统工农业向依赖人力资源开发利用的信息业、虚拟经济转变,出现"非物质化"的倾向,这将减轻增长对环境的压力。而且经济增长还会使清洁生产技术得到发展,而清洁技术在传统产业中应用有助于减轻经济活动对环境资源的压力。支持经济增长的学者们还认为,环境是一种奢侈性产品,随着经济增长带来的人均收入水平的不断上升,环境产品的有效需求将扩大,人们会消费更多的环境产品,从而会拉动环境产品的供给、促进环境的保护和改善。例如 Becherman 认为:"确凿的证据表明,尽管在经济发展的初始阶段常常导致环境退化,但到最后,在大多数国家,保护环境最好的办法甚至唯一的办法就是变得富裕起来。"[②]Panayotou 在提交给联合国的一份报告中也提出:"当人均收入达到一定水平,经济增长就由环境的敌人转变为环境的朋友……这种转变的存在意味着不需要

---

① 参见(美)赫尔曼·E. 戴利:《超越增长:可持续发展的经济学分析》,诸健、胡圣等译,上海译文出版社 2001 年版,第 43~62 页。

② BECHERMAN, Economic Growth and the Environment: Whose Growth? Whose Environment? in *World Development*, Vol. 20, 1992, pp. 481–496.

对环境进行特别的关注,国内环境政策、在环境方面施行国际压力和国际援助都是不必要的,应将资源集中使用在如何实现快速的经济增长上,使之尽快由不利于环境的阶段过渡到有利于环境的阶段。"①

实际上,经济增长与环境之间的这种争论,不仅是一个学术争论的问题,在一定程度上还是发达国家和发展中国家利益斗争的反映。发达国家把目前全球环境继续恶化的责任归咎于发展中国家,认为这些国家过分追求经济增长,导致全球环境继续恶化,而广大发展中国家在环境与发展问题上,则坚持发展的优先性,认为不能在"环境霸权主义"的威胁下牺牲自己的发展权。Becherman 甚至认为将经济增长与环境质量视为二难选择本身就是一个错误。环保主义者过分强调环境保护是反映富国富人们的利益,对世界上大多数人来说,福利的提高更多地依赖于经济增长在减少贫困、提供更多更好的食物、衣服、住房和工作条件等方面的成就,而不是减少空气中的二氧化硫含量。正是由于经济增长使人变富后开始关心环境并对环境加大了投入,发达国家的环境才改善了,因此经济增长与环境质量并不矛盾。②

三、经济增长与环境质量关系的再认识

一般而言,在实际经济活动中,经济增长对环境的影响可分解为三种效应:规模效应、结构效应和技术(减排)效应。经济增长过程中环境质量的变化方向是这三种效应共同作用的结果。即环境质量水平 = F(A,B,C),其中 A:经济规模;B:经济结构;C:技术(减排)效应。

1. 规模效应。规模效应指的是随着经济规模的扩大,其对资源环境的压力也随之增加,如果经济结构和技术(减排)水平不变,经济规模作用的结果将使污染增加,环境质量退化(图 2 - 1)。这是因为经济规模的扩大增加了对投入品的需求,如果产出的实现或销售过程仍然沿用原有

---

① PANAYOTOU, *Empirical Tests and Policy Analysis of Environmental Degradation at Different Stages of Economic Development*, World Employment Program Research, Working Paper 238, International Labor Office, Geneva, 1993.

② BECKERMAN, *Is Economic Growth Still Desirable? Explaining Economic Growth*, Amsterdam: North Holland, 1993, pp. 77 - 100.

的技术,在缺乏有效的环境政策的情况下,自然资源的使用和污染物的排放将增加,从而使环境质量趋于恶化。

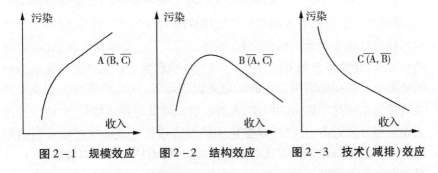

图2-1 规模效应　　图2-2 结构效应　　图2-3 技术(减排)效应

2. 结构效应。结构效应指的是在经济过程中,经济结构的自然演进呈现出的趋势,即在经济增长的早期,第二产业迅速增长,第二产业中污染较重的矿产资源开发、金属冶炼、重加工业等产业增长速度较快,经济结构向污染加重的方向转变。而在经济增长的后期,第三产业迅速增长,第三产业中污染较轻的金融、通讯等服务业的增长速度较快,经济结构向污染减轻的方向转变。如果经济规模和技术(减排)水平不变,经济结构效应作用的效果是使污染先上升后下降,环境质量将出现"先恶化、后改善"的趋势(图2-2)。

3. 技术(减排)效应。技术(减排)效应指的是通过技术进步、环境政策和经济结构调整政策使单位经济产出的污染排放量下降。技术(减排)效应包括两个方面:一是投入-产出效率的提高;二是清洁技术的采用。经济增长过程中,如果经济增长方式实现由外延向内涵型转变,经济活动和投入之间的技术转化系数不断提高,单位经济活动的环境资源投入随时间而递减,那么,产出的扩大并不一定增加对环境资源的消费,这就可能完全消除经济规模扩大对环境的负面影响,使污染持续下降,环境质量持续改善,从而实现经济可持续发展(图2-3)。

由此可见,在其他条件相同时,经济增长和工业化过程中的环境质量如何变化取决于经济增长的规模效应与结构效应、技术效应之间力量的对比。当规模效应占主导地位时,环境质量下降,而当结构效应和技术(减排)效应占主导地位时,环境质量最终会得到改善。因此,从理论上讲,经济增长既不是环境的天然盟友,也不是环境的天然敌人。快速的增长往往对环境具有负面的影响,因为它常常伴随着工业扩张、城市化和不断开发可再生或不可再生的资源。不过,经济增长也为改善环境创造了条件。经济增长与环境质量之间的关系具有很大的不确定性。

显然,EKC 假说只是单纯研究人均收入水平与环境质量变化间的关系,而没有考察其他相关因素对环境质量的共同作用。其实,经济增长和收入提高过程中经济结构的变化、技术变迁、工业化和城市化模式、经济增长方式、开放型发展取向、经济体制和环境政策等因素都会对环境质量的变化产生直接的影响。人们环境意识的高低、社会风俗等因素也对环境质量发生间接的影响。因此,人类不应全面反对经济增长,但应改变过去建立在开发资源、污染环境基础上的经济增长方式。经济增长盲目乐观主义者的错误在于没有认识到自然的边界,而这个边界客观存在,但以目前的增长方式继续增长下去,到达自然边界是不可避免的。而经济增长悲观主义者的不足在于忽视了发展中国家追求经济增长的迫切性,同时低估了技术进步和制度变迁的作用。我的看法是,增长是必然的,问题不在于是否要增长,而是怎样增长。特别是对于中国这样的发展中国家,要真正否定经济增长和工业化是不可能的。Thurow 就认为:"只有当人们的欲望都得到满足时,和平的非增长社会才可能实现,即使从理论上可以设想一种文化可以无视世界其他部分的高生活水准,这种文化在现实中也是不存在的,提高生活标准的需求几乎是世界性的。"①同时,如果人们在制度上进行创新、在技术上取得突破,人类可能在获得经济增长的同时享受良好的环境。Simon 曾针对《增长的极限》评论说,人的创造力和想象力是"最后的资源"。因此,从这个意义上讲,只要人们在制度上进行创新,选择绿色发展道路,在技术上取得突破,人类就可能在获得经济增长的同时享受良好的环境。

● 原文刊载于《求是学刊》2007 年第 4 期。
● 侯伟丽,武汉大学人口·资源·环境经济研究中心讲师。

---

① THUROW, *The Zero-Sum Society*: *Distribution and the Possibility for Economic Change*, New York: Basic Books, 1980, pp. 117 – 1180.

国有企业改革中政府审计"缺位"问题分析

杨　苗

一、国有企业改革中政府审计的责任

国有企业改革一直是我国整个经济体制改革的中心环节。自 1993 年党的十四届三中全会确定以建立现代企业制度作为改革方向以来,我国国有企业改革已经取得重大进展。各地按照党中央、国务院关于国有企业改革的一系列方针政策,采取多种形式推进国有企业改革,取得了积极成效。截至 2004 年底,中央企业总资产 9.19 万亿元,比上年增长 12.3%;净资产 3.95 万亿元,比上年增长 11.8%;所有者权益 3.2 万亿元,比上年增长 11.5%。但是,国有企业改革是不断探索和完善的过程,一些深层次问题还需要解决。如原有经济体制的深层次弊端、企业法人治理结构的建立、有限责任制度与法人制度的确立、国有产权合法权益保障等。① 但从目前看,在诸多问题中,防止国有资产流失问题已经成为公众普遍关注的焦点。

分析国有企业改革中国有资产流失的原因主要有:(1)国有资产监管体系不健全、不完善,国有资产出资人不到位,保值增值的责任主体不明确;(2)公司法人治理结构不健全,企业内部人控制现象较普遍;(3)国有企业改制和国有产权转让的法律规章不健全和不完善,国有企业改制不规范。除以上原因外,笔者认为还有一个非常重要的因素就是:在国有

---

① 参见黄速建:《国企改革是一个自然的历史过程》,载《读书》2005 年第 1 期。

企业产权制度改革中,政府审计不到位,政府监督制衡机制存在缺陷。

对国有企业进行审计监督、开展绩效评价是我国《宪法》、《审计法》以及《公司法》等法律赋予政府审计的一项重要职责。政府审计应当在国有企业改革、国有资产管理运营中监督、保护国有资产,提高国有资本运用效率和效益,促进企业加强管理,提高企业经济效益,维护市场经济秩序,防止国有资产流失。

政府审计是政府责任体系中不可或缺的政府责任监督机制,它依法建立,具有法定性和权威性。有关政府审计责任,我们可以从两个方面进行分析:一方面从经济监督活动看,政府审计主要负责对政府机构的财政、财务收支、重点项目资金及专项资金使用情况进行审计,也对国有企业或国有控股企业进行审计;另一方面从经济权力制衡机制分析看,政府审计本质行为虽然是一种经济监督活动,但是它可以通过对经济活动的监督实现着对经济权力的制约和平衡,从而带动国家政治权力监督效应。政府审计承担着推进国家政治民主与法制建设、发展和规范市场经济的责任。因此,政府审计责任履行的有效性将直接关系到经济活动运行的有效和政府责任体系的构建与实现。

笔者认为,在国有企业改革中,政府审计的责任是对国有企业产权制度改革、国有资产管理运营实施有效监督:(1)政府审计应通过对政府宏观经济调控政策的程序性和实质性的分析和评价,增强政府制定国有企业改革政策的科学性,提高改革效能,避免改革成本进一步加大;(2)通过对国资监管部门的审计监督,使其依法履行出资人职责、落实国有资产保值增值责任,监管好国有资产,防止国有资产流失;(3)通过对国有资产管理运营状况的监督,针对企业内部控制制度的健全性和有效性提出合理化建议,对国有企业具体经营活动的适法性、效益性进行评估,完善国有企业经营业绩考核体系,促进企业更好地经营管理国有资产,使国有企业在市场竞争中能够获得更多的再生产投资资金。

二、国有企业改革中政府审计的"缺位"

国有企业改革是我国经济体制改革中备受关注、问题最多、难度最大、又是最重要的部分。在国有企业改革中能否管好、用好国有资产,防止国有资产流失,关系到广大人民群众的最根本利益,关系到国有企业在国民经济建设中的重要作用,关系到我国社会主义市场经济的建设和发展。基于国有企业的基本属性,政府审计应当对国有企业改革全程负有监督、绩效评价责任。在国有企业改革中,政府审计要强化对国有资产的安全完整、保值增值、资产运营绩效的审计监督,有效防止国有资产流失。然而,政府审计在国有企业改革过程中由于"缺位"而不能很好地履行职责。

1.政府审计的事后监督和职能缺陷使政府审计在国有企业产权制度改革中"缺位"。政府审计作为综合性财政经济监督部门,虽然并不直接参与国有企业改革的经济决策和政策实施,但应当在国有企业改革调控体系中监督保证国有企业改革系统的正常运转。一般在调控系统中,事前调控最为有效。但是,目前我国政府审计工作内容仍然是以检查政府机构、国有及国有控股企业的财务状况为主,政府审计的基本特征是事后审计监督,审计的工作方法和手段也主要是以会计信息为基础的财务报表的鉴证和评价。因此,事后监督势必影响到国有企业改革系统的运行和实施效果。虽然我国政府审计正逐渐由事后监督向事中和事前监督转变,由财务审计向业绩审核、项目评估和政策分析等方面延伸。但从目前看,在国有企业改革中的政府审计职能尚未前置,因此国有企业在产权制度改革中的政府审计监督作用受到限制而缺位,政府审计无法对国有企业改革实施全程跟踪审计。主要表现在企业现代产权制度尚未完全建立,产权界定、产权配置、产权流转、产权保护四大产权制度尚未落实,以及国有资产委托代理关系尚未理顺的情况下,国有企业改制中由于存在企业信用缺失、会计报表失真、资产虚假评估、侵吞国有资产等导致国有资产流失的问题,这是由于政府审计缺少监控手段和监督制衡力度。

2.政府审计对独立审计质量监管的"缺位"。国有企业改革使多数国有企业逐渐实现产权制度多元化,这部分的企业会计报表基本上由独立审计完成。但与此同时,政府审计在对独立审计质量监督环节也产生了"缺位"。以往政府审计在对国有企业审计时,主要把工作重点放在财务报表的真实性上,而对国有企业改制过程的评估,中介机构的审计质量和改制后的企业绩效缺少实时跟踪审计监督。据国资委调查,2004年181家中央企业的财务审计报告中,有近20家审计报告不充分,其中有13家报告结论与事实相反。2004年审计署组织对16家具有上市公司审计资格的中介机构审计业务进行检查,发现 14 家会计师事务所的 37 名注册会计师出具的 19 份审计报告存在失实或疏漏。① 如果这一审计"缺位"问题不能依据法律加以解决,那么,在不规范的市场经济中,由于会计信息失真问题严重和信用体系严重缺失,会使政府审计难以防范国有企业改制中的不规范行为、违规操作和"官商联手"侵吞国有资产问题。

3. 政府审计对国有资产管理责任的审计"不到位"。在研究中我们发现,在国有企业产权制度改革中,政府审计除了对国资委实施财政、财务收支审计和经济责任审计外,几乎没有针对国资委的受托责任、代理风险和国资管理、运营绩效的审计监督和绩效评估。如国资委在国有企业产权改革政策制定和执行、在国有资产运用和财政支出、在国家资源以及重大投资项目的宏观绩效评价以及在国有资产管理、企业改制、股权转让中防范国有资产处置和并购中的腐败问题等方面,政府审计难以正常发挥监督功能,使国有资产监管明显地存在审计缺位和不到位问题。

4. 国有企业改革中政策风险预警的政府审计"缺位"。国有企业改革政策的制定、选择更多的是基于制度性和市场化因素考虑。由于改革行为较多地受制于政府的行政干预或企业自主行为的某些替代,或者"寻租"者的"设租"行为而缺乏必要的市场化与法制化的行为规范,直接影响并严重弱化了政策选择的有效性以及改革应有的政策功效。由于国有企业改革政策制定与国有企业改革现实之间存在一定矛盾,如:(1)国有企业改革政策制定存在假定因素:假设企业性质是完全的(或者完全可以寻找到理想的主体),通过改革就可以完整到位;假设国有资产的权利边界是清楚的,只要明确权限就可以清晰划分;假设市场是健全的,只要经过改革,国有资产就可以有效经营;假设代理是忠诚的,只要通过授权,代理者就会尽职尽责。(2)国有企业改革政策不够成熟、非实质性和短期效应问题存在,方案的实践性较差或与现实脱节,削弱了改革政策效应。(3)政策的选择模式与改革的行为模式之间存在矛盾。政策选择更多地基于制度性和市场化因素,而政策的实施行为又不得不适应于改革的行为模式,但由于改革行为较多地受制于来自政府的行政干预或企业自主行为的某些替代,显然缺乏必要的市场化与法制化的行为规范,这种改革

---

① 参见王庆宝等:《国有资产管理体制改革对国家审计的影响及其对策》,载《审计研究》2006 年第 4 期。

的非市场化行为模式,将直接影响并严重弱化政策选择的有效性以及改革应有的政策功效。因此在国有企业改革过程中,政策控制失效和改革调适机制失灵问题往往会出现。例如,管理层收购的政策目标是通过管理层收购国有股方式,完善公司治理模式,试图实现产权配置多元化和治理结构优化的双重效果。但是,由于相关企业改制政策不够规范,法制不够健全,监督制衡机制不到位,管理者自卖自买国有企业产权现象严重①,造成国有资产严重流失的后果。

5.国有企业改革绩效评价中政府审计"缺位"。政府审计一般分为合规性审计和绩效审计。在对国有企业改革效果和效率评价环节,政府绩效审计存在"盲区"。绩效审计是一种对受托经济责任更深层次的考核方式,它主要包括两部分:经济效率审计和效果审计。我国国有企业改革的目的是为了"盘活"企业,让国有资产在国民经济建设中更好地发挥作用。国有企业改革不是目的,经营好国有资产才是终极目标。因此,对国有企业改革以及管理运营的经济效率和效果实施政府绩效审计十分重要。然而,由于我国目前尚不完全具备开展政府绩效审计的条件,在长期的国有企业改革过程中,政府绩效审计既无法律依据,也无评价标准。虽然国有企业改革进程不断推进,改制企业数量迅速增加,而国有企业绩效如何却无法得知。从目前看,国有企业改革、国有资产管理运营的政府绩效审计评价体系的建立虽然紧迫,但尚未提到日程。

由于政府审计存在"缺位",政府审计在国有企业产权制度改革、国有资本投资运营、国有企业管理中尚未有效地依法介入到各环节的经济活动中:如政策的科学性评估、改制过程监督、改制效果和国有资产管理、运营绩效评价等。政府审计在国有企业改革中的监督制衡作用十分重要,如果没有有效的监督制衡,再好的制度、体制和机制也难以奏效。因此,随着国有企业的深化改革,政府审计监督对象也应随之改变,政府审计职能、政府审计职责也要重新定位,政府审计职责应通过国家立法加以调整。

---

① 参见李荣融:《更有针对性地监管国有资产》,载《新华文摘》2005 年第 15 期。

三、解决政府审计在国有企业改革中"缺位"的有效途径

国有企业改革及国有资产管理中由于政府审计"缺位"而导致国有资产流失问题应当引起我国政府和政府审计部门的高度重视,因为这不仅说明政府审计的"缺位",同时反映出政府职能的缺陷。政府审计应从以下方面进行修正和创新:

（一）完善政府审计监督机制,强化政府审计监督职能,变"缺位"为"补位"

1. 建设规制,为政府审计创新提供保障。政府规制已经成为发达国家公共政策范畴。纵观 OECD（经济合作与发展组织）20 多年的发展,规制已帮助政府在保护范围广泛的经济和社会价值方面取得了重大进展。规制改革的核心目的是提升政府能力,丰富管理手段。从比较立法、行政（规制当局）和司法等机关的作用来看,立法机关是事前的法律制定者,司法机关是事后的裁定者,行政规制可以成为事前、事后双重法规的制定者。当转型期法律的不完备性较大时,"兼具剩余立法权和能动的法律执行者双重身份的政府规制的作用非常重要"[1]。有效的政府规制同时具备三个互为补充的组成要素:规制在最高政治层面得到通过;包含明显的和可衡量的规制质量标准;能够提供可持续规制管理能力。强化政府规制,有助于建构高效、廉洁、诚信、规范的政策管理体制。鉴于此,政府规制将有助于政府审计体系的建设和完善,为政府审计由行政性审计向程序性审计转变提供基本保障,同时为政府审计职能创新、政府责任监督和政策风险预警搭建平台。

2. 有效运用政府审计监督机制,防止国有资产流失。为防止国有资产流失,政府审计在国有企业改革中应对以下内容进行监督:（1）国有企业改制政策的科学性以及风险评估;（2）企业改制的方式和方法是否按照预定方案授权进行;（3）企业改制的程序和所采取的步骤是否符合法

---

① 朱光磊、孙涛:《"规制—服务型"地方政府:定位、内涵与建设》,载《中国人民大学学报》2005 年第 1 期。

律和规范要求;(4)国有企业改革相关利益群体,包括债权人和国企职工的权益是否受到侵害和保障等;(5)企业改制过程是否遵守透明、公开、公正和公平原则;(6)产权交易中信息是否公开、机会是否均等;(7)选择战略投资者时,是否对其资质、相关的背景、管理经营能力、投资意图等进行监督、审查;(8)资产评估中介机构的资质、独立性和公允性;(9)改制企业的基本情况等。政府审计要在国有企业改革决策阶段、国有企业改制阶段和改制后国有资产运营阶段实质性介入,实施有效的审计监督、问责和绩效评价,防止政策风险以及其他国有资产流失问题的出现。

3. 政府审计依法对国资委的委托代理风险实施监督和评价。国资委是经政府授权代表国家履行出资人职责的机构,在国有企业改革中,它是国有资产的代理人。国资委在与企业的关系中又是国有资产的委托人。它委托董事会或国有资产投资公司行使国有资产的经营权, 在这一委托—代理关系中, 它扮演着股份公司中股东的角色, 然而与自然股东不同的是, 它不是最终剩余索取者, 不能占有增值带来的利润, 从而缺少对利润追求的原始动力。因此对于国资委来讲, 它既不具备所有者的最终剩余索取权(国家), 也没有企业经营者拥有的剩余索取权(经理人), 这将必然造成它缺少对国有资产管理的原动力。国资委既是代理人,同时又是委托人,双重身份难免存在"双重风险":既可能产生代理风险,又要承担委托责任。政府审计是代表国家行使审计监督权,履行政府的责任和对公权的制约。换个角度讲,政府审计是国有资产真正的"监护人"。因此,在国家完善法律法规体系的同时,政府审计同时要健全审计法规体系,构建适应国有资产管理体制转变的政府审计制度,依法对国资委的委托代理责任进行监督、制衡、评价,防止委托代理风险的产生。

4. 创新政府审计在国有企业改革中政策风险预警防范职能。对国有资产监管,应当充分体现以法制为基础的原则,按照市场经济规律的要求,建立比较完备的政策、法律体系,用于规范国有企业行为。如对国有资产管理体制、国有资产经营预算、国有资产采购、国有股权处置、国有资产审计等都应当建立明确的法律规定,为政府管理国有企业以及国有企业改革提供基本法律依据。笔者认为,在进行国有企业改革的同时,为确保国有资产保值增值,还应当建立严格的国有资产经营预算制度和国有资产财务审计制度,对国有资本收益和国有资本再投入实行法制化管理。

建立和完善政策、法律体系将有利于国有资本运营及国有资产管理中的风险规避和风险管理。同时,完善的政策、法律体系也为程序性政府审计提供政策和法律依据。

我国的国有企业改革已经进行了二十几年,为了有效防止企业改制和国有产权转让中的国有资产流失,近年来,政府针对国有企业改制、产权转让中存在的问题研究和制定了一系列法律、规范性的规章和政策。仅2003年就出台了《国务院办公厅转发国务院国资委关于规范国有企业改制工作意见的通知》和《企业国有产权转让管理暂行办法》;2005年出台了《关于企业国有产权向管理层转让有关问题暂行规定》等规范性文件。这些都为国有企业改革提供了规范性要求,通过制度化建设,切实防止国有资产流失。

以政策法律体系为依托,政府审计完全可以做到以风险为导向,创新政策风险预警审计的职能。政府审计以法律为依据,通过对政府关于国有企业改革政策的程序性和实质性的分析和评价,增强国有企业改革决策的科学性,提高国有企业改革效能,避免资源配置的无效率,同时可以增强国有企业改革行为的透明度,保证相关者的利益,增强人们对国有企业改革的信心。创新国有企业改革政策风险预警防范审计,首先应当建立政策风险预警系统,并通过风险评估确定风险责任,使责任有所着落。

5. 创新绩效审计职能,对改制企业实施经济、效率和效果审计。政府审计职能转变与创新要求审计对国有企业改革的效率、效果进行绩效评价,使改制后的国有企业能有真正意义上的保值增值、政府审计要有能力承担绩效评估工作,建设自身构成,提高管理运作水平、提高政府审计人员素质;政府应当保障政府审计绩效评估经费,提供相应的工作条件,保证其很好地发挥政府绩效评价功能。

(二)健全政府审计体系,弥补政府审计缺陷,变行政性审计为程序性审计

服务型政府是政府的创新目标,但"规制—服务型"政府更适合维护转型期的社会公正和秩序。政府创新目标应从"规制—服务型"开始,向服务型政府转变。规制是指政府为了克服市场失灵,以法律为依据,运用法规和行政规章、命令、裁决的方式,对市场经济主体(主要是企业)的活

动以及社会团体的行为进行干预、限制和约束。① 规制强调市场主体对法律、法规和规章制度的遵守,政府责任问责机制应当由行政性问责转变为程序性问责,政府审计也将由行政性审计转变为程序性审计。行政性问责往往是责任政府运作的开始,但要使责任政府稳定而有效地运作,就需要进一步走向程序性问责:完善责任制度的法律基础,在制度层面完善责任制的各项程序,通过程序保障在责任面前人人平等,尽可能减少问责过程。

行政性审计特征表现为审计依据是行政性的,官员的责任或者模糊,或者缺乏明确的法律依据,一般以行政性文件或者行政首长的临时性决策为依据。即使法律文本比较明确,其效力往往也取决于行政权力。最高领导重视了,审计就进入实践,其力度也大;最高领导有其他考虑了,审计就会退而变成次要工作,力度下降,有时候甚至是停止运作。行政性审计使得审计实践很不稳定,并富有争议,实际上也很少有长期效果。程序性审计与行政性审计相反,程序性审计特征表现为审计的依据都是法律性的,有充分的法律依据。即使在某些具体细节方面不清楚,或者法律依据存在问题,或者缺乏法律依据,随后也很容易通过开放性的立法程序,或者司法程序加以弥补。在权力配置方面,责任面前人人平等。

目前,我国政府审计正在走向程序性审计。主要表现为政府审计开始依法审计,并且把审计结果向立法机关报告,向媒体公布,使审计主体与客体在公共空间里有了一个比较对等的地位。对于涉及司法问题的,则需要激活司法程序,以公平、公正、公开的司法程序进一步补充立法程序的不足,来进一步完善程序性审计。

在国有企业改革中解决好政府审计"缺位"问题将有助于国有企业改革科学、规范和有序地深入进行,能够有效地防止国有企业产权制度改革中新的国有资产流失行为发生,有利于政府审计的创新发展。

● 原文刊载于《求是学刊》2007 年第 5 期。《新华文摘》2007 年第 24 期
转载、《人大报刊复印资料·财务与会计导刊》2006 年第 12 期转载。
● 杨苗,黑龙江大学经济与工商管理学院教授。

① 朱光磊、孙涛:《"规制—服务型"地方政府:定位、内涵与建设》,载《中国人民大学学报》
2005 年第 1 期。

论中国"农民非农化"与"农地非农化"的协调

简新华,张国胜

所谓"农民非农化"是指农民的职工化过程,即农业剩余劳动力向非农产业,向第二产业和第三产业转移的过程。由于工业发展需要大量的劳动力,工业化的过程也是农业劳动生产率提高的过程,会产生大量的农业剩余劳动力,必然要转移到二、三产业即非农产业就业,变为职工,而且工业和服务业主要集中在城镇,职工化的农民大多数也会迁移到城镇变为市民。所谓"农地非农化"即农用地的"非农化"是指农用地转变用途,成为工业、交通、服务业等非农产业和城镇建设用地的过程。① 由于工业、交通、服务业、城镇建设需要占有大量土地资源,其中大部分都来自农用地,因此需要重新配置土地资源,把原来的农用地转变为非农用地。

现阶段,中国两个"非农化"正在加速推进,但与此同时,二者的不协调也越来越明显,产生了一系列的矛盾和问题,已经严重影响经济发展和社会和谐。改革开放以来,随着中国工业化与城镇化进程加快,两个"非农化"越来越引起广泛的关注,成为学界研究的热点问题,相关论著如汗牛充栋。但是国内学者在研究两个"非农化"的过程中,分别研究"农民非农化"、"农地非农化"的居多,将二者结合起来进行研究的很少,尤其缺乏对两个"非农化"关系的研究。本文试图集中探讨"农民非农化"和"农地非农化"的必然趋势,中国两个"非农化"目前不协调的表现和原因,两个"非农化"协调的内涵、衡量标准、必要性和途径,以弥补这方面的不足。

---

① 参见贾生华、张宏斌:《中国土地非农化过程与机制实证研究》,上海交通大学出版社2002年版。

一、两个"非农化"的必然趋势

西方发达国家经济社会发展的历史表明,"农民非农化"与"农地非农化"是工业化与城镇化的必然趋势。

(一)工业化推动两个"非农化"

在西方发达国家工业化的过程中,随着产业革命的发生、工业化的快速推进,出现了大规模的人口流动,主要表现为农村人口大量向城市流动、农业劳动力大量向非农业转移。例如在英国,由于工业的迅速发展与集中,产生了对劳动力的大量需求,在城市没有办法提供足够劳动力的情况下,农村劳动力便源源不断地涌向城市,实现"非农化"。根据高德步2006年的研究显示,从1700年到1910年英国农业劳动力不断减少,工业劳动力不断增加。

在"农民非农化"的同时,工业化也在推动"农地非农化"。由于工厂和各种基础设施的建设需要占用大量的土地,而当时的土地绝大多数是农业和农村用地,所以农地必然"非农化"。英国的工业革命与"圈地运动"是互相联系、共同推进的。"圈地运动"不仅迫使农民离开土地、离开乡村,成为非农劳动力,推动了"农民非农化",而且促进了工业化和"农地非农化"。虽然被圈的土地主要不是用于建工厂,而是用于养羊以生产羊毛,为毛纺织业提供原料,但为工业化和"农地非农化"创造了条件。

(二)城市化促进两个"非农化"

工业化与城市化是必然伴侣,城市化是工业化的必然趋势,工业化是城市化的发动机,城市化又是工业化的促进器。城市化能够使实现非农化的农民同时也实现市民化,促进"农民非农化",而且城市化意味着要建更多的城市、更大的城市,必然也要占用大量的农地,促使"农地非农化"。表1的资料说明了在工业化时期的近一个世纪里,英国城市化与"农民非农化"齐头并进的情况。

表1　1776—1871 年英格兰城市化与农村－城市的人口迁移

年份	城市化水平（%）	年增长百分比（%）			迁移占城市增长的百分比（%）
		城市增长	城市迁入	农村迁出	
1776—1781	25.9	2.08	1.26	0.86	59.5
1781—1786	27.5	1.81	1.62	0.50	89.0
1786—1791	29.1	2.20	1.37	0.56	61.1
1791—1796	30.6	2.17	1.20	0.79	53.7
1796—1801	32.2	2.08	1.10	0.83	51.9
1801—1806	33.8	2.15	1.91	−0.18	88.2
1806—1811	35.2	2.07	0.59	1.07	27.5
1811—1816	36.6	2.40	1.37	0.59	55.6
1816—1821	38.3	2.39	1.06	0.87	42.8
1821—1826	40.0	2.61	1.12	1.19	41.4
1826—1831	42.2	2.33	1.06	1.14	44.0
1831—1836	44.3	2.08	1.04	1.01	48.7
1836—1841	46.3	2.04	0.83	1.20	39.5
1841—1846	48.3	2.41	1.23	1.57	49.7
1846—1851	51.2	2.05	0.97	1.73	45.9
1851—1856	54.0	2.06	0.77	1.54	36.4
1856—1861	56.4	2.08	0.60	1.60	27.9
1861—1866	58.7	2.35	1.06	2.10	43.7
1866—1871	62.0	2.29	1.15	2.05	48.6

资料来源:蔡昉、王德文等:《农村发展与增加农民收入》,中国劳动社会保障出版社 2005 年版,第 176 页。

二、中国两个"非农化"的现状与困境

改革开放以来,中国的工业化和城镇化进程加速,极大地推动了两个"非农化"。

(一)两个"非农化"的现状

农村改革的成功,家庭联产承包经营责任制的实行,有效地调动了农

民生产经营的积极性,使原来大量潜在的农村剩余劳动力显现出来,同时城镇工业加快发展、乡镇企业异军突起,为农村剩余劳动力向非农产业转移提供了难得的机遇。正是在这样的背景下,"农民非农化"快速推进。非农化率(非农化劳动力占农村总劳动力的比重)由改革初期的8.0%持续增长到2004年的38.4%左右(见表2)。

表2   1982—2004年"农民非农化"情况   单位:万人

年份	1982	1985	1987	1989	1991	1993	1995	1997	1999	2001	2003	2004
乡村劳动力	33 867	37 065	39 000	40 939	43 093	44 256	45 042	45 962	46 897	48 229	48 971	30 596
非农化劳动力	2 714	6 714	8 130	8 498	8 906	10 998	12 707	13 527	13 985	15 778	17 711	19 099
比重(%)	8.0	18.1	20.8	20.8	20.7	24.8	28.2	29.4	29.8	32.7	36.2	38.4

资料来源:农业部《2004年中国农业发展报告》、《中国农业发展报告'96》,统计局《中国统计年鉴2004—2005》。

在"农民非农化"快速推进的同时,"农地非农化"也加快了步伐。根据《中国土地年鉴》(1993—1996)资料显示,土地非农化的途径主要以国家建设和集体建设用地为主,其中国家建设用地占到了65%以上,而国家建设用地主要是城镇与工业用地和为城镇工业服务的交通用地等。由于缺乏全国统一的农用土地的统计资料,本文利用全国耕地数据的变化来反映我国"农地非农化"的状况。表3是改革开放以来我国耕地数据变化的情况,从中我们可以明显地看出,进入20世纪90年代,耕地面积迅速减少,1991年耕地减少面积还只有488千公顷,2003年就增长到了2 880千公顷,比1991年耕地面积减少5倍多。这其中固然有自然灾害、农用地退化和退耕还林等原因所造成的耕地面积减少,但主要还是是由于"农地非农化"所引起。

(二)中国两个"非农化"快速推进的原因

中国工业化、城镇化进程的加速,是改革开放以来"两个非农化"快速推进的基本原因。与此同时,经济市场化、市场体系的形成、市场在包括劳动力和土地在内的生产要素配置中的作用的发挥,也极大地促进了两个"非农化"。

表3　1982—2005年耕地变化情况　　　　　　　　　单位:千公顷

年份	1982	1985	1987	1989	1991	1993	1995	1998	2000	2002	2003	2005
实有耕地面积	98 606	96 843	95 889	95 656	95 654	95 101	94 970	129 642	128 243	125 930	123 392	122 066
年内减少面积	863	1 598	818	517	488	732	621	570	1 566	2 027	2 880	668.3

资料来源:农业部《2004年中国农业发展报告》、《中国农业发展报告'96》,国土资源部《全国土地利用变更报告》。

说明:1.1995年(含1995)以前的耕地面积为国家统计局的年报数据,1996年后耕地数据为国土资源部各年国土资源公报的整理数据;2.2005年数据截止到2005年10月30日。

在资源主要由市场配置的情况下,通过劳动力和土地市场中的价格和竞争的作用,劳动力和土地基本上是由经济效益低的地域和部门流向经济效益高的地域和部门,从而实现劳动力和土地的优化配置。在工业化、城镇化过程中,一般来说,农村和农业劳动力的收入比城市和工业劳动力的收入低,农村和农业用地的经济效益也没有城市和工业的高,在市场机制的作用下,农村和农业劳动力必然会流向城市和工业,农村和农业用地也会转变为城市和工业用地。一方面,中国长期存在的城乡差距呈现出扩大的变化;另一方面,非农土地利用效率大大高于农用地。[①] 再加上经济市场化改革的实行,市场在劳动力和土地配置中作用的发挥,共同推进了两个"非农化",使得农村剩余劳动力必然大量转向非农产业以求收益最大化,效益低的农业用地也不可避免地向非农用途转变。

(三)两个"非农化"的困境

两个"非农化"虽然是社会经济发展的必然,但由于中国人口数量巨大,农村剩余劳动力数以亿计,农民的"农转非"相当困难;而且由于我国人均耕地大大低于世界平均水平,人地矛盾相当尖锐;再加上社会主义市场经济体制还很不健全、土地、劳动就业、社会保障、户籍等方面的制度性

---

① 参见贾生华、张宏斌:《中国土地非农化过程与机制实证研究》,上海交通大学出版社2002年版,第13页。

缺陷,农用土地的"农转非"也面临许多问题和困难。

(1)"农民非农化"与"市民化"不同步。世界工业化国家的工业化与城市化的过程基本上是同步的,农民的非农化与市民化的过程也基本上是同步的,再加上没有人为把城乡隔离开来的户籍制度,所以与中国改革开放以来的情况不一样,一般没有出现所谓农民工问题,也没有所谓"民工潮"、"民工荒"现象。虽然也会出现劳动力流动、过剩或短缺的情况,但不是中国式的"民工潮"、"民工荒"。由于多方面的原因,中国农村剩余劳动力转移经过了一个曲折的过程,农民的非农化与市民化不是同步实现的,而是先由农民转变为农民工,实现非农化,再由农民工转变为市民,实现城市化,并且出现了"民工潮"、"民工荒"等特有的现象。农民的非农化要更稳定、更持久、更多、更好,又需要非农化农民的市民化,也就是说要实现城镇化,让大多数非农化的农民"离土又离乡,进厂又进城",既当职工又是市民。"民工潮"虽然有其产生的必然性和较大的积极性,但毕竟还是一种非常规的成本过高、问题过多、副作用过大、农民非农化也很不稳定的城乡人口流动。"民工潮"和"民工荒"是中国农民非农化和城镇化过程中出现的非持久性的特殊现象,是中国农村剩余劳动力转移不顺畅、不合理的表现,是农民的市民化滞后于非农化的产物,不利于中国农村剩余劳动力顺利、有效、持续转移,而且产生了严重的农民工问题。农民的市民化滞后于非农化,非农化的农民的土地不能重新分配或合理流转,还会造成耕地抛荒,浪费宝贵的土地资源。

(2)农民工问题突出。农民工是在非农产业就业还保留农民身份的职工,是在中国体制改革、结构转型时期,在特定的制度条件下出现的过渡性的特殊群体。农民工既是一个与户籍制度相关的身份概念,还是一个与就业产业相关的身份概念,农是指农业,工是指工业等非农产业,农民工则是指原来在农村就业、户口也在农村,现在转到工业等非农产业就业、户口还在农村的劳动力。如果像其他工业化国家一样,中国农民在非农化的同时也实现城镇化,也就没有所谓农民工,也不会产生什么农民工问题。农民工包括两大类,即进城的农民工(包括在城镇的乡镇企业的农民工)、农村的乡镇企业的农民工,前者占多数。农民工出现以后,产生了许多经济社会问题,如农民退出农业过程中的土地制度变革、土地抛荒、失地农民、农业规模经营、"离土不离乡、进厂不进城"等问题,农民进入工业等非农产业就业过程中的"民工潮"、"民工荒"、流动无序、就业歧视、工资拖欠、劳动保护、人身安全、职业培训、子女教育、居住、社会治安等问题,农民工融入城市成为市民的过程中的户籍、"棚户区"、"超生游击队"、社会保障、弱势化、边缘化等问题,严重影响农业的发展、工业化和城市化的推进、三农问题的解决、社会稳定的维持,极不利于工农、城乡、经济社会的统筹兼顾、协调发展。①

(3)"农地非农化"过快、非农化土地利用效率不高。在人多地少、人地矛盾尖锐、农民非农化与市民化又不同步的情况下,"农地非农化"不能过多、过快、过急,应该走一条尽量少占地、土地利用效率更高的工业化和城镇化道路。但是,我国现在许多地方出现了滥用土地征用权、征了不该征的土地的现象,过快、过多地使一些土地非农化了。根据国务院发展研究中心课题组提供的数据:1987—2001年全国因非农建设占用耕地3 394.6万亩,这只是依法审批的征用数,并不包括违法占用的数量。卫星遥感资料表明,违法占地的数量一般占用地总量的20%～30%,有的地方多达80%。② 按人均耕地1.4亩计算,至少有2 400万农民因征地失去了土地。东部一些发达地区,人均耕地只有几分,失地农民的数量更高。农地非农化不但过快,而且土地的利用效率也相当低,与发展中国家相比是如此,与发达国家相比更是如此(详见表4)。与此同时,土地闲置、"圈而不发"现象也比较严重。不少人圈下来的土地,并不是为了开发,目的是要做土地投机。根据国家土地管理局1997年统计,全国被征用后闲置的土地高达11.65万公顷,占征地面积的5.8%,其中耕地6.28万公顷,占闲置土地面积的54%,且有3.45万公顷已无法耕种,造成土地的严重浪费。③

---

① 参见简新华等:《从"民工潮"到"民工荒"——农村剩余劳动力有效转移的制度分析》,载《人口研究》2004年第2期。
② 参见钱忠好:《土地征用:均衡与非均衡》,载《管理世界》2004年第12期。
③ 参见钱忠好:《土地征用:均衡与非均衡》,载《管理世界》2004年第12期。

表4   中外城市土地利用效益比较

城市名称	城市面积	建筑区面积(km^2)	地均GDP(万美元/km^2)
北京	10 809	700	849
上海	6 340	1 029	859
曼谷	1 569	600	21 850
罗马	1 580	192	25 775
东京	2 059	515	98 524

资料来源:贾生华、张宏斌:《中国土地非农化过程与机制实证研究》,上海交通大学出版社2002年版,第21页。

(4)失地农民利益受损。在"农地非农化"过程中,失地农民利益受损主要表现在以下两个方面:一是失地农民没有得到合理的补偿,更没有享受到"农地非农化"带来的土地增值的好处。土地从农业用地转变为非农业用地,是一个巨大的增值过程,农民作为土地的所有者,理应是这个增值过程的受益方。而按我国现行的法律制度,土地征用补偿是以农业生产的平均产值为补偿依据的。这也就是说,国家给集体土地确定的是补偿价值,而不是交换价值,结果造成低价征用。一般而言,集体大多数耕地得到的补偿,1亩地低的在3 000元,高的在30 000元不等。而当被征用的土地出售给工业、房地产、金融和其他服务业时,1亩土地的价格一般在10万元左右,有的高达100万元,甚至更高。[①] 中央到地方各级政府、各有关部门及开发商在将征用的集体所有土地转变用途时,从集体土地转让中取得了巨额的收益。即便是这样低的补偿,有时候还要被乡村干部截留、挪用甚至挥霍,到不了农民手上。二是失地农民没有得到应有的妥善安置,相当部分没有实现非农化,更没有实现市民化,有的甚至成为所谓"三无"农民。失地农民失去土地保障,也没有进入国家的社会保障体系,大部分没有安置就业,主要通过货币安置方式,一次性补偿,结果往往是坐吃山空,很快花完那点少得可怜的补偿费。根据国家统计局对全国2 942个失地农户的调查,失地农户被征地时安置就业的仅约占劳动力总数的2.7%,赋闲在家的约占20%。1987—2001年全国因非农建设占用了3 395万亩耕地,按城镇周边地区人均耕地不足0.7亩(全国

---

① 参见罗丹等:《不同农村土地非农化模式的利益分配机制比较研究》,载《管理世界》2004年第9期。

人均耕地 1.4 亩的一半)计算,至少有 3 400 万人因征地失去或减少了土地。① 按照上述安置就业 2.7%、赋闲在家 20% 的比例计算,全国就有 3 300 万失地农民没有安置就业,680 万赋闲在家,成为"务农无地、上班无岗、低保无份"的"三无农民",既不公平,也不利于社会稳定的维持。

(5)"农民非农化"和"农地非农化"的失调。一般而言,失地的农民应该非农化,最好实现市民化。因为,只有实现非农化、市民化的农民,才有工作和生活保障,才可以不要农村土地。但现实的状况往往是,土地被征用了,很多农民却没有实现非农化的就业,更没有成为市民。"农民非农化"和"农地非农化"的失调,除了"农民非农化"的同时大部分没有市民化、"农地非农化"过多、过快、过急之外,最主要的表现是"农民非农化"的速度低于"农地非农化"的速度,使得"农地非农化"的农民相当部分没有非农化,也没有市民化,结果造成严重的农民工问题,产生大量的"三无"农民,加剧"三农"问题,影响社会稳定,引起土地资源的浪费,不利于工业化和城镇化的顺利有效推进。

三、两个"非农化"协调的必要性和途径

(一)什么是两个"非农化"的协调

"农民非农化"和"农地非农化"协调,既指"农民非农化"和"农地非农化"相互之间和各自内部的协调,也包括两个"非农化"与工业化和城镇化进程的协调。具体来说,有以下几个方面的基本要求或衡量标准:

第一,"农地非农化"了的农民一定也要"非农化"。因为土地是农民的"命根子"、最后一条"保障线",在农民的土地转移到非农用途的同时,他们也必须相应的转移出第一产业,到第二、第三等非农产业就业,所以"农民非农化"的速度不能低于甚至应该高于"农地非农化"的速度,两个"非农化"必须适度同步。

第二,失地农民的利益一定要得到保护,必须切实给失地农民以合理的补偿,让这些农民也能够分享"农地非农化"的增值效益。

---

① 参见李剑阁、韩俊:《解决我国新阶段"三农"问题的政策思路》,载《管理世界》2004 年第 2 期。

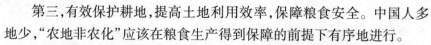

第三,有效保护耕地,提高土地利用效率,保障粮食安全。中国人多地少,"农地非农化"应该在粮食生产得到保障的前提下有序地进行。

第四,两个"非农化"还必须与工业化和城镇化的进程协调。这就是说,要在尽量少占地、提高土地利用效率的前提下实行两个"非农化",保证工业化和城镇化对劳动力和土地的需求,而且实现了两个"非农化"的农民,也要尽可能实现市民化,以促进实现工业化和城镇化的顺利协调。两个"非农化"既不能过少、过慢、过缓,以免延误工业化和城镇化的进程;也不能过多、过快、过急,避免产生许多不利的经济社会问题,防止造成劳动力和土地资源的浪费。

(二)两个"非农化"为什么要协调

两个"非农化"是工业化与城镇化发展的必然趋势,工业化与城镇化必须协调,"农民非农化"与"农地非农化"也必须协调。两个"非农化"的协调,对中国工业化与城镇化的协调、工农的协调、城乡的协调、"三农"问题的解决、农民利益的保护、劳动力和土地资源的充分有效利用、人地矛盾的缓解、粮食安全的保障、经济社会的健康发展和社会稳定的维持都具有十分重要的意义。

首先,两个"非农化"的协调,能够更有效地解决"三农"问题。协调好两个"非农化",可以合理有效地转移农业剩余劳动力,提高农业劳动生产率,增加农民收入;也可以促进农业和农村更广泛地采用先进技术,更节约地使用土地,避免农村土地的抛荒、浪费,提高土地利用效益,实现农业的规模经营和产业化、现代化;两个"非农化"所带来的增值效益还可以反补农业,更好地发展农村经济,解决农业落后、农村贫穷、农民收入低的问题。

其次,两个"非农化"的协调,有利于工业化与城镇化的协调和实现。中国的城镇化长期滞后于工业化,发展很不协调,协调好两个"非农化",有助于改变这种局面。两个"非农化"的协调包括其与工业化和城镇化进程的协调,能够满足工业化和城镇化对劳动力和土地的需求,保证工业化和城镇化的顺利实现;实现了两个"非农化"的农民也要尽可能实现市民化的要求,"农民非农化"与"市民化"不同步现象的改变,也有益于加快城镇化的进程,改变城镇化滞后的状况,实现工业化与城镇化的适度同步发展;而且两个"非农化"不能过少、过慢、过缓,也不能过多、过快、过急,应该走一条尽量少占地、土地利用效率更高的工业化和城镇化道路,更好地推进工业化和城镇化。

最后,两个"非农化"的协调,有助于维护社会的稳定。协调好两个"非农化",能够解决中国目前在工业化、城镇化和两个"非农化"过程中出现的农民工问题、失地农民利益受损、"三无"农民等经济社会问题,消除影响社会稳定的不利因素。

(三)两个"非农化"怎样才能协调

除了走新型工业化道路和中国特色的城镇化道路、选择工业化与城镇化适度同步发展的模式之外,需要努力做到"农地非农化"合理规范,切实保护失地农民的利益,在"农地非农化"的同时实现"农民非农化",在"农民非农化"的同时尽可能走向"市民化"。

(1)合理规范"农地非农化"。一方面,农用土地是农业生产和农村经济发展最基本的生产资料,具有清洁空气、美化环境、维持生态平衡等外部效应,而且在中国目前的情况下,土地在很大程度上还承担着广大农民的社会保障功能;①另一方面,中国人多地少,人地矛盾尖锐,而且"农地非农化"的过程几乎是不可逆的,农用土地一旦变为建设用地,要想恢复农业用途,其成本相当大。因此,农用地不能想占就占、想占多少就占多少,"农地非农化"需要慎之又慎、合理规范。目前,中国的"农地非农化"存在过多、过快、过急的现象,必须予以纠正。应该按照相关法律规定,将土地征用限制在公共利益的范围内,严格限定征地权,彻底改变目前不论是公共事业用地还是经营性用地都一律实行土地征用的做法。对公益性征地,实现公平补偿;对以赢利为目的的经营性征地,则应该在土地利用总体规划的控制下,充分发挥市场机制的作用,公开投标招标。严格土地农转非的审批手续,如果造成土地的闲置和浪费,申请者和审批者都应承担相应的法律责任。不管是国家建设用地,还是集体建设用地,都必须符合规划,依法取得,科学管理,以确保土地的高效利用。

(2)采取有效措施,切实保护失地农民的利益。土地是农民生产和生活的基本条件和最后保障,是农民的根本利益之所在,如果土地被占

---

① 参见钱忠好:《中国农地保护:理论与政策》,载《管理世界》2003 年第 10 期。

用,农民就会失去生活来源和必要的保障,所以在"农地非农化"过程中,必须切实保护失地农民的利益,合理补偿和安置失地农民。但是,在中国现行的土地征用制度下,失地农民往往没有得到合理补偿,更没有得到有效安置,甚至出现了大量的"三无农民"。目前国家的土地征用只是按照被征用土地的原有用途给予一定的补偿,没有考虑到土地在农村还有社会保障的功能,也没有考虑到工业化、城镇化用地的增值效应,更没有考虑到随着整个国民经济的发展农民的收入和生活水平也要相应提高。现在土地征用补偿标准较低,甚至连较低的补偿有时还落实不到失地农民手里,而且没有妥善安置失地农民的硬性规定。必须改革目前的土地征用补偿和安置办法,制定出合理的经济补偿标准和安置规定,切实保护失地农民的利益。建立有效的土地市场,征地补偿必须以土地的市场价值为依据,实行公平补偿,既要考虑土地所有权的补偿,也要考虑土地使用权的补偿,特别要注意将补偿落实到失地农民手里。征地补偿费不仅要体现土地作为生产资料的价值,也要含有一定的社会保障费用,还要对农民在土地上的投资给以必要的补偿。① 这样虽然会加大"农地非农化"的成本,但这是必需的、合理的。只有这样,才能切实保护失地农民的利益,而且促使土地的有效利用。保护失地农民的利益,包括三个方面的内容:支付征地补偿费、安排就业、给予社会保障。应该尽可能做到同时实现以土地换补偿费、换就业、换保障,使无地、无业、无保障的"三无农民"成为有补偿、有业、有保障的"三有居民"。妥善安置是保护失地农民利益的重要方面,应该千方百计地解决失地农民的后顾之忧和长远生计问题,这就要重点解决失地农民的就业、创业和社会保障问题。

(3)从多方面着手促进"农地非农化"的同时实现"农民非农化"。要实现两个"非农化"的协调,在规范"农地非农化"、保护失地农民利益的同时,还要不失时机地推进失地农民的非农化,帮助他们顺利地向非农产业转移,做到"农地非农化"的同时实现"农民非农化"。这是因为,失地农民的非农化是保护失地农民利益的根本,就业是民生之本,解决了失地农民的就业问题也就是给了失地农民一个可持续的生计,才能从根本上避免"三无农民"的产生。但是,目前人们更关心的是失地农民的合理补

---

① 参见陈波翀、郝寿义:《征地补偿标准的经济学分析》,载《中国农村观察》2004 年第 6 期。

偿问题,而不是失地农民的就业问题,另外失地农民的综合素质与劳动技能普遍低下,不少人年龄也偏大,这都在相当程度上影响了失地农民的"非农化"。必须从多方面着手,促进失地农民"非农化"。首先是允许、鼓励、帮助失地农民以多种方式参与到在非农化农地上实施的工业化和城镇化建设项目当中,可以以土地入股,以土地换股东身份;也可以以土地换就业,招工首先招失地农民。其次是大力推进农业产业化和乡镇企业的再发展,使农村产业链向二、三产业延伸,形成更多以农业生产为基础的各类农产品加工企业和与农业相关的各类服务业,为失地农民提供更多非农化就业的机会。再次是加强职业技术教育和岗位培训,提高失地农民的综合素质与劳动技能,帮助他们成为合格的非农劳动力。最后是要完善城乡统一的劳动力市场,实行自由流动、公平竞争、自主择业、择优录用的就业制度,彻底消除对失地农民的歧视,使他们平等地享有就业培训、择业指导、职业介绍等方面的就业服务。

(4)改革和创新制度,保证"农民非农化"的同时尽可能"市民化"。"农民非农化"要持久、稳定,"民工潮"、"民工荒"和其他各种农民工问题要从根本上消除,非农化的农民还必须尽可能"市民化"。但是,目前中国的农民市民化严重滞后于非农化,造成这种现象的原因主要是各种制度上的缺陷。应该通过深化改革和创新制度,扫清制约农民市民化的各种制度障碍,合理解决农民市民化的成本问题,使大多数非农化的农民顺利有效、持久稳定地实现城镇化。也就是说,要创新户籍制度实现劳动力合理流动,创新劳动就业制度实现平等就业,创新劳动保护制度保障人身安全,创新劳动工资制度保护劳动报酬权,创新社会保障制度保护劳动力资源,创新城镇住房制度实现居者有其屋,主要由各级政府和征地单位支付非农化的失地农民市民化的社会成本,以便"农民非农化"的同时尽可能"市民化"。

● 原文刊载于《求是学刊》2007 年第 6 期。《高等学校文科学术文摘》
    2008 年第 1 期转载。

● 简新华,武汉大学人口·资源·环境经济研究中心教授、博士生导师。
● 张国胜,云南大学发展研究院讲师。

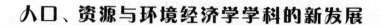

人口、资源与环境经济学学科的新发展

杨云彦,程广帅

一、人口、资源与环境经济学学科建设的进展

　　国务院学位委员会于 1997 年在调整研究生专业目录时,在一级学科理论经济学下面设立了人口、资源与环境经济学二级学科。该学科设立8 年来,很多学者对这一学科的科学体系进行了有益的探索,取得了不少有价值的学术成果。

　　一门学科之所以能够区别于其他学科,关键就在于它的研究对象和学科体系的特殊性。关于人口、资源与环境经济学的学科体系,不少学者已经进行了一些有益的尝试。但由于受该学科形成时间短的限制,对学科性质、研究对象等方面存在不同的观点和认识,主要表现在这样几个方面:

　　1. 对本学科的研究对象没有一个统一的认识。有学者认为人口、资源与环境经济学"是一门研究人口、资源、环境三大要素及其关系在经济发展中的地位与作用,保证人口、资源、环境协调发展,实现经济可持续发展的科学"[1];有的学者把该学科界定为"研究'人口资源环境'作为稀缺性经济资源的合理配置的经济学分支学科"[2];有的学者则认为该学科的研究对象应该是"以经济过程和经济发展中的人口、资源、环境三大因素

---

　　① 杨云彦:《人口、资源与环境经济学》,中国经济出版社 1999 年版。
　　② 吕昭河:《超越"经济人"对"人口、资源与环境经济学"学科性质的探索》,载《思想战线》2003 年第 6 期。

求/是/文/荟　　《求是学刊》发刊200期

之间的内在联系以及它们各自所起的作用"①；还有的学者认为是"人类通过劳动与自然进行物质变换的总体与全过程"②。研究对象的模糊和不确定，说明该问题还远远没有在学者们中间达成共识。

2. 学科体系不严谨。虽然我们把人口、资源与环境三者统一到了一个学科门下，但是在具体进行分析的时候仍然自觉或不自觉地割裂了三者的相互联系，只是"对人口与资源、人口与环境关系中存在的各种问题进行'分而治之'的研究"③，并没有把三者统一到一个科学严谨的分析体系之内，而一个学科在体系上成熟的标志之一应当是其体系的严谨性。

3. 分析框架不完善。既然作为经济学的一个分支，那么人口、资源与环境经济学也必须遵从现代经济学的分析框架。目前国内该学科的研究依然处于从传统研究方法向现代研究方法的过渡阶段，主要表现在对该学科所研究问题的分析依然是以逻辑分析为主，很多研究成果定性分析多，而缺乏运用现代经济学的实证研究方法进行的科学严谨的实证分析。

综合来看，在人口、资源与环境经济学学科体系建设的探索中，既有将其研究对象和内涵限定为可持续发展经济学的倾向，也有将人口、资源、环境经济学过分泛化，无限扩大或引申到其他领域，包括工程与自然科学领域的趋势。在研究方法的运用方面，则有过分强调人口、资源与环境经济学特殊性的一面，没有注意凝练其作为经济学一个分支学科的共同性方面，因此在经济学应有的研究规范和体系结构方面存在不足。我国经济的快速发展，人口、资源、环境协调发展的问题日益突出，全球化对环境问题的关注，更加强了我们转变增长方式、走新兴工业化道路的需要，落实科学发展观、建设和谐社会的现实要求，都需要人口、资源与环境经济学这门新兴学科有更大的发展。

二、人口、资源与环境经济学学科发展溯源

一门学科的发展与成熟，大致都要经历一个从简单到复杂、从表面到深入、从单一到多元的发展过程。但人口、资源与环境经济学学科的发

---

① 吕红平、王金营：《关于人口、资源与环境经济学的思考》，载《人口研究》2001 年第 5 期。
② 张象枢：《人口、资源与环境经济学》，化学工业出版社 2004 年版。
③ 吕红平、王金营：《关于人口、资源与环境经济学的思考》，载《人口研究》2001 年第 5 期。

展,则是通过可持续发展的理念,将多个学科整合在一起,不断交融、深化的过程,学科发展存在多源头特征。

在人口、资源与环境经济学体系中,人口经济学是较早起步、其理论和方法比较完备的分支之一。它构成早期政治经济学的重要内容。由马尔萨斯开始,人们开始重新审视人口自身的增长以及同生产资料和生活资料供给的相互关系,由此形成现代人口经济学的基本框架。在马尔萨斯所处的年代,英国正经历着前所未有的产业革命,机器大工业代替了以手工为主的作坊工场手工业,成为主要的生产方式。随着生产方式的大变革,机器大工业排挤了工人、小生产,造成大批工人、农民和小手工业者陷于贫困、破产境地,大批失业人口流落街头,社会矛盾十分突出。马尔萨斯把这种复杂的社会矛盾归因于人口与生活资料之间的正常比例被打破,是所谓"人口法则"在发挥作用,并认为在"自然条件"下食物产量增长永远赶不上人口数量的增长,人口过剩是"绝对过剩"。因此对人口增长和人类前景持悲观态度。对这种悲观主义的"人口决定论",马克思主义人口理论进行了有力的批判。

第二次世界大战以来的世界人口发展经历了若干重要的变化,20世纪40—50年代全球人口的快速增长,引发了新一轮对人口增长前景持悲观态度的理论思潮;而发达国家和一些新兴工业化国家或地区的人口增长率下降,使人们能更加理性地分析自身的繁衍行为;战后日益加强的人口迁移和城市化趋势,则为人口经济学研究提出了新的课题。总的来看,从二战以来的半个世纪是人类对自身发展高度关注的年代,也是人口经济学走向成熟的阶段。

工业革命以来,人类的生产和生活方式不断地消耗大量的自然资源,破坏了人类自身生存的生态环境。人类不得不面对日益突出的资源消耗和环境问题。这使得人类将对自身发展前景的关注从单纯的人口与经济关系扩展到人地关系、资源的稀缺性和有效利用以及环境问题等。在人类对资源与环境问题日益关注的过程中,大致经历了三个浪潮,每次浪潮分别集中于不同的主题,如下表所示。

表1　资源环境问题的三次浪潮

波次	一般话题	具体问题
第一波:20世纪40—50年代	有限自然资源	食物产生的不适应 不可再生资源的消耗
第二波:20世纪60—70年代	生产和消费的副产品	杀虫剂与化肥使用,垃圾处置、噪声、空气与水体污染、放射性与化学污染
第三波:20世纪80—90年代	全球环境变化	气候变化、酸雨、臭氧层破坏

资料来源:Ruttan(1993)。

第一波出现在20世纪40年代末至50年代初,其关注的主要问题是自然资源(如土地、淡水、能源供应)能否维持经济增长以及食物增长能否满足人口增长的需要。这些问题和马尔萨斯的关注点是相似的。

第二波出现在20世纪60年代后期至70年代前期,增加了另一个焦点,即环境对现代技术副产品的吸收能力,如大气污染、水体污染、石棉、杀虫剂、放射性废弃物、生活垃圾等。激发第二波的原因,部分可以归结于工业化国家收入水平的上升,收入的提高,既增加了对产生有害副产品的商品的需求,又激发了对环境质量的需求。

第三波发生于20世纪80年代后期和90年代初,又增加了新的焦点:全球性变化问题,包括酸雨、全球变暖、臭氧减少等。第二波和第三波的问题涉及公共商品(public goods)——空气、水、大气,这些都有被过度消耗的倾向。1997年关于全球气候变化的京都会议就指出,第三波的问题尤难解决,因其涉及国家之间平等使用公共物品的问题。

此外,由于人类活动范围扩大,生态系统破坏导致的动植物物种灭绝、生物多样性受到严重挑战的问题,以及环境污染而可能导致的生物性病理变化,都可能构成若干年后环境问题第四次浪潮的内容。

事实上,从马尔萨斯开始,人口经济学就开始关注人口-资源关系,特别是人口与土地、粮食等的关系。第二次世界大战结束以后,由于各国人口的迅速增加以及发展中面临的严重社会问题和矛盾冲突,全球弥漫着浓厚的悲观主义气氛,特别是20世纪50—60年代出现在发达国家的一系列严重的环境污染事件震撼了各国政府以及社会各界,环境污染和治理成为热点问题。如果说皮尔逊和哈珀（Pearson，Harper，1945）合著的《世界的饥饿》还只是马尔萨斯论的翻版的话，福格特（Vogt，1949）的《生存之路》则开始关注工业化以来的若干重要消极后果，他认为由于人口增长和滥用自然资源，世界人口增长正在超过土地和自然资源的承载力，人类面临生存危机。卡逊（Car－son，1962）用通俗笔调描述了环境污染的"寂静春天"，其影响之深远，被认为是一个新的"生态学时代"的开始。在1972年问世的颇有争议的报告《增长的极限》通过运用多种宏观模型模拟人口增长对资源消耗的过程，预测人口高速增长将带来灾难性后果，给不顾生态环境代价而沉溺于经济增长的传统理念敲响了警钟，使长期支配人类的单纯的经济增长观受到怀疑与批判，曾一度成为当时环境运动的理论基础。总体上看，这些理论大多对资源约束和环境恶化条件下人类的发展前景持较为消极的态度。最典型的是一些更为悲观的理论则鼓吹"零增长"，从理论的悲观色彩上看，他们和马尔萨斯是一致的。尽管这些悲观的理论和预测大多失败了，但是他们在警醒人类走向可持续发展道路方面无疑是推动者。

出于对资源环境问题的关注，经济学、环境科学及其他相关学科的研究者们从不同于人口经济学的角度，广泛开展了对资源、环境问题的研究，并形成了自身的学科体系和研究方法。资源经济学，严格地说，自然资源经济学，是一门相对年轻的学科，它主要研究资源有效配置问题，以及资源配置决策的收入分配效果。正如它的名称所表明的，资源经济学主要研究自然资源方面的政策问题，例如土地、森林、水资源、大气以及生态系统等方面的问题。资源经济学力图分析这些资源在经济社会发展过程中的优化配置问题，提出相关政策建议。它着重研究各种选择方案、政策和工程项目的效益和成本，以及这些效益和成本的影响范围，包括地理方面、经济部门之间、社会经济阶层之间的利益分配以及动态趋势。资源经济学的概念和方法，包括贴现、价格、成本，以及个人偏好等，在其基本分析中，个人偏好是价值的主要指标（兰德尔，1989）。

环境经济学也是一门年轻的学科，直到20世纪60年代才得以兴起，而且在环境经济学和资源经济学的范围划分方面也存在多种意见，一个简单的例子是：人们可以认为具体的环境也是一种自然资源，反过来，自然资源又是整个环境中的一部分。在环境经济学之前相当长的时期中，绝大多数人错误地认为没有必要专门对环境问题进行经济学研究,在他们看来,自然资源的供给与其他生产要素的供给之间不存在实质性的差别,无须专门研究,而作为废弃物排放场所并具备自我净化能力的人类生存环境,是取之不尽,用之不竭的,因此无须纳入研究稀缺性的经济学领域中。

环境经济学是运用经济学理论与方法研究自然环境的保护和发展及其与人类活动关系的学科。关于其研究对象,一般认为它至少包括环境的污染与治理,以及生态平衡的破坏与恢复。有争议的是,环境经济学的内容是否应充分拓展,以将全部生态问题都纳入自身研究范围之内。在环境经济学和自然资源经济学之间,也存在两者之间从属问题的不同主张。较多的学者将环境经济学与自然资源经济学作为两个相互联系的、平行的经济学分支学科(厉以宁等,1995;张帆,1998)。环境经济学的研究方法,同样源于现代经济学,它为环境分析提供了一种思想方法和分析工具,并可为环境问题的解决提供现实的、有效的工具。环境经济学通过社会成本效益分析等途径来评价环境变化的经济价值,探讨环境恶化的经济原因,最后设计经济机制来减缓乃至消除环境的恶化(张帆,1998)。

三、可持续发展经济学的兴起

传统发展观以物质财富的增长为核心,认为经济增长必然带来社会财富增加和人类文明福利。因此,追求经济的无限增长及追求物质财富的无限增加成为终极目标。这种发展观的理论前提是自然资源的供给能力具有无限性,经济增长和物质财富增长所依赖的自然资源在数量上是不会枯竭的,因而对它的开发可以不受约束;自然环境的自净能力具有无限性,人类生产和生活的废弃物排放不至于对自然环境构成非可逆性破坏。在这种发展观指导下,在世界工业化的进程中,先是发达国家工业化,后是发展中国家工业化,都基本上是把经济增长建立在无限索取自然资源、大量地消耗石化能源的基础之上,使工业文明建立在对不可再生资源的大规模开发和自然环境容量的毫无顾忌地利用的基础上的;同时,传统发展观又片面地强调发展的速度和发展的数量,并严重忽视对资源的节约利用和保护增值、忽视对污染的认真防治、忽视自觉地调整人口、经济、社会与资源、环境、生态的协调关系,这就使得人们的发展行为和发展方式越来越脱离人、社会与自然界的协调发展和全面进步的轨道。

在传统经济体系中,衡量社会总福利最常用的指标是国民生产总值(GNP)。但这种衡量标准存在一系列问题,在短期内,GNP 可依靠开采不可再生资源或过度使用再生资源而增长,而在计算中却没有一个补偿资源消耗的项目,因此可以说 GNP 只是一种衡量生产量的尺度,根本不能反映生产和消费中的经济性以及经济福利的净变化状况(兰德尔,1989)。由于 GNP 是以市场价值为基础的,所以它也不能反映那些不通过市场的商品和服务的变动情况。更重要的是,自然资源和环境舒适度的价值不能在市场上反映出来。

由此可见,传统发展观的根本缺陷就在于:它忽视了现代经济社会的健康、稳定、持续发展的前提条件是要维持自然生态财富的非减性,否定了自然资源和自然环境的承载力,即生态环境支撑能力的有限性,违背了经济不断增加和物质财富日益增加要以生态环境良性循环为基础的法则。所以,传统发展观已经完全不适应当代人口、经济、社会与资源、环境、生态之间相互协调和可持续发展,与它相对立的可持续发展观便应运而生。

可持续发展观是从 20 世纪 70 年代以后关于经济增长方式的辩论中逐渐萌芽和形成的。布朗(Brown,1981)在《建设一个持续发展的社会》一书中通过阐述"我们不是继承父辈的地球、而是借用了儿孙的地球"的观点,为可持续发展观的形成作了理论和定义上的准备。1987 年以挪威前首相布伦特兰夫人为主席的世界环境与发展委员会(WCED,1987)发表了《我们共同的未来》的报告,比较系统地阐明了持续发展战略思想,在世界各国掀起了可持续发展的浪潮,它标志着可持续发展观基本形成。

四、人口、资源与环境经济学学科建设展望

人口经济学、资源经济学和环境经济学存在着研究对象和学科体系的差别,但是三者之间也有着共同点。首先,三个学科的分析框架都是属于现代经济学的范畴,其次,三者关注的都是本学科研究对象对社会其他因素的影响,基本上都没有考虑其他因素对所研究对象的影响,或者即使

考虑到了，也是微不足道的。一方面随着科学技术飞跃发展，人类生产力和控制自然的能力空前提高，但另一方面世界人口快速增长、资源大量消耗和生态环境日益恶化，人类逐渐发现依靠单独的一门学科已经无法解决新产生的各种问题，只有综合各个学科的优势，把它们有机地联系起来，对学科进行整合，实行跨学科研究，才能对新的问题进行分析，进而提出解决的方法。人口、资源与环境经济学就是在这个背景下成为一门独立的新兴学科的。它在人口经济学、资源经济学和环境经济学三个相对成熟的学科体系上，以可持续发展理论为主线，正在形成自身的学科体系和特色。

在人口、资源与环境经济学的形成初期，人们还没有形成本学科的分析体系，对于其假设、研究对象及分析方法都有着不同的理解。尤其是在论述这个学科的时候，自然或者不自然地偏向了其中的某一学科，把人口、资源与环境三者综合起来在同一个框架下进行分析的不是很多。甚至有的学者否认人口、资源与环境经济学作为一个经济学分支的存在。

在认识人口、资源与环境经济学学科性质和内涵的问题上，我们一直认为，首先，不应该过于限制其发展空间，如果过于强调新兴的学科的独立性和学科特色，刻意割裂其与人口经济学、资源经济学、环境经济学等的传统联系，将直接限制这门学科的发展空间；其次，不能将人口、资源与环境经济学过分泛化，无限扩大或引申到其他领域，包括工程与自然科学领域，应该认识到，人口、资源与环境经济学是应用经济学的一个二级学科，它应该具有经济学的属性，沿用经济学的话语系统与研究规范，而不是将其他与经济学学科相距甚远的知识体系任意戴上人口、资源与环境经济学的帽子。新兴学科的过分泛化，将直接影响学科整合的有效性，量的扩张无法转化为质的提升。

对学科性质的理论探讨，从根本上讲，离不开丰富的现实世界。当前，我国正在以科学发展观为指导，以建设和谐社会为目标，全面建设小康社会，这为人口、资源与环境经济学学科的发展，提供了新的重要的机遇。科学发展观，体现了可持续发展的理念，新兴工业化道路，为可持续发展理念的政策化，提供了现实的选择。发展循环经济、构建节约型社会是实现经济、社会可持续发展，建立新兴生产、消费模式的发展方向。类似以上这些问题，还有许多的理论与现实问题需要研究解决，而这类研究,不仅可以满足现实社会的急迫需要,也必将丰富我国人口、资源与环境经济学的理论基础。

● 原文刊载于《求是学刊》2006 年第 1 期。《高等学校文科学术文摘》2006 年第 2 期转载、《人大报刊复印资料·人口学与计划生育》2006 年第 3 期转载。
● 杨云彦,中南财经政法大学副校长,人口与区域研究中心教授、博士生导师。
● 程广帅,中南财经政法大学人口与区域研究中心在读博士。

东北振兴的新制度经济学分析

林木西,和 军

东北振兴作为国家的一项战略决策,对于东北尽快脱离困境、重振雄风无疑是十分重要的。学术界也对这一决策给予了高度关注,并从不同角度就东北振兴的途径、战略、发展模式等进行了深入的探讨,提出了许多有建设性的政策建议。在东北振兴过程中,制度创新和制度建设无疑是十分关键的,这种看法也已在学术界形成广泛共识。本文试图运用新制度经济学分析方法,从制度及制度变迁的角度对东北振兴问题进行理论分析,对相关研究进行补充和完善,为政府决策提供必要的参考。

一、制度及其功能

有关"制度"的思想可以追溯到我国先秦时期,《礼记·礼运》中称:"故天子有田以处其子孙,诸侯有国以处其子孙,大夫有采以处其子孙,是谓制度。"《诗经》中称:"天生蒸民,有物有则",意思是说"有人群存在的地方,就有一定的规则存在"。在国外,1776 年亚当·斯密在《国富论》中提出"管理有方",即是讲欲使经济社会得到良好发展,则需要制定良好的规则。

关于制度的定义,老制度经济学的三个领袖人物凡勃伦、康芒斯和米切尔都曾给出过解释。凡勃伦认为,制度是指"在一个时期里所通行的思维习惯";康芒斯认为,制度是指"控制个人行动的集体行动";米切尔则以经济统计资料为基础,分析了制度因素的作用。科斯 1937 年在其经典论文中将边际分析方法引入制度分析,建立起边际交易成本概念,开辟了制度分析的新领域,被诺斯称为"新制度经济学"的开端。

以诺思和舒尔茨为代表的制度变迁理论,是新制度经济学的进一步发展。制度变迁理论运用历史分析、制度分析、成本-收益分析等多种分析方法,探讨制度的基本功能、影响制度变迁的主要因素、经济行为主体作出不同制度安排选择的原因、产权制度与国家职能、意识形态变迁的关系等问题。新制度经济学还包括产权理论、交易成本理论等。此外,青木昌彦、诺思将博弈论引入制度分析,将制度看做是一种内生的博弈规则。并且,诺思进一步将这种博弈规则分为两大类:正式制度与非正式制度,正式制度包括成文的宪法、产权制度、企业制度、契约制度、市场规制法律制度等;非正式制度包括作为文化形态的价值观、习俗和习惯等。正式与非正式制度二者之间相互作用,两种制度质量的高低及其相互关系的协调性和适应性决定着制度发挥作用的水平,如果二者形成互补和相互促进的关系,则制度的功能可以得到更好的发挥,反之亦然。

制度的功能主要包括以下几方面:一是降低交易成本。交易成本是一种非生产性成本,在现实中耗费巨大,科斯和诺思的研究发现,在美国,交易成本竟达到国民收入的45%以上。制度的作用首先在于提供了"一种经济秩序的合作与竞争关系"①,从而降低了交易成本,这从货币制度发展中就可窥得一斑。二是为实现合作创造条件。制度可以为人们提供价值判断尺度,使人们的行动具有规律性和可预见性,从而使人们之间更容易进行合作。三是有利于提高经济运行效率与保证经济运行稳定。由于制度可以明确个人的收益与风险安排,从而可以产生激励功能,提高经济效率;由于制度可以确立生产与分配的框架,给微观主体以合理预期,从而能降低经济生活的不确定性,等等。舒尔茨还对制度作了分类性列举:用于降低交易费用的制度;用于影响生产要素所有者之间配置风险的制度;用于提供职能组织与个人收入流之间的联系的制度;用于确立公共品和服务的生产与分配的框架的制度。②

---

① (美)诺思:《经济史的结构与变迁》,陈郁、罗华平译,上海三联书店1994年版,第225页。

② 参见(美)舒尔茨:《制度与人的经济价值的不断提高》,(美)科斯等:《财产权利与制度变迁》,上海三联书店1994年版,第253页。

求/是/文/荟 《求是学刊》发刊200期 QSXK

二、制度变迁与经济增长

诺思认为,"变迁"是指制度的创立、变更及随时间的变化而被打破的方式。制度变迁的动力,来自经济主体出于使自身利益最大化的目的,而对现实中所存在的"潜在利润"的追求。经济主体获得"潜在利润"的途径有两条:增加收益或降低成本。当现有制度安排对获得"潜在利润"形成了障碍,而通过制度创新可以促进"潜在利润"实现时,便产生了变革现存制度的要求。制度变迁可以促进"潜在利润"的实现,从而可以导致经济增长。诺思在解释现代意义上的经济增长为什么出现在荷兰和英国,而非法国和西班牙时认为,是"因为荷兰(前西班牙省份)和英国是当时在确定制度和所有权体系——可以有效发挥个人积极性,保证把资本和精力都用于对社会最有益的活动——这方面走在最前面的两个欧洲国家"①。格莱尔德·斯库利的研究发现,"制度结构的选择对经济效率和增长有深远的影响。与法律条件、个人财产、资源市场配置相结合的开放社会,与那些自由被限制和剥夺的社会相比,其增长率是后者的 3 倍,其效率是后者的 2.5 倍"②。因此诺思认为,制度变迁是经济增长的主要因素,制度创新是经济增长的源泉。

关于制度变迁对经济增长的作用,是伴随着经济理论的不断发展而逐渐为人所认识的。20 世纪 50 年代之前,经济学家强调资本积累对经济增长的重要性,其典型解释是哈罗德－多马经济增长模型。此后,经济学家将劳动(包括人力资本提升)和技术进步纳入经济增长的解释变量。诺斯早期的研究也是沿着新古典经济学增长模型的思路来进行的,但他最终发现了经济增长中存在技术进步之外的影响因素。他在《1600 年至1850 年海洋运输生产率变化的原因》一文中指出:在 1600 年至 1850 年这 250 年间,海洋运输的技术并没有发生多大变化,而运输成本却下降了50%,其中原因就在于有关海运制度发生了变化。一方面,海军护航使海

---

① (法)勒帕日:《美国新自由主义经济学》,李燕生译,北京大学出版社 1985 年版,第100 页。

② (美)詹姆士·A. 道等编著:《发展经济学的革命》,黄祖辉、蒋文华主译,上海三联书店2000 年版,第 9~10 页。

洋运输更安全;另一方面,市场扩大使市场制度和船运制度更完善。因此,尽管在这期间,没有发生诸如轮船替代帆船这样重大的技术进步,但海洋运输效率却得到了很大的提高。从此,制度变迁作为重要的影响因素,成为经济增长的内生解释变量之一。

制度变迁对经济增长的促进作用表现在:(1)制度变迁改变制度安排的激励机制,改变制度安排的效率,从而影响经济发展的速度与质量;(2)制度变迁改变贸易和专业化的范围,使组织经济活动的途径和方式发生改变,从而影响经济发展的广度和深度;(3)制度变迁扩大了允许人们寻求并抓住经济机会的自由程度,一旦人们抓住经济机会是可能的,经济增长就会发生。[①] 同时,经济增长也会对制度变迁产生反作用:(1)经济增长产生了新的稀缺性,需要新的制度安排来配置资源,以尽可能消除这种稀缺性所带来的经济和社会损失;(2)经济增长产生了新的技术性机会,需要新的制度安排来使机会最有效地转变为经济效益;(3)经济增长产生了对收入或财富的新的再分配的要求,需要新的制度安排加以调整,等等。[②]

制度变迁理论还分析了制度需求与制度供给。当制度需求和制度供给相一致时,制度均衡将会产生。但现实中制度非均衡是常态,制度非均衡是制度变迁的前提。此外,制度变迁理论还提出了路径依赖问题,认为制度变迁一旦走上某条路径,其既定方向就会在以后的发展中得到自我强化,从而会形成对制度变迁轨迹的路径依赖,正如诺思所言,"路径依赖性是分析理解长期经济变迁的关键"[③]。

三、东北与发达地区制度变迁的比较分析

(一)正式制度变迁的比较分析

对于经济发展而言,正式制度主要包括产权制度、企业制度、契约制

---

① 参见(美)刘易斯:《经济增长理论》,梁小民译,上海三联书店 1994 年版,第 176 ~ 177 页。

② 参见(美)布罗姆利:《经济利益与经济制度》,陈郁、郭宇峰、汪春译,上海三联书店 1996 年版,第 130 页。

③ (美)诺思:《制度、制度变迁与经济绩效》,刘守英译,上海三联书店 1994 年版,第 150 页。

求/是/文/荟 HSWQ 《求是学刊》发刊200期

度、市场规制法律制度、政府管理体制等方面。在改革开放之前,由于国家实行高度集权的计划经济体制模式,制度变迁进程缓慢,全国各地的正式制度安排差别不大。而在改革开放之后,由于各地区的制度创新程度和制度变迁路径不同,因而在正式制度方面逐渐形成不同的内涵特征,在其对经济发展的推动方面也表现出较大差异。

1. 产权制度变迁。改革开放以来,全国各地都采取了一系列措施来发展三资企业和民营经济等非国有经济,非国有经济已成为推动国民经济发展的重要力量。但相对而言,东北地区的产权制度变迁与经济发达地区相比显得要缓慢得多。据有关资料,1978—1997 年间,全国国有工业产值比重下降了 52.3%,年均下降 3.3 个百分点,而同期东北地区仅下降了 27.8%,年均下降 1.6 个百分点,只相当于全国平均水平的一半;2001 年,浙江、广东、江苏、上海四省非国有工业产值占工业总产值的比重分别为 85.0%、78.0%、73.5%、51.3%,而东北三省辽宁、吉林、黑龙江则分别为 34.6%、19.8%、17.3%;2002 年,浙江等四省非国有经济固定资产投资额分别为 2 366.0、2 698.1、1 162.2、1 405.6 亿元,而东北三省则分别为 960.8、402.2、569.1 亿元。2002 年,东北三省国有及国有控股工业企业增加值占规模以上工业的比重依次为:黑龙江 89.3%、吉林 77.8%、辽宁 62.7%,均远远高于全国 52.8% 的平均水平。通过比较可以看出,东北各省非国有经济比重与国内发达地区相比差距较大,反映了产权制度变迁在地区间的不同步性。

由于东北地区产权制度变迁迟缓,导致国有经济比重过大。东北经济"得之于大,也失之于大"。国有经济比重太大,难以形成有效的市场竞争主体,不利于市场经济体制的建设与完善,也不利于政府管理体制的变革与创新,并且由于摊子太大,也不利于在国有经济中广泛建立规范的现代企业制度。正是由于在东北地区非国有经济增量发展不足,而国有经济存量内涵又提高不快,从而影响了经济发展的整体水平。以下数据可以对此进行说明:2002 年,全国国有及产品销售收入在 500 万元以上国有控股工业企业经营亏损的共有 14 865 家,占全国国有控股工业企业 41 125 家的 36.2%,而东北三省亏损国有控股企业 1 668 家,占其全部国有控股企业的 39.8%,亏损比例高出全国近 4 个百分点。而国内一些经济发达地区的情况则与东北形成鲜明对比。以浙江为例,1978 年全省的

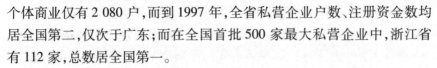

个体商业仅有 2 080 户,而到 1997 年,全省私营企业户数、注册资金数均居全国第二,仅次于广东;而在全国首批 500 家最大私营企业中,浙江省有 112 家,总数居全国第一。

2. 市场制度变迁。从市场发展的角度出发,中国改革开放的发展过程就是市场制度变迁的过程。特别是 1992 年国家提出以建立社会主义市场经济体制为经济体制发展的目标模式,更进一步明确了我国的市场化制度变迁方向。然而,由于各地区经济社会发展不平衡、非正式制度之间存在差异性以及非正式制度与正式制度之间的协调性和互补性各不相同等原因,市场制度变迁在各地区之间存在很大差别。

樊纲等(2003)根据政府与市场的关系、非国有经济的发展、产品市场的发育程度、要素市场发育、市场中介组织发育和法律制度环境 6 个方面 25 个基础指标的度量体系,以"主因素分析法"为基本分析技术,对中国各省、市、自治区的市场化相对程度进行度量和比较。结果显示,2000 年东北三省市场化指数及市场化排序分别为:辽宁指数为 6.40,排名第 10 位;吉林 5.51,排名第 18 位;黑龙江 5.16,排名第 21 位。东北三省市场化指数远低于广东(8.41,第 1 名)、浙江(8.32,第 2 名)、福建(8.10,第 3 名)、江苏(7.90,第 4 名)等经济发达地区,并且除辽宁外,吉林和黑龙江均低于全国平均水平(5.81)。

市场制度是经济发展的重要载体。健全的市场制度是良好的投资环境和区域竞争力的来源。据《中国经济时报》报道,世界银行对中国 23 个城市投资环境和竞争力调查结果显示,位于东北地区的大连、长春、本溪、哈尔滨 4 市排名不在前列。排名前 6 位的城市依次为杭州、上海、厦门、深圳、重庆、广州。

3. 政府管理体制变革。既然我国经济体制改革的目标模式是建立市场经济体制,那么,只要有可能,在经济发展中就应尽量发挥市场的作用,避免政府对经济的过多参与。之所以说"只要有可能"而不是说"无论什么情况",是因为在经济转轨过程中,由于市场制度不健全,在某些方面政府的作用大一点会取得更好的效果,并且这种作用的发挥也是为更好地完善市场制度创造条件,因而也允许政府作用在一定限度内的发挥。甚至从某种意义上讲,由于东北地区"进入计划经济体制最早,退出计划经济体制最晚",因而东北地区政府管理体制变革相对发达地区要慢一些也是正常的。在这里,问题的关键是要处理好政府作用和变革速度的"度"的问题。显然,在这方面,东北的问题是政府作用超出了客观需要的范围,而变革速度却太慢。对于政府管理体制变革,从制度供求的角度看,存在制度变迁需求较大、而供给却明显不足的状况,导致制度变迁处于非均衡状态。一方面,由于存在与经济发达地区的现实差距,客观上要求进行制度变革以"重振雄风",进而产生了较强的制度变迁需求;另一方面,由于经济增量不足,诱致性制度变迁发展迟缓,而强制性制度变迁又因为政府的观念落后、既得利益集团的阻碍等因素而导致政府变革供给严重不足,甚至是"南辕北辙"。

与东北地区相反,经济发达地区政府管理体制变革相对要快得多,效果也要好得多。研究表明,上海市在制定制度变迁目标时,明确将建立市场经济作为改革目标,并在实际经济运行中作为政府、企业和个人的指导原则,确立企业作为市场的主体地位,以强制性制度变迁为主、诱致性制度变迁为辅,调动各方面积极性,取得了巨大的经济绩效。浙江在改革实践中,各级政府对于自身职能认识清醒,对自身的种种干预行为可能带来的影响民间创新精神发挥的负面效应,保持了高度的警觉。正是得益于这种对政府与市场关系的正确认识,才使这些地区的政府管理体制变革能沿着正确的方向快速推进,进而对经济发展产生了巨大的推动作用。

（二）非正式制度作用的比较分析

从新制度经济学的角度出发,非正式制度是正式制度形成的基础。一方面,社会的许多正式制度都是在非正式制度的基础上逐步形成并得以确立;另一方面,非正式制度也是正式制度能够有效发挥其作用的必要条件。正式制度尽管产生在非正式制度的基础之上,却并不能保证二者必然存在一致性和协调性。从制度变迁的特征看,非正式制度变迁只能是一个渐进的过程,而正式制度变迁则可能存在某种突变性质,因而二者之间也可能出现某种冲突性或不协调性。

对于同一个国家而言,在一定的制度变迁初始阶段,正式制度在不同地区之间往往存在相似性。然而,随着时间的推移,在非正式制度差异较大的地区之间,其正式制度变迁逐渐会产生差异,形成"制度落差"。这是由于非正式制度与正式制度之间的相互作用使然。与非正式制度相适

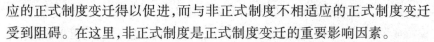

应的正式制度变迁得以促进,而与非正式制度不相适应的正式制度变迁受到阻碍。在这里,非正式制度是正式制度变迁的重要影响因素。

非正式制度主要表现为作为文化形态的价值观、习俗和习惯等。而这些文化形态又与特定地区的自然地理、历史发展等状况密切相关。下面我们对东北地区与浙江进行对比,分析二者不同文化形态的渊源,以及由于文化形态不同而导致的非正式制度差异及其对经济发展的影响。

1. 东北文化及非正式制度。一定区域文化形态的形成必然受其自然地理及人类社会发展历史的影响。从自然地理情况看,东北地处边陲、大野广袤、山高林密、寒季漫长,加之资源丰富,"插根筷子就发芽"、"抓把黑土攥出油",一方面形成了东北人粗犷、热情、幽默、质朴的性格,另一方面也形成了东北人懒散、马虎、思想保守、不思进取、封闭自大、缺乏现代意识的性格。

从人类社会发展历史的角度看,东北先人与其他边民和少数民族一样,具有热情豪爽、勇猛剽悍的秉性。《后汉书·东夷传》中描述东北先人:"其人大疆(强)、勇而谨厚。"近现代东北文化的历史变迁,大致可分为三个阶段:即流民－拓荒者阶段、殖民地半殖民地阶段和工业化阶段。流民－拓荒者阶段始于17世纪末止于19世纪末。来自中原的流民－拓荒者群体大多只是为了求生,缺少富家子弟和书香门第,从而使东北文化缺少些书生气,多了些乡野气,这也可以从东北二人转及小品中窥得一斑。而在殖民地半殖民地阶段,"一时的压迫可以产生叛逆,长期的压迫必然制造奴隶",长期的压迫和奴化教育,在东北人文化人格中形成了一种顺民性格。工业化阶段始于1949年新中国成立止于1979年中国进入改革开放时期。工业化对于东北人的影响,一方面培养了东北人在工业生产中的某种纪律意识和集体主义精神,另一方面却强化了东北人意识中的等级制观念和官本位思想,在经济生活中表现为过分考虑上级意志和"政治"需要,缺乏开拓精神,在文化层次上则表现为缺乏对人性尊严、个性自由的尊重和推崇。

上述东北文化形态构成东北非正式制度的主要内容特征。这些非正式制度一方面是市场化制度变迁的重要内容,另一方面也对各项正式制度的形成和发展产生巨大影响。从总体上看,东北文化形态的现状特征与市场化取向的正式制度变迁之间的冲突性与江浙一带相比要大得多。

东北非正式制度表现在注重人际关系而规则观念淡泊、"唯上"是从、"稳重持成"等多个方面,与市场化制度变迁所崇尚的遵守规则、勇于冒险、善于开拓的精神实质是相背离的,从而对市场化取向的制度变迁形成负面影响。前述东北市场化发展指数要远低于江浙等经济发达地区的分析即是对这一认识的有力佐证。这也可以通过对创业指数(每万人拥有新创私营企业数量)的分析得到说明,研究显示,辽宁、吉林、黑龙江三省的创业指数分别为7.29、3.41和3.22,远低于上海(63.43)、浙江(31.89)等发达省市,也低于全国平均水平(9.32)。新创私营企业数量低,非国有经济发展迟缓,从而对东北的产权制度变迁形成障碍。

2. 浙江文化及非正式制度。从自然地理情况看,浙江地处我国东南沿海,尽管自古为江南富庶之地,但由于人多地少,生存压力较大,客观上激发了人们的奋斗精神。从人类社会历史发展来看,浙江一带人类文明起源较早,商业文明相对发达。晋时,宁波"商贾已北至青、徐,南至交广"。浙江商业文化的相对发达,与历史上许多浙江文人倡导功利、推崇工商的思想是分不开的。南宋时期,与当时占统治地位的朱熹理学相对立,浙江出现了叶适的永嘉学派和陈亮的永康学派,提倡"义利并立"、"农商并重"。南宋以后兴起的浙东学派主张"讲求实效、注重功利",推崇工商。明末思想家黄宗羲提出"工商皆本"的思想,反对歧视商业。正是在经世致用的主张之下,浙江历史上出现了许多落榜文人"弃儒业贾"的事例。特别是入清以来,浙江文人多在誓不事清、耻于仕清思想的影响下,转业工商,形成了颇具实力的儒商群体。

浙江文化除了具有浓郁的商业文化气息外,在对人性的挖掘、事理的洞察等方面也形成了深厚的文化底蕴。有学者将浙江精神归纳为五点:开拓的个性精神、务实的实践精神、重利的事功精神、尚学的理性精神、外向的开放精神。正是由于浙江人的自主创新意识,才使浙江成为一个富于制度创新冲动的地方和制度创新的"多发"地区,并有力地推动了浙江经济体制的诱致性制度变迁过程,使其市场化制度变迁过程走在了全国的前列,形成经济发展的"浙江模式"。可见,正是作为文化形态的非正式制度与市场化制度变迁要求相吻合,才形成二者相互补充、相互促进的关系,有利于市场经济体制的建立和完善,推动了经济的快速发展。

四、通过制度创新来促进东北振兴

1. 进行非正式制度创新。非正式制度主要表现为一种文化形态,其创新实质上就是要培育一个适宜于市场化制度变迁的人文软环境。由于东北文化中片面强调整体本位、国家至上、重义轻利的价值观,与市场经济发展所要求的强调功利、重视个体的"经济人"理性发生冲突,由此也成为政府过多干预市场、侵犯私人权利等反市场行为的文化基础。因此,在振兴东北老工业基地的过程中,应该将加强市场经济文化建设作为一项战略任务来抓。从一定意义上说,作为非正式制度的文化建设是振兴东北的影响更加长期、更加重要的任务。

一是塑造规则文化。市场经济是指市场在资源配置中处于基础性地位的经济体制,而市场配置资源是要遵循一定的规则的,这一规则的核心要求是在经济活动中遵守法制、讲求诚信,这与东北文化中强调行政关系、淡化法制意识、诚信水平低、爱"忽悠"等文化氛围是格格不入的,因而急迫需要塑造适合市场经济发展的规则文化。

二是转变行政文化。受传统计划经济体制的影响,现实中我国各级政府在行政方面还不同程度地带有官僚主义或人治文化色彩。东北作为我国"最早进入计划经济、最晚退出计划经济"的地区,受传统计划经济体制的影响和束缚最为严重,相对于国内发达地区,在行政开放性、民主化等行政文化方面还有较大差距。因此,应通过深化政治体制改革,推动东北地区现代行政文化建设,清除行政人员中存在的"官本位"思想和"等级制"观念,铲除不良行政文化滋生的土壤,为东北地区经济社会发展创造良好的行政氛围。

三是唤起合理的功利文化。在市场经济条件下,作为经济主体的个人或企业都是"经济人",其追求自身利益或利润最大化的行为是经济发展和社会进步的动力,不但不应被批判,而且应予以大力提倡。过去我们片面强调经济主体的道德性或社会性,忽视乃至压抑其功利性或经济性,在人们心中形成不正常的"仇富"等文化心态,需要在规范市场经济体制的基础上,通过对功利文化的重新审视和正确解读,唤起人们追求财富、创造财富、勤劳致富等合理的功利文化观念,推动经济发展,实现民富国强。

2. 推动正式制度创新。非正式制度创新为正式制度创新提供了文化条件,有助于正式制度创新的顺利进行。而只有通过正式制度创新,才能从根本上推动东北振兴任务的完成。

一是产权制度创新。通过深化产权制度改革,降低国有产权比重,实现国有产权的战略性重组和调整,大力发展民营化的现代股份制企业等多种企业产权形式,促进产权结构合理化,提高经济的整体效率。对于部分需要保留的国有企业,应在健全国有资产管理体制的基础上,规范和优化公司治理结构,完善公司权力分配和制衡机制,优化公司经理阶层的激励约束制度,以提高国有企业效率。应通过开放民营经济进入领域、降低进入门槛、简化行政审批等途径,培育民营微观经济主体,壮大民营经济,使之成为国民经济发展的重要力量。

二是政府制度创新。推动地方政府制度创新,实现政府职能转变,从管理型政府向服务型政府转变;改变政府的经济调控方式,变调控企业为调控市场,变直接管理为间接管理,变实物管理为价值管理,变部门管理为行业管理。明确政府与市场的界限,构建"与其能力相适应"的政府体制,建立有限而有效的政府,提供宽松而持久的法治环境,切实提高政府规制绩效。

三是市场经济制度创新。加强市场经济制度建设,促进市场化制度变迁,建立健全适应市场经发展的各项制度规范,提供为微观经济主体在市场中尽力发展的各项服务体系、支撑体系和监管体系,促进东北经济社会的全面发展。

● 原文刊载于《求是学刊》2006 年第 6 期。
● 林木西,辽宁大学经济学院院长、教授、博士生导师。
● 和军,沈阳师范大学旅游学院副教授。

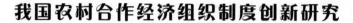

我国农村合作经济组织制度创新研究

——以黑龙江省为例

李小丽

改革开放以来,我国农村合作经济组织不断发展,以农民专业协会、专业合作社为主要形式的新型合作经济组织逐步取代供销社、信用社等传统的农村合作组织,新型农村合作组织已成为带动农民经济发展的重要力量,也是我国新农村社会发展的综合反映。党的十六届五中全会确定了建设社会主义新农村的目标是"生产发展、生活富裕、乡风文明、村容整洁、管理民主",全面体现了新形式下农村经济、政治、文化和社会发展的要求。新农村不仅要建设新村镇,塑造新风貌,培育新农民,还要发展现代化农业产业,组建新经济组织,"鼓励和引导农民发展各类专业合作经济组织,提高农业的组织化程度"。

一、我国及黑龙江省农村合作经济组织发展概况

(一)农村合作经济组织发展概况

据农业部课题组的资料,到 2003 年底,中国 30 个省区市(不含西藏)农村有种类合作经济组织 140 多万个,其中规模较大、管理较好、活动能力比较规范的,共 95 330 个,会员 1 150 多万人。此外中国科协部门(2002 年底)发展的专业技术协会 92 324 个,会员 659 万人;供销系统共发展种类专业合作社 18 449 个,入社农户 538.95 万户。全国乡村合计新型合作经济组织数量为 92 680 个,合作社数量仅占同期村民委员会总数

求/是/文/荟 QSWH 《求是学刊》发刊200期

(614 687 个)的 15.1%,加入种类合作组织的成员总数为 115 385 万户,占乡村农户总数比例的 5.27%,合作组织规模平均 124 人(户)。

按照农业部课题组的研究结论:新型合作经济组织在不同地区的发展是不平衡的,这种不平衡性与区域经济发展的总体水平、民间互助合作精神、政府作为有明显关系,特别是与地区农业人口数量、农业在区域经济中的重要性、现代农业发展水平关系紧密。实践证明,农民、政府、市场都需要合作经济组织,而且期望越来越高,因此可以肯定,我国乡村新型合作经济组织将进入一个快速发展时期。[①]

以黑龙江省为例,目前黑龙江省农村专业合作经济组织发展迅猛,据2003 年 10 月发布的《关于黑龙江省农民专业合作经济组织发展建设情况的报告》中的资料显示,到 2003 年 8 月初,全省有各类专业合作经济组织 3 326 个,其中比较规范的 2 257 个,拥有会员(社员)52.3 万人,占农户总数的 11%。农民专业合作经济组织基本涵盖了种植业、畜牧业、渔业、加工业等农村各个产业,并且专业性强,如七台河市岚峰乡的红小豆专业合作社、红辣椒专业合作社、向日葵专业合作社,五常市的大豆种植、毛葱种植专业合作社,油豆角、柳编等专业合作社,再如,肇东市的大鹅乡、蛋鸡乡、小辣椒屯、早甘蓝屯、牛专业户、羊专业户,等等。黑龙江省农村经济组织的发展重点在两方面,一方面发展农村合作经济组织协会(简称"农合会"),另一方面注重发展农民经纪人协会(简称"农经会")。农合会与农经会都是在省供销社的发起和组织下,由各市、县供销社联合涉农部门、科研单位、社会团体、龙头企业自愿组成农村合作经济组织协会,经民政部门批准登记,省农合会于 2003 年 3 月 11 日成立,全省已有 11个市、47 个县和 140 个乡镇组建了农合会,入会会员 8 000 多个。农合会的作用主要是为农村合作经济组织和农民提供各类服务,如信息服务、科技服务、引进项目和资金服务、维权服务、扩大交流服务和培训服务等,各地农合会与科研院所和大专院校合作,对农村合作经济组织的骨干和广大农民进行培训,年培训近两万人次。

黑龙江省农村股份合作经济组织主要是农民股份公司的形式,根据《关于黑龙江省农民专业合作经济组织发展建设情况的报告》中的数据,

---

① 参见王景新:《乡村新型合作经济组织崛起》,中国经济出版社 2005 年版。

到 2003 年 7 月底,全省有农民股份公司 253 个,其中安达市占 169 个,股份合作组织发展比较典型的还有庆安县等,按照现代企业制度的要求,农民自愿入股,合作经营,民主管理,按股分红的公司化管理模式,主要经营形式为"协会 + 公司 + 农户",对转变农业生产经营方式、提高农业产业化和增加农民收入起到促进作用。

(二)黑龙江省农村合作经济组织发展问题分析

1.行政职能作用明显

黑龙江省的农合会和农经会首创于大庆市供销合作社,被权威部门称为"黑龙江大庆模式",曾在全国基层社参与农业产业化的调查中予以介绍。该模式是统领农村专业合作经济组织和农民经纪人队伍,是在对基层社进行改制的基础上,自下而上发展和扶持农民自我服务的专业合作经济组织及农民经纪人队伍,并通过组织、指导、协调和服务,统领农村专业合作组织和农民经纪人队伍,积极参与农业生产化经营。由于在创建"两会"的过程中首先是省、市、县供销社发起,形成了省、市、县、乡四级协会,县级以上会长由供销社主任担任;其次办会的原则是积极争取当地党委和政府的支持和帮助,逐步承担政府赋予的统领农村中介组织"行头"的职能,要成为政府做好"三农"工作的"抓手"。因此,该省农合会和农经会的行政职能色彩很浓。

2.专业合作组织数量少,难以形成规模

我国农村合作经济组织的大量涌现是在 20 世纪 90 年代中后期,随着农业发展进入新阶段,农产品供求关系发生很大变化,农村专业合作经济组织出现了范围扩大、业务拓宽、功能增强的发展势头。北京、河北、山东、江苏、浙江等东部地区专业合作社发展较快,规模大,运行比较规范。根据黑龙江省的情况,农村合作经济组织尽管发起的时间较早,但发展过程缓慢、经济组织实力较弱、没有形成规模化发展。有研究农业经济问题的省内学者认为,该省农村专业合作经济组织与农业大省的地位仍很不相称,难以适应加入 WTO 后的挑战。据有关专家的调查分析,从牡丹江市的 499 个协会中看,平均每个专业合作组织资产 0.58 万元,有服务实体的只有 13 个,仅占总量的2.6% 。平均每个协会拥有的会员数 42 人,

相当多的协会只有几个经纪人,绝大部分协会没有固定的场所和资产。①

3.合作组织处于初级形态

农村合作经济组织的发展是由初级逐步向中级和高级形态,即由服务型向实体型,再由实体型向产业型发展的。服务型的农民专业协会主要面向会员提供培训和实用技术推广、生产资料供应、信息咨询和产品销售服务。实体型的农民专业技术协会有自己独立的经济实体,为会员提供产、供、销各阶段的多方位服务;协会企业对会员产品统一收购、统一销售。产业型的农民专业协会经济规模较大、活动范围较广,以农民为基本会员,农产品加工企业为团体会员,协会内部实现了产、供、销一体化。据有关部门的数据显示,目前在该省比较规范的 2 256 个各类合作经济组织中,服务型专业协会有 1 158 个,占 51.6%;实体型专业协会 606 个,占 26.8%;产业型专业协会 492 个,占 21.8%。服务型的低级合作经济组织占农村专业经济组织的一半以上,说明黑龙江省农村合作经济组织发展的低层次化。

4.专业合作组织作用发挥的局限性

组建农村合作经济组织的目的就是要解决农民在经济方面遇到的种种问题。从欧、美、日本等国家的农村经济组织看,不管叫什么名称,但其组织也都是以专业合作社、专业协会及农民协会等形式出现的,在作用上,国外的农村专业合作组织发挥地比较全面。如日本的农村经济组织,分为三个层次,与农民打交道最多的是最基层的组织叫单位协会,它除了为农民提供信用服务和开展互助共济外,还为农民指导生产、组织流通等;再如美国的大豆协会,它的作用除了为农民进行市场推广、协调农民与政府有关部门的关系外,还负责与研究机构联系开发新品种。与之相比,黑龙江省农村经济合作组织的作用比较单一,大多数专业合作组织只为农民提供信息服务或技术服务等某一方面的服务,如在该省某农场调查时发现,农民种植了大片的南角瓜,这是由于南角瓜协会提供了南角瓜子有大量需求的市场信息,但据农民反映,他们手中并无订单,在南角瓜子即将成熟之时,它的市场去向仍未明了。再如,利用该省地处高寒气候地带的特点而种植的小红苹果(俗称小沙果),以其口感酸、甜、脆而深受

①　黑供发[2005]54号《黑龙江省供销合作社关于加快发展农村专业合作社的意见》。

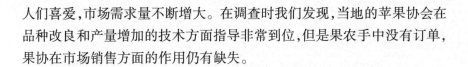

人们喜爱,市场需求量不断增大。在调查时我们发现,当地的苹果协会在品种改良和产量增加的技术方面指导非常到位,但是果农手中没有订单,果协在市场销售方面的作用仍有缺失。

二、农村合作经济组织制度创新的必要性

建立和发展农村合作经济组织,是专业化生产、集约化经营、社会化服务的客观需要,无论是从国外农村发展合作经济组织的成功经验看,还是从社会主义新农村建设自身的需求看,农村合作经济组织的发展必然要进行观念更新、制度创新和模式创新。农村组织化程度的提高,是实现农民与市场的对接,引导农民适应新的经济和社会环境,推动农业、农民、农村的工作进程的重要手段。

(一)实现农业生产现代化,增加农民收入的必要选择

《中共中央关于制定国民经济和社会发展第十一个五年规划的建议》中指出,推进现代化农业建设,转变农业增长方式,提高农业综合生产能力。农业现代化建设的前提是农业组织结构的现代化。首先,只有在家庭承包责任制的基础上,建立专业化的农村合作组织,才能够使农业生产规模化、专业化。如黑龙江省尚志市一面坡镇的一个偏远山村的农民们种植的蔬菜之所以能够以高于国内市场数倍的价格远销到俄罗斯,就是因为有蔬菜专业协会的组织、协调和带动,高价格给农民带来了高收入。另外,只有专业性合作经济组织才能将一家一户的小农生产联合起来形成规模农业,实现机械化农业,促成现代化农业。其次,现代化的农业要求应用高技术,不断提高劳动生产率,只有建立股份合作经济组织,才能够实现规模经营,以最大限度地降低生产成本,增强竞争优势;才能够用经济的手段扩大生产规模,使土地、资金、技术、人才得到优化配置。如黑龙江省五九七农场通过菊花种植而生产出来的一种称为叶黄素浸膏的原料(经进一步加工生产出叶黄素,即类胡萝卜素的一种),远销到美国、欧洲等。这种生产是典型的"公司 + 农户 + 订单"形式,菊花种植规模完全由叶黄素浸膏的产量来决定,而叶黄素浸膏的产量完全由订单即市场需求多少来决定,既避免了农业种植的盲目性,进而降低了农民减少

收入的可能性,同时也形成了农业种植的规模性,并为我国农业立足国际市场迈进一步。

(二)推动农村经营体制创新,促进农业增长方式转变

合作经济组织的模式之一是龙头企业办专业合作社,即以农产品加工企业作为龙头,专业合作社为龙身,社员作龙尾,将企业、合作社、农民合为"龙"的一体,由龙头企业牵头并置身于市场的主体,带动农民走农产品产、加、销一体化经营之路,很好地解决农民与市场对接不上的矛盾,促进农业增长方式的转变。据国内学者调查,以合作经济组织带动型的农业产业化组织约占总数的30%,其中有60%以上是专业合作经济组织带动型。农民专业合作经济组织已经成为推进农业产业化经营的一种有效组织类型和载体。

(三)增加农产品市场竞争能力,增强抵御市场风险能力

农业是典型的弱质产业,生产有很大的自然风险和经济风险。由于农民获取信息的渠道狭窄,加之农民参与市场竞争的意识薄弱,很难准确把握市场供求状况。农民合作经济组织的建立,能够在生产、技术等方面服务于农民,抵御农业生产的自然风险,更重要的是合作组织通过对市场信息的收集、分析,帮助农民安排生产,减少农户分散经营的盲目性,降低市场所带来的风险。另外,通过产、供、销一体化经营,获取规模效益,并按照合作制度的收益分配机制返回给农民,使农业分享工业化利益,有效地增加农民收入。这些是国家、社会从制度和政策上对农业进行外部保护所不能替代的。如"大鹅乡、蛋鸡乡,乡乡不同;蔬菜村、中草药村,村村各异;小辣椒屯、旱甘蓝屯,屯有千秋;羊专业户、牛专业户,户具特色",这是黑龙江省肇东市农村经济专业化生产的真实写照。正如黑龙江省农村合作经济经营管理总站副站长刘政文所说,联合起来的力量使他们在复杂的市场上占有优势。

(四)加入WTO后适应国际市场新环境

我国加入WTO后,农民一家一户分散式的经营模式已经凸显出与国际市场竞争的矛盾,在竞争日益激烈的世界农产品市场中,农民不仅面临

着国内市场的风险,而且面临着国际市场竞争风险。一方面,我国农村家庭式经营不仅经营规模小、信息不灵,而且专业技术和专业化水平低,经济实力弱,好比汪洋中的一条小船,经不起世界经济一体化的大潮;另一方面,能够促使我国农业合理利用外资,吸收国外先进的农业生产技术,促进农业现代化的进程。"在允许外商购买农民土地使用权的前提下,在我国本土生产农产品顶替进口,就可以形成诸如美国人在中国生产的油料顶替从东南亚进口,澳大利亚人在中国生产的小麦顶替从美国进口的局面。"另外,从合作经济理论上讲,竞争是市场经济基本机制,而合作是市场经济的另一个重要机制,只要存在竞争,就需要合作。只有通过聚合、联合自助生产的力量,才能达到共同需要和共同利益;通过(利用)合作的力量,才能面对竞争。因此,要借助合作经济组织,增强农民的实力,共同走向市场,共同抵御风险,共同实现富裕。

(五)合作经济组织制度创新是深化农村经济体制改革的必然

国家"取消农业税"的改革,改变了农村双层经营结构,也改变了农民的法律地位。税费改革后,取消"村提留"、"乡统筹",农民按照土地使用权 30 年不变的政策经营,只向国家依法交纳税金,原来农户与集体之间的权利和义务关系已不存在。这种权利和义务的脱节,注定了双层经营结构的分离。在税费改革前,农户与集体之间通过签订土地承包合同,规定了双方的权利义务,从法律地位上看,农民是客体,集体是主体。农民在生产经营过程中经常出现被集体擅自撕毁承包合同、随意收回土地的现象。税费改革后,农户随着与集体之间权利义务关系的解除,面对市场需求自主生产、自主决策,改变了原来的法律客体的地位。这些改变意味着农村组织结构应随着农村深化改革的变化而改变,应"增强村级集体经济组织的服务功能",并"鼓励和引导农民发展各类专业合作经济组织,提高农业的组织化程度"。

三、黑龙江省农村合作经济组织制度创新模式选择

目前,从国际合作社的发展情况看,呈现出实体化、网络化、体系化、现代化的特点。实体化,就是合作组织是产、加、销服务一体化的企业,具

有多种服务功能;网络化,就是合作组织通过服务网点为各种各样的农户提供方便、全面的服务;体系化,就是合作组织从基层到全国,都有层层服务的组织体系,从生产资料供应到产品加工和销售服务,都有专业服务的组织体系;现代化,就是采用现代化经营方式和生产工艺,如连锁经营、配送制、电子商务、计算机控制等。我国农村合作经济组织发展模式仍处于探索阶段,由于各地的差异较大,不可能采取同一的固定模式。黑龙江省农村合作经济组织发展的情况正如前文的分析,层次低、规模小,因此,应借鉴国内外发展经验,通过试点,不断地总结,不断地改进,探索出适合于该省农村经济发展的合作经济组织模式。

(一)模式选择之一:经纪人经营带动型

根据目前黑龙江省农村经纪人协会发展比较活跃的实际情况,应创造性地发挥经纪人在农村专业合作经济组织中的牵动作用。如果用"+字型"的话,可以表述为"经纪人+专业协会+农户"。一般来讲,专业合作组织的形式有两种:非经营型和经营型,如果有经纪人的参与,这种合作组织形式一定要办成经营型。黑龙江省的专业协会一般都是在民政局登记的非经营性的,无论是自办的专业协会,还是官办或官民合办的协会,如果有精明强干及懂经营会管理的经纪人的参与,将弥补专业协会只提供信息、技术或运输等单一服务的局面。如我们在农场调研时发现,南角瓜子市场需求量大,经济效益可观,瓜农的种植已成规模,但种植协会提供的只是市场需求量的信息和种植技术等方面的服务,至于瓜子的销量是多少,瓜子应销往何处,瓜农没有订单,能否全部卖出心里根本没底。如果有经纪人的参与与带动,会使农民在种植(或养殖)过程的选种、秧苗的防虫害等技术服务,到农产品的销售形成系列化,杜绝诸如山西省的西瓜几分钱也卖不出去而让人心痛的局面。至于经纪人的经费,在组织创办初期,可以由会员缴纳会费的形式提供,逐步改为正规经营管理后,再以会员入股的形式经营。

(二)模式选择之二:专业社联合型

这种模式可以表示为:专业社1+专业社2+……+专业社N+农户(或专业社1+协会1+专业社2+协会2+……+专业社N+协会N+农

户）。这种模式强调社与社或社与协会之间的联合。根据目前黑龙江省专业协会发挥作用的局限性，即专业社只能为农民提供信息搜集再加上技术指导，或者只是技术培训等单一的服务，而在该省现有的农村经济环境下，过分强调专业组织功能齐备是不现实的，因此，开展社与社或社与协会之间的联合，共同带动农民进行生产经营，能够实现农村经济合作组织对农户服务的系列化和系统化，如专业社 1 为农户提供市场信息，专业社 2 为农户进行市场推广，而专业社 3 可以专门为农户提供农机的使用。至于社与社之间合作的方式，可以在当地政府协调下进行，也可以由社与社或社与协会之间直接协商，资金可以在会员的销售额中扣出。①

（三）模式选择之三：产业联合型

根据我国农村股份合作经济组织搞得较成功的江、浙两省的经验和我们对黑龙江省农村的调查，"公司 + 农户"或"龙头企业 + 农户"并非是农村合作经济组织的最佳选择，因为公司或龙头企业与农民没有对等性，在其合作过程中双方毁约现象时有发生，农民的利益往往受到损失或侵犯。只有"组织对组织"或"法人对法人"才符合市场运行中主体平等的规则，因此，借鉴南方发达省份农村合作经济组织的经验，根据目前该省农村合作经济组织发展状况及发展态势，可以尝试创办"公司 + 专业协会 + 农户"的组织形式。公司与农户之间的联合通过代表农民利益的专业协会这个组织来协调，不但能够降低公司与农户之间由于毁约而造成损失的风险，而且专业协会能够通过供应优良种子组织农民进行规模化、专业化生产，为农副产品的运输及精深加工提供充足而有质量的货源。公司或龙头企业对农副产品的精深加工已经具备工业化的性质，因此，"公司 + 专业协会 + 农户"的形式实际上是工业产业与农业产业的联合，为农业产业工业化奠定了基础。

● 原文刊载于《求是学刊》2006 年第 6 期。
● 李小丽，黑龙江省社会科学院应用经济研究所研究员。

求/是/文/荟 QSWH 《求是学刊》发刊200期

---

① 参见牛若峰、夏英：《农村合作经济组织发展概论》，中国农业科技出版社 2000 年版。

三大都市经济圈制度竞争力的比较研究

陶一桃

　　自法国学者 J. 戈特曼（Tean Gottmamm）1957 年提出"大都市经济圈"的概念以来，大都市经济已成为衡量一个国家或地区社会经济发展的重要标志。在我国，近几年逐渐形成了京津塘、长三角和珠三角三个最大的都市圈，而且其目前的发展势态和区域间竞争力的走向已经受到学者、官员和实业家们的深切关注。有的学者甚至说，京津塘、长三角、珠三角像三驾马车带动着中国社会的经济。

　　全球经济一体化的理论和实践表明，大都市在区域乃至国际经济竞争和合作中具有越来越显著的、不可替代的作用。大都市不仅是物资资源、金融资本、人力资源的集散地，具有资源配置的先天地理、地域、政治、文化优势，而且通常也是政治资源或者说体制资源拥有量较大的地方。作为政治资源的体制制度，它一方面同其他物质资源一样具有稀缺的性质，另一方面它既能为社会带来财富和效益，又会增加社会发展的成本并带来低效率。本文正是在这个意义上，把体制资源作为影响经济增长的内生变量加以研究。

一、关于制度竞争力的理论诠释

　　所谓的制度竞争力，是一种政治资源的竞争力。由于制度通常是由人制定的，而且是在经济生活中不可或缺的，许多正式的制度安排，如产权、合同、社会保障、安全等又都是由政府制定的。也有人称制度是资本，或称为制度资本（institu‑tional capital），其依据在增强生产要素——劳动的效率和效能的作用,类似于资本使劳动具有更高的生产效率。所以,制度竞争力又是政府管理能力和水平的竞争。然而,制度的竞争力并不能简单地通过甲制度与乙制度的制度本身的比较来说明,而要通过制度实施的后果,以及制度所营造的环境对社会经济生活所产生的种种影响的比较上来说明。同时,制度竞争力也不是单纯的甲制度与乙制度的竞争,而是制度体系的整体效益的竞争。根据制度的功能,具有竞争力的制度安排应该具备如下品质:

1. 保障社会秩序,创造社会效率。一个有秩序并且高效运转的社会,是一个具有制度竞争力的社会。制度可以被定义为由人制定的,人类相互交往的规则。它抑制着可能出现的、机会主义的和怪癖的个人行为,使人们的行为更可预见,并由此促进劳动分工和财富创造。增进秩序是制度的关键功能。制度通常表现为一套关于行为和事件的模式,它具有系统性、非随机性,因此是可以理解的。在存在社会混乱的地方,相互交往必然代价高昂,人与人之间的信任与合作也必然趋于瓦解,而作为经济福祉主要源泉的劳动分工则变得不可能。秩序鼓励着信赖和信任,减少着合作成本。当秩序占据主导地位时,人们就可以预见未来,从而能更好地与他人合作,甚至也能对自己冒险从事的创新性试验感到自信。制度带来秩序,秩序创造效率,正如红绿灯带来秩序,从而使社会交通整体畅顺一样。

2. 有效协调,营造诚信社会。一个协调成本低,并且诚信的预期收益大的社会,是一个具有制度竞争优势的社会。由于制度减少了世界的复杂性,为人们提供了一种简化识别负担(cognitiontask)的功能①,从而使人的行为结果更可预见,世界更加有序。比如当一个人"闯了红灯"时,他明确地知道后果是一纸罚单;当一个人违约时,他也清楚地知道为此他将支付合同书条款中所规定的违约罚金;当一个人侵吞他人财产或图财害命时,他也非常明白侥幸以外的结果是法律的制裁。制度通过处罚使社会有序,同时也使复杂的人际交往过程变得更易理解和可预见,从而不同个人之间的协调也就更易于发生。制度在限制他人的行动,并排除某几

---

① 参见(德)柯武刚、史漫飞:《制度经济学——社会秩序与公共政策》,韩朝华译,商务印书馆 2000 年版,第 142 页。

类未来的不测事件时,会有效地减少人的"远期无知"(forward igno-rance)①。因此制度的这一功能,为人们创造了一种信心,使人们感到生活中的常规是很少变化的,全部在掌握之中(绝不会出现改革开放初期农民兄弟所说的:党的政策像月亮,初一、十五不一样的担忧)。只有当人类的行为被稳定化时,才可能增进知识和劳动的分工,而这种分工无疑又是社会繁荣不断增长的基础。

制度降低协调人际关系复杂性的功能,还可以为人带来心理上的舒适感和安全感(人们经常说的投资环境即属于此)。当一个人感到他属于一个有序的、文明的共同体,并且这个共同体内协调成本很低,风险有限,人们就会有一种在家的感觉,自然对周围的人产生信赖感。因此,与一个生活在陌生人当中或一个有序性较差的共同体内相比较,制度创造着诱发人类归属感的多种纽带,从而使置身其中的人不会感到与人周旋很累。制度所带来的安全感,也是诚信社会确立的心理基础。比如,在一个信用制度保障了币值稳定的国度里,人们对储蓄和投资于货币资产以及为经济发展所必需的资本储备提供资金,都会很有信心。通常人们也不会担心金融欺诈的发生。

3. 保护产权,完善法律环境。一个产权明晰、法制健全的社会是一个具有制度竞争实力的社会。法律本身就是一种制度安排,而保护产权的功能则是作为制度安排的法律的最重要的职责。任何一个文明的社会都会有一套制度来保护私人产权。对私人产权的保护可以使资产的所有者不受外部干扰地自由运用其资产,并创造出一个产权所有者享有的自由的领域。我们知道排他性是私人产权的决定性特征。一项财产的所有者,有权不让他人拥有和自己积极地使用财产,并有权独自占有在使用该财产时所产生的所有成本。因此说,排他性是所有者自主权的前提条件,也是使私人产权得以发挥作用的激励机制所需要的前提条件。因此,对于习惯了公有,并且私有制基本上是在意识形态领域斗争的夹缝中成长、发展起来的中国,保护私有产权是经济发展的首要。没有对私人产权的保护,就不会有珠三角私营经济的崛起与发展,也不会有浙江私人经济的增长,更不会有外资的投入和引进。

---

① 参见(德)柯武刚、史漫飞:《制度经济学——社会秩序与公共政策》,韩朝华译,商务印书馆 2000 年版,第 143 页。

法律除了保护产权,还要保护个人的自由领域。因为"自由是达到富裕的必要条件,富裕也是实现自由的必要条件"①,但是用制度来保护人的自由权利,从来都不是无边界的。正如古罗马律师和作家塔利尤斯·西塞罗所说:"因为我们是法律的奴隶,所以我们是自由的。"从恰当的制度是支撑竞争的必不可少的社会环境的角度来说,作为重要的制度安排的法律,无疑是以竞争为核心的市场经济健康发展的保障。

4. 防止和化解冲突,保证社会和谐。一个政府管理的机会成本较低,社会的"邻里效应"②为正的社会,是一个具有制度竞争潜质的社会。

在许多时候,当不同的人追求其个人目标、行使其自由时,常常又会影响到他人,并且有些影响又是他人所无法忍受的。比如凌晨两点在房间里唱卡拉 OK,在大家都排队等候的时候,突然冒出一个不排队的人,等等。于是,这就产生了社会如何用较低的代价和非暴力的方式解决冲突的问题,以及如何使个人行动自由受到最佳限制或约束,以避免破坏性冲突的问题。通常社会会有两种处理个人冲突的基本方法或者说制度安排:其一是设置限制个人任意行为和降低冲突可能性的规则,以达到以一般性的、预防性的方式限制个人绝对自由(放纵)的目的。比如设立黄线和围栏以示人们遵守排队的规则,道德上的劝说和倡导,颁布不得排放有害气体的禁令,等等。由于这类规则事先明确了谁将是正确的,谁将是错误的,从而预期到了谁将因违约而受到惩罚或指责,所以它有助于防止个人之间正面的冲突和暴力行为。其二是设置一个仲裁的机构。这一制度安排通常是在冲突已经发生了才起作用的。仲裁机构以先前协商好的,因而是可以预见的方式裁决冲突。如法院监督赔偿合同的执行、消协会裁决消费者商家之间的纠纷都属这一类制度安排。平民百姓投诉无门的社会,是一个缺少制度供给的社会,也是一个无秩序的社会。

5. 抑制权势,保证社会平等。一个权力得到有效监督的社会,是一个制度文明的社会。有学者指出,在一个社会长期的经济发展和社会发展中,恰当的制度的一个中心作用是在不同社会集团之间,如在贵族和农民

---

① 阿里斯:《走向合理社会》,(英)马尔科姆·卢瑟福:《经济学中的制度:老制度主义和新制度主义》,陈波、郁仲莉译,中国社会科学出版社 1999 年版,第 166 页。

② (美)R. H. 科斯等:《财产权利与制度变迁:产权学派与制度学派译文集》,上海三联书店 1994 年版,第 280 页。

之间,建立权势平衡,并确保较下层次的集团拥有"杠杆",即他们能从上层权势集团那里得到支持。[①] 只有当权势得到扩散,才会出现基础广泛持久的经济发展。

人与人之间的潜在的冲突,不仅来自个人行动的自由,而且也可以来自人们合作的时候,通常而言,具有财富、权力和魅力的个人,能在交易中运用权势。比如一个富有的人有能力雇佣一个穷人做卑微的工作,当然,这完全由于那个穷人需要钱来维持生存。就雇主有权力将个人的意志强加于另一个人这一点来说,富人无疑是具有权势的。然而,权势关系仅仅存在于别无选择的场合。当存在许多挣钱的机会时,人们会感到自由,并且会在觉得受到雇主强制时转向其他的雇主。因此,在多种选择对象中作选择,会使人自由。选择抑制着权势。正如在人们能用脚投票(退出)的场合,人们不会感到受制于权势一样。在有人对他人拥有巨大权势(这时他人就是不自由的人)的社会里,即使存在着强有力的制度和强制性控制,冲突仍有可能发生,并且其后果也将是代价高昂的。但是,在个人自由得到保护的场合,包括转移和退出自由也同时得到保护的场合,一般较少发生冲突。因此可以说,确保退出机会的制度,也会限制某些有权有势的人侵犯他人自由地滥用手中的权势。从这个意义上来说,规则似乎是强力对理性和社会和平的让步。

在现阶段中国,限制权势还不仅仅是限制富人的权势,重要的是限制当官者的权势。用制度来限制和监督权力,从而防止某一人手中的权力的滥用和扩大化,从而危及他人的自由和社会的公平。

二、三大都市经济圈制度竞争力比较

大多数学者认为,相比较长三角、珠三角两个都市经济圈而言,京津塘都市经济圈具有较强的聚集竞争力。当然这种较强的聚集竞争力,并非仅仅来自大都市自身所特有的凝聚力,更重要的是来自首都特有的政治文化背景所带来的先天的、独一无二的凝聚力。因为从京津塘都市经济圈的形成与发展来看,处处体现了现有体制下全国资源向都城的集中

---

① 参见(德)柯武刚、史漫飞:《制度经济学——社会秩序与公共政策》,韩朝华译,商务印书馆 2000 年版,第 147 页。

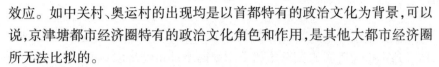

效应。如中关村、奥运村的出现均是以首都特有的政治文化为背景，可以说，京津塘都市经济圈特有的政治文化角色和作用，是其他大都市经济圈所无法比拟的。

相比较而言，以上海为核心的长三角都市经济圈，区位竞争力最高。这一都市经济圈的形成与发展，更多得益于其自身的工商业的发展。整体较高的城市化水平、完备的城市体系、在国内居于领先地位的加工制造业和纺织业都是计划经济时期积累的基础，也是该地区传统的产业强项。当然，长三角都市经济圈既是计划经济的受惠者，又是改革开放的受益者。尽管比珠三角都市经济圈起步晚，但近几年发展十分迅速，并且显示出了大上海的文化底蕴和"贵族气息"。

相比较其他两个都市经济圈而论，珠三角都市经济圈具有十分突出的制度竞争优势。可以说，是中国社会改革开放的政策和外资的注入，催生了珠三角都市经济圈。珠三角都市经济圈不仅仅是计划经济向市场经济转型的试验场，同时也是，或者说更重要的是中国社会政治文明、制度文明乃至政治体制文明的发祥地。因此，今天的珠三角不仅仅是中国市场化及国际化程度最高的大都市经济圈，同时也是政治文明程度比较高的大都市经济圈。

（一）成长模式的制度竞争力比较

由于计划经济时期京津塘、长三角、珠三角三大都市经济圈在中国的政治、经济地位的不同，又由于珠三角都市经济圈领先一步走向改革开放的市场经济，所以，计划经济时期可以引以为荣的，甚至能够给地方政府带来好处的政治资源和体制资源更多地成为了长三角、尤其是京津塘发展的阻力和障碍，从而加大了改革的机会成本。由于上述原因，京津塘和珠三角两大都市经济圈在迈向市场经济的过程中，比珠三角都市经济圈要面临更加沉重的、更多需剥落和摆脱的旧的体制和意识形态。所以，从三大都市经济圈的成长模式来看，珠三角主要具有先天的体制竞争优势，也正因为此，在中国社会改革开放的三十多年中，珠三角基本上处于领先地位，长三角的优势的显现只是近十几年的事。众所周知，中国的改革开放和经济起飞源于珠三角。在长达四十几年的计划经济的大背景下，深圳作为中国社会计划经济向市场经济转型的"试验田"，开始了"摸着石头过河"的大胆探索历程。

从步入市场经济的时间表来看,由于深圳在全国范围内的率先发展,珠三角都市经济圈比长三角和京津塘两个都市经济圈更早、更快地向目标奋进。

从历史上看,由于珠江三角洲地区远离国内其他人口密集的地区,又没有通往国内广大腹地的河流,商品的运输费用很高,所以,在对外贸易不断增长的同时,手工业却受到市场的制约,规模一直不大。这一点与长三角形成了明显的差别。在相当长的一段时间里,珠三角的经济开发主要靠农业,但是土地资源又有限,致使大量农村劳动力下南洋打工。可以说,尽管在当时广州作为全国唯一的对外贸易口岸,带动了当地经济的发展,但还没有真正解决珠三角居民的生活和发展问题。

另一方面,从"一五"计划开始一直到1978年以前,由于意识形态和当时的国际形势的原因,珠三角地处沿海地区的海防前沿,自然不会进入中央政府重点发展的视野中。国家也不会把有限的资源和重点的工业项目安排在边防线上。珠三角经济一直发展缓慢,主要靠地方政府提供的有限资金,建设一批地方轻纺工业项目。因此,珠三角这个"鱼米之乡",在20世纪的五六十年代经济并没有显著的增长,而到了20世纪70年代的中后期,已明显落后于国内其他重点建设的地区。

与珠三角不同,京津塘可谓在"天子"脚下,一直是计划经济时期的重点发展地区。北京作为祖国的首都,不仅使京津塘在发展上独具政治资源优势,而且事实上比其他大都市经济圈更能优先得到稀缺资源,如资金。国内的另一核心天津市又是拱卫京畿的军事重镇。随着19世纪后期洋务运动的兴起,官办军事工业成了天津近代化的发端,到了20世纪20年代,天津就已成了中国仅次于上海的第二大工业城市。京津塘大都市经济圈内的八大支柱型产业:能源、化工、冶金、建材、机械、纺织、食品等都是在计划经济时就一直受到中央政府重点投入并持续发展的产业,并非改革开放后才发展起来的。

长三角一直是中国最大的,也是最重要的经济核心区,也是世界各大河三角洲人口数量最多、密度最高和城镇数量最多的地区。只是改革开放后的一段时期里,她被湮没在珠三角的"奇迹"里。上海一直是我国最大的工业制造中心,与京津塘一样,圈内的主要产业如纺织、服装制造、重化工业、汽车工业也均非改革开放以来的成果,而是历史发展的结果,尤其是受惠于计划经济时期的中央的倾斜政策。

从中国改革开放的实践来看,受计划经济恩惠越多的地区,改革的羁绊就越深重,也就越难以摆脱原有体制的束缚。而深圳乃至珠三角则是中国计划经济最薄弱的地区。由于没有多少沉重的国有企业的负担,更不存在大批国企工人下岗失业的后顾之忧,改革成本与兴败的机会成本都很低。所以,在中央放权和优惠政策的扶植、引导下,深圳乃至珠三角有可能成功地规避当时无处不在的传统经济体制的束缚,使珠三角都市经济圈只用了短短10年的时间,就在原本贫乏的基础上崛起到全国的前列。

(二)现阶段三大都市经济圈制度竞争力比较

经历改革开放三十多年,京津塘、长三角、珠三角都获得了巨大的、稳定的发展。2002年京津塘实现国内生产总值8 261.05亿元,占全国的比重是9.24%;长三角实现的国内生产总值19 141.62亿元,占全国比重的21.40%;珠三角实现的国内生产总值9 536.18亿元,占全国比重的9.3%。从2000年的统计资料看,京津塘的人均国内生产总值为12 203.86元;长三角的人均国内生产总值为20 454.70元;珠三角的人均国内生产总值为31 990元。此外,全国出口额前四位的城市,又被长三角和珠三角两大都市经济圈包揽了(即长三角的上海位于第二,珠三角的深圳位于第一,东莞和广州分别位于第三和第四)。总之,在一些关键性的指标上,上述三大都市经济圈,尤其是长三角和珠三角都表现出绝对的优势。

(1)都市经济圈的竞争力体现在整体竞争力上。因此有效的协调就成为三大都市经济圈首要的制度安排。然而,无论从客观的自然因素上讲,还是从现有体制"硬化"了的安排上说,京津塘和长三角的圈内协调成本要大于珠三角。

应该说,由于行政区划的硬化和地方利益的影响,三大都市经济圈内的合作还远没有走向制度的程序,尤其是京津塘和长三角。官本位的思想和各城市追求自身利益的狭隘性和近期性,都将在增加圈内协调成本的同时,降低其整体的竞争力。目前有学者和官员已经意识到了这个问题,并提出建立统一的圈域协调管理机制。如长江三角洲的长江沿岸中心城市经济协调会、长江三角洲城市经济协调会、长江流域发展研究院、长江开发沪港促进会等。但这种机制只是就城市间发展存在的微观问题进行协调，与都市圈总体发展的内在要求还相距甚远。因此，建立更为广泛的圈域协调管理机制是都市圈进一步发展的重要保障。这种机制不仅要就某些领域进行协调，同时还要负责都市圈的规划、产业布局、环境治理、生态保护等宏观发展问题，如美国阿密都市圈的双层制大都市政府。

笔者以为，淡化行政级别，放弃官本位的思想，以制度化的方式增强合作意识是减低圈域协调成本、增加制度效益的关键。正如凡伯格所说："一般不能指望互惠机制给合作行为提供充分的激励，还必须有某些限制性条件才行。"①另外，现行的财税体制在一定程度上仍具有强化"行政区经济"，激励市场分割的利益驱动功能。从这个意义上说，改革现在的财政税收体系是解决协调成本过高的关键。

但是，随着市场经济的成熟和各区域经济水平和质量的提升，圈域内地方政府间的竞争或者说博弈也将走向理性化。"双赢"的理念将淡化行政区划和本位主义。如苏州、无锡、常州主动将自己划入上海经济圈；浙江省的领导要求嘉兴行政上属于浙江，经济上属于上海，尽快融入上海经济圈，等等，这无疑是一种理性的尝试。

（2）尽管改革开放之初，相对于其他两个都市经济圈，尤其是京津塘都市经济圈，珠三角明显缺乏可利用的政治资源，但是市场经济的先行为珠三角政治体制的创新和制度文明的先行提供了必不可少的制度保障。"深圳速度"体现在制度层面上，就是高效政府。制度创造效益，制度带来收益，制度保证文明，在深圳及珠三角大都市经济圈最充分而有力地展现出来。

务实的市场经济理念，使珠三角圈域内的政府更早地摆脱了计划经济时期的几乎无处不在的层层审批、级级讨论的烦琐程序，简化了对经济建设的权力许可的过程，甚至直接跳过政治权力束缚。这就是当初流传的所谓：见到绿灯大胆走，见到黄灯快步走，见到红灯绕着走。高效为先的竞争准则，又使珠三角圈域内的各级政府逐步学会了把政治智慧用于商场，把商业价值观用于官场，"干了再说"的胆识就像产品制造商把一

---

① （英）马尔科姆：《经济学中的制度——老制度主义和新制度主义》，陈波、郁仲莉译，中国社会科学出版社1999年版，第134～135页。

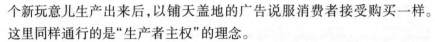

个新玩意儿生产出来后,以铺天盖地的广告说服消费者接受购买一样。这里同样通行的是"生产者主权"的理念。

制度创新可谓珠三角都市经济圈经济发展的源泉。然而,制度创新是需要动力和条件的。只有当改变现有体制的收益将大于这一创新的成本时,一项制度创新才会被实施。制度创新潜在的好处,是创新者决策的理由。同时创新的不可克服的阻力一定是不存在的,否则成本高昂且代价惨重。当然,如果一项制度创新的结果是可预料的,并且有广泛效应的支撑,那么创造的行动会迅速、果断,因为收益是显性的。

如果说中国社会的改革是一项自上而下的观念革命,那么以深圳为先导的珠三角圈域的经济改革可谓是自下而上的。中央的"积极不干预"方针,造就了珠三角圈域的经济发展与繁荣,同时,也把诸如国有资产的控股经营制、股份制、工程招标制、用工合同制等创新的制度安排带到了中国人民的生活当中。长三角的发展模式与广东的模式基本相反,规划管理型的政府操作模式,是主导经济发展的主要模式。

20 世纪 90 年代以后,广东模式一度成为中国宏观经济思潮的主流,政府不断从经济管理的各个领域退出,希望市场经济能够自发形成。但在短缺经济结束后,面对经济增长动力的下降和日渐突显的内需不足等问题,凯恩斯主义成为中央决策层占主导的思想。人们发现,在市场失灵的许多领域和场合,政府是可以实施市场替代的。尤其是在积极的财政政策奏效以后,出现了对强势政府的"迷恋"。20 世纪 90 年代上海的崛起,就充分说明了政府替代的作用,上海的政府替代不仅体现在基础设施、国有企业上市改革、大市场的建设、强大的招商引资等方面,对产业结构的调整也采取了政府替代形式,如备受关注的上海纺织业"壮士断腕"行动。由于上海 20 世纪 90 年代的崛起,广东开始反思自己的模式,20 世纪 90 年代后期,广东也开始强化政府替代。广州市政府提出的南沙开发计划,口号就是 10 年再造一个广州,与浦东开发异曲同工。

尽管如此,相对于其他两大都市经济圈,珠三角无论如何没有那么强的"恋父情结"。因为,一方面改革开放前,她并不是计划经济最发达的地区,另一方面又是市场经济带来了珠三角经济的迅速发展。尤其当逐渐摆脱政策优惠时,制度创新收益的诱惑力已远远超越了对中央的依赖所产生的安全感和优越感。当然,如果硬是要说珠三角,尤其是深圳对中央优惠政策的依赖是一种"恋父情结"的话,那么这是一种期望父亲允许摆脱对"父亲"的依恋的反"恋父情结"。

(3)由于相对于京津塘、长三角两大都市经济圈而言,珠三角是在一个较为薄弱的基础上迅速起飞的(据有关资料显示,从改革开放的1980年到2000年的20年间,珠三角经济年平均增长16.9%,其中高新技术产业的年增长率达到29.9%),同时圈域内经济增长的不平衡,这就使珠三角都市经济圈在抑制权贵和保证社会平等方面的制度安排的成本比较高,并且在相当长的时期里保护"强者"发展的制度安排的供给,大于保护弱者平等的制度安排的供给。从长江三角洲15个城市和珠江三角洲8个城市的居民收入情况(缺中山市资料)来看,这23个城市中,城镇居民可支配收入大致可分成几个层次:

第一层次,超过20 000元的,为深圳;

第二层次,在15 000—20 000元之间的,包括2个城市,即东莞和珠海;

第三层次,在12 000—15 000元之间的,包括6个城市,分别是江门、佛山、广州、上海、宁波、绍兴;

第四层次,在10 000—12 000元之间的,包括5个城市,分别是杭州、湖州、舟山、嘉兴、苏州;

第五层次,在8 000—10 000元之间的,包括5个城市,分别是无锡、常州、南京、南通、镇江;

第六层次,在8 000元以下的,包括扬州、泰州和肇庆。

从层次上来看,珠三角明显靠前,而长三角则偏后,在长三角圈域内部浙江的6个城市的收入状况好于江苏的8个城市。但是珠三角最高收入(深圳)与最低收入(肇庆)之间的差距是12 000元,而长三角最高收入(上海)与最低收入(扬州)的差距是7 000元。一般而言,社会收入的个人差距越大,越容易形成社会权贵或权势阶级,越容易带来由财富占有的不均而导致的社会地位的不平等,同时也越容易出现权贵对贫穷的役使和社会地位低下的人失去选择的自由和权利的状况。恰当的所得税率、最低工资法和失业救助等制度安排,则是一个成熟而文明的政府保障社会和谐稳定的最重要的,同时也是最明智的制度安排。珠三角都市圈域中的深圳,目前在这方面无疑走到了全国的前列。

(4)由于珠三角大都市圈的崛起是在完全不同于京津塘、长三角的历史文化背景之下发生的,单薄的文化底蕴和普遍贫穷的现状,使珠三角在内在制度的营建上,即社会道德观、价值观、习惯、礼貌和社会诚信度等方面的制度安排上,短期的成本高、收益小,从而内在制度的竞争力相对于其在体制方面的竞争力要弱一些,尤其是在与长三角大都市经济圈比较时。

如果将珠三角与长三角第三次产业内部的结构进行比较,会明显感觉到长三角都市经济圈社会素质和品质建设要高于珠三角。比如在三次产业中,珠三角占优势的行业有交通运输、仓储、邮电、房地产和社会服务业。而长三角占优势的行业有批发零售、餐饮业、金融保险业、卫生体育和社会福利业、教育文化文艺广播影视业、科学研究和综合技术服务业、国家机关政党社团。从某种意义上说,人才等于素质。据中国台湾地区《2000年大陆投资环境与风险调查报告》显示,在所谈的44个主要城市的总体投资环境中,A级共有几个城市,其中排在前10名的城市是吴江、宁波、杭州、昆山、奉化、上海、无锡、苏州、镇江、温州,全部属于长三角都市经济圈。报告同时披露,广东的某城市被列为不拟推荐的城市,主要原因是该市经济纠纷、欺骗发生率太高。报告还指出,长三角最被看好的就是信用环境和法制环境。正因为如此,长三角的区域形象力加强,加之上海历史积淀的、特有的、高贵的、大都市的文化底蕴,使今天的长三角大都市经济圈显示出明显的竞争优势。据统计资料显示,到2002年,仅在上海,外资银行被其总行确定为中国境内业务的主报告行的银行就有21家,外跨国公司把其中国(亚洲)地区总部设在上海的有30多家。而在珠三角相应的指标仅有5家和3家。从另一方面的事实也可以证明上述的观点。改革开放以后,尤其是前十几年,深圳乃至珠三角大都市经济圈在把市场经济崭新的理念和规则传递到祖国的大江南北的同时,也表现出了市场经济初期的拜金主义、坑蒙拐骗、唯利是图等道德危机。这情况十分突出地表现了经济迅速腾飞,然而人文素质和教育则相对落后的落差。

三、未来三大都市经济圈制度竞争力的探讨

从摆脱计划经济束缚的角度来说,无论京津塘、长三角还是珠三角的发展都在不同程度上使中国形成"政策高地",吸引国内资源在短期内大

规模向其集聚,最终形成经济启动的基础,只是珠三角先前一步开始了这一过程,从而在改革开放之初的制度竞争力明显优于京津塘和长三角。同时,由于历史上的原因(计划经济比较薄弱)和得益于政府积极不干预的放权实践,珠三角相对于京津塘和长三角而言更加具有制度创新的原动力和利益冲动,所以,在制度竞争的许多主要的方面,尤其是作为制度的重要形式的体制方面,珠三角的竞争优势和制度效益是十分显著的。

可以说,不同程度的外向化是三大都市经济圈未来发展的方向。当然,这种外向化趋势已经不再只是政府政策导向的结果,而是改革开放使国际资源有序加入集聚后,引领各圈域经济的组织程度和外向度提升的结果。

随着世界经济的一体化,国际上的竞争越来越表现为国家与国家之间,区域与区域之间制度的竞争。因为制度系统对社会运作的成本水平影响极大。其实,关于制度竞争的概念早在亚当·斯密的《国富论》中就有所论述。亚当·斯密在说到税制对生产要素流动的影响时说:"土地是不能移动的,而资本则容易移动。……资本所有者很可能是一个世界公民,他不一定附着于哪一个特定国家。一国如果为了要课以重税,而多方调查其财产,他就要舍此他适了。他并且会把资本移往其他国家,只要那里比较能随意经营事业,或者比较能安逸地享有财富。他移动资本,这资本前此在该国所经营的一切产业,就会随之停止。耕作土地的是资本,使用劳动的是资本。一国税收如有驱逐国内资本的倾向,那么,资本被驱逐出去多少,君主及社会两方面的收入源泉,就要枯竭多少。资本向外移动,不但资本利润,就是土地地租和劳动,亦必因而缩减。"①从制度的公共物品的性质而言,制度竞争的根本又是政府的文明程度或者说"质量"的竞争。向国外先进体制学习,按国际惯例办事,则是走向制度文明的重要途径。潜在的好处是制度创新的原动力,因此,开放引起了制度竞争,但同时开放和制度创新在很大程度上要依赖于政府和公众认识到"退出"信号的重要性,即抓住创新的机会,并作出正确的决策。制度创新的决策者必须明白:即使面对压力集团的抵制和内向的部落本能,也必须提出适宜的制度,以构成有吸引力的区位性制度要素。

---

① (英)亚当·斯密:《国富论》,杨敬年译,陕西人民出版社2001年版,第330~331页。

尽管开放和外向型已成为中国社会和三大都市圈域经济发展的不可逆转的方向,但毗邻香港的地缘优势,仍然是珠三角今后体制竞争保持优势的原因。尤其是 CEPA 实施后,与香港合作和互动的加强以及规则的划一,珠三角将能更加便利地借鉴香港的优势,从而保持制度创新的势头和体制上的优势。政府的权力还要用政府的权力来消除。

● 原文刊载于《求是学刊》2005 年第 1 期。
● 陶一桃,深圳大学副书记、教授。

论"一股独大"的潜在优势

于 金

公司治理不仅仅是个理论问题,在欧美发达国家也是一个引人关注的政策问题。特别是在美国的安然公司、世通公司等一些"超重量级"公司的财务丑闻被曝光后,公司治理再度成为世人关注的焦点。这些事件也促使人们不得不重新审视美国式公司治理结构的有效性和普遍性。我国自 20 世纪 90 年代以来,也就公司治理开展了广泛、深入的理论研究和多方面的实践探索。在众多关于我国公司治理问题的研究成果中(包含一些著名经济学家在内),有一个看似得到"公认"的结论,即"一股独大"是我国公司治理问题的症结,由于"一股独大"(特别是国有股),导致股权结构的不合理、缺乏多元股权制衡机制、所有者虚位等不良结果,使得公司无论从竞争力、灵活性、对股东的责任感以及公司的生命周期来看,均缺乏与国际企业竞争的实力。"一股独大"被看做是"万恶之源"。但是笔者认为,这是对"一股独大"现象的认识存在诸多误区所致。

一、走出公司治理研究的误区,为"一股独大"正名

公司治理(corporate governance)一词是舶来品。在中国,关于公司治理的研究始于 20 世纪 90 年代初,但是,时至今日,尚未形成统一的公司治理的概念,其中比较有代表性的观点有以下两种:

第一种是沿用奥利弗·哈特(Oliver Hart)的观点,将公司治理看做是一种合同关系。公司被看做是一组合同的联合体,这些合同治理着公司发生的交易,使得交易成本低于通过市场进行交易时发生的交易成本。

由于人的经济行为具有有限理性和机会主义的特征,所以这些合同不可能是完全合同。为了节约合同成本,不完全合同常常采取关系合同的形式,就是说,合同各方不求对行为的详细内容达成协议,而且对目标、总的原则、遇到情况时的决策规则、分享决策权以及解决可能出现的争议的机制等达成协议,从而节约了不断谈判、不断缔约的契约成本。公司治理的安排,以公司法和公司章程为依据,在本质上就是这种关系合同,它以简约的方式,规范公司各利害相关者的关系,约束他们之间的交易,来实现公司交易成本的比较优势。

第二种是以吴敬琏为代表的"制度安排"观点,将公司治理看做是所有者,主要是股东对经营者的一种监督与制衡机制。吴敬琏认为,所谓公司治理,是指由所有者、董事会和高级执行人员即高级经理人员三者所组成的一种组织结构。在这种结构中,上述三者形成一定的制衡关系。通过这一结构,所有者将自己的资产交由公司董事会托管;公司董事会是公司的最高决策机构,拥有对高级经理人员的聘用、奖惩以及解雇权;高级经理人员受雇于董事会,组成在董事会领导下的执行机构,在董事会的授权范围内经营企业。

上述两种对公司治理的不同定义,反映了公司治理研究的不同视角,但是它们都以代理问题和合约的不完全性作为公司治理存在的条件和理论基础,并由此引出了所谓的"一股独大"的问题。而笔者认为,目前中国企业(特别是国有企业)的股权结构的现实状况不存在应用西方公司治理理论的客观经济基础。西方的公司治理研究是基于股权的高度分散,又由此引申出"委托－代理"问题,但是中国企业,特别是国有企业的股权却是相对比较集中,明显缺乏"委托－代理"理论应用的经济基础。研究中国企业的公司治理应该遵从经济基础决定上层建筑的原理,而不能简单地套用发达国家的治理模式,甚至反过来要求为了实行发达国家的治理模式(上层建筑)而去人为地改变股权结构(经济基础)。

将"一股独大"看做企业绩效不佳的根源更存在逻辑跳跃。企业绩效是众多因素共同作用的结果。在产业组织层面上,由梅森初创,后经贝恩以及谢勒不断完善的 SCP(结构—行为—绩效)分析框架告诉我们,市场结构决定企业的行为,而这些行为又决定了企业的绩效。在企业层面上,SCP 分析框架也完全适用,即股权结构决定企业的经营行为,而企业的经营行为又决定了企业的绩效。所以,将"一股独大"看做是企业绩效不佳的根源,其中越过了企业的经营行为,存在逻辑缺陷。

二、"一股独大"导致企业经营不振的结论缺乏数据支撑

在我国的上市公司中,大股东侵占小股东利益的案例是有的,但不能因此就以偏概全地将"一股独大"看成是"万恶之源"。

笔者根据《上市公司速察手册(2001年版)》①提供的数据,利用 SPSS 软件,对截止到 2000 年 12 月 31 日在沪深两市上市的全部 1 124 家公司的股权结构与赢利能力(净资产收益率)进行统计分析,得出了"出人意料"的结果。

在 1 124 家上市公司中,当时被 ST 以及 PT 的公司共 52 家(其中 PT10 家),由于 ST 以及 PT 的公司数据不全,且波动较大,故在统计分析中予以剔除。对余下的 1 072 家公司的最大股东持股比例与净资产收益率之间进行相关分析,得出的结果如表 1 所示。从表 1 可以看出:最大股东持股比例与净资产收益率二者的 Pearson 相关系数为 0.052,双尾数检验 P =0.088。这个结果显示,二者之间虽然不具有统计学意义上的相关关系,但是至少表明二者并不存在负相关关系。也就是说,因为"一股独大"而导致企业收益能力降低的观点缺乏数据支撑。

表 1 最大股东持股比例与净资产收益率的相关分析

	最大股东持股比例	净资产收益率
最大股东持股比例		
Pearson Correlation	1.000	.052
Sig(2 - tailed)	.	0.88
N	1 072	1 072
净资产收益率		
Pearson Correlation	.052	1.000
Sig. (2 - tailed)	.088	.
N	1 072	1 072

① 中国证券信息数据中心、中国证券报新证广告公司编,新华出版社 2001 年版。

同时,对上述数据中的流通股比例与净资产收益率进行相关分析,得到了如表2所示的结果,即二者的 Pearson 相关系数为 -0.082,双尾数检验 P=0.007,显著水平为1%,表明二者存在明显负相关关系。

表2　流通股比例与收益率的相关分析

	流通股比例	收益率
流通股比例		
Pearson Correlation	1.000	-.082*
Sig(2-tailed)	.	007
N	1 067	1 067
收益率		
Pearson Correlation	-.082*	1.000
Sig. (2-tailed)	.007	.
N	1 067	1 067

　　实际上,第二次世界大战后,日本经济的持续快速增长,也证明了"安定股东"对企业发展的积极作用。

　　从平均净资产收益率(算术平均数)来看,第一大股东持股50%以上的上市公司为8.35%,而第一大股东持股50%以下的上市公司为7.3%,前者高出后者一个百分点。在52家被 ST 以及 PT 的公司中,第一大股东持股超过一半的为11家,占21%,而在全部上市公司中,这一比例高达43%,"一股独大"的上市公司被 ST 以及 PT 的比例明显低于其他公司。实际上,美国哥伦比亚大学战略研究中心主任纽曼教授早在1971年出版的《企业战略》一书中就已经明确指出:企业的所有权形式在管理行为中居次要的影响地位[①];交易费用学派创始人科斯也认为产权界定只有从财富分配的角度看是重要的,从效率角度看则无足轻重。

三、"一股独大"是普遍现象,并非中国独有

　　将"一股独大"说成是中国在转型期的特殊现象,并将其视为"万恶

---

① (美)纽曼:《企业战略》,武鸿麟译,贵州人民出版社1987年版。

求/是/文/荟　《求是学刊》发刊200期

之源",实际上只是对世界各国真实情况缺乏了解所致。

世界银行驻中国代表处高级专家张春霖在《公司治理改革的国际趋势》一文中指出:股权高度分散主要是英、美大公司的特征,而在世界其他地方,包括欧洲大陆、亚洲,更常见的所有权结构是集中型结构,通常有一个大股东持有公司较大份额的股份,对公司进行着有效的控制。与公司控制权分离的仅仅是其他中小股东。① 香港中文大学财务系讲座教授郎咸平在题为《中国民营企业的困惑与发展》的网上财经对话中指出:"一股独大的问题全世界都有。怎样避免负面影响? 只有采用严刑重罚,对不法的上市公司要进行惩罚。"②中国目前上市公司存在的问题,不在于股权结构,而在于制度安排,尤其表现在对违法、违规公司以及责任人的查处强度不够。

借用管理学中"期望理论"的思考方法,查处强度可以表示为违法、违规行为被查处的概率与对该行为的"处罚量刑"之积。因此,加大查处强度需要从提高违法、违规行为被查处的概率以及对该行为的"处罚量刑"两个方面入手。

为了提高上市公司违法、违规行为被查处的概率,除了加强现有的各种措施的落实之外,还应建立股东代表诉讼制度,降低诉讼门槛,在制度上保证广大中小股东可以充分发挥监督作用。股东代表诉讼是指,当公司怠于要求董事及监事履行其对公司的职责时,股东个人代表公司对董事及监事提起要求其履行职责的诉讼,这是发达国家普遍采用的一种制度,对督促董事及监事忠于职守、防范职务犯罪,起到了积极作用。这一制度同样适用于在行使发起人、清算人、股东权利时接受不当利益者以及以显著不公正的价格授让股票者。国外的股东代表诉讼制度的最大特点在于诉讼门槛低,不会出现小股东"打不起官司"的现象。例如,日本在1993 年修订的《商法》中规定:股东代表诉讼的主体资格是连续持有公司股票 6 个月,无论诉讼标的金额是多少,诉讼费用一律为 8 200 日元(约合人民币 600 元左右),而且,股东胜诉后还可要求对方承担诉讼费用。

对上市公司以及相关责任人的违法、违规行为处罚过轻,是导致这类行为"层出不穷"的另一个重要原因,应提高处罚的"量刑"。例如,蓝田

---

① 《世界经济与政治》,2002 年第 5 期。
② 2003 年 7 月 3 日,《中国证券报》中证网,http://www.cs.com.cn。

股份公司曾伪造政府批文,"圈钱"数亿元,严重的程度已经触及刑律,但最后中国证监会只给公司罚款 100 万,对董事长瞿兆玉罚款 10 万的处罚。通过违法、违规行为所获得的收益与被发觉后所受到的惩处极其不成比例,像这种"隔靴搔痒"式的处罚,在客观上,可以说是纵容了这类行为。

对违法、违规行为不仅处罚过轻,而且还存在处罚不力的情况。《财经》杂志 2001 年 8 月号刊登的《揭开银广夏陷阱》的文章揭露了银广夏"巨额利润"造假的骗局,震惊全国,当时被称为"全国第一造假案"。对此案件,中国证监会于 2002 年 5 月 14 日认定,银广夏自 1998 年至 2001 年期间累计虚构销售收入 10 亿多元,虚增利润 7.7 多亿元,并要求银广夏对 2001 年以及往年度财务报告实行纠正。此外,银广夏公司还存在虚假披露配股资金使用情况等其他违规事实。按照证监会的处罚决定,对银广夏处以罚款 60 万元,并责令改正。但是,在银广夏的投资者中,由于上述造假事实而损失的,最少的 1 万多元,最多的更是亏掉了近 2 000 万元。在中国证监会对银广夏作出上述行政处罚后,银川市中院仅仅曾于 2002 年 7 月,受理 6 起股民状告银广夏造假的民事诉讼案,以后再无下文。当再有投资者起诉时,银川中院都以需等待行政复议、行政诉讼或刑事判决的结果为由而拒绝立案受理。当社会的最后一道"公正防线"的司法都不能保护广大投资者的合法、正当权益时,上市公司的屡禁不止的违法、违规行为也就不难理解了。

四、我国目前的"一股独大"有其历史必然性和内在优势

发达国家的股权高度分散、所有权与经营权分离,被视为现代公司的基本特征,也被列为我国企业改革的长期目标。但是,"发达国家是这样,我们也应该这样"的简单直线思维,忽略了一个最基本的事实,即企业是一个历史概念,发达国家目前的股权高度分散、"所有权"与"经营权"分离的现状是在企业漫长的发展历史进程中逐步形成的结果。而且,在发达国家,只有所有与经营的分离(这种分离是职能性的分离),并没有所有权与经营权分离的说法,在中国,之所以在所有和经营的后面要加上一个"权"字,是因为二者的分离并非经济发展使然,而是通过法规的形式人为地将其"硬性"分开,而且对"所有权"与"经营权"的内涵以及二者

关系的界定也显得模糊不清。

我国目前的"一股独大"是有其历史必然性的。其一,我国社会主义市场经济的历史尚浅,自1993年提出建立社会主义市场经济算起也只不过是十多年,与发达国家数百年的发展所形成的历史积淀没有可比性。美国著名的企业史学家小钱德勒指出:由一组支薪的中高层经理人员所管理的多单位的现代工商企业在1840年以前都是不存在的。到19世纪后半期,美国开始了一个新的工业时期。从19世纪40年代到20世纪20年代,美国的农业经济和乡村经济转变为工业经济和城市经济,在这几十年里,美国经历了生产和分配过程中革命性的改变。也就是说,在美国,从农业经济和乡村经济转变为工业经济和城市经济大约花费了80年的时间,况且我国所面临的不仅仅是经济结构转变问题,还有经济体制转变的问题,所以,我们不能企望中国在短时间内出现大量的现代企业。实际上,现代企业制度的形成以及公司治理模式的完善与各国的历史初始条件是息息相关的,表现出强大的路径依赖的境遇。由于我国旧的计划经济体制对国有企业的影响还存在,在向市场经济体制转轨过程中多少有旧体制的依赖。我国目前的"一股独大",可以说是我国经济发展路径所决定的客观事实,有其历史必然性。姑且不论发达国家在市场经济初期企业股权结构如何,即使是在当代,微软、英特尔等新兴企业目前的股权结构仍然是比较集中的;其二,我国目前上市公司大多是国有企业改制而成,国有股、法人股等非流通股占较大比例(2002年底约占四成)是现实经济状况的必然结果。

股权多元化和分散化一直是政策制定者以及产权改革学者所期望的目标。1999年召开的中共十五届四中全会通过了《关于国有企业改革和发展若干问题的决定》,其中明确提出了"在不影响国家控股的前提下,适当减持部分国有股",此后每年,政府都或重或轻地触及国有股减持问题,可是每触及一次,股市就大泻一次,至今难有结果。国有股减持可谓是"屡试屡败"。这不得不令人深思其中的深层原因及其理论缺陷。国有股减持导致股市大跌的经济原因在于个人投资者信心不足,机构投资者尚未培育成熟,股市资本购买能力有限等(尽管目前我国个人储蓄存余额已经突破10万亿元,但是在上市公司缺乏最起码的社会公信力、未来预期普遍下降的条件下,让老百姓将自己的保命钱投向股市无异于痴人说梦),而其中也暴露出了"全流通"理论本身所存在的缺陷。正如中国社会科学院工业经济研究所杨斌指出的那样,"全流通"主张隐含着美国倡导的新自由主义理论的基本理念,在理论上、政策上的危害性在于全盘接受新自由主义的市场教条,认为所有生产要素都必须自由流通,任何限制都会妨碍资源的最佳配置。实际上,我国的股份制改革之所以取得较大成绩,没有出现俄罗斯私有化的灾难性后果,原因之一正是坚持了国有股的主导地位,为防止代理人掠夺设置了较多障碍。所以,"一股独大"不仅是我国现实经济状况的必然结果,也是建设以公有制为主体的社会主义市场经济国家的要求。

综观发达国家企业成长历程可以发现,我国目前的"一股独大"有其内在优势,主要表现在决策集中、快速。与发达国家的企业相比,我国的企业目前总体上规模较小,正处于成长阶段,快速发展、扩大规模、提升竞争力是当务之急。在此阶段,只要公司的大股东从公司的利益(而不是大股东自身的利益)出发,科学决策,"一股独大"可以避免由于控制权之争给企业发展造成的负面影响。

根据《中国企业发展报告(2002)》的数据,中国企业 500 强的前 11 家企业进入了 2002 年世界企业 500 强。其中,国家电力公司以 4 003.95 亿元的营业收入位居中国企业 500 强第一位,第 2 至 10 位的企业依次是中国石油化工集团公司、中国石油天然气集团公司、中国工商银行、中国银行、中国移动通信集团公司、中国化工进出口总公司、中国电信集团公司、中国粮油食品进出口(集团)有限公司、中国建设银行。但是,正如中国企业联合会、中国企业家协会发布的报告中指出的那样,尽管中国企业 500 强 2001 年各项指标均有所增长,但仍有少数企业亏损严重,有约 1/3 企业利润缩水,与世界企业 500 强相比差距更加明显。报告显示,中国企业规模普遍较小,2002 年中国企业 500 强平均资产规模只有当年世界 500 强的 6.4%,平均营业收入只有世界企业 500 强的 5.2%。从赢利能力看,中国企业 500 强平均利润水平只有世界企业 500 强的 12.06%。

由此可见,与国外的大企业相比,中国企业规模普遍偏小。在这种情况下,企业的股权相对集中,乃至"一股独大"有利于公司的决策和发展。相反,在中国,在股权分散的企业当中,由于大股东之间的企业控制权之争而导致企业经营不善的事例却比比皆是。例如以"公司召开了两场股东大会"而引人注目的宏智科技股份有限公司。该公司是在上交所上市的公司,在 2003 年 5 月 13 日的时点上,股东总数为 17 475,前 10 名股东中,法人股、自然人股股东不存在关联关系。前 10 名股东中最大股东持股 18.04%,最小股东持股 0.37%,这样的股权结构可谓分散、多元,应该是一个"理想的典范",但是,就是这样一个股权分散、多元的公司,照样发生了"在 4 个月内公司账上资金累计丢失了 1.54 亿元"的事件,更有甚者,由于大股东的企业控制权之争,导致公司业务无法正常开展,企业绩效下滑,最终被"戴上了 ST 的帽子"。

经济基础决定上层建筑,是众所周知的马克思主义哲学的基本命题。就股权结构与公司治理结构而言,应该是股权结构决定公司治理结构,而决不是相反,但是,目前国内关于公司治理结构的研究和政策有一个根本性的错误,即试图通过改变股权结构来使之适应所谓发达国家的治理模式,而忽视了公司治理结构中的道德等非经济因素的作用。

综上所述,目前我国公司治理结构存在的问题的症结不在于"一股独大"的股权结构,而在于如何通过强化道德、法律、市场等所有权之外的约束,来规范企业、股东(特别是大股东)以及经理人员的行为。

●原文刊载于《求是学刊》2005 年第 2 期。
●于金,河海大学教授。

中国商业渠道的演变与发展

蔡丹红

渠道变革的本质就是一部厂家与商家主导与被主导关系的发展史。今天的渠道与计划经济时代的渠道或者说产品时代、推销时代的渠道观念是不同的。那个年代人们纯粹从商业的角度考虑渠道的功能,渠道专指商业渠道。渠道的分工粗糙,仅仅按照产品种类的不同形成流通渠道。如食品饮料商业渠道、药品渠道等。这种渠道的运作模式与运行功能与今天的渠道有很大的差异。一部渠道变革的历史,实质就是厂家与商家矛盾关系螺旋式发展的历史,双方交替着居于主导地位,而决定这个主导地位的关键因素,恰恰是品牌与营销的意识与运作能力。本文就是以此入手,来解剖厂商关系,使厂家与商家都能站到历史与辩证的高度审视自己在今天这个特定的历史阶段的应知应为,达到"识时务者为俊杰"。

一、中国商业渠道的演变

以渠道为视角,审视我国企业改革开放以来厂商关系的变迁过程,可以分割为如下几个阶段:

第一阶段:改革开放至20世纪90年代中期,计划经济向市场经济变革的年代,特点是厂、商分离,商家主导市场。这一阶段又经历了四个小阶段。

1. 供小于求,厂商分离,各司其职。在供小于求的情况下,市场业绩是由厂家决定的。当市场经济没有充分发达时,人们的生产能力十分有限,只要生产多少就能销售多少,人们没有必要自己花费心思去销售,也

求/是/文/荟 QSWH 《求是学刊》发刊200期

不大需要建立自己的品牌来促进销售(那时有初步的品牌意识,但与今天的品牌概念有差异)。他们提供了某一类的产品,被商人收购后纳入一个类别体系(如东家的番薯与西家的番薯集合起来交给商贩统一销售),采购、销售基本上是由商家提供。因此,这一时期的渠道要求商家掌握如何把不同厂家的产品进行组合、分装,并用更高的价格销售,即实现买进卖出的功能,这就是商业的职能。所谓渠道就是完成这个买进卖出,并以此为核心进行金钱流与物流的运动。因此,厂家是纯粹的生产厂家,商家是纯粹的商家,二者是分离的。

2. 供大于求,商家渐居主导地位。随着市场经济发展,厂家生产能力提升,产品的极大丰富超过了市场的需求。这决定了只有部分企业的产品能被卖出去,其他困在仓库里等死。这时,商家的地位就大大提高了,因为,他的选择直接关系到厂家的生存发展。因此,一时间商家的地位跃居于厂家之上,出现了朝南坐耀武扬威的商家。这一阶段,商家占据主导地位。

3. 厂家初创品牌以图改变被动局面。一些头脑灵活,比较有远见的厂家开始思考"反客为主"的策略。一开始是向外的思维方式,送商家回扣、奖励大轿车。这个策略随着打击经济犯罪和普遍的滥用而失去效用,接着是向内的思考方法:通过商品品质的改进或个性化的方式增进销售。于是品牌的概念被广泛的接受。最初的品牌概念仅仅理解为品牌外在的名称、商标。厂家发现如果配合商家作一些宣传,让自己的产品名称、企业名称被广泛接受,销售的效果要好得多。于是,厂家开始掏钱注册商标,做 VI 策划,做广告。这种方式大受那些朝南坐的商家的欢迎。这是厂家试图改变被动局面的尝试,但并没有真正地走出困境。

4. 厂家以品牌运营商的身份直接进入商业渠道,与商家分庭抗礼。什么事都是物极必反。简单的广告促销、地毯式的宣传走到极端后就失去了原来的光环。而商家被厂家众星捧月式地供奉后,不仅没有收敛自己的牛气,反而更难伺候。厂家发现自己赔了夫人(广告费)又折兵(产品仍然压在库里),认识到把希望纯粹寄托在商家身上是不可行的。厂家失望了。一些大的、思想前卫的厂家决定自己干。于是,厂家的销售队伍从几人逐步发展到几十、几百人,乃至出现三株的 20 万大军。一部分厂家取折中方法:派人帮助、监督商家销售自己的产品。这是对传统商业渠道的背叛,厂家实际上变成了品牌商。至此,由商家占主导地位,决定市场格局的局面告一个段落。厂家在新的质点上开始建立自己的主导地位。

第二阶段:90年代中期至20世纪末,厂家成为品牌营销商,超越商家取得市场的主导地位。

厂家超越商家,获得市场主导地位是通过两个途径实现的:一是通过对品牌的个性化设计与推广,借助流通领域新兴的渠道拓展市场;二是直接建立自己的销售大军进行推广。厂家对品牌与渠道的关系认识经历了一个痛苦的过程,在失败中不断地总结经验教训获得对真理的认知。

第一,从视觉上感知品牌与渠道的关系。仅仅从外在的视觉形象上认识品牌。将品牌理解为商标的名称、图形、色彩与文字表现特征。所以,这一阶段一个非常有趣的现象是富了一大批学习工业设计或者有点美术功底而掌握了电脑平面设计的人员。人们十分重视一些好名字的注册。恶性抢注商标的故事频频发生。通常的做法是,企业通过VI设计形成一套基本手册与应用手册,然后落实到产品、建筑物、宣传册、员工服装、名片、汽车等物品上。这种推广模式在渠道上的表现就是由厂家免费为商家的客户提供店面的门头、专柜形象视觉统一装修。但做得十分粗糙,并且形象的维护与管理十分薄弱。

第二,从品牌的美誉度开展渠道公关促销。意识到上一阶段的工作其实就是创造了一个知名度而已。如果仅仅让顾客知道了企业的名称或产品的名字,而没有深入到你内在的品质文化,对销售产生的作用仍然是低下的。特别是这个手段的模仿性很高。一些在中央电视台标王级的企业如爱多、秦池的倒下,更使人们知道品牌不仅需要知名度,更需要美誉度。因此,公关营销的概念被导入品牌。落实到渠道中,就是厂家开始设计大量的带有公共关系性质的广告或策划大量的公关活动进行推广。养生堂就是一个公关营销的高手。舒蕾也是靠在卖场进行大量的公关促销推开了市场。而雕牌则靠公关营销成为洗衣粉行业的黑马。相反,巨人脑白金因为缺乏公关意识而受到上海电视台的一度查封。这一时期厂家在渠道上的做法就是要求商家配合做公关活动,或现场公关促销。

第三,从品牌的全面深化上提升渠道的品质。厂家发现,仅靠公关活动策划来推开市场,力度仍然不足。实际上,品牌是一个大概念,它必须有深厚的文化背景、个性特征、社会属性支撑。如果品牌没有提炼到这一高度,其所打造的本质上是薄纸一张,禁不起风浪。而品牌的文化、个性与社会属性等特质都必须通过营销过程中的人与物的方方面面来表现。如产品包装设计、服务人员的衣着与工作流程、卖场的氛围等。这些在渠道上的表现要求商家能认同厂家的企业文化,深知品牌的内涵,建立共同的价值观。而实际上,大多数的商家(特别是那些新兴的渠道)的素质都比较低,因此,厂家开始走上对商家的培训拉动工作。显然,这个阶段的厂商关系中,主体地位是厂方。

不愿意辛苦地教育培训商家的厂家,为了获得市场上的主动地位,开始自建分销网络。因此,招兵买马,辛苦耕耘。一般地,厂家是通过以区域为单位建立分公司或办事处,通过内部相对独立的核算,给区域充分授权来进行。区域经理八仙过海,各显神通,在市场上浴血奋战。为了适应市场的变化,厂家在渠道的组织架构上大多采取军事化的方法,将毛泽东的军事战略思想充分运用到现代营销渠道的建设上。有些厂家甚至模仿到连经理业务代表的名称都改为首长、连长。毛泽东的游击战、群众战的思想被运用后,确实对一些厂家的营销产生了积极的作用。突出的是三株的案例。三株在短短的数年里销售增长到 80 个亿,自建的渠道销售人员规模达到了 20 万,让人十分惊叹。它的成功使其他企业纷纷效仿。突出的是红桃 K。经典案例的出现使商家更感世风日下,当年的风光已不再。

但实际上,这一时期的厂家并不真正懂得营销中的市场定位战略、产品战略与渠道战略之间的关系,对渠道的经济性、可控性也缺乏深刻认识,渠道中营销人员的规模与营销策略的关系更是认识不清,甚至大多在整体上没有系统的战略。因此,实施一段时间后,渠道的问题接踵而来。坏账、死账、挪用货款等问题不断,以致渠道崩盘,如三株。

第三阶段:20 世纪末至今。商家觉醒,对厂家进行了再次否定。以家电为代表的个别行业大商业资本已重新获得主导地位。

当商家在与厂家的关系中普遍居于次要地位时,部分精明的善于思考的商家开始研究如何重振雄风的问题。敏变的商家发现他必须迎合品牌营销的需求,即专心致志地做品牌,而不是按照传统的大批发模式,不管张三李四的产品,统统是价格质量论英雄。商家必须按照每个品牌产品的个性,设计针对性的营销活动才能真正地做好销售。于是,商家把批发贸易改造为营销公司,专心致志地做几个品牌的营销代理商。他们的职能不仅仅是销售产品,还必须协助品牌商做市场推广、品牌推广工作。与此相应,零售商也纷纷探索如何迎合品牌个性化的需要,改变单一的面孔,于是出现了不同的销售终端模式。高级的时尚商品有时尚商场、专卖店来对应,低档的品牌有大市场、夜摊、两元店来对应,中档的有百货大楼、超市、仓储店等来对应。

今天的情况是,商家必须积极地思考如何更有效地满足厂家的要求,它发现只有帮助厂家做好市场工作,才能真正地居于主导地位。业绩论英雄。简单地按照传统的商业模式——贸易模式去运作市场的时代已一去不复返,必须深刻地了解厂家品牌的个性及其个性化的营销模式,才能取得市场的业绩。对大多数的商业资本来说,还没有能力独步江湖,逞个人英雄。靠他单个的实力无以抵御市场竞争恶浪,必须与厂家携起手来。这是一个联合的时代。矛盾的统一体中,厂家与商家的关系既有互相对立的一面,但也有互相统一的一面。今天的市场难做,要求太多,只有联合才能取胜。因此,今天的厂商不再是猫捉老鼠,而是联合一致,对付其他的野猫与野老鼠。

对于厂家来说,试图从生产到品牌的营销一贯到底是需要实力的。没有相应的财力、人力、管理力、社会力、政治力,其结果可能更糟。我们对市场的了解还太少,必须借助于别人的经验。许多情况下,还必须与商家进行联合。这就是今天中国厂家与商家关系的现状。而这种互相适应互相了解互相配合,管理一体化,向厂家学习并最后实现超越,在中国的商业历史上估计还会存在一个较长的时间,至少在 10 年左右。这 10 年中,商家与厂家在市场的锤炼中应更深刻地掌握市场营销的原理,懂得营销的策略与管理。

二、未来渠道中厂商关系演变的趋势

尽管依据行业内竞争程度的不同,渠道中厂商关系依然会表现出不平等的状况,在某些行业中,由于商业资本的实力比较大,往往在特定的阶段特定的方面凌驾于厂家之上,成为主导力量(如家电行业的苏宁、国美,医药行业的老百姓)。但更多的情况是,厂家与商家为了共同的营销目标走在一起,实行双赢合作,谋求长期的发展。

由厂家与商家合作建立的渠道,今后将往什么方向发展呢?

(一)分销渠道的设计从战术往策略及战略整合发展

战略是指对一个事物的全局性的、根本性的规划,它指明了该事物的发展及如何发展的基本途径。策略则是相对中性层面的策划,如果战略是做 5 到 10 年的规划的话,策略则是 1—3 年的规划。战术则一般是马上行动的方案。一个企业要获得持续的发展就必须坚持战略—策略—战术的序次发展。营销战略是企业战略的职能战略。它是实现企业战略的手段,是次一层次的战略。它与财务战略、生产战略、物流战略等共同构成企业的职能战略。营销战略里又包括基本战略与组合战略两大部分,组合战略中包括产品、价格、渠道与促销四大战略。

渠道战略回答以什么样的销售通路实现企业的营销战略目标,用怎样的渠道模式与基本营销战略匹配,实现企业的市场目标。渠道模式则回答渠道的分布、渠道的直接与间接的采用、渠道宽度、渠道弹性度、渠道激励、渠道管理等基本问题。如渠道策略中会解决本产品为什么应选择直接渠道——专卖店而不是采用其他终端如超市或采用间接渠道如通过代理商销售的问题。渠道策略则规定了该专卖店的基本要求,包括地理位置、品牌形象、伙伴关系等基本要求。渠道战术解决具体选择专卖店时地理位置的决定,如某街,人流量多少。渠道战术是否得当的依据标准是渠道策略,渠道策略依据渠道战略。渠道战略依据营销战略,营销战略依据企业发展战略。如果没有坚持这种序次发展,企业的执行力就会大打折扣。

(二)渠道结构扁平化,渠道管理全面化、精细化

传统的分销渠道结构一般呈金字塔形,按照行政区域的大小,从国家—大区—省级—地区—县—乡镇—村落发展,形成层层管控,步步细化的特点。这与我国计划经济的体制是吻合的。但它的缺点显而易见:第一,渠道层次过多,增加了渠道成本,使渠道不经济。第二,对产品的个性化传播与推广非常不利。显然,这种渠道结构与大批发时代比较吻合。因为批发是以类来认识产品、界定产品,不需要对产品进行个性化的塑造。第三,渠道管控能力弱。这种模式与传统的商业批发的追求目

标——销量比较吻合,传统批发最普遍最习惯采用的促销方式就是所谓"薄利多销",它强调根据客户一次性购买的数量让利,但这显然不适合市场的价格管控,往往渠道越长,价格失控的可能性越大。因此,缩短渠道的层次,改变金字塔型为梳子型就成为渠道发展的一个必然趋势。

与扁平化的管理结构相适应,品牌厂家对通路上所有客户的管理的面也日益全面化。不仅涉及货款与物流,还涉及信息、人员培训、促销、品牌、激励等各方面。与上述趋势相适应,管理工作也日益深入,不仅管理直接发生交易关系的经销商,也管理到她的下家及孙子下家及至终端。

(三)渠道的经济性更被关注

渠道建立的本意是为了降低每个单位产品的销售成本,通过把一类产品集中起来销售,使每一次交易费用、运输费用、库存费用及其他管理费用都相应地降低,渠道的经济性也就体现于此。这种情况与原来企业产品的生产能力比较薄弱,企业规模实力有限,产品个性化不突出的情况相匹配。因此,传统时代渠道成本的降低主要通过降低交易费用、运输费用、库存费用及管理费用实现。为此,就考虑尽可能减少人员,用合适的路线、合适的车辆,大小合适的库存,门面简单化。因此经销商们能不要货架的肯定就不用货架;能合用仓库的,就不会独立搞个仓库;能用三轮车便宜就不会用汽车。管理也很简单,主要把采购与销售一头抓好就行。另一方面,就是抬高价格,能卖高则高,薄利多销肯定是最基本的原则。为了比别人多卖些就把价格降低。这就是传统渠道操作关注的经济性。

(四)关注渠道的整合

由于市场细分地发展,渠道也进一步细分,出现了许多新的渠道业态。因此,对品牌商来说,如何整合现有的渠道与新的渠道,进行系统均衡就是一个新的课题。当前品牌商思路的重点是以目标顾客群体的购买便利性、心理定位为出发点,用"倒逆法"研究本产品与目标顾客接触的触点,揭示新的渠道。然后对新老渠道依据波特的四像法即现金、金牛、问题与天狗进行整合。维护好现金渠道,大力发展培育金牛渠道,探索问题渠道,抛弃天狗渠道。渠道的组合调整所产生的效益是乘法效益。由于用不同的渠道服务于有所差异的顾客群体,终端的功能与效用打破了传统的单一地靠利润或销售额来评价的方法,强调整体的功能与效用的改善。如某品牌酒在大超市销售,价格低,利润薄,企业在这个渠道是没有赢利的,但由于超市人流量大,陈列展示效果好,有提升产品的影响力与品牌力的作用;而在食品商场销售,销售量更大,能直接刺激商品的周转量。按照传统的方法可能要放弃超市,专攻食品商场。但从整合的角度,它们各有其用。超市做形象,商场做利润,这就是渠道的价值工程。

为了保证各渠道的管理到位,除了对每一个端口进行渠道整合以外,仍然需要一些共同服务性的部门,执行共同的渠道的服务。如一方面,每一个渠道都必须有相应的专题公关广告配合,另一方面,仍然需要一个为所有渠道共享的品牌宣传推广服务。特别是有关企业整体的形象,品牌形象。这样在公关与广告上的功能也开始细化,渠道的公关广告更贴近直接渠道顾客细分群体的特征,而共享的公关广告资源则探究大目标群体的共性特征。

此外,传统的简单的区域负责制也被改为渠道经理负责制。传统的渠道模式中,往往采用的是营销主管区域负责制。一个人负责一个区域,以行政区域为单位进行销售。营销区域经理必须考虑整个区域所有的顾客。由于精力与能力的欠缺,他们不可能熟悉所有的顾客特征,所以走的依然是大量化营销的模式,抓住的是浮在上游的顾客群。其结果必然是粗放的、混沌的。大多数企业只是在产品处在完全不同的渠道时才采取产品经理或事业部制加以区别。这个事业部制与产品经理制有那么点渠道经理的意思,但实质上不是我们所讲的渠道经理。

而今天的分销渠道建立的思维路径是充分地研究目标顾客群体,细分目标顾客群体,然后根据他们所能接触到的所有终端口设置渠道端口(在考虑渠道赢利能力的前提下),与此相应,选择经销商。这样经销商也是化大为小,标准自然浮现。业务管理区域的分配、策略的设计、考核标准的制定都以细分的渠道及所服务的目标顾客为出发点,使营销工作更加全面深入。

今天,随着企业生产能力的加强,供求关系的变化,渠道经济性的关注就不仅仅局限于此。由于出现了许多与不同的产品定位相适应的新的渠道,如呼叫中心、网络分销、人员直销、电视直销、经销商销售、专卖店、店中店、特许经营、娱乐场所、俱乐部分销,等等,选择一个最适合自己的市场定位与品牌定位的渠道,对不同类型的渠道进行组合,就成为渠道策略的关键点。而传统降低渠道成本的方法相对来说比较简单,它只能改变量,而不能从质的角度对渠道的改变。经济性就成为次一层次上考虑的问题。它所带来的渠道的经济性效用远远不及渠道模式选择所带来的经济性。

(五)重视渠道的整合,五网合一

今天,分销网络的发展与电子商务的技术发展密切相连。传统的靠手工抄写销售报表,靠传真发送信息只能营造狭窄的网络,没有深度管理的网络,因为成本太高,效率太低。但电子商务的发展使信息的传递快速而价廉,并大大地节省了劳动力。因此,今天的分销网络布到哪里,信息网跟到哪里。保证总部与分点的信息畅通。所有的管理都建立在信息交流的平台上,信息网络是营销运作的基础。

品牌营销是个大的系统工程,在现实情况下,中国的许多企业往往人员的素质、可供选择的经销商素质和实力不能满足品牌商的要求,因此,现在通行的一个方法是把分销的功能分解,分别落实到不同的经销商。于是,就在原来简单的区域分割、品牌分离的基础上出现了品种分离、小区域分割、物流剥离、客户服务剥离、促销服务剥离的新特点,并考虑不同的渠道能力,进行整合,使资源共享。这就是今天讲的五网合一。即营销网、物流网、信息网、客户服务网、互联网五网合一。

在生产资本与商业资本向品牌营销商发展的过程中,商业渠道的概念也在发生深刻的变革。传统的渠道是简单地完成交换,今天的渠道由于营销主张与顾客接触的全面性、近距离性,所有与顾客接触的通路都被称为渠道,渠道由单一的交换功能扩大为传播功能、促销功能与交换功能的多位一体。新的渠道不断地被开发。渠道本身不仅是转移价值、消耗价值,更是创造价值的载体。

商业渠道已今非昔比。

● 原文刊载于《求是学刊》2004年第3期。

● 蔡丹红,杭州电子工业学院工商管理学院教授,中国第一届十大杰出培训师。

黑龙江省绿色食品发展取向之思索

常树春,张春萍

　　绿色食品是无污染、安全、优质的营养食品的统称。1989 年,我国农业部正式提出了"绿色食品"这一概念,并决定把绿色食品作为优先发展的项目来抓。黑龙江省是一个农业大省,也是绿色食品品牌最多的大省,存在着绿色食品发展的先天优势。黑龙江省资源具有原始性、多样性和季节性的特点,而且开发得比较晚,大面积的耕地远离城市和工业污染地区。近年来又大力推广与发展绿色食品,其农药与化肥的使用量仍处于全国最低水平。同时,黑龙江省的农业科研机构及其农业科技人才处于全国前列,开展有机食品认证的国内外机构较多,具备了科技及其管理体系上的比较优势。但绿色食品产业仍存在着一些问题,需要认真研究,切实加以解决。

一、现状及存在的问题

　　作为全国绿色食品产业开发最早的省份,经过 1990 年至今十余年的发展历程,黑龙江省绿色食品发展的成绩斐然。

(一) 生产概况

　　2002 年绿色食品作物种植面积已达 1 452 万亩,比上年增加 417 万亩,超过全省各种作物总面积的 10%,占全国绿色食品种植面积的 20%左右;全省农作物优质品种面积占总播种面积的 85%,比上年提高 5 个百分点;全省绿色食品产值突破 150 亿元,总产量达到 600 万吨;目前该省完成无公害食品基地认证面积达到 510 万亩,全省绿色食品种养及山特产品基地发展到 286 个,其中种植面积 10 万亩以上的大县(市)由去年的 20 个发展到 31 个;获得绿色食品认证的产品已达到 470 个,比上年增加 189 个,占全国总量的 17%,居全国第一位,其中获得有机食品认证产品达 40 个,使用 AA 级标志的产品 12 个,占全国的 25%,A 级绿色食品 394 个,占全国的 16%,黑龙江省绿色食品的投资明显增加。《黑龙江省绿色食品产业方法实施方案》中指出,从 2002 年起财政每年在预算中安排 5 500 万元专项资金用于绿色食品基地建设,各行署、市、县政府和农垦、森工总局都拿出一些资金专用于绿色食品基地建设。据初步统计,2002 年全省完成绿色食品产业投资 32.9 亿元,比上年增长了 57%,其中引进资金 11 亿元,高出上年 1.2 倍;农村人均绿色(有机、无公害)食品收入突破 300 元,比上年增长 45.6%。

(二)龙头企业

龙头企业是推进绿色食品产业化经营的关键环节。绿色食品强调生产、加工、流通的一体化。通过产业化的经营方式组织广大农户进入市场,增加产品附加值,加长产业链条。在这个过程中,龙头企业的带动作用至关重要。近年来,该省绿色食品加工龙头企业的数量和规模都不断扩展。到 2002 年末,全省绿色食品龙头加工企业已扩大到 197 家,其中销售收入超过 1 亿元的 6 家,3 亿元以上的 3 家,5 亿元以上的 3 家,九三油脂、龙丹、完达山、哈啤等骨干龙头企业销售收入已接近或突破 10 亿元大关,有 5 家绿色食品龙头企业被评为国家级农业产业化龙头企业;绿色食品龙头企业销售收入达到 88.3 亿元亿元,实现利税 14.6 亿元,分别比上年增长 50.4% 和 51.6%。这些龙头企业连接绿色食品种植基地面积 150 多万亩,带动农户 40 多万户。在龙头企业的带动下,黑龙江省创立了一批市场公认的全国知名品牌绿色食品。如完达山乳品、龙丹乳业、北奇神茶、五大连池矿泉水、新三星啤酒、哈尔滨啤酒等。目前,该省仅有的 3 个全国驰名商标中有 2 个是绿色食品,其中完达山乳业集团通过走品牌加绿牌创名牌之路,经评估,到 2001 年企业品牌的无形资产已达到 4.5 亿元。

（三）开发管理

目前,该省已初步形成了一体化的绿色食品管理体系,成立了相应的管理机构,颁布了相关的条例法规,对绿色食品生产实施"从土地到餐桌"的全程质量监控。通过对产前环节的环境监测和原料检测,产中环节具体生产、加工操作规程落实情况的检查以及产后环节对产品质量、卫生指标、包装、保鲜、运输、储存和销售的控制,确保绿色食品的整体产品质量并提高整个生产过程的技术含量。1999 年 10 月制定了《黑龙江省2000—2010 年绿色食品发展规划》,2001 年 6 月制定了《黑龙江省绿色食品管理条例》,2001 年 8 月制定了《黑龙江省绿色食品专用生产资料推荐管理办法》和《黑龙江省绿色食品产业发展实施方案》,2003 年 1 月制定了《黑龙江省无公害食品标志管理办法》。这些条例法规的相继出台,使该省绿色食品从生产到销售有章可循,表明该省绿色食品的开发和管理步入了法制化、规范化的轨道。

（四）市场营销体系

好的产品要有好的营销网络。目前该省绿色食品的国内外市场运行平稳,营销领域不断拓宽。据上海、北京、广州等大中型消费城市调查反馈,绿色食品销售比重增长每年都在 20% ~30% 之间,山特产品、绿色大米、蜂蜜、乳、肉等产品消费领域持续升温,新的消费热点正在形成。尽管加入世贸初期遇到了严峻的挑战,但经过全省上下的共同努力,2002 年该省绿色食品出口额仍达到 12.39 亿元,比去年增长 1.1 倍,出口产品总量 41.2 万吨。为不断提高该省绿色食品在国内外市场的知名度和销售份额,2002 年该省先后多次组织绿特色食品企业参加了韩国、香港、日本举办的食品博览会和福州、北京中国农产品深加工和绿色食品博览会,并取得了较好的展销成果。几次展销共签订各类绿色食品合同 193 个,成交总量 156 万吨,成交总额超过 110 亿元,绿色食品销售领域延伸到国内26 个省市,扩展到 15 个国家和地区,新开辟了西藏、加拿大等国内外市场。然而,虽然该省绿色食品产业发展迅速,但依然有许多问题需要研究与解决:

第一,绿色食品市场开拓与品牌整合仍然是一个亟待解决的问题。

绿色食品与有机食品是伴随着生活水平的提高而逐渐产生其有效需求的。我国自改革开放以来，虽然人们的生活水平有了较大提高，但是对绿色食品的了解与认同程度还很低。因此国内市场的开拓与营销是当务之急。绿色食品理念的定位必须要体现绿色食品的特殊性。消费者对绿色产品营销企业或区域的关注，更多的是关注企业和区域的信誉和环境质量，国外消费者更是如此。而我们的企业则很难见到表达企业理念的广告。另一方面，该省绿色食品品牌繁多，杂而乱，规模小。2001 年仅水稻就有 51 个品牌，每个品牌种植面积在 2 万亩～4 万亩之间，平均 2.53 万亩。大豆有 29 个品牌，种植面积在 1.2 万亩～9.2 万亩之间，平均种植 2.79 万亩。玉米有 12 个品牌，每个品牌种植面积在 2 万亩左右。小麦有 13 个品种，每个品牌种植面积在 2 万亩。黑木耳有 9 个品牌，蘑菇有 5 个品牌等。虽然该省正在加大品牌整合力度，但因其规模与品牌繁杂，需要在加大品牌整合力度的同时，使该省绿色食品的营销具有相对一致性。

第二，绿色食品规模小，范围窄，结构不合理。在黑龙江省现有的 14 大类绿色食品中，有些产品的规模效应十分突出，如粮油类、乳制品类和酒类等。大宗粮油作物因其适合机械化作业，因此要求相当的土地规模。而乳制品、酒类、饮料等加工业则要求一定的生产规模使机器设备、生产技术能够得以充分利用。除此之外，还有些绿色食品的规模效应不很明显，如畜禽类、山特产品和蔬菜果品等，但对于这些产品的生产企业来说，规模狭小同样有负面影响，如不利于专业分工、不利于先进技术和先进管理方式的推广等。目前该省涉足绿色食品领域的企业有几百家，但年产值在亿元以上的企业只有 6 家，不到总数的 1%；年产值 5 000 万元以上的只有 20 余家，不到总数的 5%，企业规模较小。

除生产规模的制约外，该省绿色食品的品种单一，结构不尽合理，无法满足消费者多样化的市场需求。该省的绿色食品大多集中于粮油、乳品、山野特产等领域，绿色食品种植业基地发展较快，畜牧养殖业基地建设相对滞后，绿色水产品、禽类产品很少，满足不了市场对绿色畜产品的需求。另外，各县（市）绿色产品的同质化程度高。相当多的产品相似、相仿，使人很难区分其特色与优势。加之有些地方发展绿色食品带有一定盲目性，存在盲目扩大绿色食品种植面积的现象，使绿色食品的真伪难以辨别。

第三,绿色食品认证还不能与国际接轨,绿色食品与国际市场的对接能力还不强。中国绿色食品标准的制定、检查、认证和管理由中国绿色食品发展中心委托机构独家执行。与国外相比,检查和认证体系的监督和约束机制相对较弱。到目前为止,该省的绿色食品的开发仍集中在 A 级绿色食品上,使用 AA 级标志的产品只有 12 个,不到全省绿色食品品种总数的 5%,而只有 AA 级产品才符合国际市场上有机食品的要求。

由于产品认证标准只是绿色食品最基础的一步,绿色只说明其食用上的安全性,并没有解决诸如口味、营养以及性能价格比等市场竞争因素,加之产品包装、内在质量和科技含量都有待进一步提高,因此与国际市场接轨尚有较大差距,国际市场的认同也存在许多要解决的问题。

二、对策建议

黑龙江省是一个农业大省,也是绿色食品品牌最多的大省,为搞好绿色食品的开发与利用,发展特色优势农业,我们根据黑龙江省的现状及存在问题,特提出如下建议:

第一,搞好生态环境,建好绿色食品原料基地。绿色食品的标准是确保无污染,产品或产品原料的产地必须符合绿色食品的环境标准。它的含义是农业初级产品或食品的主要原料,其生长区域内没有工业企业直接污染,即水域、上游、上风口没有污染源对该区域构成污染威胁,使该区域内的大气、土壤及灌溉用水、养殖用水质量均符合绿色食品大气标准、土壤标准、水质标准,并有一套保证措施,确保该区域在今后的生产过程中环境质量不下降。因此,绿色食品原料基地的建设,生态环境好坏是关键。这就要求我们运用生态工程,发展生态农业,优化生态模式以进行绿色食品的生产和开发。

在我国,有三种生态模式。一是多样性、有序性增强抗灾力的生态模式。该模式强调农业生物多样性和有序性,从而有效地控制病虫害的发展,以减缓由于滥用化学农药所引起的环境污染。如我国湖北江汉平原农村,农业户分组而居,房前屋后林灌草十分茂密,还有鱼塘和自留菜园,菜园里同时生长着几种到十几种蔬菜和作物,周围是自然生长的灌丛树篱,造成生物多样性共生。菜园主要施用有机肥,极少施用化肥,这即是庭院绿色食品生产的一个小基地,一年四季连续不断地生产出各种各样无污染的农产品。这种生产模式得到欧共体有关国家专家的高度评价,并将其作为典型的中国传统有机农业模式进行深入研究。如果将这种模式用于大田农业生产,特别是绿色食品蔬菜的生产,再结合一些新的生物技术、生态技术,必将获得良好的生态效益。

二是物质循环利用的生态模式。这种模式主要是种植业、养殖业内部物质的循环利用,所谓"种"、"养"结合物质循环利用,是将"种、养、加工"三结合物质循环利用做到科学合理、实用、配套。例如,四川省洪雅县是全国生态农业试点县之一。洪雅阳坪奶牛场利用荒山荒坡种植牧草,饲养奶牛,牛奶加工成奶粉,将加工奶粉的废水和畜粪施用到农田,减少化肥的施用量,形成了一套"种、养、加工"三结合的物质循环利用模式。在这良好的生态环境下,生产的阳坪奶粉已被农业部评为绿色食品,实现了较高的生态、经济效益。

三是清洁工艺模式。工厂排出的余热,释放的二氧化碳、磷和氮化合物等通过回收和净化加工利用,这种兼顾生产和环境的工艺称为清洁工艺,若干工艺所构成的工程体系,被称为清洁工程。如上海东风奶牛场,饲养 750 头奶牛,每天排放 40 吨粪便,除一部分用做肥料施于农田外,大部分流失在牧场周围的沟渠和道路上,严重影响了环境卫生,同时也造成了巨大的资源浪费。由上海交大与东风农场联合,对奶牛粪便的处理及资源化进行了一系列研究,他们利用奶牛粪便发酵后的沼渣制成饲料,把沼液一部分用于培养单细胞光合细菌,加工成高蛋白饲料;将另一部分沼液流入温室,进行无土栽培,生产蔬菜和其他作物,用后的料液排到低洼水池栽培水生植物,收获净化后加工成干物质,作为畜禽养殖的维生素添加剂。这样,使奶牛场形成了清洁的生产工艺,并生产出一系列饲料和绿色食品。

因此,绿色食品的生产是与生态环境紧密相连的,生态环境的改善又受到生态农业发展的制约。要搞好绿色食品生产与开发就必须改变农业生产模式,发展生态农业。研究与推广适合该省省情的生态农业发展模式,改善生态环境是该省建设好绿色食品原料基地的前提与基础。

第二,解决好开发和发展绿色食品所需的化肥、农药、贮运、保鲜等一系列技术问题,使绿色食品生产逐步实现规模化,降低绿色食品的价位。在现阶段世界市场上,绿色食品比普通食品价格高出 20% ~ 50% ,是因为到目前为止尚没有解决与绿色食品生产相关的一系列化肥、农药等问题,因而生产成本较高。我们必须解决有机肥料、绿色农药、绿色保鲜等产业化问题,方能使绿色食品生产加工达到最佳规模。

土壤有机质是土壤肥力的重要指标,土壤有机质平衡是土壤健康和农业可持续发展的基础。大量施用化肥对农产品、农业环境乃至区域环境等带来的负效应越来越严重,引起了人们的普遍关注。加拿大农业部的一项长期研究表明,土壤有机质是土壤贮存和供应作物营养、保持土壤水分、防止土壤侵蚀、增加作物抗逆性的关键因素之一,自垦为栽培耕地以来,加拿大未发生侵蚀的耕地土壤有机质降低了 15% ~30% 。合理施用肥料和进行保育性耕作可以使土壤有机质维护在一个对作物生产有利的理想水平上,而秸秆回田、施用畜禽粪便、绿肥、有机污泥、木糠屑、豆麸饼等是增加土壤有机质的有效措施,有机肥使用是土壤健康的根本保证,是有机农业赖以生存和发展的基础。国内外许多研究均得出了相似结论。

目前,绿色食品的生产与消费也推动有机肥料产业化生产。例如,我国内地首家在香港上市的农业公司福建超大集团在进行绿色产业链条的经营过程中,开发生产了超大生物有机系列肥料,1998 年,超大生物有机肥通过福建省科委主持的技术鉴定,成果水平系国内首创并达到国际先进水平。2000 年超大生物有机肥系列通过国际有机运动联盟(IF—OAM)有机产品认证,成为我国唯一获得国内、国际双重认证的有机肥生产企业。广东德隆有机生物肥料厂以鸡粪为原料,运用现代高新生物技术生产出有机无机复混肥和纯有机肥,使该产品综合了化肥的"速"、有机肥的"稳"、功能微生物肥的"促"等优势。广东东莞宏远生物有限公司生产的保得牌微生物肥料也在世纪之初通过了国家绿色食品发展中心的认证,成为广东省第一家通过此项认证的生产资料企业。可以说,只有解决绿色食品生产的肥料问题,绿色食品的产量方能提高。

绿色食品生产要解决的另一个问题是防治病虫杂草。通过优先使用农业防治、生物防治、物理防治、人工防治和科学合理使用化学防治来控制农药残留,是保证绿色食品的生产过程不受污染的重要手段之一。另外,还要改善生产结构。通过实行农作物的多样化种植和不同畜种的混合牧养合理安排生产结构,充分发挥不同生态位和不同物种间的互利关系,并通过采用以豆科植物为基础的轮作制度来利用其共生根瘤菌在土壤中固定氮素。

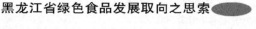

虽然有上述措施,但我们必须着重于这方面的科研,方能降低其防治病虫害的成本,增强效果,使绿色食品健康生长。

食品加工和贮藏过程对绿色食品的质量有重要影响,主要包括原料贮藏中的污染和营养成分的损失、原料加工过程中的有害物质的产生和污染、合成食品添加剂造成的污染、食品加工贮藏中有害物质的产生和生物污染、包装引起的污染等。为使污染减少和保持其营养成分,食品加工高新技术就尤为重要。目前食品加工高新技术不少已经成功应用于工业化生产中,如高压技术、微波技术、超临界萃取技术、低温杀菌技术、速冻冷藏技术、膜分离技术、真空技术、保鲜技术以及生物工程技术等,采用这些技术会大大提高绿色食品的质量,对发展绿色食品工程意义重大。

总之,只有与绿色食品生产与加工有关技术的革命与革新迅速发展,我们才能真正解决绿色食品大规模生产问题。否则,即使绿色食品生产出来,也不可能成为真正意义上的绿色食品。虽然我们在肥料、农药、加工、保鲜等各环节有大量新技术出现,但并没有真正进行产业化经营,因此,在现阶段,具有合理价位的绿色食品才可能是真正的绿色食品。

目前,我们必须依靠科技进步,加快科技推广,不断强化高新技术在生产加工中的主导作用,提高绿色食品的科技含量,充分发挥科研院所和大专院校的人才优势,集中力量,开展联合攻关,加快建立农林畜牧业绿色食品生产及加工技术的创新体制,努力加强绿色食品及相关技术研究,以确保绿色食品生产、加工过程的高质量。

第三,保护和整合绿色食品的品牌,开拓绿色食品市场,促进绿色营销。该省是中国绿色食品发展最早的省份之一,各级政府十分重视绿色食品的发展。市场中绿色食品的品牌繁杂。到目前为止,该省已获得绿色食品标志的126个产品中,但被国家工商局评为驰名品牌的只有完达山乳品一家,被省工商局评为著名品牌的有24个,不到全省的13%。大部分品牌知名度不高,仅在产地周围有一定名气,而绿色食品的销售区域集中在发达国家和深圳、广州、上海、北京等我国的发达地区。因此品牌的整合就尤为重要,特别是同类产品品牌的整合对我省绿色食品市场的开拓就更为突出。

我省绿色食品市场营销工作滞后,限制了绿色食品的生产。其中营销网络不完善、市场信息不健全、营销管理人员来源不高是一个亟待改善的问题,目前连锁经营已经成为国内外商家进行市场角逐的主要经营方式之一,也是绿色食品营销成功的重要环节。在哈尔滨,北大荒粮油批发市场专门设有绿色食品展销厅,但其销售状况不尽如人意。因此我们不仅应给予政策扶持,还应加快发展以其为中心的连锁营销批发网络,使其形成全国交错并辐射周边国家和地区的促进绿色食品产销的中心和配送基地。因为北大荒粮油批发大市场有黑龙江省农垦及其所属百个以上的农场为其后盾,我们应充分利用其利益机制将其联系起来,加之现代网络优势使黑龙江绿色食品生产与销售有新的突破。另外,各国超级市场,特别是大型超级市场不断涌现,选择超市作为绿色食品的营销网络,在超市中设绿色食品专柜,既可防止假冒伪劣的绿色食品,又可以宣传其绿色产品,扩大绿色食品的知名度和认同感。

更值得一提的是,绿色利益的趋使使绿色营销方兴未艾。1989 年,英国一家公司对美国所作的调查表明:53% 的受访者曾因担心产品或包装对环境造成污染而拒绝购买某种产品;75% 的受访者表示,若产品或其包装可回收或分解,他们的购买意愿将会更高,且愿意支付较高的价格。目前这种观念正广泛地为人们所接受。1997 年欧盟支出实施零污染计划的经费就达 8.85 亿美元,其中 85% 与实施绿色认证制度有关。所以,绿色营销迅速增长。因为全世界越来越多国家对绿色产品实行一定的价格优惠政策,加上绿色食品是一种无污染的安全、健康、营养的食品,价格较高,其中包含着环保及其他支出,但绿色产品消费却有增无减。这说明绿色营销虽然增加了企业必要的环保投入,但也给企业带来了可观的收益。我们对此必须给予足够的重视。

第四,发展壮大龙头企业,加快绿色食品生产基地和企业集团的发展,促进绿色食品产业整合,使绿色食品实现规模化生产。绿色食品的开发与发展必须将各方面的利益联系起来,实现多赢。这里地方政府行为和龙头企业的作用就显得十分重要。加入世贸以来,在我国许多重要产业中,国内外的市场争夺与竞争日趋激烈,产业整合的速度也越来越快。产业整合包含三个层次:一是行业性收购兼并而产业整合;二是公司战略选择的生存方式,基于价值链上的能力整合、竞争整合;三是公司内部资产重组和资源的重新配置。目前在全球范围内的这种整合目标在于战略竞争而不在于短期赢利。

黑龙江省各级地方政府在绿色食品产业整合中应采取全面支持的态

度,特别对大型龙头企业针对产业整合而进行的兼并重组不但在政策上予以扶持,而且应对国有及国有控股企业的重组在人权与事权上给予全面合作,力图迅速将地方所属国有企业尽快纳入全国产业整合范畴,使之与地方政府脱钩,真正实现政企分开。

另一方面,龙头企业在产业整合中是起核心作用的。产业整合主要从战略角度考虑产业资源优化配置问题。因此,地方政府必须为龙头企业发展创造良好的软环境,方能为本地区未来经济发展奠定基础。黑龙江省绿色食品企业数量很多,规模大的却不多。绿色产业的整合,龙头企业的作用至关重要。因此,我们在扶持壮大该省绿色食品龙头产业的同时,更要积极促使我省龙头企业积极与国内外龙头企业重组、兼并,提高我省绿色食品产业的集中度,使我省龙头企业的发展及绿色食品产业的整合纳入到全球绿色食品产业链中。我们应依托国内龙头企业,与国际资本建立战略关系,充分利用一些国家对合资合营企业的产品降低"绿色壁垒"的贸易政策,将开拓国内市场与国际市场结合起来,扩大产品的市场份额。同时针对我国"联产承包制"形成的小农经济,要采取产加销一体化模式,企业与农户形成利益共同体,将绿色食品的发展与企业和农户的切身利益密切结合起来,调动各方面生产绿色食品的积极性。

在地方政府积极鼓励与扶持龙头企业发展及其加入到战略重组的过程中,资金问题必然十分突出。不但政府应从财政拿出一部分资金推动绿色食品基地建设,而且要千方百计地拓宽资金渠道,与银行及非银行金融机构密切合作,加快企业的改制,采取多种形式鼓励企业在重组中创新,在创新中发展。只有这样,才能提高绿色食品产业的集中度与整体素质,使该省绿色食品产业具备国际竞争力。

●原文刊载于《求是学刊》2003 年第 5 期。
●常树春,黑龙江大学经济与工商管理学院书记、教授。
●张春萍,黑龙江大学经济与工商管理副教授。

领悟马克思对"剥削"范畴的揭秘

杨 彬

　　唯物史观和剩余价值学说是马克思科学社会主义学说得以立论的两大基石。由《资本论》问世而得到最终确立的剩余价值学说揭示了资本主义社会资本对雇佣劳动剥削的秘密。然而马克思对剥削范畴的揭秘决不是泛泛的和漫无边际的。在马克思主义政治经济学理论体系中,剥削作为一个特定的范畴,是有着严格的前提条件、严谨的逻辑思维、严密的科学论证以及明确清晰的历史时代背景的。如果脱离马克思以及《资本论》的本意,抽象甚至扭曲地理解剩余价值学说原始的文本意图和科学精神,对剥削范畴作简单化、泛化的理解诠释,势必造成思想上、认识上的混乱,干扰阻滞改革开放和现代化建设的步伐。因此,要对当前中国经济领域的某些现象作出理性的理解和认识,就有必要重新理解和领悟马克思论述资本剥削雇佣劳动现象的原始意图和特定的历史时代背景。

一、马克思所揭示的剥削是以资本主义生产关系为基础和前提条件的特定范畴

　　马克思在《资本论》以及此前写作的相关著述中对剩余劳动、剩余价值来源的分析,都是以资本主义生产关系作为立论的基础和前提,都是特指资本主义社会条件下的劳资关系。马克思在《资本论》第一版序言中明确指出:"我要在本书研究的,是资本主义生产方式以及和它相适应的

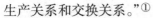

生产关系和交换关系。"①

　　人类社会剩余劳动、剩余产品的出现是在原始社会晚期。此时,对剩余劳动和剩余产品的占有是通过部落权力来实现的,是赤裸裸的、直接的,没有任何秘密可言。原始的共产主义部落社会也由此而解体,导致国家这种特殊机器的出现。奴隶社会是对人身的强制性占有,奴隶的全部劳动和活动都由主人支配,全部劳动成果归主人所有,因此是对人身的强制和占有,而不是剥削。封建时代土地所有者与农民之间是简单的实物抽取关系,土地所有者获得地租或贡赋,这是剥削,但无秘密可言。马克思在《资本论》中所考察的是资本主义的生产关系和生产过程。他认为:无论哪一种社会形态,生产资料和劳动力都是构成劳动过程的基本要素。但是,当生产资料与自由的劳动力相互分离时,生产资料就演化为资本的存在形态,这就充分说明了"资本"这一经济范畴及其体现的生产关系所处的特定历史条件。马克思的《资本论》中所分析的商品货币交换、剩余价值、利润,等等,都是特定生产关系的体现。马克思当年的结论是:剩余价值是雇佣工人在剩余劳动时间内创造的。但是,如前所述,剩余劳动并非在任何历史条件下都表现为剩余价值的形态。只有在劳动力成为商品的条件下,劳动者的剩余劳动才表现为剩余价值。剩余价值范畴体现着被等价交换的表象所掩盖的资本主义剥削关系。这种关系是在特定的历史条件下生成的。在资本主义特定的生产关系条件下,货币和生产资料转化成资本,资本家才会成为人格化的资本,雇佣工人的劳动力才能成为被买来卖去的商品,才会构成马克思所说的剥削范畴和剥削关系。然而如果离开了资本主义特定的生产关系,货币就是货币,机器就是机器,人还是那些人,从事与原来一样的生产经济活动,但却并不一定和必然构成剥削关系,因为构成剥削关系的背景、基础和前提已经没有了。正如马克思反复强调的:"资本不是一种物,而是一种以物为媒介的人和人之间的社会关系。"②为了进一步证明自己观点的真实性,马克思引用了威克菲尔德在《英国和美国》这本书中所提供的材料:有一个叫皮克的人把价值五万镑的生活资料和生产资料以及三千名男女工人带到澳洲的斯旺河,试图在这里从事资本主义的生产经营,当然包括剥削那些他带去的男女劳动力,然

---

①　马克思:《资本论》第1卷,人民出版社1975年版,第8页。

②　《马克思恩格斯全集》第23卷,人民出版社1956年版,第834页。

而到达目的地之后,这些男女工人一哄而散,纷纷寻找无主土地自谋生路。对此,马克思解释说,皮克先生忘记了这里不存在英国的资本主义生产关系。他说这位作者在殖民地发现了宗主国资本主义生产关系的真理。在《政治经济学批判》一书中,马克思也曾指出:"对资本主义生产方式的科学分析证明:资本主义生产方式是一种特殊的、具有独特规定性的生产方式;它和其他一定的生产方式一样,把社会生产力及其发展的一定阶段作为自己的历史条件,而这个条件又是一个先行过程的历史结果和产物,并且是新的生产方式由以产生的现成基础;同这种独特的,历史规定的生产方式相适应的生产关系……具有独特的、历史的和暂时的性质。"①这里,马克思强调资本主义生产关系的特殊性,剥削则只能是资本主义生产关系及其特定时代的产物。资本主义的分配和占有关系是由生产资料的资本主义私有制所决定的。这里,决定剥削关系的是资本主义的生产关系,也就是说:剥削关系是资本主义生产关系的特殊产物,是资本主义生产关系的附属物。抛开资本主义生产关系,特别是抛开资本主义生产关系占统治地位的社会历史条件,生产资料与劳动力可以有各种不同的组合方式,也会有对剩余劳动的各种不同方式的分配和占有,但不一定构成所谓的剥削关系,尤其是不能构成马克思在《资本论》中所揭示的资本主义剥削关系。

二、马克思所揭示的是具有浓重封建色彩的剥削

马克思所生活的自由资本主义时代,欧洲各国反对封建专制的斗争并没有结束。此时的劳资关系,既带有资本主义超经济强制的特点,又具有封建专制人身强制的特点,而维护资本主义劳资关系的法律和法制尚未健全和成熟。尽管马克思一再强调他把英国作为欧洲资本主义的典型来考察,然而英国当时在劳资关系领域,资本对雇佣劳动的剥削仍然具有十分浓重的封建强制色彩。马克思在《资本论》中写道:"资本并没有发明剩余劳动。凡是社会上一部分人享有生产资料垄断权的地方,劳动者,无论是自由的或不自由的,都必须在维持自身生活所必需的劳动时间以外,追加超额的劳动时间来为生产资料的所有者生产生活资料,不论这些

---

① 《马克思恩格斯全集》第 25 卷,人民出版社 1956 年版,第 993 页。

所有者是雅典的贵族……现代的地主,还是资本家。"①虽然资本主义否定和取代了封建的生产关系,但却在很大程度上承袭了封建领主压榨劳动者、聚敛财富的种种传统手段,例如对雇佣工人的超经济强制。马克思指出:"工人是以出卖劳动力为其收入的惟一来源,如果他不愿意饿死,就不能离开购买者即资本家阶级。"②每一个雇佣工人都是自愿地出卖自己的劳动力,这就确定了劳资关系的资本主义前提。通过《资本论》的分析和描述我们还看到,马克思所面对和揭示的剥削是资本和封建双重强制的剥削,是阶级剥削的典型和极端形态。马克思在《资本论》中指出:"在古代,只有在谋取金银的生产上,才有骇人听闻的过度劳动。在那里,累死人的强迫劳动是过度劳动的公开形式……一旦卷入资本主义生产方式所统治的世界市场,而这个市场又使他们的产品和外销成为首要利益,那就会在奴隶制、农奴制等等野蛮灾祸之上,再加上一层过度劳动的文明灾祸。"③马克思在《资本论》中大量引用英国政府派出的工厂调查员所提供的资料,一一列举和揭露了从延长劳动时间到增加劳动强度,从蚕食工人吃饭休息时间到雇佣女工童工等榨取工人剩余劳动的卑劣手段。其剥削的程度不亚于,甚至超过了封建时代的贡赋和徭役。这种超强度的野蛮残酷剥削仅仅依靠封建的人身强制或资本主义自愿基础上的等价交换都是难以做到的,也是不可能稍长久地维持下去的,只能是封建和资本两种关系、两种手段同时起作用的结果。

　　马克思所面对和分析的以上种种情况,决不是资本主义社会和其他社会的通行情况,而只能是那个时代的一些极端情况和特例。资本对雇佣劳动的剥削是资本主义生产关系的本性和本质特征。马克思严谨的科学态度充分体现在他对剩余价值率的分析。剩余价值率体现雇佣劳动受资本剥削的程度。既然客观地存在着剥削率,既然雇佣工人受资本剥削的程度是可以测算和计量的,那么至少说明,在不同时代,不同社会条件下,在不同的主客体(剥削者与被剥削者)之间,剥削的程度是不尽相同的,是有很大差别的。在形式上完全相同的剥削关系,在实质上却存在着不同程度的差别及其合理性的界限。尽管当代资本主义对劳资之间的关系作了一系列的调整和改良,但资本主义生产关系的实质并未受到触动;

① 马克思:《资本论》第 1 卷,人民出版社 1975 年版,第 263 页。
② 《马克思恩格斯选集》第 1 卷,人民出版社 1995 年版,第 377 页。
③ 马克思:《资本论》第 1 卷,人民出版社 1975 年版,第 263～264 页。

求/是/文/荟　QSWH　《求是学刊》发刊200期

劳资之间剥削与被剥削的关系虽然并未从根本上改变,但资本主义还是从那种风起云涌的工人革命浪潮中走了出来,稳定下来。如果按照马克思在《资本论》中所提供的思路来分析,只能是资本对雇佣劳动的剥削程度发生了变化,剩余价值率——剥削的程度达到或接近于一个相对合理的程度。剥削现象还存在,但其中的封建强制因素早已不存在了;剥削关系还在经济关系中起作用,但发生在马克思写作《资本论》时代的那种野蛮剥削、残酷剥削,具有人身伤害、人格侮辱性质的剥削,那种"累死人"程度的剥削,已经极其少见甚至绝迹了。当今资本主义各国社会矛盾的焦点大多数都集中在就业、失业,就业率、失业率这一类问题上。而劳资之间剥削与被剥削的矛盾已经不构成社会矛盾的焦点了。劳资关系的主导倾向是协作、合作、互利,既实现了劳资双方各自的利益,也实现了社会利益。由此可见,马克思所揭示的剥削并非是资本主义剥削的通常情况和一般形态,而是那个时代的特例,是资本主义特定发展阶段上的特殊情况。剥削是资本主义生产关系的产物,是在这种生产关系范畴之内发生的经济联系形式。这种尖锐对立的关系能够维持下来,不至于使矛盾激化,从最终意义上说,只能是通过用经济手段来调节、协调、平衡剥削关系主客体双方的利益关系的结果。那种试图用暴力、反抗等手段摆脱受剥削境地,改变剥削关系的种种努力都难以取得实际的效果和达到预期目的;反之那些试图用强制、胁迫、欺诈、诱骗等手段来维持某种血腥残酷的剥削关系,在任何一个国家也都是不可能长久的。任何一个现代的资本主义国家政权都不可能容忍此种关系现象长久存在下去。明智一点的资本主义国家政府都要尽量做出在劳资之间不偏不倚的姿态。资本主义的法律制度维护剥削关系,但并不维护和纵容血腥残酷的剥削行为。资本主义通常都是利用经济手段和法律手段来平衡劳资关系,维护劳资双方各自合法的权利和利益,劳资双方在特定的"剥削"关系中各获其利,各得其所。当代资本主义劳资之间的剥削关系早已不是马克思当年所面对和描述的那种剥削关系了。当代资本主义经过了血腥与烈火的严酷洗礼之后,已经实现了它的新生。马克思在《资本论》第二版序言中这样写道:"只要政治经济学是资产阶级政治经济学,就说是,只要它把资本主义制度不是看作历史上过渡的发展阶段,而是看作社会生产的绝对的最后形式,那就只有在阶级斗争处于潜伏状态或只有在个别的现象上表现出

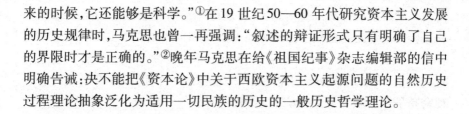

来的时候,它还能够是科学。"①在 19 世纪50—60 年代研究资本主义发展的历史规律时,马克思也曾一再强调:"叙述的辩证形式只有明确了自己的界限时才是正确的。"②晚年马克思在给《祖国纪事》杂志编辑部的信中明确告诫:决不能把《资本论》中关于西欧资本主义起源问题的自然历史过程理论抽象泛化为适用一切民族的历史的一般历史哲学理论。

三、马克思在《资本论》中所揭示的剥削是一种特定的阶级关系

《资本论》是马克思主义政治经济学巨著,《资本论》揭露了剩余价值是雇佣工人创造的,然而却被资本所有者所占有。表面上看,所论及的只是资本与雇佣劳动之间的经济关系。然而事实上,马克思所揭示的这种剥削与被剥削的关系,并不是一种单纯的经济关系,而是一种社会关系和政治关系。剥削关系发生在以私有制为基础的资本主义社会。因此从严格意义上去理解,人剥削人,并非是个人对个人的关系,而是一种特定的阶级关系,是两个对立阶级之间的利益关系以及矛盾、对抗的焦点,是两个阶级不同的经济、社会和政治地位的表现。在资本主义生产关系前提条件下,剥削对一个阶级来说是特权,对另一个阶级来说则是无法摆脱的命运。由剥削关系所造成的不平等并不是个人或某些具体社会成员之间的不平等,而是阶级之间的不平等,社会的不平等,事实上的不平等。作为个人,资本所有者随时都可能沦落为劳动力出卖者,雇佣工人也有可能挤进资本所有者的行列,但这并不能从根本上改变业已形成的阶级关系。在《资本论》的立论及其展开的许多论述中,马克思始终是严守这一科学界定和思维逻辑的。在马克思的笔下,资本家并非是指某一个人,而是资本的人格化;资本也不是一种物,而是一种以物为媒介的人和人之间的社会关系;雇佣工人也不是指一个或一些人,而是劳动的人格化,劳动力商品化。马克思在《资本论》中指出:"作为资本家,他只是人格化的资本,他的灵魂就是资本的灵魂,而资本只有一种生活本能,这就是增殖自身,获取剩余价值……它像吸血鬼一样,只有吮吸活劳动才有生命。"③在论

① 马克思:《资本论》第 1 卷,人民出版社 1975 年版,第 16 页。
② 《马克思恩格斯全集》第 46 卷,人民出版社 1956 年版,第 513~514 页。
③ 马克思:《资本论》第 1 卷,人民出版社 1975 年版,第 260 页。

述对剩余价值的占有关系时,马克思还指出:"在平等权力之间,力量就起决定作用。这是全体资本家即资本家阶级和全体工人即工人阶级之间的斗争。"①在谈到《资本论》对英国古典政治经济学的批判时指出:"就这种批判代表一个阶级而论,它能代表的只是这样一个阶级,这个阶级的历史使命是推翻资本主义生产方式后消灭阶级,这个阶级就是无产阶级。"②从这种意义上去体味《资本论》对剩余价值理论的确立,对剥削现象的揭示,马克思的阶级立场、阶级倾向甚至阶级情感都是十分明显的。在《资本论》中,商品、货币、劳动、价值都是抽象的,只有雇佣工人作为一个阶级,是具体、清晰、明确的。恩格斯在《资本论》英文版序言中指出:"《资本论》在大陆上常常被称为'工人阶级的圣经'。任何一个熟悉工人运动的人都不会否认;本书所作的结论日益成为伟大的工人阶级运动的基本原则……各地的工人阶级都越来越把这些结论看成是对自己的状况和自己期望所作的最真切的表述。"③马克思分析经济现象往往是着眼于政治上阶级对立的实质。他在详细研究了利润转化为平均利润、价值转化为生产价格的过程之后指出:"利润在各个生产部门间的平均化是剩余价值的分配过程,是资本家阶级不同集团间瓜分脏物的过程,资本家在他们竞争中表现出彼此都是虚伪的兄弟,但面对着整个工人阶级都结成真正的共济会团体。"④

四、社会主义制度前提下的人力资源开发利用

剥削是阶级对立的产物,而不是导致阶级对立的前提。也就是说,由于有阶级对立关系的存在,才有剥削,才把阶级之间不平等的经济关系集中概括为剥削和被剥削关系。在一个基本消除了阶级对立和阶级不平等的社会——例如社会主义社会,社会不同阶层成员都是平等公民,平等公民之间的经济联系是以平等、互利为基础和前提的。不同公民之间,由于对生产资料和生产手段占有的状况不同,知识、技能、信息、机会的获取和

① 《马克思恩格斯全集》第 23 卷,人民出版社 1956 年版,第 262 页。
② 马克思:《资本论》第 1 卷,人民出版社 1975 年版,第 18 页。
③ 马克思:《资本论》第 1 卷,人民出版社 1975 年版,第 36 页。
④ 《马克思恩格斯全集》第 25 卷,人民出版社 1956 年版,第 221 页。

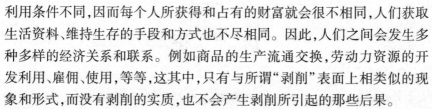

利用条件不同,因而每个人所获得和占有的财富就会很不相同,人们获取生活资料、维持生存的手段和方式也不尽相同。因此,人们之间会发生多种多样的经济关系和联系。例如商品的生产流通交换,劳动力资源的开发利用、雇佣、使用,等等,这其中,只有与所谓"剥削"表面上相类似的现象和形式,而没有剥削的实质,也不会产生剥削所引起的那些后果。

在社会主义制度条件下,资本所有者以阶级的形式出现,垄断地占有生产资料,借以形成剥削关系的客观社会条件已经不存在了。公有制经济占主体地位,发挥主导作用,各种非公有经济都是社会主义市场经济的重要组成部分。私营经济中的雇佣关系是社会主义市场经济条件下一种正常的经济关系,它既不含有阶级对立成分,也没有政治色彩。社会经济运行过程中,人力资源的开发和利用以及就业、待业、失业、受雇、解雇等都是正常的社会现象,如果到处都用所谓"剥削"这个概念套来套去,势必导致思想认识上的混乱,无端制造社会矛盾,干扰改革开放和现代化建设的历史进程。据有关方面统计,目前中国在各类私营企业就业、从业的劳动力人数达 8 000 万之多,客观上极大地缓解了劳动就业矛盾,为维护社会稳定、增加劳动者的就业机会和经济收入起到了积极的作用。如果我们对此仍然固守马克思 150 多年前的结论,将这一切简单地概括为剥削,甚至必欲"消灭"之而后快,那就幼稚可笑了。恩格斯曾指出:"谁要是想把火地岛的政治经济学和现代英国的政治经济学置于同一规律之下,那么,除了最陈腐的老生常谈以外,他显然不能揭示出任何东西。因此,政治经济学本质上是一门历史的科学。它所涉及的是历史性的即经济变化的材料。"[①]而 150 年前英国的政治经济学与当代中国的政治经济学更是有着天壤之别。对当今中国社会的劳资雇佣关系颁作出不同于马克思写作《资本论》时代的新解释,这是当代中国马克思主义发展前进的必然趋势。

● 原文刊载于《求是学刊》2003 年第 6 期。
● 杨彬,黑龙江大学校办副主任、教授。

---

① 《马克思恩格斯选集》第 3 卷,人民出版社 1995 年版,第 489 页。

后　记

　　《求是学刊》经济学栏目自 1980 年开设以来到 2010 年底,共发表文章 660 余篇,20 世纪 80 年代中期先后开设了生产力经济问题研究、第三产业问题研究等热点问题、前沿问题研究专栏;进入 20 世纪 90 年代,又开辟了现代化进程中的中国农业问题、国有企业问题研究、知识经济探讨等栏目。进入 21 世纪,关注东北老工业基地振兴,人口、资源与环境经济学等专栏被重点推出。此间深得我国著名经济学家厉以宁、熊映梧、洪银兴、刘伟等的鼎力支持与厚爱,他们积极为本刊撰写文章;同时,一大批奋斗在经济学领域、为我国经济发展和经济学理论建设执著追求的年轻学者,依托《求是学刊》这方精神家园,展露峥嵘,与《求是学刊》共成长,大部分作者已经成长为相关领域的中流砥柱。

　　近十年来,中国经济发生了极为深刻的变化,中国经济在管理体制、宏观环境、开放程度、分配格局、区域战略以及国际竞争关系等方面都表现出非常显著的特点。今天的中国是 20 多年以前的中国人和全世界都无法想象的:一个曾经贫穷的国家在这短短的 20 多年里创造的经济业绩令世界不得不对其刮目相看。中国目前所取得的经济的巨大发展离不开经济理论的发展与支持,《求是学刊》经济学栏目始终坚持走理论联系实际、学术结合时代之路,紧密追踪学术发展的焦点和前沿,解决中国经济发展的根本问题。当党中央、国务院 2003 年开始考虑振兴东北老工业基地的问题后,《求是学刊》在第一时间开设了"关注东北老工业基地振兴专栏";随着人们对环境、资源的关注,以及对人与自然和谐发展要求的不断提高,"人口、资源与环境经济学专栏"又应运而生。我们这么做完全是为了更好地引领学术,让更多的学者参与到当今时代的经济理论讨论中,从理论上进行创新,从实践中总结经验,把经验总结成理论,让理论更好地指导实践。

　　经济学有宏观微观之分,《求是学刊》经济学栏目所发文章既有全局的宏观分析,又有具体的微观分析。从宏观上,经济学栏目关注全球经济变化下中国经济的发展模式和影响,所发文章中既有对经济危机下中国经济发展的出路研究，也有对中国对外贸易的政策研究，还有关于黑龙江省发展的农业问题研究。虽然《求是学刊》位于我国边陲，但作为一本学术刊物，以为我国经济发展提供理论支持为己任，为能够引领学术思潮、为我国的经济发展献言献策而自豪。正是这样一种情怀，我们始终以追求高品位、高质量而立存高远，将自己扎根于经济学研究的前沿，力争在众多学术传媒中采一帧思智，育一隅墨香。

近十年来，经济学问题的分析方法由理论研究向实证研究转型，《求是学刊》经济学栏目所发文章也由原来侧重理论研究和基础研究向实证研究倾斜。这种顺势而为的出版风格、这种注重实际的用稿要求，使《求是学刊》经济学栏目在众多综合性期刊中能够得到学者和同人的认同，所发文章也被《新华文摘》、《中国社会科学文摘》、《高等学校文科学术文摘》等转摘，形成了良好的社会效应。中国经济十年是转型的十年、变革的十年，对《求是学刊》经济学栏目来说，这十年是成熟的十年、进步的十年、收获的十年。

为了总结近十年的出版经验，向关心和关注《求是学刊》经济学栏目的作者、朋友、同行汇报近十年的工作成果，在李小娟执行主编的建议下，值此《求是学刊》发刊 200 期的重要时刻，将十年内发表在《求是学刊》的部分经济学文章整理成集，形成《制度与变革：经济学问题研究十年》一书。此书所收录文章只是学刊所发经济学文章的一个缩影，还有很多优秀的文章由于版面的原因不能收录，我们对此深表遗憾。

《制度与变革：经济学问题研究十年》一书能够顺利出版，除了要感谢所收录文章作者的大力支持外，还要感谢黑龙江大学出版社杜红艳编辑的辛勤劳动，是她使本书更加完美地呈现给各位读者。

编者
2011 年 1 月